Das Rechtsfolgenstatut der beschränkten Geschäftsfähigkeit und der Geschäftsunfähigkeit

Europäische Hochschulschriften
Publications Universitaires Européennes
European University Studies

Reihe II
Rechtswissenschaft

Série II Series II
Droit
Law

Bd./Vol. 4172

PETER LANG
Frankfurt am Main · Berlin · Bern · Bruxelles · New York · Oxford · Wien

Uwe Kirchhoff

Das Rechtsfolgenstatut der beschränkten Geschäftsfähigkeit und der Geschäftsunfähigkeit

Ein Beitrag zur Auslegung der Artt. 7 und 24 EGBGB

PETER LANG
Europäischer Verlag der Wissenschaften

Bibliografische Information Der Deutschen Bibliothek
Die Deutsche Bibliothek verzeichnet diese Publikation in der Deutschen Nationalbibliografie; detaillierte bibliografische Daten sind im Internet über <http://dnb.ddb.de> abrufbar.

Zugl.: Bonn, Univ., Diss., 2004

D 5
ISSN 0531-7312
ISBN 3-631-53859-6

www.peterlang.de

Meinen Eltern,

Christian

und

Barbara

in Dankbarkeit gewidmet

Vorwort

Die Arbeit lag im April 2003 der Rheinischen Friedrich-Wilhelms-Universität Bonn vor. Sie wurde im November 2004 von der Rechts- und Staatswissenschaftlichen Fakultät der Universität Bonn als Dissertation angenommen.

Mein herzlicher Dank gilt meinem Doktorvater, Herrn Prof. Dr. Wulf-Henning Roth, der mich zu dieser Arbeit anregte und die Entstehung der Arbeit sehr gut betreute. Dabei haben die Tätigkeit als studentische Hilfskraft am Institut und später als Korrekturassistent mein Interesse am internationalen Privatrecht geweckt. Frau Prof. Dr. Nina Dethloff gilt mein besonderer Dank für die Erstellung des Zweitgutachtens. Dank gebührt aber auch den Kollegen am Institut, allen voran Herrn PD Dr. Thomas Ackermann, der immer eine offene Tür und ein offenes Ohr hatte, sowie Frau Dipl. Bibliothekarin Wiebke Herpel, die auch bei ausgefallenen Literaturwünschen jederzeit gewappnet war.

Mein herzlicher Dank gilt Frau Richterin Barbara Ziess, LL.M. (Edinburgh), die immer zu einer Diskussion meiner Thesen bereit war. Herrn Dr. Christian Kirchhoff danke ich für seine stete Einsatzbereitschaft, wenn der Computer nicht so wollte wie der Autor.

Ganz besonders herzlich danken möchte ich meinen Eltern, ohne deren stete, großzügige und großherzige Unterstützung weder meine Ausbildung noch diese Arbeit möglich gewesen wären.

Schließlich gebührt mein Dank auch der Friedrich-Naumann-Stiftung, die die Entstehung meiner Dissertation mit einem Stipendium förderte.

Remscheid, Januar 2005

Uwe Kirchhoff

Inhaltsverzeichnis

Abkürzungsverzeichnis

a. a. O.	am angegebenen Ort
A. C.	Law Reports, Appeal Cases (ab 1891)
a. F.	alte Fassung
ABGB	Allgemeines Bürgerliches Gesetzbuch (Österreich)
AcP	Archiv für civilistische Praxis
All. E. R.	The All England Law Reports
App. Cas.	Law Reports, Appeal Cases (1875 – 1890)
AS	Amtliche Sammlung des Bundesrechts (Schweiz)
AT	Allgemeiner Teil
BayObLG	Bayerisches Oberstes Landesgericht
BewB	Bundesbeschluss über den Erwerb von Grundstücken durch Personen im Ausland (Schweiz)
BG	Bundesgericht (Schweiz)
BGE	Entscheidungen des Schweizerischen Bundesgerichts, Amtliche Sammlung
BGH	Bundesgerichtshof
BGHZ	Entscheidungen des Bundesgerichtshofs in Zivilsachen
BR-Drucks.	Drucksachen des Deutschen Bundesrates (Nummer/Jahr, Seite)
BT-Drucks.	Drucksachen des Deutschen Bundestages (Wahlperiode/Nummer, Seite)
BverfG	Bundesverfassungsgericht
Ch	Chancery
DnotZ	Deutsche Notar Zeitung
Esp.	Espinasses's Nisi Prius Reports (England)
ESÜ	Haager Übereinkommen über den internationalen Schutz Erwachsener vom 13. 1. 2000

EuGVÜ	Brüsseler EWG-Übereinkommen über die gerichtliche Zuständigkeit und die Vollstreckung gerichtlicher Entscheidungen in Zivil- und Handelssachen
EuGVVO	Verordnung (EG) Nr. 44 / 2001 des Rates über die gerichtliche Zuständigkeit und die Anerkennung und Vollstreckung von Entscheidungen in Zivil- und Handelssachen
EVÜ	Römisches EWG-Übereinkommen über das auf vertragliche Schuldverhältnisse anzuwendende Recht
FamRZ	Zeitschrift für das gesamte Familienrecht
Fn.	Fußnote
FS	Festschrift
gem.	gemäß
HEA	Haager Entmündigungsabkommen (vom 17. 7. 1905)
HTA	Haager Übereinkommen über das auf die Form letztwilliger Verfügungen anwendbare Recht vom 5. 10. 1961
i. e. S.	im engeren Sinne
i. S. d.	im Sinne des
i. V. m.	in Verbindung mit
i. w. S.	im weiteren Sinne
IECL	International Encyclopedia of Comparative Law
Int. Comp. L.Q.	International Comparative Law Quarterly
IPR	Internationales Privatrecht
IPRax	Praxis des internationalen Privat- und Verfahrensrechts
JBl	Juristische Blätter (Österreich)
JR	Juristische Rundschau
JuS	Juristische Schulung
JZ	Juristenzeitung
LMCLQ	Lloyd's Maritime and Commercial Law Quarterly
LQR	The Law Quarterly Review

LSA-C.C.	Louisiana Civil Code
m. w. N.	mit weiteren Nachweisen
Minn. L. Rev.	Minnesota Law Review
MittRhNotK	Mitteilungen der Rheinischen Notarkammer
MSA	Minderjährigenschutzabkommen (= Haager Übereinkommen über die Zuständigkeit der Behörden und das anzuwendende Recht auf dem Gebiet des Schutzes von Minderjährigen vom 5. 10. 1961)
MünchKomm	Münchener Kommentar
N. E.	North Eastern Reporter
öBGBl.	(Österreichisches) Bundesgesetzblatt
öEheG	(Österreichisches) Ehegesetz
öIPRG	(Österreichisches) Bundesgesetz über das internationale Privatrecht
ÖJZ	Österreichische Juristen-Zeitung
OLG	Oberlandesgericht
ÖNZ	Österreichische Notariats-Zeitung
OR	Obligationenrecht (Schweiz)
P.2d	Pacific Reporter, 2nd series
PD	Probate Division (England)
RabelsZ	Rabels Zeitschrift für ausländisches und internationales Privatrecht
RGRK	Reichsgerichtsrätekommentar
RiW	Recht der Internationalen Wirtschaft
Rn.	Randnummer
SchG	Scheckgesetz
sIPRG	(Schweizerisches) Bundesgesetz über das Internationale Privatrecht
Sp.	Spalte
StAZ	Das Standesamt – Zeitschrift für Standesamtswesen, Ehe- und Kindschaftsrecht, Staatsangehörigkeit
SZ	Entscheidungen des österreichischen obersten Gerichtshofes

U.S.	United States Supreme Court Reports
USA	Vereinigte Staaten von Amerika
VersRdSch	Versicherungsrundschau (Österreich)
WG	Wechselgesetz
WLR	Weekly Law Reports (England)
ZfRV	Zeitschrift für Rechtsvergleichung (Österreich)
ZGB	Schweizerisches Zivilgesetzbuch
ZZP	Zeitschrift für Zivilprozeß

Einleitung

I. Problemstellung der Arbeit

Diese Arbeit geht der Frage nach, wie die Rechtsfolgen beschränkter Geschäftsfähigkeit und Geschäftsunfähigkeit im deutschen internationalen Privatrecht qualifiziert und damit angeknüpft werden. Schon im 19. Jahrhundert bestand in der Rechtswissenschaft Uneinigkeit darüber, wie die Rechtsfolgen der den Menschen zukommenden Attribute oder Eigenschaften („status") anzuknüpfen seien. *Wächter* plädierte dafür, zwischen rechtlicher Eigenschaft „an sich" (zum Beispiel Volljährigkeit) und den rechtlichen Wirkungen dieser Eigenschaften zu unterscheiden. Bei Ausländern richte sich eine rechtliche Eigenschaft „an sich" kraft deutschen Gewohnheitsrechts nach ihrem Personalstatut, das damals vom Recht des Wohnortes, *lex domicilii*, bestimmt wurde. Auf die rechtlichen Wirkungen der Eigenschaft sei jedoch bei Rechtsverhältnissen mit Inlandsberührung die *lex fori* anzuwenden. Ein(e) ausländische(r) Minderjährige(r) bleibe daher Minderjährige(r), habe aber im Inland nur die Rechte eines / einer inländischen Minderjährigen.[1] Als Grund für die Anwendung der *lex fori* auf die personenrechtlichen Wirkungen mit Inlandsberührung führte er den nach seiner Meinung zwingenden (ordre public) Charakter an.[2] *Savigny* war dagegen der Ansicht, daß die Unterscheidung zwischen rechtlicher Eigenschaft einer Person und den Wirkungen der rechtlichen Eigenschaft willkürlich und inkonsequent sei, da es an einem inneren Grund, eine solche Grenze zu ziehen, fehle.[3] Eine Eigenschaft sei nicht von ihren Wirkungen zu trennen.[4] Eine Eigenschaft und ihre Wirkungen seien daher gleich anzuknüpfen.

Die Frage nach der Qualifikation der Rechtsfolgen beschränkter Geschäftsfähigkeit gewann in den letzten Jahren durch zwei Gerichtsurteile an Aktualität. Während das OLG Düsseldorf in einer Entscheidung aus dem Jahre 1994 wie *Wächter* die Voraussetzungen und die Rechtsfolgen der beschränkten Geschäftsfähigkeit unterschiedlich anknüpfte, unterstellte das OLG Hamm in einer Entscheidung aus dem Jahre 1995 *Savigny* entsprechend die Rechtsfolgen der beschränkten Geschäftsfähigkeit demselben Statut wie die Beschränkung selbst.

1. Die Entscheidungen des OLG Düsseldorf und des OLG Hamm

a) Die Entscheidung des OLG Düsseldorf

Der 22. Senat des OLG Düsseldorf hatte über eine Klage eines in Deutschland lebenden türkischen Ehepaars gegen ihre ebenfalls in Deutschland lebende Tochter

---

1 *Wächter*, Ueber die Collision der Privatrechtsgesetze verschiedener Staaten, AcP 25 (1842), 161 (177 ff).

2 So *Sandmann*, Grundlagen und Einfluß der internationalprivatrechtlichen Lehre Carl Georg von Wächters (1979), S. 151.

3 *Savigny*, System des heutigen Römischen Rechts, VIII. Band (1956) (unveränderter Nachdruck der Ausgabe von 1849), S. 136.

4 *Savingy*, a.a.O (Fn. 3), S. 134 ff.; ähnlich *Gebhard*, Entwurf eines bürgerlichen Gesetzbuches (1881), S. 69: „Die persönlichen Eigenschaften, deren Dasein von den Bestimungen eines Gesetzes abhängt, sind nichts anderes als der Inbegriff der rechtlichen Wirkungen selbst."

türkischer Nationalität zu entscheiden.[5] Die Kläger begehrten die Rückzahlung einer Geldsumme, von der sie behaupteten, sie der Tochter anläßlich ihrer bevorstehenden Hochzeit als Darlehen gezahlt zu haben. Im Zeitpunkt der Geldübergabe war die beklagte Tochter 17 Jahre alt.

Für das Gericht stellte sich die Frage nach der Wirksamkeit des von den Klägern behaupteten Darlehensvertrages, insbesondere nach der Geschäftsfähigkeit der Beklagten. Nach türkischem Heimatrecht, das gem. Art. 7 I EGBGB über die Frage der Geschäftsfähigkeit zu entscheiden hatte, war die Beklagte im Zeitpunkt der behaupteten Geldübergabe beschränkt geschäftsfähig. Ob und unter welchen Voraussetzungen ein von der Beklagten geschlossener Vertrag trotz ihrer nur beschränkten Geschäftsfähigkeit dennoch wirksam sein konnte, warf die kollisionsrechtliche Frage nach der Anknüpfung der Rechtsfolgen beschränkter Geschäftsfähigkeit auf. Der 22. Senat des OLG Düsseldorf nahm an, daß die Rechtsfolgen beschränkter Geschäftsfähigkeit dem Vertragsstatut und nicht dem türkischem Heimatrecht der Beklagten zu entnehmen seien. Dies ergebe sich insbesondere aus Art. 32 I Nr. 5 EGBGB, der bestimme, daß die Folgen fehlerhafter oder ungültiger Rechtsgeschäfte nach dem Vertragsstatut zu beurteilen seien. Anders sei auch ein „möglichst großer Gleichklang mit der Wirksamkeit des Wirkungsstatutes gem. Artt. 28, 31 Abs. 1, 32 EGBGB" nicht zu erreichen. Da das Vertragsstatut hier deutsches Recht war, waren somit die Rechtsfolgen beschränkter Geschäftsfähigkeit dem deutschen Sachrecht zu entnehmen. Nach deutschem Sachrecht stellte sich der Vertrag als unwirksam dar, da die Eltern diesem Vertrag aufgrund fehlender Zustimmung des Vormundschaftsgerichts nicht wirksam zustimmen konnten und eine Genehmigung des Rechtsgeschäfts durch die inzwischen volljährige Tochter nicht erfolgt war.

Ein Bereicherungsanspruch gem. § 812 I S. 1. Alt. BGB scheiterte wohl daran, daß die Tochter inzwischen entreichert war. Somit war die Klage unbegründet.

b) Die Entscheidung des OLG Hamm

Der Entscheidung des OLG Hamm[6] lag folgender Sachverhalt zugrunde: Eine Mutter und ihr 17jähriger Sohn, beide deutscher Nationalität und in Deutschland ansässig, schlossen in Spanien mit der Beklagten einen privatschriftlichen, nicht notariell beurkundeten Vertrag. Dieser sollte die Pflicht der Beklagten begründen, der Mutter und ihrem Sohn ein am Ort des Vertragsschlusses gelegenes Grundstück zu übereignen und es mit einem Ferienhaus zu bebauen. Es wurde die Geltung spanischen Rechts vereinbart. Am Tag des Vertragsschlusses stellte die Mutter einen Scheck in Höhe von 14946 DM aus, gut zwei Monate später überwiesen die Mutter und ihr Mann einen Betrag in Höhe von 4356 DM. In der Folgezeit verweigerten die Eltern jede weitere Zahlung mit Hinweis auf die Minderjährigkeit ihres Sohnes zum Zeitpunkt des Vertragsschlusses. Mit ihrer Klage begehrten die Mutter und ihr Sohn die Feststellung der „Auflösung" des Vertrages sowie die Rückzahlung der bereits bezahlten Beträge. Der

---

5 *OLG Düsseldorf*, Urteil vom 25. 11. 1994 – 22 U 23/94, IPRax 1996, 199 f. mit ablehnender Anmerkung *Baetge*, Anknüpfung der Rechtsfolgen bei fehlender Geschäftsfähigkeit, IPRax 96, 185 ff.

6 *OLG Hamm*, Urteil vom 23. 11. 1995 - 22 U 227/94, NJW-RR 1996, 1144 f.

Erfolg der Klage hing somit entscheidend von der Wirksamkeit des abgeschlossenen Vertrages ab. Im Zeitpunkt des Vertragsschlusses war der Sohn nach seinem deutschen Heimatrecht, das gem. Art. 7 I EGBGB über seine Geschäftsfähigkeit zu entscheiden hatte, nur beschränkt geschäftsfähig. Auch in diesem Fall stellte sich daher die Frage, nach welcher Rechtsordnung zu beurteilen ist, ob und unter welchen Voraussetzungen der nur beschränkt geschäftsfähige Sohn wirksam rechtsgeschäftlich handeln konnte. Diese Fragen nach der Qualifikation und damit nach der Anknüpfung der Rechtsfolgen beschränkter Geschäftsfähigkeit beantwortete das Gericht unter Hinweis auf die Kommentierung von *Heldrich* im Palandt – aber ohne eigene Begründung – dahingehend, daß diese ebenfalls nach dem Heimatrecht zu beurteilen seien. Mit Hinweis auf § 1629 I BGB wurde daher geprüft, ob beide Elternteile dem Vertrag zugestimmt hätten. Dies wurde hier ebenso verneint wie eine nachträgliche Genehmigung durch den zum Zeitpunkt der Entscheidung volljährigen Sohn. Sowohl Kaufvertrag als auch die Rechtswahlvereinbarung waren daher im Hinblick auf den Sohn unwirksam.

Im folgenden hatte das Gericht zu prüfen, wie sich die Unwirksamkeit des Kaufvertrages mit dem Sohn auf das Vertragsverhältnis zwischen der Mutter und der Beklagten auswirkte. Im Rahmen einer Auslegung der Rechtswahlvereinbarung kam es zur Unwirksamkeit der Rechtswahlvereinbarung auch im Hinblick auf die Mutter, da diese nicht eine Vereinbarung habe schließen wollen, nach der spanisches Recht nur im Verhältnis zwischen ihr und der Beklagten, aber nicht zwischen ihrem Sohn und der Beklagten gelten solle. Der Maßstab der Auslegung wurde dabei unter Anwendung von Art. 31 II EGBGB deutschem Recht entnommen. Da auf den Kaufvertrag deutsches Sachrecht zur Anwendung kam, konnte das Gericht § 139 BGB anwenden, so daß der Kaufvertrag auch im Hinblick auf die Mutter unwirksam war. Das Rückabwicklungsstatut war hier gem. Art. 32 I 5 EGBGB ebenfalls deutsches Sachrecht, so daß dem Rückzahlungsbegehren auf der Grundlage von § 812 BGB entsprochen wurde. Der Antrag auf Feststellung, daß der Kaufvertrag „aufgelöst" sei, wurde hingegen als unbegründet abgewiesen.

c) Zusammenfassung

In den vorgestellten Entscheidungen wird eine unterschiedliche Anknüpfung der Rechtsfolgen beschränkter Geschäftsfähigkeit vertreten. Sowohl das Geschäftsfähigkeitsstatut als auch das Geschäftsstatut werden von der deutschen Rechtsprechung in Betracht gezogen, wenn es um die Einordnung der Rechtsfolgen beschränkter Geschäftsfähigkeit geht. Dabei ist jedoch bemerkenswert, daß in beiden Entscheidungen jeweils derjenige Lösungsansatz vertreten wurde, der es erlaubte, die Rechtsfolgen beschränkter Geschäftsfähigkeit dem deutschen Sachrecht zu entnehmen.

2. Rechtsfolgen beschränkter Geschäftsfähigkeit oder Geschäftsunfähigkeit als Bindeglied zwischen Rechtsgeschäft und Geschäftsfähigkeit

Die beiden dargestellten Entscheidungen sollen zum Anlaß genommen werden, der Frage nachzugehen, wie die Rechtsfolgen beschränkter Geschäftsfähigkeit oder Geschäftsunfähigkeit im deutschen internationalen Privatrecht zu qualifizieren und anzuknüpfen sind. Eine ausdrückliche gesetzliche Regelung des „Rechtsfolgenstatuts" der beschränkten Geschäftsfähigkeit oder der Geschäftsunfähigkeit existiert im deutschen internationalen Privatrecht nicht. Ausgangspunkt der hier durchgeführten Untersuchung ist daher zum einen, daß die Geschäftsfähigkeit als die „Fähigkeit, Rechtsgeschäfte wirksam vorzunehmen", in Deutschland und Kontinentaleuropa traditionell als rechtliche Eigenschaft einer natürlichen Person aufgefaßt wird. Dieses Verständnis folgt nicht etwa aus der Natur der Sache. Im englischen und anglo-amerikanischen Recht wird die *capacity to contract* im wesentlichen nicht als „Eigenschaft" einer Person aufgefaßt, sondern vielmehr als ein „normales" Wirksamkeitserfordernis des jeweiligen Rechtsgeschäfts. Dem EGBGB liegt die traditionelle deutsche Auffassung zugrunde. Entsprechend wird die Geschäftsfähigkeit personenrechtlich behandelt. Die „persönlichen Rechtsverhältnisse" eines Menschen sollen dabei grundsätzlich von seinem „Personalstatut", das für alle seine persönlichen Rechtsverhältnisse maßgeblich ist, erfaßt werden, auch wenn das EGBGB von 1986 den Gedanken eines einheitlichen Personalstatuts durch differenzierende Anknüpfungen in einzelnen Teilbereichen zurückgedrängt hat.[7] Dieses Personalstatut ist gem. Art. 5 I EGBGB grundsätzlich das Heimatrecht einer natürlichen Person. Daher regelt Art. 7 I EGBGB, daß die Geschäftsfähigkeit einer natürlichen Person dem Recht des Staates unterliegt, dem die Person angehört.

Der andere Ausgangspunkt der vorliegenden Untersuchung ist der Grundsatz, daß die Voraussetzungen und die Wirkungen eines Rechtsgeschäfts vom „Wirkungsstatut" erfaßt werden. Dieses „Geschäftsstatut" beherrscht grundsätzlich das Rechtsgeschäft „von der Wiege bis zum Grabe",[8] wie es sich für Schuldverträge in den Artt. 27 ff. EGBGB zeigt.

Die Geschäftsfähigkeit ist neben einer rechtlichen Eigenschaft eines Menschen eine Wirksamkeitsvoraussetzung eines Rechtsgeschäfts, da sie die Fähigkeit ist, ein Rechtsgeschäft wirksam vorzunehmen. Mit ihrer gesonderten Anknüpfung wird die Geschäftsfähigkeit also von der grundsätzlichen Geltung des Geschäftsstatuts ausgenommen. Da Geschäftsfähigkeitsstatut und Geschäftsstatut unterschiedlich ermittelt werden, können unterschiedliche Rechtsordnungen auf die Geschäftsfähigkeit und das Rechtsgeschäft zur Anwendung gelangen. Damit entsteht aber das Problem, wie die „Grenze" zwischen Geschäftsfähigkeit und Rechtsgeschäft zu ziehen und damit zu qualifizieren ist. Diese Grenze markieren die Rechtsfolgen beschränkter Geschäftsfähigkeit und Geschäftsunfähigkeit: Wenn etwa gem. § 108 I BGB der von einem beschränkt Geschäftsfähigen ohne die notwendige Einwilligung der gesetzlichen Vertreter geschlossene Vertrag schwebend unwirksam ist und die Wirksamkeit des Vertrages von der Genehmigung der gesetzlichen Vertreter abhängt, dann ist diese Rechtsfolge beschränkter Geschäftsfähigkeit dafür maßgebend, ob und wie der Vertrag wirksam werden kann. Insofern sind die Rechtsfolgen beschränkter Geschäftsfähigkeit also Wirksamkeitsvoraussetzungen des Vertrages. Andererseits zeigt schon die Bezeichnung „Rechtsfolgen" der beschränkten Geschäftsfähigkeit oder Geschäftsunfähigkeit, daß die Rechtsfolgen sehr eng mit den Geschäftsfähigkeitsregelungen zusammenhän-

---

7 *Kropholler*, Internationales Privatrecht[4] (2001), § 37, 1., S. 255.

8 *Kegel/Schurig*, Internationales Privatrecht[8] (2000), § 17 V 1 S. 535; MünchKomm[3]-*Spellenberg*, vor Art. 11 EGBGB, Rn. 6.

gen. Damit berühren die Rechtsfolgen beschränkter Geschäftsfähigkeit sowohl die Geschäftsfähigkeit als auch das Rechtsgeschäft als solches.

Die Frage lautet daher, ob die Rechtsfolgen beschränkter Geschäftsfähigkeit oder Geschäftsunfähgkeit ebenso wie die Geschäftsfähigkeit als solche von Art. 7 EGBGB erfaßt und damit gesondert angeknüpft werden oder ob sie dem Grundsatz der umfassenden Geltung des Geschäftsstatuts entsprechend demselben zu unterstellen sind.

II. Umfang der Untersuchung

Der Umfang der Untersuchung in dieser Arbeit ist auf die Geschäftsfähigkeit, die beschränkte Geschäftsfähigkeit und die Geschäftsunfähigkeit sowie auf deren jeweilige Rechtsfolgen beschränkt. Die Geschäftsfähigkeit ist die Fähigkeit, Rechtsgeschäfte wirksam vorzunehmen.[9] Nicht Gegenstand dieser Arbeit ist damit die Deliktsfähigkeit, die als Fähigkeit zu schuldhaftem schadensersatzbegründendem Verhalten[10] nicht auf Rechtsgeschäfte bezogen ist. Zwar sind Geschäftsfähigkeit und Deliktsfähigkeit eng miteinander verwandt, da sich bei beiden Fähigkeiten Probleme in der Regel bei Minderjährigen und geistig Kranken stellen. Auch mögen die Fähigkeiten an vergleichbare Tatsachen anknüpfen. Sie ergeben zusammen auch die sogenannte allgemeine Handlungsfähigkeit.[11] Geschäfts- und Deliktsfähigkeit hängen aber nicht notwendigerweise voneinander ab. Nicht jeder beschränkt Geschäftsfähige oder Geschäftsunfähige muß deliktsunfähig sein und nicht jeder Deliktsunfähige ist notwendigerweise beschränkt geschäftsfähig oder geschäftsunfähig.[12]

Der Begriff der Geschäftsfähigkeit erscheint im EGBGB in der Regelung des Art. 7 EGBGB. Daher beginnt diese Arbeit, die sich in fünf Teile gliedert, mit einem Überblick über den Regelungsgehalt des Art. 7 EGBGB. Dabei wird ein besonderes Augenmerk darauf gelegt, in welchem Umfang Art. 7 EGBGB Geschäftsfähigkeitsregelungen erfaßt und damit gegenüber dem Geschäftsstatut gesondert anknüpft. Hierher gehört auch die Frage nach der Qualifikation von Teilgeschäftsfähigkeiten und von besonderen Geschäftsfähigkeiten. Im zweiten Teil der Arbeit werden die internationalprivatrechtlichen und materiellen Regelungen der Geschäftsfähigkeit in vier ausländischen Rechtsordnungen dahingehend untersucht, ob und wie andere Rechtsordnungen das hier untersuchte Problem behandeln. In diesem rechtsvergleichenden Teil der Arbeit wird sich anhand von Beispielen zeigen, daß es sich bei der Qualifikation der „Grenze“ zwischen Geschäftsfähigkeit und Rechtsgeschäft nicht lediglich um ein dogmatisches, sondern auch um ein praktisches Problem handelt. Im dritten Teil werden verschiedene Lösungsansätze diskutiert. Dabei wird insbesondere auf das Verhält-

---

[9] S. 13.

[10] *Schwimann*, Die Institution der Geschäftsfähigkeit (1965), S. 17.

[11] So schon Motive, Band I (1888), vor § 64, S. 129.

[12] *Heldrich/Steiner*, Capacity, IECL IV 2 (1995), 2-12, S. 9. Grundsätzlich wird die Deliktsfähigkeit dem Deliktsstatut unterstellt, Palandt[61]-*Heldrich*, Art. 40 EGBGB, Rn. 16. Schon der Wortlaut des Art. 7 EGBGB läßt eine unmittelbare Anwendung auf die Deliktsfähigkeit nicht zu. Zur Ablehnung einer analogen Anwendbarkeit des Art. 7 EGBGB auf die Deliktsfähigkeit ausführlich *Serick*, Die Sonderanknüpfung von Teilfragen im internationalen Privatrecht, RabelsZ 18 (1953), S. 633 f.

nis des Verkehrsschutzes zur Geschäftsfähigkeit, auf die Konsequenzen einer bereicherungsrechtlichen Rückabwicklung eines aufgrund mangelnder Geschäftsfähigkeit gescheiterten Vertrages sowie auf die Ausschluß- und Schutzfunktion der Geschäftsunfähigkeit eingegangen. Das Ergebnis der Diskussion wird im vierten Teil anhand des internationalen Betreuungsrechts überprüft. Zwar ist im geltenden deutschen Sachrecht im Gegensatz zur früher möglichen Entmündigung und Vormundschaftsbestellung durch die Einführung der Betreuung die automatische Verknüpfung von Fürsorge und beschränkter Geschäftsfähigkeit oder Geschäftsunfähigkeit sowohl auf Tatbestands- als auch auf Rechtsfolgenseite abgeschafft worden,[13] aber soweit dies erforderlich ist, besteht weiterhin die Möglichkeit, durch die gerichtliche Anordnung eines Einwilligungsvorbehaltes die Geschäftsfähigkeit eines Volljährigen „partiell"[14] zu beschränken. Damit stellt das Betreuungsrecht mit gewissen Einschränkungen das „Spiegelbild" des Minderjährigenrechts für Volljährige dar. Im abschließenden fünften Teil werden die Ergebnisse thesenartig zusammengefaßt.

III. Heimatrecht und Personalstatut

Die Frage nach der Anknüpfung der Voraussetzungen und der Rechtsfolgen beschränkter Geschäftsfähigkeit oder Geschäftsunfähigkeit stellt sich auch mit Blick auf künftige europarechtliche Entwicklungen. Gem. Artt. 7 und 24 I 1 EGBGB ist grundsätzlich das Heimatrecht für die Bestimmung der Geschäftsfähigkeit und der Betreuungs- und damit der Erwachsenenschutzmaßnahmen berufen. Zumindest auf den ersten Blick unterstehen daher Geschäftsfähigkeit und Betreuung der gleichen Rechtsordnung. Ob in dieser Anknüpfung des Personalstatuts an die Staatsangehörigkeit ein Verstoß gegen das allgemeine oder gegen besondere Diskriminierungsverbote des Europarechts liegt, kann, um den Rahmen dieser Arbeit zu wahren, hier nicht weiter verfolgt werden.[15] Es sei jedoch auf folgendes hingewiesen: Das Bundesverfassungsgericht hat die Auffassung des Gesetzgebers gebilligt, daß die Anknüpfung an die Staatsangehörigkeit dem Interesse der Beteiligten in persönlichen Angelegenheiten entspreche, da ihnen „das vom Gesetzgeber der eigenen Nationalität geschaffene, auf Personen ihrer Nationalität ausgerichtete Recht am vertrautesten"[16] sei. Mit der Anknüpfung an den gewöhnlichen Aufenthalt einer natürlichen Person steht aber auch eine Anknüpfungsmöglichkeit zur Verfügung, die ebenfalls ein dem Betroffenen vertrautes Recht zur Anwendung gelangen ließe und bei dem im Hinblick auf europarechtliche Diskriminierungsverbote weniger Probleme gegeben wären.[17] In Zukunft mag es daher zu einer Anknüpfung der Geschäftsfähigkeit nicht an die Staatsangehörigkeit, sondern an den gewöhnlichen Aufenthalt einer natürlichen Person kommen. Würde man zu einer An-

---

13 *v. Sachsen Gessaphe*, Der Betreuer (1999), S. 2 f.

14 S. 172 f.

15 Hierzu *W.-H. Roth,* Internationales Versicherungsvertragsrecht (1985), S. 692 ff.; *Fischer*, Gemeinschaftsrecht und kollisionsrechtliches Staatsangehörigkeitsprinzip (1991), S. 157 ff., MünchKomm³-*Birk*, Art. 7 EGEB, Rn. 79 ff. mit ausführlichen weiteren Nachweisen.

16 BVerfG, Beschluß vom 4. 5. 1971 – BvR 636/68, BVerfGE 31, 58 (78) „Spanierentscheidung".

17 *W.-H. Roth*, Der Einfluß des europäischen Gemeinschaftsrechts auf das internationale Privatrecht, RabelsZ 55 (1991), S. 623 (644 f.).

knüpfung der Geschäftsfähigkeit an den gewöhnlichen Aufenthalt kommen, so würde die dieser Arbeit zugrundeliegende Frage auch weiterhin zu stellen sein. Auch in einem solchen Falle könnte das Geschäftsfähigkeitsstatut vom Geschäftsstatut abweichen, nur daß ersteres anders zu ermitteln wäre.

Eine solche Anknüpfung der beschränkten Geschäftsfähigkeit und der Geschäftsunfähigkeit an das Recht des gewöhnlichen Aufenthaltes wäre insofern „zukunftsweisend", als es auch mit einer möglichen zukünftigen Regelung des Volljährigenschutzes harmonisieren würde. Ein solcher Volljährigenschutz wird vom – in Deutschland noch nicht in Kraft getretenen – Haager Übereinkommen über den internationalen Schutz Erwachsener (ESÜ) vom 13. 1. 2000 gewährleistet.[18] Sollte das ESÜ für Deutschland in Kraft treten, werden autonome deutsche Kollisionsregeln für den Erwachsenenschutz immer dann verdrängt werden, wenn die zu schützende Person ihren gewöhnlichen Aufenthalt in einem Vertragsstaat hat. Gem. Artt. 1, 3 ESÜ erfaßt das Abkommen auch Schutzmaßnahmen wie die deutsche Betreuung.[19] Das ESÜ regelt gem. Art. 1 II ESÜ neben der internationalen Zuständigkeit und der Zusammenarbeit der Behörden der Vertragsstaaten sowohl das anwendbare Recht für Schutzmaßnahmen als auch die Anerkennung (und Vollstreckung) von bereits angeordneten Schutzmaßnahmen.[20] Die Geschäftsfähigkeit wird dabei vom ESÜ nur dann erfaßt, wenn Schutzmaßnahmen angeordnet werden sollen oder angeordnet worden sind.[21] Das ESÜ beruft als anwendbares Recht die *lex fori*, so daß die zuständigen Behörden gem. Artt. 13 I, 19 ESÜ auf Schutzmaßnahmen für Erwachsene grundsätzlich ihr eigenes Sachrecht anwenden. Zuständig für Schutzmaßnahmen sind dabei gem. Art. 5 I ESÜ in erster Linie die Behörden des gewöhnlichen Aufenthaltes des Erwachsenen.[22] Damit wird in Zukunft in erster Linie das Recht des gewöhnlichen Aufenthaltes für Schutzmaßnahmen angewendet werden. Tritt das ESÜ in Deutschland in Kraft und unterstellt die Geschäftsfähigkeit dem Recht des gewöhnlichen Aufenthaltes, so wären Geschäftsfähigkeit und Betreuung wiederum von der gleichen Rechtsordnung erfaßt.

---

[18] Convention on the International Protection of Adults vom 13. 1. 2000, abgedruckt in RabelsZ 64 (2000), S. 752 ff.

[19] *Siehr*, Das Haager Übereinkommen über den internationalen Schutz Erwachsener, RabelsZ 64 (2000), S. 715 (727); *Lagarde*, Explanatory Report (2000), Ziff. 18, S. 30.

[20] Das deutsche autonome Kollisionsrecht, also die Regelung des Art. 24 EGBGB, kommt damit bei Geltung des ESÜ in Deutschland nur noch zur Anwendung, wenn die erwachsene Person ihren gewöhnlichen Aufenthalt in keinem Vertragsstaat hat, vor allem also für einen Deutschen, der seinen gewöhnlichen Aufenthalt in einem ausländischen Nichtvertragsstaat hat, *Kropholler*, Internationales Privatrecht[4] (2001), § 50 II 4., S. 410 f.; *Siehr*, a. a. O. (Fn. 19), S. 736.

[21] *Lagarde*, Explanatory Report (2000), Ziff. 19, S. 30.
Art. 3 ESÜ: The measures referred to in Article 1 may deal in particular with -
a) the determination of incapacity and the institution of a protective regime;
b) the placing of the adult under the protection of a judicial or administrative authority; (...).

[22] Siehe aber auch Artt. 8 - 11 ESÜ.

1. Kapitel: Auslegung des Art. 7 EGBGB

§ 1 Der Begriff der Geschäftsfähigkeit im Sinne des Art. 7 EGBGB – eine Annäherung

Gäbe es die in Art. 7 EGBGB erfolgte Sonderanknüpfung der Teilfrage Geschäftsfähigkeit nicht, so würden beschränkte Geschäftsfähigkeit und Geschäftsunfähigkeit sowie ihre jeweiligen Rechtsfolgen dem Geschäftsstatut unterfallen. Daher wird im folgenden zunächst versucht, sich der Bedeutung der „Geschäftsfähigkeit“ im Sinne des Art. 7 EGBGB zu nähern.

I. Funktionale Auslegung nach den Maßstäben der deutschen lex fori

Als Maßstab für die Auslegung einer deutschen Kollisionsnorm ist grundsätzlich deutsches Recht heranzuziehen, da jede Rechtsordnung selbst über ihre Auslegung und ihren Anwendungsbereich zu entscheiden hat. Allerdings bedeutet dies nicht, daß der in Art. 7 EGBGB verwendete Begriff der Geschäftsfähigkeit deckungsgleich ist mit dem Begriff der Geschäftsfähigkeit, wie er vom deutschen Sachrecht, insbesondere vom BGB, definiert wird. Vielmehr hat eine Auslegung funktional, das heißt entsprechend der Funktion der Kollisionsnorm, zu erfolgen.[23]
Diese funktionale Auslegung ergibt sich zum einen daraus, daß den Bestimmungen des EGBGB eigene Wertentscheidungen zugrunde liegen, die nicht mit denjenigen des Sachrechts identisch sind oder sein müssen. Zum anderen ist das Erfordernis einer funktionalen Auslegung Ausfluß des engen Zusammenhangs zwischen der Auslegung einer Kollisionsnorm und damit der Bestimmung des Anknüpfungsgegenstandes („Geschäftsfähigkeit“) einerseits und der Subsumtion einer Sachrechtsnorm, die die „Geschäftsfähigkeit“ regelt, unter einen solchen Anknüpfungsgegenstand andererseits. Diese Subsumtion wird auch als Qualifikation bezeichnet. Eine Qualifikation hängt maßgeblich von der Auslegung einer Kollisionsnorm ab, die jedoch nicht losgelöst von, sondern nur mit Blick auf Sachrechtsnormen erfolgen kann. Dieser enge Zusammenhang erfordert, daß bei der Auslegung einer Kollisionsnorm einerseits und bei einer Qualifikation andererseits ein gleicher Maßstab angewendet werden muß.

Dieser Arbeit wird die sogenannte funktionale Qualifikation nach der *lex fori* zugrundegelegt, wie sie auch in der Rechtsprechung des BGH angewendet wird. Sachnormen müssen dabei ihrem Sinn und Zweck nach erfaßt und einer Kollisionsnorm zugeordnet werden. Auf diese Weise ist es möglich, einer deutschen Kollisionsnorm auch solche Rechtsinstitute ausländischen Rechts zuzuordnen, die dem deutschen Sachrecht unbekannt sind. Die Bedeutung und Funktion der ausländischen Sachrechtsnormen sind dabei zunächst vom Standpunkt des ausländischen Rechts zu würdigen. Davon ausgehend sind die ausländischen Normen mit solchen Regelungen der deutschen Rechtsordnung kollisionsrechtlich gleich zu behandeln, die eine vergleichbare Funktion und Bedeutung haben. Der BGH hat diese Methode wie folgt be-

---

23 Zum folgenden und allgemein zur Theorie der Qualifikation MünchKomm³-*Sonnenberger*, Einl. zum EGBGB, Rn. 444 ff. m.w.N. Dort auch zur „Müßigkeit“ des Streits, ob Gegenstand der Qualifikation Sachverhalte, Rechtsfragen oder Rechtsnormen sind, Rn. 449 ff.

schrieben: „Die dem deutschen Richter [...] obliegende Aufgabe ist es, die Vorschriften des ausländischen Rechts, insbesondere wenn sie eine dem deutschen Recht unbekannte Rechtsfigur enthalten, nach ihrem Sinn und Zweck zu erfassen, ihre Bedeutung vom Standpunkt des ausländischen Rechts zu würdigen und sie mit Einrichtungen der deutschen Rechtsordnung zu vergleichen. Auf der so gewonnenen Grundlage sind sie den aus den Begriffen und Abgrenzungen der deutschen Rechtsordnung aufgebauten Merkmalen der deutschen Kollisionsnormen [...] zuzuordnen."[24]

Auch wenn der Systembegriff Geschäftsfähigkeit im Sinne des Art. 7 EGBGB also nicht mit dem Begriff der Geschäftsfähigkeit im Sinne des BGB übereinstimmt, sondern den eigenen Wertentscheidungen des EGBGB unterliegt, so ist der materiellrechtliche Begriff mit seiner Bedeutung und Funktion doch zumindest als Ausgangspunkt für eine Auslegung des Art. 7 EGBGB heranzuziehen. Im folgenden sind daher die Regelungen der Geschäftsfähigkeit im deutschen Sachrecht im Hinblick auf ihre Bedeutung und Funktion zu untersuchen.

II. Die Funktion der Geschäftsfähigkeit im deutschen Sachrecht

1. Die Geschäftsfähigkeit als Rechtsgeschäftswillenstauglichkeit

Begrifflich geht die „Geschäftsfähigkeit" im deutschen Sachrecht auf das preußische Gesetz über die Geschäftsfähigkeit Minderjähriger vom 12. 7. 1875 zurück[25] und wird seither als die Fähigkeit bezeichnet, Rechtsgeschäfte selbständig wirksam vorzunehmen.[26] *Schwimann* hat allerdings herausgearbeitet, daß der Begriff der „Fähigkeit", ein Rechtsgeschäft „wirksam" vornehmen zu können, den Kern des geregelten Problems nicht ganz trifft. Der Begriff „Fähigkeit", ein Rechtsgeschäft wirksam vornehmen zu können, impliziere, daß das Rechtsgeschäft auch wirksam sei, wenn es denn von einem Geschäftsfähigen vorgenommen werde. Die Wirksamkeit eines Rechtsgeschäft hänge aber natürlich von mehr Voraussetzungen als lediglich der Geschäftsfähigkeit ab.[27] Vielmehr meine die Geschäfts„fähigkeit" die „Tauglichkeit", ein Rechtsgeschäft wirksam abschließen zu können. Die Geschäftsfähigkeit sei also die auf „Verstandeskraft beruhende persönliche Geschäftswillenstauglichkeit" einer natürlichen Person.[28] Auch wenn *Schwimann* in der Sache Recht zu geben ist, daß es sich bei der „Fähigkeit" in Wahrheit um eine „Tauglichkeit" handelt, hat sich seine Begrifflichkeit nicht durchgesetzt. Daher wird auch in dieser Arbeit an der hergebrachten Terminologie festgehalten. Damit soll aber keine inhaltliche Abweichung von *Schwimanns* Definition gemeint sein.

Die Geschäftsfähigkeit knüpft – teilweise pauschalierend – an tatsächliche Eigenschaften von Menschen an, ist aber selber keine natürliche, sondern eine rechtliche

---

24 BGH, Urteil vom 19. 12. 1958 – IV ZR 87/57, BGHZ 29, 137 (139); neuerdings BGH, Urteil vom 21. 09. 1995 – VII ZR 248 / 94, NJW 1996, 54: „Sachverhalt und Rechtsverhältnis sind aus der Sicht des Forums zu qualifizieren und einer Kollisionsnorm des deutschen IPR zuzuordnen".

25 Abgedruckt bei *Dernburg*, Vormundschaftsrecht der preußischen Monarchie[3] (1886), S. 456 ff.

26 Palandt[61]-*Heinrichs*, Einf v § 104 BGB, Rn. 2; *Flume*, AT des BGB, Band II, Das Rechtsgeschäft[3] (1979), S. 182; *v. Sachsen Gessaphe*, Der Betreuer (1999), S. 323.

27 *Schwimann*, Die Institution der Geschäftsfähigkeit (1965), S. 31 ff.

28 *Schwimann*, Die Institution der Geschäftsfähigkeit (1965), S. 47.

Eigenschaft. Wenn Minderjährige unter sieben Jahren gem. § 104 Nr. 1 BGB geschäftsunfähig sind, knüpft dies pauschalierend an tatsächliche Eigenschaften von unter Siebenjährigen an, hat aber mit der tatsächlich vorliegenden Willenstauglichkeit nichts zu tun. Zwar sind die tatsächlichen psychischen Fähigkeiten eines Menschen Tatbestandsmerkmal für die Geschäftsunfähigkeit nach § 104 Nr. 2 BGB, aber wenn nach § 104 Nr. 2 BGB derjenige geschäftsunfähig ist, der „sich in einem die freie Willensbestimmung ausschließenden Zustande krankhafter Störung der Geistestätigkeit befindet", so erfaßt der Tatbestand etwas Tatsächliches, nämlich die tatsächlich vorliegenden psychischen Eigenschaften des Betreffenden. Erst die Rechtsfolge, daß aus diesen vorliegenden oder eben gerade nicht vorliegenden tatsächlichen Fähigkeiten die „Geschäftsunfähigkeit" folgt, erklärt die Person im rechtlichen Sinne für geschäftsunfähig. Die Geschäftsfähigkeit ist daher eine rechtliche, nicht eine tatsächliche Eigenschaft.[29]

Mit der Definition der Geschäftsfähigkeit als der Fähigkeit, Rechtsgeschäfte wirksam vorzunehmen, ist bereits der Bezug der Geschäftsfähigkeit auf Rechtsgeschäfte angesprochen. Die Geschäftsfähigkeit wird im deutschen Sachrecht zwar verschiedentlich auch als Verweisungskategorie wie etwa bei der Wohnsitzbegründung gem. § 8 BGB verwendet oder zur Füllung von Gesetzeslücken bezüglich der Handlungsfähigkeit für Rechtshandlungen benutzt, ist aber von ihrem Grundsatz her klar auf Rechtsgeschäfte ausgerichtet.[30] Im Rahmen der Rechtsgeschäftslehre wiederum bedeutet die Geschäftsfähigkeit zunächst einmal nur die Tauglichkeit, Willenserklärungen abgeben zu können, nicht die Fähigkeit, solche zu empfangen, da ein Wille sich nur in seiner Äußerung manifestieren kann. Zwar setzen Regelungen wie § 131 BGB für den Empfang von Willenserklärungen „Geschäftsfähigkeit" voraus, aber damit wird die Geschäftsfähigkeit als Verweisungskategorie verwendet. § 131 BGB macht die „Willenserklärungsempfangsfähigkeit" lediglich von denselben Voraussetzungen abhängig wie die Fähigkeit zur Abgabe von Willenserklärungen.[31]

2. Die Regelungen im BGB

Das BGB geht davon aus, daß jede natürliche Person grundsätzlich unbeschränkt geschäftsfähig ist. Daher regelt es auch nicht positiv, unter welchen Voraussetzungen die Geschäftsfähigkeit gegeben ist, vielmehr setzt es diese voraus und behandelt in den §§ 104 ff. BGB die Ausnahmen der Geschäftsunfähigkeit und der beschränkten Geschäftsfähigkeit.

---

29 *Schwimann*, Die Institution der Geschäftsfähigkeit (1965), S. 31; s. auch schon *L. von Bar*, Theorie und Praxis des internationalen Privatrechts² (1889), S. 385. Gegen die Bezeichnung als „Eigenschaft" *Fritz v. Hippel*, Das Problem der rechtsgeschäftlichen Privatautonomie (1936), S. 117, Fn. 1.

30 Weitere Beispiele für die Geschäftsfähigkeit als Verweisungskategorie sind §§ 131, 210, 1780, 2201 BGB, *v. Sachsen Gessaphe*, Der Betreuer (1999), S. 323, Fn. 95. Näher zur Einordnung der Geschäftsfähigkeit als Verweisungskategorie, *Breit*, Geschäftsfähigkeit (1903), S. 63 ff.

31 *Schwimann*, Die Institution der Geschäftsfähigkeit (1965), S. 45 ff., m. w. N. zum früher ausgetragenen Streit, ob zum Empfang einer Willenserklärung auch Geschäftsfähigkeit notwendig sei. Ebenso schon *Breit*, Geschäftsfähigkeit (1903), S. 67. Die Annahme eines Angebotes ist dagegen eine Willenserklärung, die ihrerseits Geschäftsfähigkeit voraussetzt.

a) Die Voraussetzungen der Geschäftsunfähigkeit

Gem. § 104 BGB ist geschäftsunfähig, wer noch nicht sieben Jahre alt ist (Nr. 1), oder „wer sich in einem die freie Willensbestimmung ausschließenden Zustand krankhafter Störung befindet, sofern dieser Zustand nicht seiner Natur nach ein vorübergehender ist (Nr. 2)."[32] Die Fähigkeit zur Selbstbestimmung wird damit normativ festgelegt. Um den Rechtsverkehr zu schützen, geschieht dies bei Minderjährigen durch die Festlegung einer Altersgrenze pauschaliert. Ein Minderjähriger, der das siebte Lebensjahr noch nicht erreicht hat, ist damit geschäftsunfähig, unabhängig davon, ob er schon Einsichtsfähigkeit besitzt oder nicht.

Bei der Geschäftsunfähigkeit gem. § 104 Nr. 2 BGB wird dagegen an die tatsächlich vorhandene geistige Fähigkeit einer natürlichen Person angeknüpft. Es findet also keine Pauschalierung, sondern eine Einzelfallentscheidung statt. Dabei verlangt § 104 Nr. 2 BGB einen Zustand dauernder Willensuntauglichkeit. Allerdings werden im Rahmen dieses Dauerzustandes *lucida intervalla* berücksichtigt.[33] In solchen lichten Momenten ist der Betreffende nicht „geschäftsunfähig", sondern kann vielmehr voll wirksam rechtsgeschäftlich handeln.

Ergänzt wird § 104 Nr. 2 BGB durch die Regelung der „Erklärungsunfähigkeit"[34] des § 105 II BGB. Fraglich ist, ob es sich auch hierbei funktional um eine Regelung der Voraussetzungen der Geschäftsunfähigkeit handelt. Dem Wortlaut nach spricht die Regelung des § 105 II BGB zwar nicht von Geschäftsunfähigkeit, sondern davon, daß jede Willenserklärung, die im „Zustande der Bewußtlosigkeit oder vorübergehender Störung der Geistestätigkeit" abgegeben wird, ebenso nichtig ist, wie die Willenserklärung eines Geschäftsunfähigen. Der Unterschied zur Geschäftsunfähigkeit im Sinne des § 104 Nr. 2 BGB liegt des weiteren darin, daß dem Geschäftsunfähigen eine Willenserklärung gem. § 131 I BGB nicht wirksam zugehen kann.[35] Funktional sind Geschäftsfähigkeitsregelungen aber primär auf die Abgabe einer Willenserklärung bezogen, nicht auf den Empfang einer solchen. Die Erklärungsunfähigkeit hängt ebenso wie die Geschäftsunfähigkeit gem. § 104 Nr. 2 BGB von der tatsächlichen Willenstauglichkeit der Person ab. Ebenso wie die Geschäftsunfähigkeit im Sinne des § 104 Nr. 2 BGB stellt die Erklärungsunfähigkeit dabei auf den Zeitpunkt der Erklärung ab. Des weiteren ziehen sowohl die Geschäftsunfähigkeit im Sinne des § 104 Nr. 2 BGB als auch die Erklärungsunfähigkeit dieselbe Rechtsfolge nach sich: Die Willenserklärungen sind gem. § 105 I und II BGB nichtig. Daher ist auch die Re-

---

32 Die freie Willensbestimmung ist ausgeschlossen, wenn „jemand nicht imstande ist, seinen Willen frei und unbeeinflußt von einer vorliegenden Geistesstörung zu bilden und nach zutreffend gewonnenen Einsichten zu handeln", BGH, Urteil v. 5. 12. 1995 – XI ZR 70/95, NJW 1996, 918; Palandt[61]-*Heinrichs*, Einf v § 104 BGB, Rn. 4.

33 Die Berücksichtigung von *lucida intervalla* ergibt sich schon aus dem Wortlaut des § 104 Nr. 2 BGB. Hier wird gefordert, daß sich die Person „in einem [...] Zustand" befinden muß, Palandt[61]-*Heinrichs*, § 104 BGB, Rn. 4.

34 Begriff von *v. Sachsen Gessaphe*, Der Betreuer (1999), S. 324.

35 MünchKomm[3]-*Gitter*, § 105 BGB, Rn. 14; *v. Sachsen Gessaphe*, Der Betreuer (1999), S. 324.

gelung des § 105 II BGB als Voraussetzung der Geschäftsunfähigkeit im funktionalen Sinne aufzufassen.[36]

b) Funktion der Geschäftsunfähigkeit

aa) Ausschluß- und Ordnungsfunktion der Geschäftsunfähigkeit

In allen Rechtsordnungen werden diejenigen, die – typischerweise – ihre Rechtsverhältnisse aus tatsächlichen Gründen wie Alter oder Geistesfähigkeit nicht selbstbestimmt gestalten können, mehr oder weniger geschützt.[37] Minderjährigen und Geisteskranken kommt daher überall ein gewisser Schutz zu. Ein Grund für die Regelung der Geschäftsfähigkeit im deutschen BGB ist daher der „Schutz der geistig Schwachen".[38] § 105 I BGB bestimmt allerdings, daß die Willenserklärung eines Geschäftsunfähigen nichtig ist. Gleiches gilt gem. § 105 II BGB für die Willenserklärung eines Erklärungsunfähigen. Diese Rechtsfolge ist allein mit dem Schutz des Betroffenen nicht zu rechtfertigen, da sie zu seinem Schutz nicht notwendig ist und dem Geschäftsunfähigen sogar schaden kann.[39] So ist es allein mit dem Schutz des Geschäftsunfähigen nicht zu rechtfertigen, daß der Geschäftsunfähige weder lediglich rechtlich vorteilhafte Geschäfte abschließen kann, noch daß die von ihm geschlossenen Verträge von einem gesetzlichen Vertreter genehmigt werden können. Grund hierfür ist, daß das BGB davon ausgeht, daß der Geschäftsfähigkeit neben der Schutzfunktion auch eine „Ordnungsfunktion" zukommt.[40] Die Geschäftsfähigkeit ist die Fähigkeit, wirksam Willenserklärungen abgeben zu können und ist damit auf die Begründung von Rechtsgeschäften bezogen. Der „institutionelle Sinn"[41] des Rechtsgeschäfts wiederum besteht in der Möglichkeit des einzelnen, Rechtsverhältnisse selbstbestimmt zu gestalten. Das Rechtsgeschäft ist dabei „normativer Ausdruck" der Privatautonomie.[42] Nach dem Verständnis des BGB hat die Möglichkeit zur selbstbestimmten Gestaltung von Rechtsgeschäften aber nur dann einen Sinn, wenn der einzelne auch die Fähigkeit zur Selbstbestimmung hat, denn eine sinnvolle Ausübung von Willensmacht ist nur denk-

---

36 Vgl. *Schwimann*, Die Institution der Geschäftsfähigkeit (1965), S. 70 f.; vgl. *Lipp*, Rechtsperson (2000), S. 235, Fn. 92; wohl auch Staudinger[12]-*Beitzke*, Art. 7 EGBGB, Rn. 19; vgl. auch Motive I (1888), § 64, S. 129; unklar MünchKomm[3]-*Spellenberg*, Art. 12 EGBGB, Rn. 26a, der sowohl § 105 II BGB als auch § 104 Nr. 2 BGB „eher" den Willensmängeln zuordnen will.

37 In allen modernen Rechtsordnungen ist es selbstverständlich, die Abschlußfreiheit durch Regeln über die Geschäftsfähigkeit zu beschränken, *Köndgen*, Selbstbindung ohne Vertrag (1981), S. 25.

38 *Breit*, Geschäftsfähgkeit (1903), S. 2.

39 Zur Kritik an der Rechtsfolge des § 105 I BGB allgemein MünchKomm[3]-*Gitter*, vor 104 BGB, Rn. 10; Soergel[13]-*Hefermehl*, Vor § 104, Rn. 13; sowie einerseits *Canaris*, Verstöße gegen das verfassungsrechtliche Übermaßverbot im Recht der Geschäftsfähigkeit, JZ 1987, S. 93 ff.; und andererseits *Larenz/Wolf*, Allgemeiner Teil des BGB[8] (1997); *Knieper*, Geschäfte von Geschäftsunfähigen (1999), S. 30 ff. m.w.N.

40 *Schwimann*, Die Institution der Geschäftsfähigkeit (1965), S. 29 f.

41 *Flume*, AT des BGB, Band II, Das Rechtsgeschäft[3] (1979), S. 182.

42 Die wichtigste Erscheinungsform der rechtsgeschäftlichen Privatautonomie wiederum ist die Vertragsfreiheit, die sich durch das Rechtsgeschäft verwirklicht, vgl. *Schwimann*, Die Institution der Geschäftsfähigkeit (1965), S. 27 ff.

bar, wenn auch ein Mindestmaß an Willensverantwortlichkeit vorhanden sei.[43] Dieses Mindestmaß ist bei Geschäftsunfähigkeit jedoch gerade nicht vorhanden. Fehlt daher das Mindestmaß, so kann streng logisch und nicht wertend gedacht, eine Willenserklärung nicht als „rechtliches Material“[44] dienen.[45] Daher muß nach der Konzeption des BGB die Rechtsfolge einer tatbestandlich vorliegenden Willenserklärung eines Geschäftsunfähigen die Nichtigkeit derselben sein, wobei ein guter Glaube an die Geschäftsfähigkeit grundsätzlich nicht geschützt wird. Insoweit kommt der Geschäftsunfähigkeitsanordnung nach der Konzeption des BGB also eine „Ausschluß-“ oder „Ordnungsfunktion“ zu.[46] Der Schutz des Geschäftsunfähigen ist nach diesem Verständnis eine – wichtige – Folge der Geschäftsunfähigkeit, aber nicht primärer Regelungsgegenstand.[47] Dies zeigt sich auch an der Regelung des § 165 BGB, wonach eine beschränkte Geschäftsfähigkeit Voraussetzung für ein Vertreterhandeln ist, Geschäftsunfähige also keine Vertreter sein können.[48] Alleine durch den Schutzgedanken ließe sich diese Regelung nicht rechtfertigen, da die Willenserklärung des Vertreters gegenüber dem Vertretenen und nicht gegenüber dem Vertreter wirkt, letzterem also grundsätzlich nicht schaden kann.

bb) Einschränkung der Ordnungsfunktion der Geschäftsunfähigkeit

Die Rechtsfolge der Nichtigkeit von Willenserklärungen Geschäftsunfähiger ist freilich sowohl hinsichtlich der Privatautonomie des Geschäftsunfähigen als auch bezüglich der Schwierigkeiten für den Rechtsverkehr auf vielfältige Kritik gestoßen, die hier nicht im einzelnen nachgezeichnet werden kann.[49] Jedoch hält das deutsche Recht nicht ausnahmslos an der Ordnungsfunktion der Geschäftsunfähigkeit fest, sondern nimmt diese in Einzelfällen zugunsten der Schutzfunktion und anderen Schutzgütern zurück und trifft damit eine andere Risikoverteilung.

---

43 *Schwimann*, Die Institution der Geschäftsfähigkeit (1965), S. 38; *Pöschl*, Anordnungsvoraussetzungen der Betreuung (1999), S. 14. *Flume* meint gar, daß daher die Regelung der Geschäftsfähigkeit im BGB im „Wesen“ des Rechtsgeschäfts begründet liege, a.a.O. (Fn. 41), S. 182.

44 *Pawlowski*, Allgemeiner Teil des BGB[6] (2000), § 2, Rn. 168.

45 *Schwimann*, Die Institution der Geschäftsfähigkeit (1965), S. 33 f., *E. Bucher*, Die natürlichen Personen (1976), Vorbem. vor Art. 12-19 ZGB, Rn. 50, spricht diesbezüglich von „begriffsjuristischen Methoden“, die sich gegenüber dem Konzept des französischen Code Civil und des anglo-amerikanischen Rechts als „lebensfremd“ darstellten. Dem ist aber entgegenzuhalten, daß auch im anglo-amerikanischen Bereich die Willenserklärung eines – funktional verstandenen – Geschäftsunfähigen keine rechtliche Wirkung zeitigt. Kleinkinder können auch im englischen Recht keinen rechtlich erheblichen Willen bilden.

46 *v. Sachsen Gessaphe*, Der Betreuer (1999), S. 329.

47 „Die logisch notwendige und von allen Wandlungen materialer Wertprinzipien unberührte Zweckidee der Geschäftsfähigkeitsverteilung als personeller Mindestgrenze der Privatautonomie erschöpft sich (...) darin, die rechtsgestaltende Macht des individuellen privaten Willens auf konstruktiver Basis zu rechtfertigen,“ *Schwimann*, Die Institution der Geschäftsfähigkeit (1965), S. 40 f. Neuerdings auch *Pöschl*, Anordnungsvoraussetzungen der Betreuung (1999), S. 15.

48 Palandt[61]- *Heinrichs*, § 165 BGB, Rn. 1; BGH, 9. 12. 1970 – II ZR 137/69, BGHZ 53, 210 (215); zum Fall der Bestellung eines Geschäftsunfähigen als Geschäftsführer einer GmbH, OLG München, Urteil vom 6. 7.1990 – 23 U 2079/90, JZ 1990, S. 1029 f.

49 Siehe dazu die in Fn. 39, S. 35 genannten.

Zu nennen ist insbesondere die Behandlung der Geschäftsunfähigkeit bei Arbeitsverträgen. Hier kommt es zu einer Einschränkung der bereicherungsrechtlichen Rückabwicklung. „Technisches Hilfsmittel" hierfür ist die Annahme, daß bei Geschäftsunfähigkeit des Arbeitnehmers ein vollzogenes Arbeitsverhältnis nicht *ex tunc* nichtig ist.[50] Vielmehr ist der Vertrag zwar unwirksam und Vertragspflichten sind für den Arbeitnehmer nicht entstanden, so daß er insofern auch weiterhin geschützt bleibt („faktisches Arbeitsverhältnis"). Der – geschäftsfähige – Arbeitgeber kann sich aber auf diese Unwirksamkeit nicht berufen, wenn der Lohn für geleistete Arbeit verlangt wird. Der Arbeitnehmer kann daher seinen Lohn verlangen, als ob er geschäftsfähig wäre.[51] Es erscheint hier unbillig, den Arbeitnehmer lediglich auf Ansprüche aus ungerechtfertigter Bereicherung zu verweisen. Damit wird die Ausschluß- und Ordnungsfunktion der Geschäftsunfähigkeit zugunsten des Schutzes des Geschäftsunfähigen zurückgenommen. Freilich wird damit die Willenserklärung nicht mehr für unerheblich erklärt. Funktional betrachtet handelt es sich daher bei der „Arbeitsvertragsgeschäftsunfähigkeit" nicht mehr um eine Geschäftsunfähigkeit, sondern um eine Beschränkung der Geschäftsfähigkeit insoweit, als daß die Willenserklärung solche rechtlichen Wirkungen hervorbringen kann, die für den nominal Geschäftsunfähigen insgesamt vorteilhaft sind. Ist hingegen der Arbeitgeber geschäftsunfähig, so verbleibt es bei der Nichtigkeitsanordnung des § 105 BGB. Der Arbeitnehmer wird auf das Bereicherungsrecht verwiesen, denn hier gilt es, den Arbeitgeber zu schützen.

Eine weitere Ausnahme von der Ausschlußfunktion der „Geschäftsunfähigkeit" wird bei geschäftsunfähigen Organen diskutiert. Hier wird in Erwägung gezogen, unter gewissen Voraussetzungen die von geschäftsunfähigen Organen geschlossenen Verträge als wirksam zu erachten. So soll ein Vertrag, der von einem geschäftsunfähigen Organ in Vertretung einer juristischen Person geschlossen wurde, trotz der grundsätzlichen Nichtigkeit der vom geschäftsunfähigen Organ abgegebenen Willenserklärung gem. § 105 I BGB die juristische Person wirksam verpflichten können, wenn im konkreten Fall die Voraussetzungen für die allgemeine handelsrechtliche Rechtsscheinhaftung vorliegen.[52] Falls den Gesellschaftern einer juristischen Person die Geschäftsunfähigkeit des Organs bekannt ist und sie es dennoch weiterhin als solches für die Gesellschaft handeln lassen, so soll ein Rechtsschein dahingehend von den Gesellschaftern gesetzt sein, daß das Organ geschäftsfähig ist.

Auch wenn eine Bindung an den vom geschäftsunfähigen Organ geschlossenen Vertrag an das Vorliegen eines Rechtsscheins geknüpft wird, so ändert dies nichts daran, daß in diesem Fall die Willenserklärung des Organs der eigentliche Grund für die Verpflichtung der vertretenen juristischen Person ist. Die Willenserklärung des geschäftsunfähigen Organs zeitigt damit Rechtswirkungen. Dadurch wird eine Ausnahme von dem Ordnungs- und Ausschlußgedanken der Geschäftsunfähigkeit vorgenommen, um Interessen des Rechtsverkehrs gerecht zu werden, ohne damit den Schutz-

---

50 *Schlechtriem*, Restitution in Europa, Band 1 (2000). S. 549, Rn. 279.

51 *Brox/Rüthers*, Arbeitsrecht[15] (2002), Rn. 67 f.; *Schaub*, Arbeitsrechtshandbuch[10] (2002), S. 273; Soergel[13]-*Hefermehl*, Vor § 104 BGB, Rn. 14.

52 BGH, Urteil vom 1. 7. 1991 – II ZR 292/90, BGHZ 115, 78; zur Entscheidung des Berufungsgerichts *W.-H. Roth*, Anmerk. zu OLG München, Urteil vom 6. 7. 1990 – 23 U 2079/90, JZ 1990, 1030 f.

gesichtspunkt zu vernachlässigen. Denn durch die Rechtsscheinhaftung wird allein die juristische Person, nicht aber das geschäftsunfähige Organ selbst verpflichtet.

Die Ordnungsfunktion der Geschäftsunfähigkeit wird weiterhin durch die Regelung des § 105a BGB eingeschränkt, die vor allem als eine Maßnahme der Förderung und der sozialen Integration volljähriger geistig behinderter Menschen am 1. 8. 2002 in Kraft getreten ist.[53] Tätigt ein volljähriger Geschäftsunfähiger ein Geschäft des täglichen Lebens, das mit geringwertigen Mitteln bewirkt werden kann, so gilt gem. § 105a BGB der von ihm geschlossene Vertrag in Ansehung von Leistung und Gegenleistung als wirksam, sobald Leistung und Gegenleistung bewirkt sind. Dies gilt nicht bei einer erheblichen Gefahr für die Person oder das Vermögen des Geschäftsunfähigen. Nach Auffassung des Gesetzgebers läßt diese Regelung die Definition der natürlichen Geschäftsunfähigkeit in § 104 Nr. 2 BGB ebenso unverändert bestehen, wie die in § 105 I BGB angeordnete Nichtigkeit der Willenserklärung eines Geschäftsunfähigen. Der Geschäftsunfähige habe auch im Anwendungsbereich des § 105a BGB nicht die Fähigkeit, wirksame Willenserklärungen abzugeben.[54] Durch § 105a BGB sollen – zumindest – bereicherungsrechtliche Rückabwicklungsansprüche ausgeschlossen werden,[55] so daß der Geschäftsunfähige im Anwendungsbereich des § 105a BGB zumindest faktisch am Rechtsverkehr teilnehmen kann. Insofern wird auch hier die Ausschlußfunktion der Geschäftsunfähigkeit zurückgenommen. Ob der Regelung des § 105a BGB darüber hinaus entnommen werden kann, daß ein Vertrag zu Gunsten des Geschäftsunfähigen „halbseitig" wirksam ist, so daß der Geschäftsunfähige alle zu seinen Gunsten eventuell bestehenden vertraglichen Folgeansprüche wie Rücktritts- und Schadensersatzansprüche geltend machen kann,[56] bleibt abzuwarten.

Zusammenfassend läßt sich feststellen, daß die Regelung der Geschäftsunfähigkeit aus Ordnungsgesichtspunkten erfolgt ist, die einen Schutz des Geschäftsunfähigen nach sich zieht. Dies ergibt sich insbesondere aus der in § 105 BGB angeordneten Nichtigkeitsfolge einer vom Geschäftsunfähigen abgegebenen Willenserklärung. Eine restriktive Zurücknahme eben dieses Ordnungsgedankens erfolgt im deutschen Sachrecht einmal zugunsten eines erhöhten Schutzes des Geschäftsunfähigen. Ferner erfolgt eine Rücknahme zugunsten des Rechtsverkehrs sowie im Falle des § 105a BGB zur Förderung der sozialen Integration volljähriger, geistig behinderter Menschen, solange der Schutz des Geschäftsunfähigen dabei nicht verringert wird. Durch die Rücknahme der Ordnungsfunktion der Geschäftsunfähigkeit wandelt diese sich „funktional" zu einer ausnahmsweisen und eingeschränkten Geschäftsfähigkeit dahingehend, daß sich aus einer Willenserklärung für den nominal Geschäftsunfähigen keine nachteiligen Folgen ergeben, sondern nur ihm vorteilhafte oder für ihn neutrale Wirkungen bestehen.

---

53 BGBl I v. 31. 7. 2002 (2850).

54 BT-Drucks. 14/9266, S. 43.

55 BT-Drucks. 14/9266, S. 43.

56 Dafür *Casper*, Geschäfte des tägliche Lebens – kritische Anmerkungen zum neuen § 105 a BGB, NJW 2002, 3425 (3427 ff.).

c) Voraussetzungen und Funktion der beschränkten Geschäftsfähigkeit im Sinne des BGB

Gem. §§ 2, 106 BGB ist grundsätzlich jeder Minderjährige nach Maßgabe der §§ 107 – 113 BGB beschränkt geschäftsfähig, der zwischen sieben und achtzehn Jahre alt und nicht geschäftsunfähig ist. Eine beschränkte Geschäftsfähigkeit Volljähriger in dem Sinne, wie sie gem. §§ 6, 114 BGB a. F. im Falle einer Entmündigung bestehen konnte, gibt es seit der Einführung der Betreuung im deutschen Sachrecht nicht mehr.

Nach der Konzeption des BGB kann ein Minderjähriger solche Willenserklärungen wirksam abgeben, durch die er einen lediglich rechtlichen Vorteil erlangt. Für die Vornahme solcher Rechtsgeschäfte ist der Minderjährige also „unbeschränkt" tauglich.[57] Dies ergibt sich aus einem Umkehrschluß zu § 107 BGB, der eine Beschränkung der Geschäftsfähigkeit in Bezug auf solche Rechtsgeschäfte vorsieht, durch die der Minderjährige nicht lediglich einen rechtlichen Vorteil erlangt.

Neben der Beschränkung der Geschäftsfähigkeit an sich regelt § 107 BGB gleichzeitig eine Rechtsfolge der beschränkten Geschäftsfähigkeit. Eine Willenserklärung, durch die der beschränkt Geschäftsfähige nicht nur einen lediglich rechtlichen Vorteil erlangt, bedarf für ihre Wirksamkeit der Einwilligung seines gesetzlichen Vertreters. Fehlt diese Einwilligung, so hängt die Wirksamkeit eines Vertrages, durch die der Minderjährige nicht lediglich einen rechtlichen Vorteil erlangt, gem. § 108 BGB von der Genehmigung des gesetzlichen Vertreters ab. Bis zur Genehmigung ist der Vertrag schwebend unwirksam. Voraussetzung für die Wirksamkeit eines Vertrages, durch die der Minderjährige nicht lediglich einen rechtlichen Vorteil erlangt, ist damit entweder die (vorherige) Einwilligung oder die (nachträgliche) Genehmigung durch den gesetzlichen Vertreter. (Vorherige) Einwilligung und (nachträgliche) Genehmigung werden im BGB gem. §§ 183, 184 BGB grundsätzlich gleich behandelt. Sie ergeben zusammen das Erfordernis der Zustimmung.

Eine Willenserklärung, durch die der beschränkt Geschäftsfähige nicht nur einen lediglich rechtlichen Vorteil erlangt, zeigt somit eine gewisse Wirkung. Sie ist im Gegensatz zu einer Willenserklärung eines Geschäftsunfähigen nicht nichtig. Dies zeigt, daß bezogen auf nicht lediglich rechtlich vorteilhafte Rechtsgeschäfte beschränkt Geschäftsfähigen (anders als Geschäftsunfähigen) die Willenstauglichkeit nicht gänzlich abgesprochen wird. Vielmehr werden sie als eingeschränkt fähig angesehen, einen freien Willen zu bilden. Im Gegensatz zur Geschäftsunfähigkeit liegt den Regelungen über die beschränkte Geschäftsfähigkeit und ihren Folgen daher keine Ausschlußfunktion zugrunde. Vielmehr erfolgt eine Beschränkung der Willenstauglichkeit vor allem aus Schutzgesichtspunkten.[58] Eine vergleichbare Schutzbedürftigkeit Minderjähriger

---

57 Zur Frage, ob er daher für diese Rechtsgeschäfte als teilgeschäftsfähig zu qualifizieren ist, S. 60.

58 Motive, Band I (1888), § 65, S. 131: „Minderjährige, welche das siebente Lebensjahr zurückgelegt haben, sind zwar willenskräftig, besitzen aber nicht denjenigen Grad geistiger Reife und geschäftlicher Reife, welcher erforderlich ist, um ungefährdet im Rechtsverkehr selbständig auftreten zu können. Der seitens der Rechtsordnung ihnen zu gewährende Schutz besteht darin, daß sie in der freien Gebarung beschränkt und Umfang und Folgen dieser Beschränkung so bestimmt werden, daß die von *ihnen vorgenommenen nachteiligen Rechtsgeschäfte möglichst unschädlich gemacht werden.*" (Hervorhebung vom Verfasser).

ist grundsätzlich in allen Ländern anerkannt, allerdings variieren, wie im Laufe dieser Arbeit gezeigt werden soll, durchaus die Ausgestaltungen der Schutzkonzepte.

d) Abgrenzung der Regelungen der Geschäftsfähigkeit und der Rechtsfolgen beschränkter Geschäftsfähigkeit

Wenn in dieser Arbeit die Anknüpfung der Rechtsfolgen beschränkter Geschäftsfähigkeit untersucht werden soll, so ist an dieser Stelle zu klären, inwieweit die Bestimmungen der §§ 106, 107, 108 BGB kollisionsrechtlich dem Anknüpfungsgegenstand „Geschäftsfähigkeit" einerseits und dem Anknüpfungsgegenstand „Rechtsfolgen beschränkter Geschäftsfähigkeit" andererseits zuzuordnen sind.

Ausgehend von ihrer Funktion sind als Regelungen der Geschäftsfähigkeit zunächst die Altersgrenzen anzusehen. Daneben zählen auch solche Bestimmungen dazu, aus denen sich ergibt, ob und für welche Art von Willenserklärungen die Willenstauglichkeit unbeschränkt oder eben nur beschränkt vorliegt. § 107 BGB ist insoweit funktional eine Regelung der Geschäftsfähigkeit, als in dieser Vorschrift bestimmt wird, daß Minderjährige für alle Rechtsgeschäfte, durch die sie nicht lediglich einen rechtlichen Vorteil erlangen, beschränkt geschäftsfähig sind.

Dem Anknüpfungsgegenstand „Rechtsfolgen beschränkter Geschäftsfähigkeit" sind hingegen solche Sachrechtsnormen zuzuordnen, die regeln, ob und wie die Willenserklärungen eines beschränkt Geschäftsfähigen trotz seiner nur eingeschränkten Willenstauglichkeit Wirksamkeit erlangen können. Damit sind die in § 108 BGB enthaltenen Regelungen sowie die Regelung des § 107 BGB insoweit funktional als Rechtsfolgenregelung beschränkter Geschäftsfähigkeit anzusehen, als sie sich auf die Zustimmung als Wirksamkeitsvoraussetzung der Willenserklärung des beschränkt Geschäftsfähigen beziehen.

aa) Funktion des Zustimmungserfordernisses gem. §§ 107, 108 I BGB

Das Zustimmungserfordernis gem. §§ 107, 108 BGB durch gesetzliche Vertreter hat verschiedene Funktionen. Im Falle einer Zustimmung wird dem beschränkt Geschäftsfähigen ermöglicht, ein Rechtsgeschäft wirksam vorzunehmen. Insofern läßt sich von einer „Teilnahmefunktion" sprechen, da dem beschränkt Geschäftsfähigen die wirksame Teilnahme am Rechtsverkehr eröffnet wird. Die Versagung der Zustimmung ermöglicht den gesetzlichen Vertretern eines beschränkt Geschäftsfähigen, diesen vor nachteiligen Rechtsgeschäften zu schützen. Insofern hat das Zustimmungserfordernis eine Schutzfunktion und bestimmt das „Schutzniveau", auf dem der beschränkt Geschäftsfähige geschützt wird. Rechtsfolgen beschränkter Geschäftsfähigkeit können also eine Teilnahme- und eine Schutzfunktion haben.

Mittelbar dient das Zustimmungserfordernis auch der Funktion der Personensorge. Der gesetzliche Vertreter soll mit der Erteilung oder Verweigerung von Zustimmungen auch seine Erziehungsaufgabe erfüllen können.[59] Die Wahrnehmung der

---

59 *Pawlowski*, Rechtsgeschäftliche Folgen nichtiger Willenserklärungen (1966), S. 57; weitergehend *Köhler*, Grundstücksschenkung an Minderjährige – „ein lediglich rechtlicher Vorteil"?, JZ

Erziehungsaufgabe steht bei der Entscheidung über die Erteilung einer Zustimmung jedoch nicht im Vordergrund. Es geht vielmehr um den Schutz des Minderjährigen vor für ihn unvorteilhaften Geschäften und damit darum, ob ein beschränkt Geschäftsfähiger wie ein Vollgeschäftsfähiger am Rechtsverkehr teilnehmen können soll. Dies zeigt sich unter anderem darin, daß Minderjährige gem. § 107 BGB Willenserklärungen, durch die sie einen lediglich rechtlichen Vorteil erlangen, ohne Zustimmung ihrer gesetzlichen Vertreter wirksam abgeben können, auch wenn der Abschluß eines entsprechenden Rechtsgeschäfts aus Gründen der Erziehung nicht als wünschenswert gilt. Daß Rechtsfolgen beschränkter Geschäftsfähigkeit – wenn überhaupt – nur mittelbar der Erziehungsfunktion dienen, ergibt sich auch bei einer rechtsvergleichenden Betrachtung: Im englischen und anglo-amerikanischen Recht wird dem minderjährigen beschränkt Geschäftsfähigen eine wesentlich größere Entscheidungsbefugnis eingeräumt als im deutschen Sachrecht. Schließt ein Minderjähriger bei Geltung englischen Rechts etwa einen sogenannten „contract binding unless repudiated“, so ist der Vertrag für beide Vertragsparteien bindend, es sei denn der Minderjährige widerruft den Vertrag während seiner Minderjährigkeit oder innerhalb eines angemessenen Zeitraums („within a reasonable time“) nach Erreichen der Volljährigkeit.[60] Die Eltern des Minderjährigen können weder den Vertragsschluß verhindern, noch den Minderjährigen anweisen, den Vertrag zu widerrufen. Eine wie auch immer geartete Erziehungsfunktion enthält die Widerrufsmöglichkeit und damit die Rechtsfolge der beschränkten Geschäftsfähigkeit im anglo-amerikanischen Recht daher nicht.

bb) Funktion der §§ 108 II, 109, 111 BGB

Der Schutz des Minderjährigen geht indes nicht in jedem Fall über die Interessen seines Geschäftspartners, oder, mit den Worten der Motive, „in dem Schutze der Minderjährigen darf nicht weiter gegangen werden, als mit der materiellen Gerechtigkeit verträglich ist“.[61] Daher kann gem. § 108 II BGB bei einem Vertragsschluß ohne die erforderliche Einwilligung des gesetzlichen Vertreters der andere Teil den Vertreter zur Erklärung über die Genehmigung auffordern. Die Genehmigung kann dann nur bis zum Ablauf von zwei Wochen ihm gegenüber erklärt werden. Der Vertragspartner soll nicht ewig an einen schwebend unwirksamen Vertrag gebunden sein.

Ebenso dient den Interessen des Vertragspartners die Regelung des § 109 BGB. Da der Vertragspartner keine Möglichkeit hat, die Genehmigung eines ohne die erforderliche Einwilligung geschlossenen Vertrages zu erzwingen, steht ihm gem. § 109 BGB unter gewissen Voraussetzungen ein Widerrufsrecht zu.

Ferner ist gem. § 111 BGB trotz Einwilligung der gesetzlichen Vertreter ein einseitiges Rechtsgeschäft eines Minderjährigen unwirksam, wenn der Minderjährige die Einwilligung nicht in schriftlicher Form vorlegt und der andere das Rechtsgeschäft aus diesem Grund zurückweist, wobei wiederum die Zurückweisung ausgeschlossen ist, wenn der gesetzliche Vertreter den anderen von der Einwilligung in Kenntnis gesetzt

---

1983, S. 225 f. sowie MünchKomm³-*Gitter*, vor 104 BGB, Rn. 3, die meinen, der Erziehungszweck stehe selbständig und gleichberechtigt neben dem Schutzzweck.

60 Hierzu S. 102 ff.

61 Motive, Band I (1888), § 65, S. 133.

hatte. Sinn dieser Regelung ist nicht der Minderjährigenschutz. Vielmehr soll die volljährige Person, der gegenüber der Minderjährige das einseitige Rechtsgeschäft vornimmt, Klarheit über die Fähigkeit des Minderjährigen haben, das Rechtsgeschäft wirksam vorzunehmen.[62] Die Rechtsfolgen beschränkter Geschäftsfähigkeit berücksichtigen somit auch die Interessen des jeweiligen Vertragspartners.

III. Ergebnis der ersten Annäherung

Aus der Wechselbeziehung zwischen der Auslegung des Art. 7 EGBGB im Hinblick auf das deutsche Sachrecht einerseits und der Qualifikation der §§ 106 ff. BGB im Hinblick auf Art. 7 EGBGB andererseits läßt sich als ein erstes Ergebnis festhalten: Dem Anknüpfungsgegenstand „Geschäftsfähigkeit“ sind zunächst solche Sachnormen zuzuordnen, aus denen sich eine gesetzgeberische Entscheidung ergibt, ob und in welchem Bereich eine Person selbständig wirksam am Rechtsverkehr teilnehmen kann. Dies sind solche Regelungen, die bestimmen, ob und für welche Rechtsgeschäfte eine Person eine volle, eingeschränkte oder eben keine Willenstauglichkeit innehaben soll.

---

62 *Brox*, Allgemeiner Teil des Bürgerlichen Rechts[25] (2001), Rn. 248; Motive, Band I (1888), § 65, S. 133 f.

§ 2 Anknüpfung des formalen und des subjektiven Elements der Geschäftsfähigkeit

Wie zu Beginn der Arbeit dargestellt, behandelt das EGBGB die allgemeine Geschäftsfähigkeit personenrechtlich und betrachtet sie als eine rechtliche persönliche Eigenschaft eines Menschen. Anders ausgedrückt handelt es sich bei der Geschäftsfähigkeit nach diesem Verständnis um eine Frage des „Status", der als „Stellung in der Rechtsgemeinschaft" bezeichnet werden kann.[63] Diese Stellung muß auf eine gewisse Dauer angelegt sein und nur unter erschwerter Form aufgegeben werden können.[64] Im deutschen Sachrecht läßt sich die Geschäftsfähigkeit oder vielmehr die Geschäftsunfähigkeit und die beschränkte Geschäftsfähigkeit in zwei Elemente aufteilen, ein formales und ein subjektives Element.[65] Im BGB zeigt sich dies einerseits (formales Element) in der Regelung des § 104 Nr. 1 BGB für die Geschäftsunfähigkeit und in § 106 BGB für die beschränkte Geschäftsfähigkeit sowie andererseits (subjektives Element) in den Regelungen der §§ 104 Nr. 2, 105 II BGB.[66]

Das formale Element (§ 104 Nr. 1 BGB, § 106 BGB) regelt, ab wann eine natürliche Person grundsätzlich geschäftsfähig ist, nämlich mit der Volljährigkeit. Unabhängig von den tatsächlichen Fähigkeiten einer Person knüpft es formal an das Alter an. Das subjektive Element der Geschäftsfähigkeit (§ 104 Nr. 2, § 105 II BGB) knüpft an die Person (also das tatsächlich vorhandene Subjekt) an und regelt, wann eine zwar grundsätzlich geschäftsfähige Person dennoch ein Rechtsgeschäft zu einem bestimmten Zeitpunkt nicht vornehmen kann. Beide Elemente zusammen ergeben die Regelung der Voraussetzungen der Geschäftsfähigkeit. Naheliegend ist daher zunächst einmal, daß auch beide Elemente dem Anknüpfungsgegenstand „Geschäftsfähigkeit" im Sinne des Art. 7 EGBGB zuzuordnen sind.

I. Sinn des formalen Elements der Geschäftsfähigkeit im Vergleich zum subjektiven Element

Fraglich ist, ob im Hinblick auf die unterschiedlichen „Schutzrichtungen" des formalen Elements einerseits und des subjektiven Elements andererseits eine unterschiedliche Anknüpfung geboten erscheint. Die unterschiedlichen Schutzrichtungen werden deutlich, wenn man sich eine Rechtsordnung vorstellt, die nur ein subjektives Element der Geschäftsfähigkeit kennt. Dies wäre beispielsweise der Fall, wenn alle Menschen als grundsätzlich geschäftsfähig behandelt würden und ein Rechtsgeschäft

---

63 *Kropholler*, Internationales Privatrecht[4] (2001), § 37 I 1, S. 255; so auch schon *Neuhaus*, Grundbegriffe[2] (1976), S. 201.

64 *Pokorny*, Geschäftsfähigkeit (1953), S. 5; *Ramm*, Jugendrecht (1990), S. 160.

65 Terminologie nach *E. Bucher*, Die natürlichen Personen (1976), Art. 12 ZGB, Rn. 6 f. *Schwimann*, Die Institution der Geschäftsfähigkeit (1965), S. 67 ff. spricht von zwei „Komponenten": der generellen Komponente der Geschäftsfähigkeit, die dem hier sogenannten formalen Element entspricht, und der korrektiven Komponente, die dem subjektiven Element der Geschäftsfähigkeit entspricht. Das subjektive Element der Geschäftsfähigkeit wird auch als „natürliche Geschäftsunfähigkeit" bezeichnet, *Flume*, AT des BGB, Band II, Das Rechtsgeschäft[3] (1979), S. 184 ff.

66 § 105 II BGB spricht zwar nicht von „Geschäftsunfähigkeit", er ergänzt aber den § 104 Nr. 2 BGB und ist auch als Geschäftsfähigkeitsregelung zu qualifizieren, S. 34 f.

nur dann nichtig oder schwebend unwirksam wäre, wenn eine Person nicht „in der Lage [wäre], die Bedeutung einer von [ihr] abgegebenen Willenserklärung einzusehen und nach dieser Einsicht zu handeln.“[67] Durch eine solche Regelung würden solche – und auch nur solche – Personen, die eine Willenstauglichkeit im Zeitpunkt der Vornahme des Rechtsgeschäfts nicht oder nur eingeschränkt haben, vom Rechtsverkehr ausgeschlossen bzw. an dessen Teilnahme beschränkt. Allein durch die Anknüpfung der Geschäftsunfähigkeit oder der beschränkten Geschäftsfähigkeit an ein subjektives Element, das an die tatsächlich vorhandenen Fähigkeiten des Handelnden anknüpft, könnte eine Rechtsordnung sowohl der Ausschlußfunktion der Geschäftsunfähigkeit als auch der Schutzfunktion der beschränkten Geschäftsfähigkeit gerecht werden.

Eine solche Regelung würde den Rechtsverkehr aber mit einer kaum zu ertragenden Ungewißheit bezüglich der Wirksamkeit eines Rechtsgeschäftes belasten.[68] Aufgrund der festen Altersgrenzen ist es möglich, für das subjektive Element eine relativ hohe „Eingriffsschwelle“ anzusetzen, also die tatsächlichen Anforderungen an die Geschäftsunfähigkeit relativ hoch anzusetzen. Die festen Altersgrenzen ermöglichen es dem Rechtsverkehr daher, sich mit hoher Wahrscheinlichkeit auf die unbeschränkte oder beschränkte Geschäftsfähigkeit des Vertragspartners verlassen zu können. Die Einführung eines formalen Elements der Geschäftsfähigkeit dient daher insbesondere dem Rechtsverkehrsschutz und damit im Gegensatz zum subjektiven Element weniger dem Schutz der beschränkt Geschäftsfähigen oder der Ausschlußfunktion.

Das subjektive Element berücksichtigt den Verkehrsschutz und die Rechtssicherheit allerdings insofern, als nach dem BGB die Geschäftsunfähigkeit grundsätzlich in Bezug auf alle Rechtsgeschäfte zu einem bestimmten Zeitpunkt festgestellt wird. Eine „relative Geschäftsunfähigkeit“ für besonders schwierige Geschäfte wird grundsätzlich abgelehnt.[69] Allerdings macht § 105a BGB davon für Geschäfte des täglichen Lebens unter den in der Regelung genannten Voraussetzungen eine Ausnahme.[70]

II. Anknüpfung von formalem und subjektivem Element

Lipp befürwortet eine unterschiedliche Anknüpfung von formalem und subjektivem Element der Geschäftsfähigkeit. Dabei nimmt er für die Untersuchung rechtlich relevanten Handelns natürlicher Personen eine Dreiteilung vor. „Mündigkeit“, „unmittelbare Handlungsfähigkeit“ und „staatliche Schutzmaßnahmen für Erwachsene“ seien zu unterscheiden. Staatliche Schutzmaßnahmen für Erwachsene sollen an dieser Stelle noch nicht interessieren, sondern werden im Rahmen des vierten Kapitels diskutiert. „Mündigkeit“ sei eine Altersgrenze, die vom Staat festgelegt werde und einer

---

67 Wortlaut des § 2229 IV BGB.

68 *Flume*, AT des BGB, Band II, Das Rechtsgeschäft[3] (1979), S. 183.

69 Palandt[61]-*Heinrichs*, § 104 BGB, Rn. 6 m. w. N.: Eine relative Geschäftsunfähigkeit würde zu „unerträglicher Rechtsunsicherheit“ führen.

70 Dabei handelt es sich bei der Regelung des § 105a BGB nicht um eine relative „Geschäftsunfähigkeit“, sondern um eine relative „Geschäftsfähigkeit“. § 105a BGB setzt die Geschäftsunfähigkeit voraus und macht davon für bestimmte Geschäfte eine Ausnahme. Eine relative Geschäftsunfähigkeit bedeutet, daß eine Person grundsätzlich geschäftsfähig ist, davon aber für besondere Geschäfte eine Ausnahme gemacht wird.

natürlichen Person grundsätzliche Alleinentscheidungsbefugnis und Alleinverantwortung zuspreche. Sie trete mit Volljährigkeit ein. Durch sie werde der Mensch als „Rechtsperson anerkannt". Ehe-, Testier-, Delikts- und allgemeine Geschäftsfähigkeit regelten dabei alle einen Ausschnitt dieser Zulassung zum Rechtsverkehr. Die „Mündigkeit" beträfe damit „nicht nur" die konkrete Rechtshandlung, sondern auch den „Status" einer Person, definiert als Rechtsstellung des einzelnen in der Rechtsordnung. Der Status einer Person wiederum sei keine „Frage" des Rechtsgeschäfts. Im Gegensatz zur „Mündigkeit" knüpfe die „unmittelbare" Handlungsfähigkeit stattdessen an die tatsächliche Entscheidungsfähigkeit des Menschen an. Sie müsse als Mangel der jeweiligen Rechtshandlung aufgefaßt werden und sei eine Frage des Rechtsgeschäfts.[71] Daraus folgert *Lipp* die „Kernthese", daß die Mündigkeit als Statusfrage nach dem Personalstatut, die unmittelbare Handlungsfähigkeit als Problem der Rechtshandlung nach dem Geschäftsstatut zu beurteilen sei.[72] Dagegen sei es „nicht sinnvoll", Voraussetzungen und Folgen fehlender Handlungsfähigkeit getrennt anzuknüpfen.[73]

Bezogen auf die Geschäftsfähigkeit bedeutet *Lipps* Ansatz, daß solche Regelungen, die die „Zulassung zum Rechtsverkehr betreffen" (also insbesondere die Altersgrenze der unbeschränkten Geschäftsfähigkeit) nach dem Personalstatut und damit nach Art. 7 EGBGB zu beurteilen wären. Hingegen wären solche Geschäftsfähigkeitsregelungen, die an die tatsächlich vorhandene Entscheidungsbefugnis des Menschen anknüpfen, nach dem Geschäftsstatut zu beurteilen. Die Wirkungen mangelnder Geschäftsfähigkeit wären nach *Lipps* Auffassung demnach entweder dem Personalstatut oder dem Geschäftsstatut zu entnehmen, je nach dem, ob sie aus dem „Status" Geschäftsfähigkeit oder der „rechtsgeschäftlichen" Geschäftsfähigkeit folgten.

III. Diskussion des Ansatzes von *Lipp*

Oben wurde gezeigt, daß das formale Element der Geschäftsfähigkeit auch und gerade dem Rechtsverkehrsschutz dient. Zwar kann das formale Element der Geschäftsfähigkeit durchaus als (rechtliche) Eigenschaft einer Person beschrieben werden, grundsätzlich tauglich zu sein, ein Rechtsgeschäft vorzunehmen. Insofern regelt das formale Element der Geschäftsfähigkeit auch die Zulassung zum Rechtsverkehr im rechtsgeschäftlichen Bereich,[74] und insofern könnte man daran denken, von einem „Status" der „Geschäftsfähigkeit" zu sprechen. Allerdings muß dabei bedacht werden, daß durch die Bejahung des „Status" Geschäftsfähigkeit eine Entscheidung über die

---

71 *Lipp*, Rechtsperson (2000), S. 42 ff., 45, 230.

72 *Lipp*, Rechtsperson (2000), S. 234 f.

73 *Lipp*, Rechtsperson (2000), S. 229.

74 So *Lipp*, Rechtsperson (2000), S. 43 f. Dabei soll hier nicht weiter der Frage nachgegangen werden, ob und inwieweit diese „Zulassung", die *Lipp* mit der Mündigkeit als erreicht sieht, eine „Anerkennung" des Menschen als „Rechtsperson" ist, die durch einen „Zulassungsakt" erfolgt. Nach der Systematik des BGB wird die Geschäftsfähigkeit einer natürlichen Person vorausgesetzt, ist also grundsätzlich gegeben. Geregelt werden lediglich die Ausnahmen der beschränkten Geschäftsfähigkeit und der Geschäftsunfähigkeit im Rahmen des formalen und des subjektiven Elements der Geschäftsfähigkeit. Durchaus überlegenswert erscheint es daher, daß der Grundsatz des BGB bedeutet, daß natürliche Personen per se am Rechtsverkehr teilnehmen können, ohne daß es eines „Zulassungsaktes" bedürfte, Fn. 211, S. 80.

Geschäftsfähigkeit für ein bestimmtes Rechtsgeschäft[75] noch nicht getroffen ist. Die endgültige, auf ein in Frage stehendes Rechtsgeschäft bezogene Bejahung der Geschäftsfähigkeit oder ihre Verneinung zeigt sich immer nur in einem Zusammenwirken von formalem und subjektivem Element.[76] Die Willenstauglichkeit für ein Rechtsgeschäft in einem bestimmten Moment ist damit trotz Bejahung des formalen Elements der Geschäftsfähigkeit also noch nicht gegeben. Insofern kann auch nicht von einem „Status" „geschäftsfähig" gesprochen werden, da es an der für einen „Status" erforderlichen „andauernden" Eigenschaft fehlt.[77]

Hinzu kommt, daß die Geschäftsfähigkeit insbesondere dann von Interesse ist, wenn es um die Frage nach der Wirksamkeit eines Rechtsgeschäftes geht. Einen Schwerpunkt hat das formale Element dabei – wie oben gezeigt – im Rechtsverkehrsschutz. Rechtsverkehrsschutz macht aber nur Sinn, wo es auch um Rechtsverkehr geht, der wiederum Rechtsgeschäfte voraussetzt. Unabhängig von einer eventuellen Zulassungsfunktion des formalen Elements der allgemeinen Geschäftsfähigkeit stellt sich die Frage nach der allgemeinen Geschäftsfähigkeit also (fast) ausschließlich im Zusammenhang mit der Gültigkeit von Rechtsgeschäften. Damit sind sowohl das formale als auch das subjektive Element der Geschäftsfähigkeit gleichermaßen auf das Rechtsgeschäft bezogen.[78] Damit ist aber für eine unterschiedliche Anknüpfung der beiden Elemente kein Raum. Diese Überlegung wird dadurch gestützt, daß das subjektive Element regelmäßig bezogen auf das formale Element ermittelt werden muß. Ein Mensch ist nach dem BGB geschäftsunfähig im Sinne des § 104 Nr. 2 BGB, wenn er sich in einem die freie Willensbestimmung ausschließenden Zustand [...] befindet. Dieser ist im Vergleich mit der Willenstauglichkeit eines durchschnittlichen Siebenjährigen zu ermitteln. Setzte man die Alters- und damit die Geschäftsunfähigkeitsgrenze des § 104 Nr. 1 BGB höher an, so würde man auch die Geschäftsunfähigkeit im Sinne des § 104 Nr. 2 BGB entsprechend anders verstehen müssen.

Daher werden subjektives und formales Element der Geschäftsfähigkeit beide von Art. 7 EGBGB erfaßt.

---

[75] In Deutschland wird eine sogenannte „relative Geschäftsunfähigkeit", also eine Geschäftsunfähigkeit, die sich auf das „konkrete Rechtsgeschäft" bezieht, aus Verkehrsschutzgründen grundsätzlich – mit Ausnahme des § 105a BGB – abgelehnt, Fn. 81, S. 48. Bestimmt wird die Geschäftsfähigkeit in Deutschland daher für alle Rechtsgeschäfte in dem Moment der Abgabe der Willenserklärungen.

[76] *Schwimann*, Die Institution der Geschäftsfähigkeit (1965), S. 66.
Die Geschäftsunfähigkeit kommt ihrer Ausschlußfunktion sowohl durch ihr formales Element gem. § 104 Nr. 1 BGB als auch durch ihr subjektivs Element gem. §§ 104 Nr. 2, 105 II BGB nach, da bei beiden in § 105 BGB die Nichtigkeit der Willenserklärung angeordnet wird.

[77] Dagegen ließe sich im deutschen Sachrecht durchaus von dem Status der „Geschäftsunfähigkeit im Sinne des § 104 Nr. 1 BGB" sprechen. Die Geschäftsunfähigkeit aufgrund des formalen Elements der Geschäftsfähigkeit führt zu einer länger andauernden (nämlich bis zum siebten Lebensjahr) Verneinung der Geschäftsfähigkeit und kann auch nicht willentlich aufgegeben werden, vgl. *Schwimann*, Die Institution der Geschäftsfähigkeit (1965), S. 78.

[78] Die Bezogenheit der Geschäftsfähigkeit auf Rechtsgeschäfte betonen auch *Enneccerus/Nipperdey*, AT[15] (1960) 2, S. 926 f.; Soergel[13]-Hefermehl, Vor § 104 BGB, Rn. 1; *Larenz/Wolf*, AT[8] (1997), § 25, Rn. 1.

IV. *Ehrenzweig*: das subjektive Element als Frage des „fact"

Etwas anderes ergibt sich auch nicht aus der Auffassung *Ehrenzweigs*, der in Bezug auf das interlokale Recht der USA meint, daß nur das formale Element der Geschäftsfähigkeit eine Frage des interlokalen / internationalen Privatrechts sei. Dagegen sei das subjektive Element lediglich eine Frage der Tatsachen.[79] Vor dem Hintergrund des in den USA geltenden Rechts ist diese Aussage nachvollziebar. In den USA ist zwar das Recht der *capacity to contract* der Regelungsbefugnis der einzelnen Bundesstaaten unterworfen, mit der Folge, daß etwa die Volljährigkeitsgrenzen und damit das formale Element der Geschäftsfähigkeit differieren. Die Verneinung des subjektiven Elements dürfte aber nach einheitlichen Grundsätzen geschehen, da die Bundesstaaten den gemeinsamen Hintergrund des *common law* haben. Bei interlokalen Fällen ist es daher unerheblich, aus welcher Staatenrechtsordnung das subjektive Element der Geschäftsfähigkeit genommen wird, da die Rechtsordnungen insofern übereinstimmen dürften.

Art. 7 EGBGB muß aber im wesentlichen nicht interlokalen, sondern internationalen Fällen genügen. Zwar wirft die Frage, ob das subjektive Element der Geschäftsfähigkeit zu verneinen ist, oft schwierige Fragen im Tatsächlichen auf. Jedoch sind diese Fragen im Tatsächlichen eng mit der rechtlichen Frage nach der Geschäftsunfähigkeit verknüpft: Gem. § 104 Nr. 2 BGB soll die freie Willensbestimmung ausgeschlossen sein, wenn der Betroffene nicht mehr in der Lage ist, seine Entscheidungen von vernünftigen Erwägungen abhängig zu machen, während etwa bloße Willensschwäche oder Beeinflußbarkeit nicht ausreicht.[80] Darin zeigt sich die Verknüpfung von tatsächlichen und rechtlichen Fragen besonders deutlich. Denn die Frage, ob jemand zu „vernünftigen Erwägungen" fähig ist, ist einerseits eine Frage von Tatsachen, andererseits ist die Auslegung des Begriffs „vernünftige Fähigkeiten" wiederum eine Rechtsfrage. Diese Rechtsfrage muß aber von der durch Art. 7 EGBGB ermittelten Rechtsordnung beantwortet werden. Außerdem bedarf es eines Maßstabes, um das subjektive Element feststellen und gegebenenfalls verneinen zu können. Denn wonach, wenn nicht aufgrund (irgend) einer anwendbaren Rechtsordnung, soll bestimmt werden, ob etwa bloße Willensschwäche oder Beeinflußbarkeit für „Geschäftsunfähigkeit" ausreicht oder nicht? Wenn im österreichischen Sachrecht gem. § 856 I ABGB Personen, die den „Gebrauch der Vernunft" im Zeitpunkt des Geschäftsabschlusses nicht haben, grundsätzlich geschäftsunfähig sind, dann muß eine Rechtsordnung bestimmen, was unter dem „Gebrauch der Vernunft" zu verstehen ist. So wird in Österreich etwa auch eine „relative Geschäftsunfähigkeit" anerkannt, also eine Geschäftsunfähigkeit für besonders schwierige Geschäfte, die in Deutschland, mit der Ausnahme des § 105a

---

79 „An agreement purportedly entered into by a person physically incapable of forming the intention to be bound may be held invalid as lacking of consent, an essential element of a valid contract. Any court will feel free to do so without regard to any foreign law that may otherwise be said to „govern" that agreement." *Ehrenzweig*, Contractual Capacity of Married Women and Infants in the Conflict of Laws, Minn. L. Rev. 43 (1958-59), S. 899 (900). S. auch *Ehrenzweig*, A Treatise on the Conflict of Laws (1962), § 178, S. 475 ff.

80 BGH, Urteil vom 19. 6. 1970 – IV ZR 83/69, NJW 1970, S. 1680; BGH, Urteil vom 5. 12. 1995 – XI ZR 70/95, NJW 1996, 918, Palandt[61]-*Heinrichs*, § 104 BGB, Rn. 5.

BGB, abgelehnt wird.[81] Daher handelt sich bei beiden Elementen der Geschäftsfähigkeit um Rechtsfragen, die beide der durch Art. 7 EGBGB zu ermittelnden Rechtsordnung unterliegen.

§ 3 Abgrenzung zur Verfügungsmacht

Der Begriff der Geschäftsfähigkeit ist zu trennen von der Verfügungsmacht. Art. 7 I EGBGB erwähnt Rechts-[82] und Geschäftsfähigkeit, nicht dagegen die Verfügungsmacht.[83] Auch wenn die „praktischen Auswirkungen" von Beschränkungen der Geschäftsfähigkeit und der Verfügungsmacht ähnlich sein mögen,[84] so sind sie doch auch im internationalen Privatrecht streng zu trennen. Während die Geschäftsfähigkeit die Geschäftswillenstauglichkeit einer natürlichen Person festlegt, bestimmt die Verfügungsmacht, ob eine Person, die geschäftsfähig ist, über ein bestimmtes Recht auch verfügen kann. Die Geschäftsfähigkeit knüpft – gegebenfalls pauschalierend – an tatsächliche Fähigkeiten einer natürlichen Person an. Die Verfügungsmacht regelt dagegen „die kraft besonderer Rechtsposition bestehende subjektivrechtliche 'Legitimation' einer Person, durch erlaubte Willensbetätigung auf bestehende subjektive Rechte oder Pflichten rechtsgestaltend einzuwirken."[85] Die Verfügungsmacht wird also durch Umstände eingeschränkt, die nichts mit der Beschaffenheit einer Person zu tun haben.[86]

Der Schutzzweck der Geschäftsfähigkeitsbeschränkungen ist auf die handelnde Person ausgerichtet, Verfügungsmachtbeschränkungen dagegen bezwecken in der Regel den Schutz von Interessen Dritter.[87] Ein Mangel an Verfügungsmacht ist also nicht ein Mangel an persönlicher Fähigkeit, sondern ein Mangel an Recht. Konsequenterweise sind die Verfügungsmacht und ihre eventuellen Beschränkungen nicht Art. 7 EGBGB und damit dem Personalstatut, sondern dem jeweiligen Wirkungsstatut zu unterstellen.[88] Damit sind Verfügungsbeschränkungen jedweder Art, die nicht wenigstens generalisierend von der Urteilsfähigkeit oder Verstandesreife der betreffenden Person abhängen, keine Fähigkeiten im Sinne des Art. 7 I EGBGB. Daher werden zum

---

81 Dies wird in Deutschland regelmäßig abgelehnt, da sie zu erheblichen Abgrenzungsproblemen und zu unerträglicher Rechtsunsicherheit führe, Palandt[61]-*Heinrichs*, § 104 BGB, Rn. 6; BGH, Urteil v. 14. 7. 1953 – V ZR 97/52, NJW 1953, 1342; BGH, Urteil v. 19. 10. 1960 – V ZR 103/59 NJW 61, 261; BGH, Urteil v. 19. 6. 1970 – IV ZR 83 / 69, NJW 1970, 1680; BayOblG, Beschluß v. 24. 11. 1988 – BReg. 3 Z 149 / 88, NJW 1989, 1678; anderer Ansicht aber OLG Köln, Urteil v. 29. 1. 1960 – 9 U 36 / 59, NJW 1960, S. 1389.

82 Zur Anknüpfung der Rechtsfähigkeit und der damit verbundenen Probleme MünchKomm[3]-*Birk*, Art.7 EGBGB, Rn. 2 ff. und *Lüderitz*, Vorschläge (1972), S. 34 ff., jeweils m. w. N.

83 Auch Verfügungsfähigkeit, Verfügungsbefugnis oder Dispositionsfähigkeit genannt, *Schwimann*, Die Institution der Geschäftsfähigkeit (1965), S. 59.

84 So etwa *Reithmann*, Geschäftsfähigkeit und Verfügungsbefugnis nach deutschem internen Recht und Kollisionsrecht, DNotZ 1967, S. 232.

85 *Schwimann*, Die Institution der Geschäftsfähigkeit (1965), S. 61.

86 *Bernhardt*, Die Handlungs- und Prozessfähigkeit ausländischer natürlicher Personen in der Schweiz (1928), S. 36.

87 *Schwimann*, Die Institution der Geschäftsfähigkeit (1965), S. 64.

88 MünchKomm[3]-*Birk*, Art. 7 EGBGB, Rn. 46; vgl. Soergel[12]-*Kegel*, Art. 7 EGBGB, Rn. 8; Staudinger[12]-*Beitzke*, Art. 7 EGBGB, Rn. 29; Staudinger[13]-*Hausmann*, Art. 7 EGBGB, Rn. 62 m. w. N.

Beispiel Verfügungsbeschränkungen infolge einer Insolvenzeröffnung oder infolge der Einsetzung eines Nachlaßverwalters nicht von Art. 7 EGBGB erfaßt.[89] Ebenso werden Verpflichtungs- und Verfügungsbeschränkungen aufgrund einer Ehe, die ja auch nicht von der Verstandesreife der Ehepartner abhängen, nicht unter Art. 7 I EGBGB subsumiert.[90]

§ 4 Das Statut, das regelt, ob es auf die allgemeine Geschäftsfähigkeit ankommt

I. Die herkömmliche Frage

Die Geschäftsfähigkeit ist im deutschen Sachrecht immer zu prüfen, wenn Rechtsgeschäfte vorgenommen werden. Auf international-privatrechtlicher Ebene wird in der Literatur die Frage gestellt, welches Statut die Frage nach der Geschäftsfähigkeit „aufwerfen" müsse. Beantwortet wird diese Frage allgemein dahingehend, daß das Geschäftsstatut darüber zu bestimmen habe, ob für ein Rechtsgeschäft oder eine Rechtshandlung Geschäftsfähigkeit notwendig sei, während es dem von Art. 7 EGBGB berufenen Fähigkeitsstatut überlassen bleiben solle zu bestimmen, ob Geschäftsfähigkeit gegeben sei.[91] Begründet wird dies mit dem Hinweis, es mache „keinen Sinn", „isoliert" über die Geschäftsfähigkeit nachzudenken.[92] Außerdem handele es sich um eine „allgemeine Frage nach der Wirksamkeit des Rechtsgeschäfts" [93] und nicht um eine solche, unter welchen Voraussetzungen die Geschäftsfähigkeit bejaht oder verneint werden könne. Nur insoweit sehe Art. 7 I EGBGB eine vom Geschäftsstatut abweichende Anknüpfung vor.

Als Beispiel für die Frage, welches Statut die Frage nach der Geschäftsfähigkeit aufwerfen müsse, muß seit jeher der Besitzerwerb im österreichischen Recht im Vergleich zum deutschen Recht herhalten.[94] Ausgegangen wird von folgenden Fallgestaltungen:
Als Fallkonstellation a) stelle man sich vor, daß ein geisteskranker, nach seinem Heimatrecht geschäftsunfähiger Österreicher nach Deutschland kommt und dort auf der

---

89 Vgl. *Knauber*, Zur Reichweite des Art. 7 EGBGB (1960), S. 22.

90 *v. Bar*, Internationales Privatrecht, Band 2 (1991), Rn. 35; sie werden je nach Charakter Art. 14 EGBGB oder Art. 15 EGBGB unterstellt.

91 *v. Bar*, Internationales Privatrecht, Band 2 (1991), § 1, Rn. 38; *Baetge*, Anknüpfung der Rechtsfolgen bei fehlender Geschäftsfähigkeit, IPRax 96, 185 (187); Staudinger[12]-*Beitzke*, Art. 7 EGBGB, Rn. 36; Erman[10]-*Hohloch*, Art. 7 EGBGB, Rn. 13; Soergel[12]-*Kegel*, Art. 7 EGBGB, Rn. 8; *Martin Wolff*, IPR[3] (1959), S. 102; *Pagenstecher*, Zur Geschäftsfähigkeit der Ausländer in Deutschland, RabelsZ 15 (1949/59), S. 189, dort in Fn. 2; *Raape*, Internationales Privatrecht[5] (1961), S. 170 f.; Palandt[61]-*Heldrich*, Art. 7 EGBGB, Rn. 5. Für das Schweizer Recht: *Vischer*, Internationales Vertragsrecht[2] (2000), Rn. 902.
Soweit ersichtlich anders nur *E. Bucher*, Die natürlichen Personen (1976), Vorbem. vor Art. 12-19 ZGB, Rn. 89 (bezogen auf das Schweizer Recht): Die Frage, *ob* Handlungsfähigkeit nötig sei, sei wie jene, ob sie *gegeben* sei, aus systematischen Gründen dem Handlungsfähigkeitsstatut zu unterstellen. Beide Fragen müßten einheitlich angeknüpft werden.

92 *v. Bar*, a.a.O. (Fn. 91), ihm folgend *Baetge*, a.a.O. (Fn. 91).

93 MünchKomm[3]-*Birk*, Art. 7 EGBGB, Rn. 27.

94 So schon *Habicht*, Internationales Privatrecht (1907), S. 54 f.: *Raape*, a.a.O. (Fn. 91); Staudinger[12]-*Beitzke*, Art. 7 EGBGB, Rn. 37.

Straße eine Uhr findet, die er aufhebt. Es fragt sich, ob er wirksam Besitz erworben hat.
Als Fallkonstellation b) stelle man sich vor, daß ein geisteskranker, nach seinem Heimatrecht geschäftsunfähiger, aber der natürlichen Willensfähigkeit noch fähiger Deutscher auf einer österreichischen Straße die besagte Uhr findet und an sich nimmt. Auch hier stellt sich die Frage, ob er aus deutscher Sicht wirksam Besitz erworben hat.

Auf den Besitzerwerb als solchen findet gem. Art. 43 I EGBGB die *lex rei sitae* Anwendung, mithin deutsches Sachrecht, wenn die Uhr auf deutscher Straße liegt, und österreichisches Recht, wenn die Uhr auf österreichischer Straße liegt.[95] Im deutschen Recht wird gem. § 854 I BGB Besitz durch die Erlangung der tatsächlichen Gewalt über die Sache erworben. Zwar ist umstritten, ob für die Erlangung und Erhaltung der tatsächlichen Sachherrschaft überhaupt ein Wille erforderlich ist, aber überwiegend wird dies bejaht, weil eine Herrschaft ohne den auf sie gerichteten Willen nicht denkbar sei und gegen den Willen tatsächliche Gewalt weder erworben noch ausgeübt werden könne.[96] Der Besitzerwerbende muß aber nur eine sogenannte „natürliche" Willensfähigkeit innehaben, da es beim originären Besitzerwerb nur auf den „tatsächlichen" Willen ankommt. Dieser „tatsächliche" oder „natürliche" Wille ist dabei genauso ein „rechtlicher" Wille wie der „rechtsgeschäftliche" Wille bei Rechtsgeschäften. Mit der Terminologie „tatsächlicher" oder „natürlicher" Wille soll aber deutlich gemacht werden, daß der Wille „nur" auf einen tatsächlichen Erfolg – den Besitzerwerb – gerichtet ist, während das Rechtsgeschäft „ein Akt schöpferischer Rechtsgestaltung" ist.[97] Ob dieser „tatsächliche" Wille gegeben ist, ist dabei genauso eine Rechtsfrage wie auch diejenige, ob ein „rechtsgeschäftlicher Wille" gegeben ist. Entsprechend ist auch die Frage, ob die „natürliche" Fähigkeit vorhanden ist, die notwendig ist, um diesen natürlichen Willen haben zu können, eine Rechtsfrage. An den tatsächlichen Willen sind damit aber geringere Anforderungen zu stellen als an den „rechtsgeschäftlichen" Willen. Somit sind auch an die „tatsächliche" Willenstauglichkeit geringere Anforderungen zu stellen als an die „rechtsgeschäftliche" Willenstaug-

---

95 Das österreichische Recht nimmt die Verweisung an.

96 BGH, Urteil vom 24. 6. 1987 – VIII ZR 379/86, BGHZ 101, 186 (187); Palandt[61]-*Bassenge*, § 854 BGB, Rn. 4; *Schwab/Prüting*, Sachenrecht[25] (1994), § 7 I 1 c), S. 26 f.; Soergel[13]-*Hefermehl*, vor § 104 BGB, Rn. 19. Anderer Ansicht *Westermann*, Sachenrecht[7] (1998), § 13 I 2: Es genüge die Einfügung in den Organisationsbereich des Erwerbers. Im Ergebnis sind die Unterschiede der Meinungen freilich oft nicht groß, da die vorherrschende Meinung einen generellen Besitzbegründungswillen ausreichen läßt, BGH a.a.O, so daß meist auch die Fälle der Einfügung in den Organisationsbereich des Besitzerwerbers abgedeckt sind, *Baur/Stürner*, Sachenrecht[16] (1992), § 7 B II. 2., S. 55. Ablehnend gegenüber dem Erfordernis eines Besitzwillens auch *Raape*, Besitzerwerb ohne Besitzwillen nach dem BGB (1901). *Raape* scheint davon ausgegangen zu sein, daß ein „Besitzwille" mit einem rechtsgeschäftlichen Willen gleichzusetzen sei. Daher sei das Erfordernis eines Besitzwillens in bestimmten Fällen abzulehnen, vgl. S. 52. Diese Gleichsetzung ist aber gerade nicht vorzunehmen. Zu einer Darstellung und Diskussion dieser früher des öfteren vertretenen Ansicht, die ein Willensmoment aufgrund einer Verwechslung der auf Rechtsgeschäfte bezogenen Geschäftsfähigkeit und der natürlichen Willensfähigkeit ablehnte, *Steiner*, Der Einfluss der Geschäftsunfähigkeit und der beschränkten Geschäftsfähigkeit auf den Besitz (1949), S. 20 ff.

97 *Flume*, AT des BGB, Band II, Das Rechtsgeschäft[3] (1979), S. 110 f.

lichkeit. Es können nach dem BGB auch Geschäftsunfähige originär Besitz erwerben.[98] Aufgrund des Gesagten ist es legitim von einer dem BGB bekannten „Besitzerwerbsfähigkeit“ zu sprechen.[99]
Im österreichischen Recht ist der originäre Besitzerwerb in den §§ 309 und 310 ABGB geregelt. Danach können gem. § 310 ABGB Kinder unter sieben Jahren und Personen, „die den Gebrauch der Vernunft nicht haben“, – außer in den Fällen des § 151 III ABGB[100] – Besitz nur durch den gesetzlichen Vertreter erwerben.[101] Damit stellt das ABGB an die Besitzerwerbsfähigkeit die gleichen Anforderungen wie an die „beschränkte Geschäftsfähigkeit“, ohne dabei den Besitzerwerb als Rechtsgeschäft aufzufassen.

Die herrschende Meinung geht zur Lösung der genannten Beispiele folgendermaßen vor: Zunächst stellt sie die Frage, ob das Geschäftsstatut die Frage nach der „Geschäftsfähigkeit“ aufwirft. Die deutsche *lex rei sitae* werfe im Beispiel a) die Frage nach der Geschäftsfähigkeit nicht auf, da es zum Besitzerwerb in Deutschland der Geschäftsfähigkeit nicht bedürfe. Damit stellt sich für die herrschende Meinung „die Frage“ nach der Geschäftsfähigkeit nicht. Ein geschäftsunfähiger Österreicher könne daher in Deutschland originär Besitz erwerben. In Beispiel b) werfe die österreichische *lex rei sitae* die Frage nach der Geschäftsfähigkeit dagegen auf, da § 310 ABGB für den wirksamen Besitzerwerb wenigstens beschränkte Geschäftsfähigkeit erfordere. Da im Beispielsfall der Deutsche geschäftsunfähig war, könne er in Österreich nicht Besitz erwerben, auch wenn er in Deutschland hätte Besitz erwerben können.[102]

II. Die Umformulierung der Frage

Problematisch an der hergebrachten Meinung ist bereits die Fragestellung, welche Rechtsordnung die „Frage nach der Geschäftsfähigkeit“ aufwerfen müsse. Zu untersuchen ist, ob sich die Frage, welches Statut die Frage nach der Geschäftsfähigkeit aufwerfe, bei Rechtsgeschäften überhaupt stellen kann (1.), und wie sie im Hinblick auf Rechtshandlungen wie den Besitzerwerb zu beantworten ist (2.).

---

98 *Schwab/Prüting*, Sachenrecht[25] (1994), § 7 I 1 c), S. 26 f.; *Steiner*, a.a.O. (Fn. 96), S. 27 f.; kritisch im Hinblick auf die Terminologie des „natürlichen“ Willens, in der Sache aber ohne Unterschied, *Flume*, a.a.O. (Fn. 97), S. 110 f.

99 Zu diesem Begriff schon *Knauber*, Zur Reichweite des Art. 7 EGBGB (1960), S. 12; a. A. *Hahn*, Das Personalstatut und die Geschäftsfähigkeit im deutschen internationalen Privatrecht (1909), S. 13. Das BGB erlaube auch Geschäftsunfähigen den Besitzerwerb, daher kenne es keine „Besitzerwerbsfähigkeit“. Wie gesehen, enthält aber die Geschäftsunfähigkeit nur die Verneinung der Fähigkeit zur Abgabe von rechtsgeschäftlichen Willenserklärungen, vgl. auch *Steiner*, Der Einfluss der Geschäftsunfähigkeit und der beschränkten Geschäftsfähigkeit auf den Besitz, (1949), S. 22.

100 Zu § 151 III ABGB S. 84 f.

101 § 309 AGBG, „[1]Wer eine Sache in seiner Macht oder Gewahrsame hat, heißt ihr Inhaber. [2]Hat der Inhaber einer Sache den Willen, sie als die seinige zu behalten, so ist er ihr Besitzer.“
§ 310 ABGB, „[1]Kinder unter sieben Jahren und Personen über sieben Jahren, die den Gebrauch der Vernunft nicht haben, können - außer in den Fällen des § 151 Abs. 3 - Besitz nur durch ihren gesetzlichen Vertreter erwerben. [2]Im übrigen ist die Fähigkeit zum selbständigen Besitzerwerb gegeben.“

102 Vgl. auch Staudinger[12]-*Beitzke*, Art. 7 EGBGB, Rn. 37.

1. Die Unerheblichkeit der Frage bei Rechtsgeschäften

Die Geschäftsfähigkeit sowohl im Sinne des BGB als auch im Sinne des EGBGB ist, wie oben ausgeführt wurde, die Fähigkeit, Rechtsgeschäfte wirksam vorzunehmen. Ob ein Rechtsgeschäft vorliegt, entscheidet nach funktionaler Qualifikation die (deutsche) *lex fori*, wobei die Regelungszwecke des Geschäftsstatuts berücksichtigt werden.[103] Die Qualifikation eines dem deutschen Recht unbekannten Rechtsinstituts als wirksames Rechtsgeschäft ist dabei nur möglich, wenn das Geschäftsstatut für dieses Rechtsinstitut eine gewisse Geschäftswillenstauglichkeit des Handelnden und damit wenigstens – funktional verstanden – eingeschränkte Geschäftsfähigkeit fordert: Wirksame Rechtsgeschäfte, die funktional verstanden „Geschäftsunfähige" vornehmen, gibt es nach deutschem Verständnis nicht, da die „Geschäftsunfähigkeit" einer Person gerade bedeutet, daß die Person vom Rechtsverkehr ausgeschlossen ist und daß ihre Willenserklärung nichtig ist, so daß sie kein „rechtliches Material" sein kann.[104] Berücksichtigt man die Erklärungen einer nominal „geschäftsunfähigen" Person dennoch, so handelt es sich von der Funktion her nicht mehr um eine geschäftsunfähige Person, sondern die Person ist, wenn auch vielleicht nur im Hinblick auf einzelne, dem Schutz des „Geschäftsunfähigen" dienende Wirkungen, „beschränkt" geschäftsfähig.

Ist ein Rechtsinstitut als ein Rechtsgeschäft zu qualifizieren, so kommt es also immer auf die Geschäftsfähigkeit an, die nach Art. 7 EGBGB anzuknüpfen ist. Das Problem, ob die Frage nach der Notwendigkeit der Geschäftsfähigkeit nun vom Geschäfts- oder vom Personalstatut aufgeworfen wird, stellt sich bei Rechtsgeschäften daher nicht. Allein aus der funktionalen Qualifikation eines Rechtsinstituts als Rechtsgeschäft ergibt sich, daß Geschäftsfähigkeit erforderlich ist.

2. Die Besitzerwerbsfähigkeit und ihre Anknüpfung

Interessanterweise diskutiert die herrschende Meinung das Problem, welches Statut die „Frage nach der Geschäftsfähigkeit aufwerfen muß", auch nicht anhand von Rechtsgeschäften, sondern anhand des Besitzerwerbs. Im folgenden soll daher versucht werden, die oben genannten Beispiele zu lösen. Zunächst ist zu klären, ob der Besitzerwerb überhaupt eine besondere Fähigkeit voraussetzt und, wenn ja, wie diese anzuknüpfen ist. Das deutsche Sachrecht verlangt nach herrschender Meinung eine natürliche Willensfähigkeit zum Besitzerwerb, die sich auch als „Besitzerwerbsfähigkeit" bezeichnen läßt. Es stellt sich die Frage, ob das Vorliegen dieser Besitzerwerbsfähigkeit vom Geschäftsstatut beantwortet oder gem. Art. 7 EGBGB (analog) das Heimatrecht berufen wird. Ausdrücklich ist im EGBGB von der Besitzerwerbsfähigkeit nicht die Rede. Insoweit liegt eine Regelungslücke vor. Fraglich ist daher, ob Art. 7 EGBGB hier analog angewendet werden sollte, ob also die „Geschäftsfähigkeit" im Sinne des Art.7 EGBGB auch die „Besitzerwerbsfähigkeit" mitumfaßt.

---

[103] S. 31 f. Andere Ansicht *Pokorny*, Die Geschäftsfähigkeit (1953), S. 15 f., der aber nicht der heute herrschenden Meinung der funktionalen Qualifikation nach der *lex fori* folgt, sondern nach der *lex causae* qualifizieren will.

[104] S. 35 ff.

Ein Blick in das deutsche Sachrecht zeigt die Nähe der funktional verstandenen Besitzerwerbsfähigkeit zur Geschäftsfähigkeit: Zwar sind die Geschäftsfähigkeitsregeln nicht auf den originären Besitzerwerb nach § 854 I BGB anwendbar. *Flume* schränkt dies jedoch schon für die Begründung des originären Eigenbesitzes im Gegensatz zur Begründung des Fremdbesitzes ein, indem er für die Begründung des ersteren beschränkte Geschäftsfähigkeit fordert.[105] Für die Aufgabe des Besitzes fordert auch die herrschende Meinung wenigstens beschränkte Geschäftsfähigkeit und verwehrt sie damit einem Geschäftsunfähigen. Ein Geschäftsunfähiger kann zwar nach deutschem Sachrecht Besitz erwerben, nicht jedoch freiwillig aufgeben.[106] *Flume* geht sogar noch weiter und fordert aus Schutzgründen für die freiwillige Besitzaufgabe unbeschränkte Geschäftsfähigkeit.[107] Der derivative Besitzerwerb gem. § 854 II BGB setzt gar eine „Einigung" voraus, die nach herrschender Meinung ein Rechtsgeschäft darstellt,[108] so daß Geschäftsfähigkeit notwendig ist. Vom originären (Eigen-) Besitzerwerb über die freiwillige Besitzaufgabe bis zum Rechtsgeschäft des derivativen Besitzerwerbes steigern sich die Anforderungen an die Willenstauglichkeit der handelnden Person. Auch wenn streitig ist, welche Anforderungen an die „Fähigkeit zum Besitzerwerb" zu stellen sind, so läßt sich feststellen, daß auch diese Fähigkeit wie die Geschäftsfähigkeit von der Urteilsfähigkeit und der Verstandesreife der handelnden Person abhängt[109] und sich an ihrer Schutzbedürftigkeit orientiert. Die Nähe der funktional verstandenen Besitzerwerbsfähigkeit zur Geschäftsfähigkeit wird auch im österreichischen Sachrecht deutlich, in dem an die Besitzerwerbsfähigkeit und die beschränkte Geschäftsfähigkeit die gleichen Anforderungen gestellt werden.[110] Diese Nähe spricht dafür, Art. 7 EGBGB auch auf die Besitzerwerbsfähigkeit anzuwenden.

Bei einer Anwendung von Art. 7 EGBGB (analog) auch auf die Besitzerwerbsfähigkeit ergibt sich für das oben[111] geschilderte Beispiel folgende Lösung: Kommt der geisteskranke, nach seinem Heimatrecht geschäftsunfähige Österreicher nach Deutschland und hebt die besagte Uhr auf (Fallkonstellation a)), so fordern für einen wirksamen Besitzerwerb sowohl das Geschäftsstatut[112] als auch sein Personalstatut Besitzerwerbsfähigkeit. Da diese von Art. 7 EGBGB erfaßt wird, beantwortet das österreichische Heimatrecht, das die Verweisung hier wohl annimmt, die Frage, ob er diese Fähigkeit hat. Nach dem ABGB können Geschäftsunfähige keinen Besitz erwer-

---

105 *Flume*, a.a.O. (Fn. 104), S. 213 f.: Auch wenn man die Begründung des Eigenbesitzes nicht als Rechtsgeschäft werte, sei „es sachgerecht, daß der Geschäftsunfähige hiervon ausgeschlossen" sei.

106 *v. Sachsen Gessaphe*, Der Betreuer (1999), S. 332, Fn. 159 m.w.N.; Palandt[61]-*Bassenge*, § 935 BGB, Rn. 5.

107 *Flume*, a.a.O. (Fn. 104), S. 215 ff.

108 Palandt[61]-*Bassenge*, § 854 BGB, Rn. 9; *Schwab/Prüting*, Sachenrecht[25] (1994), § I 2, S. 27 ff.; gegen „den rechtsgeschäftlichen Charakter" des Besitzerwerbs nach § 854 II BGB MünchKomm[3]-*Joost*, § 854 BGB, Rn. 21, der meint, es sei eine Neubegründung des Besitzes gegeben.

109 So für die Geschäftsfähigkeit *v. Bar*, Internationales Privatrecht, Band 2 (1991), § 1, Rn. 35.

110 S. 51

111 S. 49 f.

112 Zum Erfordernis der Besitzerwerbsfähigkeit nach deutschem Sachrecht S. 51.

ben, sie haben also keine Besitzerwerbsfähigkeit. Folglich kann der Österreicher in Deutschland nicht wirksam Besitz erwerben.

Hebt umgekehrt ein nach seinem Heimatrecht geschäftsunfähiger Deutscher die Uhr von einer österreichischen Straße auf (Fallkonstellation b)), so fordern die österreichische *lex rei sitae* und das deutsche Heimatrecht ebenfalls Besitzerwerbsfähigkeit. Die *lex rei sitae* stellt zwar die gleichen Anforderungen an die Besitzerwerbsfähigkeit wie an die beschränkte Geschäftsfähigkeit, das ändert aber nichts daran, daß sie Besitzerwerbsfähigkeit fordert. Ob sie vorliegt, entscheidet aufgrund der gesonderten Anknüpfung in Art. 7 EGBGB das deutsche Heimatrecht. Nach deutschem Heimatrecht hat ein Geschäftsunfähiger die Besitzerwerbsfähigkeit inne, so daß er in Österreich Besitz erwerben kann.

3. Divergenz bezüglich des Erfordernisses einer Rechtshandlungsfähigkeit

Fordern sowohl das Geschäftsstatut als auch das gem. Art. 7 EGBGB berufene Heimatrecht für die Vornahme einer Rechtshandlung – wie hier für einen Besitzerwerb – eine Fähigkeit, so stellt sich die Frage wiederum nicht, welche Rechtsordnung darüber entscheidet, ob eine „Rechtshandlungsfähigkeit" erforderlich ist oder nicht. Allein in dem hypothetischen Fall, daß das Geschäftsstatut und das Personalstatut bezüglich des Erfordernisses einer Fähigkeit zur Vornahme einer Rechtshandlung divergieren, kann fraglich sein, welches von beiden Rechten darüber entscheidet, ob eine „Rechtshandlungsfähigkeit" erforderlich ist oder nicht. Falls ein gedachtes Wirkungsstatut für einen Besitzerwerb gar kein Willensmoment erforderte, könnte zweifelhaft sein, ob Art. 7 EGBGB analog zur Ermittlung der Besitzerwerbsfähigkeit überhaupt herangezogen werden dürfte. Selbst wenn es aber eine solche Rechtshandlung gäbe und eine Qualifikation als Besitzerwerb gelänge, so erscheint es bedenklich, von einem „nicht sinnvollen, isolierten" Nachdenken über die „Geschäftsfähigkeit" zu sprechen,[113] wenn zwar das Geschäftsstatut die „Rechtshandlungsfähigkeit" nicht fordert, aber das Personalstatut. Hat man die (analoge) Anwendbarkeit des Art. 7 EGBGB auf die fragliche Rechtshandlungsfähigkeit bejaht, so ist nicht ersichtlich, warum die gesonderte Anknüpfung nur erfolgen soll, wenn das Geschäftsstatut die Handlungsfähigkeit fordert. Wenn das über Art. 7 EGBGB ermittelte Personalstatut entscheiden können soll, ob jemand eine Fähigkeit hat oder nicht, so ist es nur konsequent, daß es auch darüber entscheidet, ob es auf die jeweilige Fähigkeit überhaupt ankommt.

4. Ergebnis

Nach der hier vertretenen Auffassung stellt sich damit auch beim originären Besitzerwerb das Problem nicht, ob das Geschäftsstatut oder das Geschäftsfähigkeitsstatut die Frage nach der „Besitzerwerbsfähigkeit" aufwirft. Vielmehr wird diese Frage immer dann aufgeworfen, wenn es um einen funktional verstandenen Besitzerwerb geht. Die Frage muß daher vielmehr heißen, ob Art. 7 EGBGB auf die Fähigkeit zur Vornahme von Rechtshandlungen (analog) anzuwenden ist. Für die Besitzerwerbsfä-

---

[113] Bezogen auf die Geschäftsfähigkeit *v. Bar*, Internationales Privatrecht, Band 2 (1991), § 1, Rn. 38.

higkeit wurde dies bejaht. Die Prüfung der Anwendbarkeit auf andere Rechtshandlungen würde im Rahmen dieser Arbeit zu weit führen. Sie ist bei jeder Rechtshandlung anhand der Funktion der in Frage stehenden „Fähigkeit" zu prüfen.

III. Der Grad der erforderlichen Geschäftsfähigkeit

Die Aussage, daß das Geschäftsstatut über die Frage herrsche, ob es auf die Geschäftsfähigkeit überhaupt ankomme, wird (ohne Begründung) teilweise dahingehend ausgedehnt, daß das Geschäftsstatut auch darüber zu entscheiden habe, welcher „Grad der Geschäftsfähigkeit zum Abschluß eines gültigen Rechtsgeschäfts" notwendig sei.[114] Fraglich ist zunächst, was mit dem zum wirksamen Abschluß eines Rechtsgeschäfts notwendigen „Grad der Geschäftsfähigkeit" gemeint ist. Der notwendige Grad der Geschäftsfähigkeit kann nicht die unstreitig gem. Art. 7 EGBGB dem Geschäftsfähigkeitsstatut zustehende Entscheidung sein, ob jemand geschäftsunfähig, beschränkt geschäftsfähig oder voll geschäftsfähig ist. Auch kann damit nicht die Fähigkeit eines aufgrund eines formellen Elements grundsätzlich beschränkt Geschäftsfähigen gemeint sein, bestimmte Arten von Rechtsgeschäften wie ein Vollgeschäftsfähiger wirksam abzuschließen zu können. Funktional handelt es sich bei einer solchen Regelung um eine Teilgeschäftsfähigkeitsregelung, die sich nach dem gem. Art. 7 EGBGB zu ermittelnden Geschäftsfähigkeitsstatut richtet.[115] Mit Regelungen über den notwendigen Grad der Geschäftsfähigkeit sind nur solche Regelungen gemeint, die einem beschränkt Geschäftsfähigen, ohne diesem eine Teilgeschäftsfähigkeit zuzusprechen, unter bestimmten zusätzlichen Voraussetzungen die Möglichkeit eröffnen, ein Rechtsgeschäft wirksam vorzunehmen.

1. Qualifikation des § 110 BGB

Als Beispiel für eine solche Norm im deutschen Sachrecht kann die Regelung des § 110 BGB dienen. Gem. § 110 BGB kann ein grundsätzlich nur beschränkt Geschäftsfähiger einen Vertrag wirksam abschließen. Voraussetzung hierfür ist, daß er die vertragsgemäße Leistung mit Mitteln bewirkt, die ihm zu diesem Zwecke oder zu freier Verfügung von dem gesetzlichen Vertreter oder mit dessen Zustimmung von einem Dritten überlassen worden sind. Bei dieser Regelung handelt es sich nicht um eine Teilgeschäftsfähigkeit.[116] Zwar kann ein Minderjähriger einen Vertrag abschließen, ohne daß dieser an seiner beschränkten Geschäftsfähigkeit scheitern würde, aber der Minderjährige wird nicht für eine bestimmte Art von Vertragstypen einem Volljähri-

---

[114] Palandt[61]-*Heldrich*, Art. 7 EGBGB, Rn. 5; für die Arbeitsvertragsfähigkeit auch MünchKomm[3]-*Birk*, Art. 7 EGBGB, Rn. 41; wohl auch *Raape*, Internationales Privatrecht[5] (1961), S. 170 f.; Erman[10]-*Hohloch*, Art. 7 EGBGB, Rn. 13; a. A. *Siehr*, Die allgemeine und die besondere Geschäftsfähigkeit von Ausländern für eine Vaterschaftsanerkennung im Inland, StAZ 1976, 356 f.; dagegen auch *v. Bar*, Internationales Privatrecht, Band 2 (1991), § 1, Rn. 39: dies widerspreche dem Gedanken, daß der Minderjährigenschutz dem Heimatrecht überlassen bleiben solle. Ihm folgend *Reithmann/Martiny*, Internationales Vertragsrecht[5] (1996), Rn. 2012.

[115] Ausführlich zur Anknüpfung der Teilgeschäftsfähigkeit unten, S. 58.

[116] Ohne Begründung andere Ansicht wohl *Reithmann/Martiny*, Internationales Vertragsrecht[5] (1996), Rn. 2009.

gen gleichgestellt. Er kann nicht wie ein unbeschränkt Geschäftsfähiger handeln, sondern muß die „vertragsgemäße Leistung mit Mitteln" bewirken, „die ihm zu diesem Zweck oder zu freier Verfügung von dem Vertreter [...] überlassen worden sind." Ebenso wie der Minderjährige mit Einwilligung des gesetzlichen Vertreters gem. § 107 BGB Rechtsgeschäfte abschließen kann, kann er gem. § 110 BGB unter den genannten Voraussetzungen ein wirksames Rechtsgeschäft abschließen. Insoweit handelt es sich bei § 110 BGB um eine Sonderregel des § 107 BGB.[117] Im Gegensatz zu einer Teilgeschäftsfähigkeit wird bei § 110 BGB der Wille des beschränkt Geschäftsfähigen alleine als nicht ausreichend betrachtet, um Rechtsgeschäfte wirksam abzuschließen. Es wird vielmehr verlangt, daß noch etwas zu seiner Willensäußerung hinzukommt, im Falle des § 110 BGB also die „Bewirkung mit [...]", im Falle des § 107 BGB die Einwilligung der gesetzlichen Vertreter. Damit liegt aber funktional eine Regelung vor, die der Einwilligung oder der Genehmigung des gesetzlichen Vertreters vergleichbar ist. Wenn beide Arten von Normen aber dieselbe Funktion haben, sind sie auch beide als „Folgen der beschränkten Geschäftsfähigkeit" einzuordnen. Dies gilt umso mehr, als in der zur Verfügungstellung der Mittel durch den gesetzlichen Vertreter eine Einwilligung in die Vornahme des Rechtsgeschäfts gesehen werden kann. § 110 BGB untersteht daher dem Rechtsfolgenstatut beschränkter Geschäftsfähigkeit, das im Rahmen dieser Arbeit zu ermitteln ist.[118]

2. Die Umformulierung der Frage

Nach hier vertretener Ansicht handelt es sich daher bei Regelungen, die zur Willensergänzung ein zusätzliches, der Zustimmung durch den gesetzlichen Vertreter entsprechendes oder dieses ergänzendes Element erfordern, um Regelungen der Rechtsfolgen beschränkter Geschäftsfähigkeit. Unterstellt man diese daher dem Personalsstatut, so fallen auch Regelungen wie § 110 BGB unter die Regelung des Art. 7 EGBGB. Ordnet man die Rechtsfolgen beschränkter Geschäftsfähigkeit dagegen dem Geschäftsstatut zu, so werden Regelungen wie § 110 BGB vom Geschäftsstatut erfaßt. Die Frage lautete also nicht, welches Statut darüber zu entscheiden habe, welcher „Grad der Geschäftsfähigkeit zum Abschluß eines gültigen Rechtsgeschäfts" notwendig sei, sondern die Frage lautet, welches Statut über die Rechtsfolgen beschränkter Geschäftsfähigkeit zu entscheiden hat.

---

117 Palandt[61]-*Heinrichs*, § 110 BGB, Rn. 1; andere Ansicht *Leenen*, Die Heilung fehlender Zustimmung gem. § 110 BGB, FamRZ 2000, 863.
Bemerkenswert ist allenfalls, daß die Schutzintensität der Regelung des § 110 BGB eine andere ist als die des § 107 BGB. Der Minderjährige wird in § 110 BGB unter anderem dadurch geschützt, daß er ein Rechtsgeschäft nur solange vornehmen kann, wie er Mittel dafür hat. Insofern soll die in § 110 BGB erfolgte Regelung auch vor einer Überschuldung des beschränkt Geschäftsfähigen schützen.

118 Erman[10]-*Hohloch*, Art. 7 EGBGB, Rn. 9 will § 110 BGB dem Personalsstatut unterstellen. MünchKomm-*Birk*, Art. 7 EGBGB, Rn. 30, will wohl (auch) Art. 12 EGBGB anwenden.

§ 5 Anknüpfung der allgemeinen Geschäftsfähigkeit, Teilgeschäftsfähigkeit und besonderer Geschäftsfähigkeiten

Mit der Frage, welches Statut über die Frage zu bestimmen hat, ob es auf die Geschäftsfähigkeit ankommt, wird die Frage nach der Anknüpfung der sogenannten „besonderen Geschäftsfähigkeiten" verbunden. Da das Geschäftsstatut nach herrschender Meinung darüber zu entscheiden hat, ob es auf die Geschäftsfähigkeit überhaupt ankommt,[119] kann das Wirkungsstatut von der Bezugnahme auf die allgemeine Geschäftsfähigkeit überhaupt absehen.[120] Gleichermaßen ist es dem Geschäftsstatut nach herrschender Meinung freigestellt, Sonderregeln – sogenannte besondere Geschäftsfähigkeiten – aufzustellen, die dementsprechend nicht vom Personal-, sondern vom Geschäftsstatut erfaßt werden.[121]

Wie eben gezeigt wurde, stellt sich die erste „Frage" in der herkömmlichen Form aber schon nicht, da ein wirksames Rechtsgeschäft funktional verstanden immer – wenigstens beschränkte – Geschäftsfähigkeit voraussetzt. Daher wird zu untersuchen sein, ob entsprechend der herrschenden Meinung die „allgemeine Geschäftsfähigkeit" und die „besonderen Geschäftsfähigkeiten" unterschiedlich anzuknüpfen sind. Neben der „allgemeinen" Geschäftsfähigkeit und den „besonderen Geschäftsfähigkeiten" kennen Literatur und Rechtsprechung darüber hinaus auch noch sogenannte „Teilgeschäftsfähigkeiten", die von Art. 7 EGBGB erfaßt werden sollen.[122] Ob und inwieweit alle diese „Arten" der Geschäftsfähigkeit Art. 7 I EGBGB oder dem Geschäftsstatut zu unterstellen sind, soll im folgenden untersucht werden.

I. Allgemeine Geschäftsfähigkeit

Einigkeit besteht zunächst darin, daß die allgemeine Geschäftsfähigkeit unter Art. 7 EGBGB fällt. Unbeschränkte allgemeine Geschäftsfähigkeit ist die auf Verstandeskraft beruhende persönliche Geschäftswillenstauglichkeit.[123] Beschränkte allgemeine Geschäftsfähigkeit ist die auf eingeschränkter Verstandesreife beruhende „beschränkte" Geschäftswillenstauglichkeit.

---

119 Fn. 91, S. 49.

120 Staudinger[12]-*Beitzke*, Art. 7 EGBGB, Rn. 39.

121 Staudinger[12]-*Beitzke*, Art. 7 EGBGB, Rn. 39; Staudinger[13]-*Hausmann*, Art. 7 EGBGB, Rn. 45. Im Ergebnis ebenso *v. Bar*, Internationales Privatrecht, Band 2 (1991), Rn. 34 f.; MünchKomm[3]-*Birk*, Art. 7 EGBGB, Rn. 39 ff.; *Kropholler*, Internationales Privatrecht[4] (2001), § 42 I, S. 309; *von Hoffmann*, Internationales Privatrecht[6] (2000), § 9, Rn. 41 (für die Testierfähigkeit); Soergel[12]-*Kegel*, Art. 7 EGBGB, Rn. 8; ebenso *Kegel/Schurig*, Internationales Privatrecht[8] (2000), S. 492; *Reithman/Martiny*, Internationales Vertragsrecht[5] (1996), Rn. 2013. Für das Schweizer Recht *E. Bucher*, Die natürlichen Personen (1976), Vorbem. vor Art. 12-19 ZGB, Rn. 92 ff.

122 MünchKomm[3]-*Birk*, Art. 7 EGBGB, Rn. 30; vgl. Bömer/Siehr-*Verschraegen*, 17. Lfg., Art. 7 EGBGB, Rn. 16 ; *Reithmann/Martiny*, Internationales Vertragsrecht[5] (1996), Rn. 2006; Erman[10]-*Hohloch*, Art. 7 EGBGB, Rn. 9: „partielle" Geschäftsfähigkeit.

123 *Schwimann*, Die Institution der Geschäftsfähigkeit (1965), S. 47.

II. Teilgeschäftsfähigkeit

Dementsprechend ist die Teilgeschäftsfähigkeit die auf Verstandeskraft beruhende persönliche Geschäftswillenstauglichkeit für eine bestimmte Art von Rechtsgeschäften.[124] Diese persönliche Geschäftswillenstauglichkeit unterscheidet sich dabei für die betreffende Art von Rechtsgeschäften nicht von derjenigen der grundsätzlich unbeschränkt geschäftsfähigen Personen. Es handelt sich also um eine echte Gleichstellung der grundsätzlich beschränkt Geschäftsfähigen mit den grundsätzlich unbeschränkt Geschäftsfähigen für eine bestimmte Art von Rechtsgeschäften wie etwa Arbeitsverträge („Arbeitsvertragsfähigkeit"). Bezogen auf Minderjährige und Volljährige läßt sich daher sagen, daß die so verstandene Teilgeschäftsfähigkeit die Minderjährigen für eine bestimmte Art von Rechtsgeschäften den Volljährigen gleichstellt. Allgemeine Geschäftsfähigkeit und Teilgeschäftsfähigkeit werden beide von Art. 7 EGBGB erfaßt. Dies ist auch sinnvoll. Es ist lediglich gesetzestechnisch bedingt, ob eine Rechtsordnung die allgemeine Geschäftsfähigkeit wie das BGB in einem „Allgemeinen Teil" regelt oder ob sie für bestimmte Teilbereiche, die zusammengefaßt unsere allgemeine Geschäftsfähigkeit ergeben, Teilgeschäftsfähigkeiten vorsieht. Insofern ist kein unterschiedlicher Regelungsgehalt zwischen allgemeiner Geschäftsfähigkeit und Teilgeschäftsfähigkeiten erkennbar. Deutlich wird dies etwa am österreichischen ABGB. Dieses enthält weder einen umfassenden „Allgemeinen Teil" noch eine zusammenfassende Regelung „der" Geschäftsfähigkeit. Vielmehr sind die Geschäftsfähigkeitsvorschriften im ABGB „verstreut und weitgehend spezialisiert".[125] Zusammengenommen ergeben diese Regelungen des ABGB aber das, was im BGB im „Allgemeinen Teil" bezüglich der Geschäftsfähigkeit geregelt ist. Entscheidet daher das Geschäftsfähigkeitsstatut über die allgemeine Geschäftsfähigkeit, wie durch Art. 7 EGBGB angeordnet, so muß Art. 7 EGBGB auch die Teilgeschäftsfähigkeiten erfassen.

1. Qualifikation der §§ 112, 113 BGB

Als Beispiel für „Teilgeschäftsfähigkeiten" werden im deutschen Sachrecht regelmäßig die §§ 112, 113 BGB genannt.[126] Ermächtigt der gesetzliche Vertreter mit Genehmigung des Vormundschaftsgerichts einen Minderjährigen zum selbständigen Betrieb eines Erwerbsgeschäfts, so ist gem. § 112 BGB der Minderjährige für solche Rechtsgeschäfte „unbeschränkt geschäftsfähig", welche der Geschäftsbetrieb mit sich bringt. Es fragt sich, ob es sich hierbei um eine Gleichstellung des minderjährigen beschränkt Geschäftsfähigen mit volljährigen unbeschränkt Geschäftsfähigen handelt, so daß man von einer „Teilgeschäftsfähigkeit" sprechen kann. Dagegen spricht, daß die auf § 112 BGB beruhende „Geschäftsfähigkeit" auf der Ermächtigung des gesetzlichen Vertreters und der Genehmigung des Vormundschaftsgerichts beruht. Auch im Rah-

---

124 Vgl. MünchKomm[3]-*Birk*, Art. 7 EGBGB, Rn. 30.

125 *Schwimann*, Die Institution der Geschäftsfähigkeit (1965), S. 79.

126 Staudinger[12]-*Beitzke*, Art. 7 EGBGB, Rn. 21; Palandt[61]-*Heinrichs*, § 112 BGB, Rn. 1: „partielle" Geschäftsfähigkeit, § 113, Rn. 3: „Teilgeschäftsfähigkeit"; MünchKomm[3]-*Gitter*, § 112 BGB, Rn. 1 „volle Geschäftsfähigkeit (...) in einem bestimmten Bereich". *Flume*, AT des BGB, Band II, Das Rechtsgeschäft[3] (1979), S. 208, „begrenzte volle Geschäftsfähigkeit".

men des § 107 BGB kann ein Minderjähriger ein Rechtsgeschäft mit der Einwilligung seines gesetzlichen Vertreters wirksam vornehmen, ohne daß man von einer „Teilgeschäftsfähigkeit" sprechen könnte. Der beschränkt Geschäftsfähige wird ja gerade nicht für ausreichend willenstauglich gehalten, ein Rechtsgeschäft, durch das er nicht lediglich einen rechtlichen Vorteil erlangt, ohne Willensergänzung durch eine vorherige Einwilligung oder nachträgliche Genehmigung vorzunehmen: Das Erfordernis der Einwilligung und – dieser gleichgestellt – das der nachträglichen Genehmigung sind wie gesehen beides Rechtsfolgen der beschränkten Geschäftsfähigkeit.

Für die Einordnung als Teilgeschäftsfähigkeit spricht allerdings, daß es sich bei der von § 112 BGB geforderten Einwilligung um eine „Generaleinwilligung" handelt, die sich nicht auf jedes einzelne Rechtsgeschäft, sondern auf den Geschäftsbetrieb als ganzes erstreckt. Der Minderjährige kann gem. § 112 BGB wie ein unbeschränkt Geschäftsfähiger sämtliche Rechtsgeschäfte, die der Geschäftsbetrieb mit sich bringt, alleine vollwirksam vornehmen. Im Gegensatz dazu kann eine Einwilligung im Rahmen des § 107 BGB nicht als Generaleinwilligung erteilt werden.[127] Insofern kommt es bei § 112 BGB zu einer „echten Statusveränderung".[128] Im Gegensatz zu § 107 BGB führt die Geschäftsfähigkeit aufgrund des § 112 BGB auch zum Ruhen der gesetzlichen Vertretungsmacht der gesetzlichen Vertreter für Rechtsgeschäfte, die der Geschäftsbetrieb mit sich bringt, bis die Ermächtigung wirksam zurückgenommen worden ist.[129] Insofern könnte man also von einer „Teilgeschäftsfähigkeit" sprechen, die auf der Ermächtigung durch die gesetzlichen Vertreter beruht. Andererseits kann diese Teilgeschäftsfähigkeit anders als die unbeschränkte Geschäftsfähigkeit eines Volljährigen von den gesetzlichen Vertretern des Minderjährigen mit Genehmigung des Vormundschaftsgerichts auch wieder zurückgenommen werden. Insofern ist also keine „Gleichstellung" mit Volljährigen erreicht. Die Rücknahme steht allerdings im pflichtgemäßen Ermessen der gesetzlichen Vertreter und des Vormundschaftsgerichts, und für diese Ermessensausübung ist entscheidend, ob der Minderjährige die erforderlichen Kenntnisse, Eigenschaften und Fähigkeiten hat, um sich im Geschäftsleben wie ein unbeschränkt geschäftsfähiger Volljähriger zu bewegen oder ob sich gezeigt hat, daß er noch nicht über diese Fähigkeiten verfügt.[130] Die Rücknahme kann also nicht ohne weiteres geschehen. Ferner kommt der Rücknahme keine Rückwirkung zu, sie besei-

---

127 Zulässig ist lediglich eine „beschränkte Generaleinwilligung", die sich nur auf Geschäfte erstrekken darf, die üblicherweise mit dem Vorhaben zusammenhängen, in das eingewilligt wurde, MünchKomm[4]-*Schmitt*, § 107 BGB, Rn. 14. Unzulässig ist dagegen eine unbeschränkte Generaleinwilligung in sämtliche Geschäfte des Minderjährigen, da der gesetzliche Vertreter sich hierdurch seinen Pflichten aufgrund der elterlichen Sorge entziehen würde, *Pawlowski*, Die Ansprüche des Vermieters eines Kraftfahrzeuges gegen den minderjährigen Mieter – OLG Hamm, NJW 1966, 2357, JuS 1967, 302 (304). Ebenso unzulässig ist eine beschränkte Generaleinwilligung, die zu einer „partiell erweiterten Geschäftsfähigkeit" wie in den Fällen der §§ 112, 113 führen würde, BGH, Urteil vom 17. 4. 1967 – II ZR 228 / 64, BGHZ 47, 352 (359).

128 MünchKomm[4]-*Schmitt*, § 112 BGB, Rn. 1.

129 MünchKomm[4]-*Schmitt*, § 112 BGB, Rn. 14; *Flume*, AT des BGB, Band II, Das Rechtsgeschäft[3] (1979), S. 209; Soergel[13]-*Hefermehl*, § 112 BGB, Rn. 1; *Medicus*, Bürgerliches Recht, Allgemeiner Teil[7] (1997), Rn. 583; *v. Thur*, Allgemeiner Teil II/1 (1914), § 59 VIII 2, S. 355; Palandt[61]-*Heinrichs*, § 112 BGB, Rn. 1; aA *Lipp*, Rechtsperson (2000), S. 36.

130 MünchKomm[4]-*Schmitt*, § 112 BGB, Rn. 24.

tigt die Geschäftsfähigkeit aufgrund § 112 BGB also nur für die Zukunft, nicht für bereits getätigte Rechtsgeschäfte. Dies spricht wiederum für eine Teilgeschäftsfähigkeit.

Die Regelung des § 112 BGB ist einer echten Gleichstellung mit unbeschränkt Geschäftsfähigen sehr angenähert, so daß man wohl von einer Teilgeschäftsfähigkeit sprechen können wird. Bereits hier zeigt sich allerdings deutlich, wie problematisch es ist, zwischen Regelungen der Geschäftsfähigkeit oder beschränkten Geschäftsfähigkeit und ihren Rechtsfolgen zu unterscheiden.

Für die Regelung des § 113 BGB gilt hinsichtlich der Qualifikation letzlich nichts anderes als für § 112 BGB. Hier kann der gesetzliche Vertreter den Minderjährigen auch ohne Genehmigung des Vormundschaftsgerichts ermächtigten, in ein Dienst- oder Arbeitsverhältnis zu treten und entsprechend diese Ermächtigung grundsätzlich auch ohne Genehmigung wieder zurücknehmen. Auch die Arbeitsvertragsfähigkeit des § 113 BGB führt zu einer „echten Statusveränderung" bei minderjährigen grundsätzlich beschränkt Geschäftsfähigen,[131] so daß man mit den oben für § 112 BGB geäußerten Bedenken, wohl auch hier von einer Teilgeschäftsfähigkeit sprechen kann.

2. Nicht zustimmungsbedürftige Rechtsgeschäfte im Sinne des § 107 BGB

Wie bereits angedeutet, bedürfen im deutschen Sachrecht gem. § 107 BGB Minderjährige zu einer Willenserklärung, durch die sie nicht lediglich einen rechtlichen Vorteil erlangen, der Einwilligung ihres gesetzlichen Vertreters. Daraus folgt im Gegenschluß, daß dem grundsätzlich beschränkt Geschäftsfähigen die übrigen Geschäfte unbeschränkt offenstehen. Im Rahmen des Betreuungsrechts ist eine vergleichbare Regelung in § 1903 III 1 BGB jetzt auch positiv formuliert.[132] Entgegen den Regelungen in §§ 112, 113 BGB werden Minderjährige für diese Rechtsgeschäfte regelmäßig nicht als (teil-) geschäftsfähig angesehen.[133] Begründet wird dies mit dem Hinweis auf die Vertretungsmacht der gesetzlichen Vertreter, die auch für zustimmungsfreie Rechtsgeschäfte weitergilt. Wäre diese Sichtweise richtig, so dürfte eine gesetzliche Vertretungsmacht nicht neben unbeschränkter Geschäftsfähigkeit existieren und eine gesetzliche Vertretungsmacht würde eine Beschränkung der Geschäftsfähigkeit nach sich ziehen. Daß dem aber nicht so ist, sieht man bereits daran, daß ein Minderjähriger in seiner eigenen Fähigkeit zum Abschluß von Rechtsgeschäften nicht dadurch eingeschränkt wird, daß auch andere Personen für ihn diese Rechtsgeschäfte abschließen können. Schon die *Motive* bezeichnen Minderjährige für die hier diskutierten Rechtsgeschäfte denn auch als „unbeschränkt" geschäftsfähig.[134] Noch deutlicher wird das Nebeneinander von gesetzlicher Vertretungsmacht und unbeschränkter Geschäftsfähigkeit an der im BGB geregelten Betreuung gem. § 1896 BGB. Ein Betreuer ist gesetzlicher Vertreter des Betreuten und kann ihn auf diese Weise unterstützen. Im Gegensatz zur früher möglichen Entmündigung wird der Betreute aber gerade nicht in seiner Geschäftsfähigkeit beschränkt, sondern kann – neben seinem Betreuer – am Rechtsverkehr teilnehmen. Auch der Minderjährige, der ein lediglich rechtlich vorteil-

---

131 MünchKomm[4]-*Schmitt*, § 113 BGB, Rn. 1.

132 *Medicus*, Allgemeiner Teil des BGB[7] (1997), Rn. 560.

133 Palandt[61]-*Heinrichs*, § 107 BGB, Rn. 1.

134 Motive, Band I (1888), S. 133.

haftes Rechtsgeschäft abschließt, bedarf nach der Wertung des Gesetzes noch der Unterstützung seiner gesetzlichen Vertreter. Nur können diese ihn nicht davon abhalten, solche Rechtsgeschäfte selbständig zu tätigen. Dies zeigt, daß der Minderjährige für rechtlich lediglich vorteilhafte Geschäfte als unbeschränkt (teil-)geschäftsfähig zu qualifizieren ist.

III. Besondere Geschäftsfähigkeiten

1. Einleitung

Im Gegensatz zur allgemeinen Geschäftsfähigkeit und zu Teilgeschäftsfähigkeiten sollen sogenannte „besondere" Geschäftsfähigkeiten nach verbreiteter Meinung dem jeweiligen Geschäftsstatut zu entnehmen sein.[135] Zu den „besonderen" Geschäftsfähigkeiten gehören insbesondere die Testier- und die Ehefähigkeit. Auch diese beiden knüpfen – gegebenenfalls pauschalierend – an die tatsächliche Urteils- und Verstandeskraft natürlicher Personen an, und sie sind ebenso wie die allgemeine Geschäftsfähigkeit rechtliche Eigenschaften einer natürlichen Person.[136] Der Unterschied einer besonderen zur allgemeinen Geschäftsfähigkeit ist mitunter nicht ganz einfach zu bestimmen. Die besonderen Geschäftsfähigkeiten sollen sich von der allgemeinen Geschäftsfähigkeit und den Teilgeschäftsfähigkeiten dadurch unterscheiden, daß sie auf ein „bestimmtes Rechtsgebiet" beschränkt seien.[137] Außerdem ließe sich die allgemeine Geschäftsfähigkeit im Gegensatz zu den besonderen Geschäftsfähigkeiten „graduell" abstufen. Der Grund für die unterschiedliche Anknüpfung der besonderen Geschäftsfähigkeiten soll darin liegen, daß die allgemeine Geschäftsfähigkeit „um der Persönlichkeit willen" bestehe, während die besonderen Geschäftsfähigkeiten nur gewisse Rechtsgeschäfte beträfen. Der Schutzzweck der besonderen Geschäftsfähigkeiten sei daher auf das in Frage stehende Rechtsverhältnis beschränkt.[138] Ob dieser Unterscheidung zwischen sogenannter allgemeiner und besonderer Geschäftsfähigkeit zuzustimmen ist, soll im folgenden anhand der Anknüpfung der Testierfähigkeit exemplarisch untersucht werden.

2. Testierfähigkeit

Die Anknüpfung der Testierfähigkeit, für die es eine ausdrückliche gesetzliche Regelung nicht gibt, ist seit langen umstritten. Im wesentlichen werden dabei drei Ansichten vertreten:[139] Für diejenigen, die die Testierfähigkeit nur als einen Unterfall der

---

135 *Wagner*, Testierfähigkeit (1996), S. 67 f.; siehe des weiteren die in Fn. 121, S. 57, Genannten.

136 Zur allgemeinen Geschäftsfähigkeit als rechtlicher Eigenschaft S. 32 f.

137 *v. Bar*, Internationales Privatrecht, Band 2 (1991), Rn. 36.

138 Vgl. *E. Bucher*, Die natürlichen Personen (1976), Vorbemerkungen zu Art. 12 - 19 ZGB, Rn. 92.

139 Darüber hinaus wäre es auch denkbar, die Testierfähigkeit als von Art. 5 S. 1 HTA (Haager Übereinkommen über das auf die Form letztwilliger Verfügungen anwendbare Recht vom 5. Oktober 1961, BGBl. 1965 II, S. 1145) erfaßt zu sehen. So ohne Begründung etwa Staudinger[12]-*Beitzke*, Art. 7 EGBGB, Rn. 43; *Dölle*, Internationales Privatrecht[2] (1972), S. 130. Allerdings regelt Art. 5 S. 1 HTA nur die an persönliche „Eigenschaften" des Erblassers (wie z.B. Alter, Staatsangehörigkeiten und Beschränkung der Geschäftsfähigkeit) geknüpften Verbote bestimmter Testamentsformen, nicht dagegen die Frage der Testierfähigkeit selber, s. nur *Wagner*,

allgemeinen Geschäftsfähigkeit ansehen, erfolgt die Anknüpfung über Art. 7 I 1 EGBGB.[140] Andere qualifizieren die Testierfähigkeit erbrechtlich und unterstellen sie den Regelungen der Artt. 25, 26 EGBGB.[141] Dabei stützt sich diese Ansicht insbesondere auf Art. 26 V 2 EGBGB, der bestimmt, daß die einmal erlangte Testierfähigkeit durch Erwerb oder Verlust der Rechtsstellung als Deutscher nicht beeinträchtigt wird. Bei einer Subsumtion der Testierfähigkeit unter Art. 7 I EGBGB wäre jene Regelung aufgrund der vergleichbaren Regelung für die Geschäftsfähigkeit in Art. 7 II EGBGB eigentlich überflüssig.[142] Hinzu kommt ein Verweis auf die Begründung des Regierungsentwurfs von 1986,[143] worin erwähnt wird, daß die Testierfähigkeit als besondere Geschäftsfähigkeit dem Erbstatut unterfalle.

Nach einem dritten, vermittelnden Ansatz soll die Qualifikation der Testierfähigkeit in Abhängigkeit des jeweiligen zur Anwendung kommenden nationalen Rechts erfolgen. Wenn eine nationale Rechtsordnung Sonderregeln für die Testierfähigkeit herausgebildet habe, so solle die Testierfähigkeit vom Erbstatut erfaßt werden.[144] Fehle es hingegen an solchen Sonderregeln, so sei Art. 7 I 1, 2. Var. EGBGB anzuwenden, um die auf die Testierfähigkeit anzuwendende Rechtsordnung zu bestimmen. Gegen die vermittelnde Meinung ist einzuwenden, daß sie den Anwendungsbereich der deutschen Kollisionsnormen ohne nähere Begründung der ausländischen Rechtsordnung überläßt. Das widerspricht den ansonsten grundsätzlich anerkannten Verweisungsregeln des deutschen Kollisionsrechts. Für eine solche Qualifikation *lege*

Testierfähigkeit (1996), S. 9 f., m.w.N. Damit fällt z. B. eine Regelung wie § 2232 BGB in den Anwendungsbereich des Abkommens, nicht aber § 2229 BGB. Grund für die fehlende Regelung der Testierfähigkeit war unter anderem, daß die Vertragsparteien die Vergrößerung der Ratifikationsaussichten der umfassenden Regelung des gesamten Testamentsrechts vorgezogen haben, vgl. *Scheucher*, Das Haager Testamentsabkommen, ZfRV 5 (1964), 216 (221).

Die Testierfähigkeit ist ferner gem. Art. 1 II b) vom Anwendungsbereich des Haager Übereinkommens über das auf die Rechtsnachfolge von Todes wegen anzuwendende Recht vom 1. August 1989, das in Deutschland noch nicht in Kraft ist, ausgeschlossen, *Wagner*, Testierfähgkeit (1996), S. 12.

140 Nach der IPR-Reform von 1986 wohl nur noch *van Venrooy*, Testierfähigkeit JR 1988, 485 ff. Unklar ob vor oder nach der Reform Dittmann/Reimann/Bengel - (*Reimann*), Testament und Erbvertrag[2] (1986), § 2229 BGB, Rn. 59 (ohne Begründung). Vor der Reform: BGH, Urteil vom 12. 1. 1967 – III ZR 25 / 66, NJW 1967, 1177 (der BGH gebraucht ohne weitere Ausführungen „Geschäftsfähigkeit" und „Testierfähigkeit" als Synonyme); OLG Saarbrücken, Beschluß vom 16. 12. 1966 – 5 W 90 / 66, NJW 1967, 732 (733) (ohne Begründung); *Lewald*, Internationales Privatrecht (1931), Band 1, S. 305; mit Hinweis auf die Entstehungsgeschichte *Hahn*, Das Personalstatut und die Geschäftsfähigkeit im deutschen internationalen Privatrecht (1909), S. 51 ff.; unentschieden *Martin Wolff*, Das internationale Privatrecht Deutschlands[3] (1954), S. 105 einer- und S. 229 andererseits.

141 Für diese Meinung ist die Testierfähigkeit eine Frage der „Gültigkeit" der Errichtung einer Verfügung von Todes wegen im Sinne des Art. 26 V 1 EBBGB, Staudinger[14]-*Dörner*, Art. 25, Rn. 224.

142 *v. Bar*, Internationales Privatrecht, Band 2 (1991), Rn. 380.

143 BT-Drucks. 10/504, S. 45 und S. 76.

144 *Kegel/Schurig*, Internationales Privatrecht[8] (2000), § 21 III b), S. 866; Palandt[61]-*Heldrich*, Art. 25 EGBGB, Rn. 16.

causae ist im Gesetz außerdem kein Ansatz zu finden.[145] Für den vermittelnden Ansatz ist daher kein Raum. Zu diskutieren bleibt damit allein, ob die Testierfähigkeit als „besondere" Geschäftsfähigkeit erbrechtlich zu qualifizieren oder als Teil der allgemeinen Geschäftsfähigkeit der Regelung des Art. 7 EGBGB zu unterstellen ist.

a) Praktisches Bedürfnis der Qualifikation

Hier stellt sich allerdings schon die Frage nach der Notwendigkeit einer genauen Qualifikation der Testierfähigkeit im deutschen internationalen Privatrecht. Sowohl Art. 7 I EGBGB als auch Artt. 25, 26 EGBGB knüpfen an die Staatsangehörigkeit des testierenden Erblassers an. In Anbetracht der insofern gleichen Anknüpfung an die Staatsangehörigkeit erscheint eine genaue Qualifikation der Testierfähigkeit entweder als personenrechtlich oder erbrechtlich weniger ein praktisches Bedürfnis, sondern vielmehr von rein dogmatischem Interesse zu sein. In der Literatur werden jedoch im wesentlichen drei Unterschiede bei einer erbrechtlichen Qualifikation einer- und einer personenrechtlichen Qualifikation andererseits diskutiert: Eine Relevanz bei einem Renvoi sowie die Anwendbarkeit der Regelungen des Art. 25 II EGBGB und des Art. 3 III EGBGB.

aa) Erheblichkeit bei einem Renvoi im Sinne des Art. 4 I EGBGB

Wagner vertritt ohne nähere Begründung die Ansicht, die Einordnung der Testierfähigkeit im deutschen internationalen Privatrecht sei wichtig im Hinblick auf die Regelung des Renvoi bzw. der Rück- und Weiterweisung in Art. 4 I EGBGB.[146] Richtig ist zwar, daß die Qualifikation der Testierfähigkeit im ausländischen internationalen Privatrecht im Hinblick auf einen Renvoi zu unterschiedlichen Ergebnissen führen kann, wenn die Rechtsordnung, auf die verwiesen wurde, allgemeine Geschäftsfähigkeit und Testierfähigkeit unterschiedlich anknüpft. Fraglich ist aber, ob die Möglichkeit einer erbrechtlichen oder personenrechtlichen Qualifikation durch ausländisches Recht die Bestimmung des Anwendungsbereiches der deutschen Kollisionsnormen in praktischer Hinsicht notwendig macht, wenn, wie hier, beide in Frage stehenden Kollisionsnormen im Rahmen einer Gesamtverweisung auf das Heimatrecht des Testators verweisen.

Kommt ein Fall vor ein deutsches Gericht, so bestimmt die *lex fori* (hier also deutsches Recht) welche (deutsche) Kollisionsnorm einschlägig ist.[147] Spricht die deutsche Kollisionsnorm eine Gesamtverweisung aus, wie es sowohl in Art. 7 I EGBGB als auch in Artt. 25, 26 EGBGB der Fall ist, werden die Sach- und Kollisionsnormen im ausländischen Recht berufen, die die aufgeworfene Rechtsfrage (hier also die Frage nach der Testierfähigkeit) beantworten. Im Falle einer Gesamtverweisung sind die Sachnormen jedoch nur dann anwendbar, wenn das ausländische internationale Privat-

---

145 *v. Bar*, Internationales Privatrecht, Band 2 (1991), Rn. 380, Fn. 146; Staudinger[14]-*Dörner*, Art. 25 EGBGB, Rn. 223; ausführlich, *Wagner*, Testierfähigkeit (1996), S. 120 ff. („insgesamt ungeeignete Methode zur Anknüpfung der Testierfähigkeit", S. 123).

146 *Wagner*, Testierfähigkeit (1996), S. 15.

147 Allgemein zur Qualifikation nach der *lex fori*, *v. Bar*, Internationales Privatrecht, Band 1 (1987), § 7, Rn. 600, sowie S. 31 f. in dieser Arbeit.

recht die Verweisung annimmt und keine Weiter- oder Rückverweisung ausspricht. Ob eine Annahme oder Rück- oder Weiterverweisung erfolgt, ist durch eine Subsumtion der durch das deutsche internationale Privatrecht berufenen ausländischen Sachnormen unter die Kollisionsnormen des ausländischen Rechts zu ermitteln.[148] Die Auslegung des ausländischen internationalen Privatrechts und die Subsumtion unter die dortigen Kollisionsnormen geschieht dabei nach Maßgabe der betreffenden ausländischen IPR-Regelungen.[149] Ein Renvoi ist dabei auch dann zu beachten, wenn er sich aus abweichender Qualifikation infolge anderer Rechtssystematik ergibt.[150] Wäre zum Beispiel österreichisches Recht Heimatrecht, so wäre § 30 öIPRG[151] berufen, durch den die Testierfähigkeit eine Sonderanknüpfung erfahren hat. § 30 öIPRG wäre aber unabhängig davon berufen, ob die Willenstauglichkeit für eine Verfügung von Todes wegen im deutschen internationalen Privatrecht erbrechtlich zu qualifizieren und unter Artt. 25, 26 EGBGB zu subsumieren wäre oder als personenrechtliche Regelung dem Art. 7 EGBGB zuzuordnen wäre.

Zusammenfassend läßt sich daher sagen: Solange sowohl Art. 7 I EGBGB als auch Artt. 25, 26 EGBGB an die Staatsangehörigkeit des Erblassers anknüpfen, ist immer dem Heimatrecht die Entscheidung überlassen, wie die Testierfähigkeit angeknüpft werden soll. Das Heimatrecht mag im Hinblick auf die Testierfähigkeit eine andere systematische Einordnung vornehmen, und die Testierfähigkeit mag daher anders angeknüpft werden als in der deutschen *lex fori*. Aufgrund der unterschiedlichen Anknüpfung der Testierfähigkeit im Vergleich zum deutschen Recht kann es dann zu einer Rück- oder Weiterverweisung kommen. Im Hinblick auf einen solchen Renvoi besteht aber kein Bedürfnis für die Qualifikation der Testierfähigkeit im deutschen Recht.[152]

bb) Art. 25 II EGBGB (Rechtswahl)

Ein praktisches Bedürfnis für die Qualifikation der Testierfähigkeit wäre aber gegeben, wenn bei einer erbrechtlichen Qualifikation Art. 25 II EGBGB auf die Testierfähigkeit anwendbar wäre: Gem. Art. 25 I EGBGB unterliegt die Rechtsnachfolge von Todes wegen dem Recht des Staates, dem der Erblasser im Zeitpunkt seines Todes angehört. Gem. Art. 25 II EGBGB kann für im Inland (das heißt also für in Deutsch-

---

148 MünchKomm-*Sonnenberger*, Art. 4 EGBGB, Rn. 38.

149 *v. Bar*, a.a.O. (Fn. 147), Rn. 588 f.

150 *Sonnenberger*, a. a. O. (Fn. 148).

151 (1) Die Testierfähigkeit und die sonstigen Erfordernisse für die Gültigkeit einer letztwilligen Verfügung, eines Erbvertrages oder eines Erbverzichtsvertrages sind nach dem Personalstatut des Erblassers im Zeitpunkt der Rechtshandlung zu bestimmen. Wäre danach die Gültigkeit nicht gegeben, wohl aber nach dem Personalstatut des Erblassers im Zeitpunkt seines Todes, so gilt dieses.
(2) Für den Widerruf bzw. die Aufhebung dieser Rechtshandlung gilt Abs. 1 sinngemäß.

152 Dies übersieht wohl *Wagner*, Testierfähigkeit (1996), wie sich aus seinem Beispiel auf S. 18 f. ergibt. Er scheint die Anknüpfung der Testierfähigkeit im französichen Recht davon abhängig machen zu wollen, wie sie im deutschen internationalen Privatrecht systematisch eingeordnet wird.

land) belegenes unbewegliches Vermögen in der Form einer Verfügung von Todes wegen auch deutsches Recht gewählt werden.

aaa) Erlangung der Testierfähigkeit durch Rechtswahl

Diejenigen, die die Testierfähigkeit erbrechtlich einordnen, meinen, daß für eine Rechtswahl im Sinne des Art. 25 II EGBGB Testierfähigkeit („erbrechtliche Rechtswahlgeschäftsfähigkeit“) ausreiche.[153] Erklärt wird dies mit einem engen Zusammenhang zwischen erbrechtlicher Rechtswahlfähigkeit und Testierfähigkeit. Wer von der anwendbaren Rechtsordnung als fähig angesehen werde, eine gewillkürte Erbfolge herbeizuführen, dem solle auch die Möglichkeit eingeräumt werden, die allgemein zulässige Rechtswahl vorzunehmen.[154] Daher sollen Testierfähigkeit und erbrechtliche Rechtswahlgeschäftsfähigkeit unter dieselbe Rechtsordnung fallen. Würde man dieser Ansicht folgen, so bestünde für den Testator die Möglichkeit, sich „testierfähig“ zu wählen. Der Testator könnte für in Deutschland belegenes unbewegliches Vermögen Testierfähigkeit erlangen, obwohl sein Heimatrecht die Testierfähigkeit verneint. Dies ergibt sich daraus, daß auf die Rechtswahl von Verfügungen von Todes wegen die Art. 27 IV, 31 EGBGB analog angewendet werden.[155] Danach entscheidet über Zustandekommen und Wirksamkeit der Rechtswahlvereinbarung sowie der Verfügung von Todes wegen das (potentiell) gewählte (deutsche) Recht. Damit ergibt sich aus dem Zusammenspiel der Artt. 25 II, 27 IV, 31 I EGBGB die Möglichkeit, daß ein nach dem Erbstatut nicht Testierfähiger sich in Bezug auf in Deutschland belegenes unbewegliches Vermögen testierfähig wählen kann. Ein 16jähriger Ausländer, der gem. § 2229 I BGB[156] testierfähig ist, könnte daher nach dieser Ansicht für in Deutschland belegenes Vermögen deutsches Erbrecht wählen, obwohl er nach seinem Heimatrecht nicht testierfähig ist. Es fällt auf, daß eine vergleichbare Möglichkeit bei der allgemeinen Geschäftsfähigkeit strikt abgelehnt wird.[157] Diese Ablehnung ist auch richtig, da es sich bei der Sonderanknüpfung der allgemeinen Geschäftsfähigkeit um eine Anknüpfung im wohlverstandenen Interesse des potentiell beschränkt Geschäftsfähigen oder Geschäftsunfähigen handelt – und damit um eine Rücksichtnahme auf die sozialpolitischen Wertungen der Rechtsordnung dieses Staates.[158] Dem würde es widersprechen, wenn der nach seinem Heimatrecht beschränkt Geschäftsfähige oder Geschäftsunfähige sich durch geschickte Rechtswahl geschäftsfähig wählen könnte. Die Verhinderung der Möglichkeit einer solchen Rechtswahl im allgemeinen Geschäftsfä-

---

153 MünchKomm[3]-*Birk*, Art. 25 EGBGB, Rn. 32 f.; vgl. *Wagner*, Testierfähigkeit (1996), S. 20 f., m. w. N.

154 Staudinger[13]-*Dörner*, Art. 25 EGBGB, Rn. 492 ff.

155 *Birk*, a.a.O. (Fn. 153, S. 65); *Dörner*, a.a.O. (Fn. 154, S. 65); *Tiedemann*, Rechtswahl, RabelsZ 55 (1991), S. 17 (26 f.); *Wagner*, Testierfähigkeit (1996), S. 20.

156 § 2233 I BGB gilt dagegen nicht notwendigerweise, da es sich dabei um eine Formvorschrift handelt. Vielmehr ist das HTA zu beachten. Ohne Begründung wohl anders *Wagner*, Testierfähigkeit (1996), S. 20; *v. Bar*, Internationales Privatrecht, Band 2 (1991), Rn. 368.

157 *v. Bar*, Internationales Privatrecht, Band 2 (1991), Rn. 40: „inakzeptables Ergebnis“; Staudinger[13]-*Hausmann*, Art. 7 EGBGB, Rn. 44.

158 Ähnlich *Carl Ludwig von Bar*, Theorie und Praxis des Internationalen Privatrechts[2] (1889), Band 2, S. 391 f.

higkeitsrecht ist ein Befund, über den auch in anderen Ländern weitgehend Einigkeit herrscht.[159] Auch dort, wo, wie etwa in Österreich,[160] eine ausdrückliche Regelung der Anknüpfung der Testierfähigkeit erfolgt ist, ist eine Rechtswahl in Bezug auf die Testierfähigkeit nicht möglich.

bbb) Ausschluß- und Ordnungsfunktion der Testierfähigkeit

Die von der herrschenden Lehre eröffnete Möglichkeit, Testierfähigkeit durch Rechtswahl zur erlangen, ist um so erstaunlicher, wenn man bedenkt, daß die Geschäftsunfähigkeit und die Testierunfähigkeit vergleichbare Ordnungs- und Ausschlußfunktionen erfüllen. Die Geschäftsunfähigkeit hat, wie oben dargestellt, eine Ausschluß- und Schutzfunktion und dient so letztlich der Verwirklichung sinnvoll verstandener Privatautonomie. Auf erbrechtlichem Gebiet ist im deutschen Sachrecht die Privatautonomie dergestalt verwirklicht, daß der Erblasser und Testator grundsätzlich frei über das Schicksal seines Nachlasses durch Rechtsgeschäft bestimmen kann, auch wenn ihm dabei durch Pflichtteilsrechte Grenzen gezogen sind.[161] Auch im Erbrecht ist eine sinnvolle Ausübung von Willensmacht aber nur denkbar, wenn auch ein Mindestmaß an Willensverantwortlichkeit vorhanden ist. Ist dieses Mindestmaß nicht gegeben, so liegt Testierunfähigkeit vor.

Kommt der Testierunfähigkeit aber eine vergleichbare Ausschluß- und Ordnungsfunktion wie der Geschäftsunfähigkeit zu, so spricht dies dagegen, das Statut, das über die Testierunfähigkeit entscheidet, durch Rechtswahl bestimmen zu lassen. Durch die Anknüpfung an die Rechtswahl wird die Willenserklärung des Testierunfähigen berücksichtigt, sie wird also zum „rechtlichen Material", obwohl gerade dies durch die Ausschlußfunktion der Geschäftsunfähigkeit verhindert werden soll. Dies spricht aber für eine objektive Anknüpfung der Testierfähigkeit und damit gegen die Anwendbarkeit des Art. 25 II EGBGB auf die Testierfähigkeit.

---

159 Hierzu im rechtsvergleichenden Teil der Arbeit, S. 110 f.

160 Fn. 151, S. 64.

161 Vgl. *Battes*, Verpflichtungsvertrag, AcP 178 (1978), S. 337 (338 f.).
Der Grenzziehung der erbrechtlichen Privatautonomie im Sachrecht durch die Pflichtteilsrechte entspricht im Kollisionsrecht die Einschränkung der Parteiautonomie, die nur eine eingeschränkte Rechtswahl auf deutsches Sachrecht zuläßt. Gegen die Zulassung einer (weitergehenden) Rechtswahl wird insbesondere angeführt, daß sonst die Gefahr einer Umgehung der Pflichteilsrechte bestehe, BegrRegE, BT-Drucks. 10/504, S. 74. Die Frage, ob im Erbrecht eine Rechtswahl überhaupt möglich sein soll, ist in Deutschland seit langem umstritten. Faßt man im materiellen Erbrecht die Testierfreiheit als grundlegend auf und meint, daß das gesetzliche Erbrecht hauptsächlich einen vermuteten Erblasserwillen aufstellt, so wird man im Kollisionsrecht eine Rechtswahl möglichst weitgehend anerkennen. Betrachtet man dagegen im materiellen Recht die gesetzliche Erbfolge als das Normale und sieht in der testamentarischen Erbfolge nur eine Ausnahme, so wird man im Kollisionsrecht die Parteiautonomie tendentiell eher ablehnen, *Kropholler*, Internationales Privatrecht[4] (2001), § 51 III 1., S. 417 f. m. w. N. Grundlegend zur Parteiautonomie im Erbrecht *Kühne*, Die Parteiautonomie im internationalen Erbrecht (1973).

ccc) Schutzfunktion der Testierfähigkeit

Darüber hinaus könnte auch eine Schutzfunktion, wie sie den Regelungen der allgemeinen Geschäftsfähigkeit zu eigen ist, für eine Ablehnung der Möglichkeit einer Rechtswahl des Testierfähigkeitsstatuts sprechen. Ob der Testierfähigkeit neben der Ausschluß- und Ordnungsfunktion auch eine mit der allgemeinen Geschäftsfähigkeit vergleichbare Schutzfunktion für den Testator zukommt, wird etwa von *Wagner*[162] im Anschluß an *Carl Ludwig von Bar*[163] bezweifelt. *von Bar* meinte, daß die Regelungen der Testier(un)fähigkeit „wesentlich" die gesetzlichen Erben und nicht den Testator schützen sollten. Dies ergebe sich daraus, daß ein Testament jederzeit wieder aufhebbar sei. Daher bedürfe es eines „Schutzes" des Testators nicht. Diese Argumentation greift freilich schon nicht mehr bei gemeinschaftlichen Testamenten oder Erbverträgen, wie sogleich gezeigt werden soll. Es fragt sich aber, ob die Argumentation auch bei der „eigentlichen" Testierfähigkeit zutreffend ist. Richtig ist sicherlich, daß der Testator „wirtschaftlich" nicht im gleichen Maße geschützt werden muß wie der Minderjährige im allgemeinen Schuldrecht, der sich nicht seiner zum Leben erforderlichen Grundlage begeben können soll, wenn er die Tragweite seiner Handlungen noch nicht abschätzen kann. Des weiteren ist richtig, daß der Testator sein Testament jederzeit aufheben kann, so daß er „unvernüftige" Testamente jederzeit wieder aus der Welt schaffen kann.

Fraglich ist aber, ob aus der geringeren „wirtschaftlichen" Schutzbedürftigkeit und der jederzeitigen Widerrufbarkeit des Testaments folgt, daß die Testierfähigkeit primär den Schutz der gesetzlichen Erben bezweckt. Hier stellt sich insbesondere die Frage, vor was die gesetzlichen Erben eigentlich geschützt werden sollen. Die Testierfähigkeit sichert den gesetzlichen Erben jedenfalls nicht einen angemessenen Anteil am Erbe. Mit Erreichen der formalen Voraussetzungen der Testierfähigkeit, nach dem BGB also gem. § 2229 I BGB mit Vollendung des 16. Lebensjahrs, kann der Testator grundsätzlich frei über sein Vermögen verfügen. Er wird nur begrenzt durch die Pflichtteilsrechte und durch die diesen Pflichtteilsrechten funktional entsprechenden Regelungen des ausländischen Rechts. Diese Regelungen schützen in der Tat die gesetzlichen Erben, nicht hingegen das formale Element der Testierfähigkeit. Auch an einem subjektiven Element der Testierfähigkeit läßt sich der Schutz der gesetzlichen Erben nur schwer festmachen. Gem. § 2229 IV BGB ist ein Testator an der wirksamen Errichtung von Verfügungen von Todes wegen gehindert, wenn er deren Bedeutung aufgrund einer „Geistesschwäche" nicht einsehen kann. Die gesetzlichen Erben haben keinen Anspruch auf ein „vernünftiges" Testament, da ein Erblasser im deutschen Sachrecht im Rahmen der Grenzen, die ihm die Pflichtteilsrechte setzen, so von Todes wegen verfügen kann, wie es ihm beliebt. Daher entsteht den gesetzlichen Erben auch kein Nachteil, vor dem sie zu schützen wären, wenn ein testierunfähiger Testator zu ihren Ungunsten verfügen könnte. Ein für die Erben ungünstiges Testament ist natürlich auch dann wirksam, wenn der testierfähige Testator den Erben nur den Pflichtteil vererbt. Dies zeigt, daß durch die Testierfähigkeit primär die Wahrnehmung der Pri-

---

162 Testierfähigkeit (1996), S. 66.

163 *Carl Ludwig von Bar*, Theorie und Praxis des internationalen Privatrechts² (1889), Band 2, S. 319.

vatautonomie des Testators sichergestellt („geschützt") wird, also primär er selber „geschützt" wird, und nur mittelbar auch die gesetzlichen Erben.

(1) gemeinschaftliches Testament

Die primär auf den Testator bezogene Schutzfunktion tritt bei gemeinschaftlichen Testamenten und Erbverträgen noch stärker in den Vordergrund. Ein gemeinschaftliches Testament ist die aufgrund eines gemeinsamen Entschlusses getroffene letztwillige Verfügung mehrerer – im deutschen Sachrecht zweier – Personen. Im deutschen Sachrecht handelt es sich bei einem gemeinschaftlichen Testament also um eine durch den Willen zur gemeinsamen Testamentserrichtung verbundene Zusammenfassung zweier Einzelverfügungen.[164] Somit muß bei beiden Testatoren Testierfähigkeit vorliegen. Das (deutsche) gemeinschaftliche Testament unterscheidet sich vom normalen Testament unter anderem darin, daß es Ehegatten ermöglicht, bestimmten Verfügungen von Todes wegen, die sie mit Rücksicht auf die Verfügungen von Todes wegen des Ehepartners getroffen haben, eine gewisse bindende Wirkung zu verleihen. So kann gem. § 2271 II BGB der überlebende Ehegatte seine Verfügung nach dem Tod des Ehepartners grundsätzlich nicht mehr widerrufen. Der überlebende Ehepartner wird in seiner Dispositionsbefugnis von Todes wegen für die Zukunft also eingeschränkt. Wird er aber in seiner Dispositionsbefugnis von Todes wegen eingeschränkt, muß er auch davor geschützt werden, diese einzuschränken, ohne die erforderliche Willenstauglichkeit hierfür aufzuweisen.

(2) Erbvertrag, §§ 2274 ff. BGB

(a) Schutzfunktion der Erbvertragsgeschäftsfähigkeit

Ein Erbvertrag ist ein zweiseitiges Rechtsgeschäft von Todes wegen. Soweit er Verfügungen von Todes wegen enthält, besitzt er rein erbrechtlichen Charakter und ist daher erbrechtlich zu qualifizieren.[165] Die Fähigkeit, von Todes wegen in einem Erbvertrag zu verfügen – also die „Erbvertragsgeschäftsfähigkeit" –, wird daher teilweise kollisionsrechtlich als Testierfähigkeit verstanden und dem Erbstatut unterstellt.[166] Dabei werden einzelne Verpflichtungen des Vertragspartners (wie zum Beispiel die Pflege eines Angehörigen), die im Zusammenhang mit einem Erbvertrag übernommen werden, als Rechtsgeschäfte unter Lebenden eingeordnet, für deren Wirksamkeit die allgemeine Geschäftsfähigkeit erforderlich ist, die über Art. 7 EGBGB angeknüpft wird.[167]

Wie auch beim gemeinschaftlichen Testament begibt sich der von Todes wegen Verfügende beim Erbvertrag seiner erbrechtlichen Dispositionsmöglichkeit. Gem.

---

164 Staudinger[14]-*Dörner*, Art. 25, Rn. 296.

165 Staudinger[14]-*Dörner*, Art. 25 EGBGB, Rn. 328. Zur Frage, welches Statut über die Zulässigkeit des Erbvertrages zu entscheiden hat, *Döbereiner*, Ehe- und Erbverträge im deutsch-französischen Rechtsverkehr (2001), S. 182 ff.

166 Staudinger[14]-*Dörner*, Art.26 EGBGB, Rn. 70; *Döbereiner*, a.a.O. (Fn. 165), S. 181 f.; unklar insoweit MünchKomm[3] - *Birk*, Art. 25 EGBGB, Rn. 33.

167 MünchKomm[3]-*Birk*, a. a .O (Fn. 166).

§ 2289 I BGB ist der durch einen Erbvertrag Verfügende an diesen weitgehend gebunden, so daß die Möglichkeit, durch nachfolgende letztwillige Verfügung wirksam über sein Eigentum verfügen zu können, stark eingeschränkt ist. Aufgrund dieser Verfügungsbeschränkung erscheint ein letztwillig Verfügender in vergleichbarer Weise schutzbedürftig wie ein beschränkt oder nicht Geschäftsfähiger im Hinblick auf seine zu und auf Lebzeiten abgeschlossenen Rechtsgeschäfte.

(b) Beeinträchtiung der Schutzfunktion durch Rechtswahl der Erbvertragsgeschäftsfähigkeit

Sähe man die „Erbvertragsgeschäftsfähigkeit" als Testierfähigkeit an, unterstellte diese dem Erbstatut und wendete Art. 25 II EGBGB auch auf die Testierfähigkeit an, so wäre eine Rechtswahl möglich, die theoretisch der Schutzbedürftigkeit der durch Erbvertrag von Todes wegen Verfügenden widerspräche. Fraglich ist jedoch, ob in der Praxis durch eine Rechtswahl die Schutzfunktion überhaupt unterlaufen werden kann. Gem. Art. 25 II EGBGB ist nur die Wahl deutschen Erbrechts möglich. Die Regelung des § 2275 I BGB verlangt für den Abschluß eines Erbvertrages unbeschränkte Geschäftsfähigkeit. Diejenigen, die die Erbvertragsgeschäftsfähigkeit erbrechtlich qualifizieren, knüpfen die „Geschäftsfähigkeit" im Rahmen des § 2275 I BGB über Art. 7 EGBGB an die Staatsangehörigkeit des Erblassers an.[168] Im Ergebnis ist es daher auch nach dieser Meinung nicht möglich, sich entgegen der Wertung des Heimatrechts erbvertragsgeschäftsfähig zu wählen und so die Schutzfunktion zu unterlaufen. Danach würde eine Rechtswahl im Sinne des Art. 25 II EGBGB nicht der Schutzfunktion der Testierfähigkeit widersprechen. Problematisch an dieser Vorgehensweise ist allerdings, daß die Schutzfunktion der Erbvertragsgeschäftsfähigkeit nicht im Kollisionsrecht gewahrt wird, sondern von der (mehr oder weniger zufälligen) Ausgestaltung des (deutschen) Sachrechts abhängt. Des weiteren setzt die soeben beschriebene Vorgehensweise voraus, daß in § 2275 I BGB überhaupt ein Verweis auf das allgemeine Geschäftsfähigkeitsrecht vorgenommen wird. Die sprachliche Bezugnahme auf die „unbeschränkte Geschäftsfähigkeit" könnte auch allein auf gesetzestechnischen Gründen beruhen. So bräuchten im Falle einer Änderung der Altersgrenzen nicht alle auf diese verweisenden Regelungen geändert zu werden. In § 2275 I BGB werden nämlich nicht die gesamten Regeln der allgemeinen Geschäftsfähigkeit berufen, sondern nur die Regeln der „unbeschränkten" Geschäftsfähigkeit, damit also letztlich die in § 2 BGB festgesetzte Altersgrenze von 18 Jahren. Beschränkt Geschäftsfähige können mit der Ausnahme des § 2275 II BGB gerade keinen Erbvertrag schließen, ein von ihnen geschlossener Erbvertrag ist vielmehr nichtig.

Der Verweis in § 2275 I BGB auf die „unbeschränkte Geschäftsfähigkeit" erscheint somit ungeeignet, als kollisionsrechtlicher Anknüpfungsgegenstand für die Geschäftsfähigkeit zu dienen, um sicherzustellen, daß nur solche Erblasser durch Erbvertrag wirksam verfügen können, die nach ihrem Heimatrecht erbvertragsfähig sind. Vielmehr ist eine Rechtswahl in Bezug auf die Erbvertragsfähigkeit von vornherein

---

168 Staudinger[14]-*Dörner*, Art. 25 EGBGB, Rn. 330; so wohl auch MünchKomm[3]-*Birk*, a.a.O (Fn. 166).

nicht zuzulassen und die Erbvertragsfähigkeit unabhängig von einer Rechtswahl an objektiven Kriterien festzumachen.

ddd) Zwischenergebnis

Neben der Ordnungs- bzw. Ausschlußfunktion kommt der Testierfähigkeit eine der allgemeinen Geschäftsfähigkeit vergleichbare Schutzfunktion zu. Ebenso wie bei der allgemeinen Geschäftsfähigkeit ist eine Rechtswahl daher auch in Bezug auf die Testierfähigkeit abzulehnen. Damit ist die Testierfähigkeit jedenfalls objektiv anzuknüpfen. Dies kann entweder durch eine einschränkende Auslegung des Art. 25 EGBGB geschehen, indem Absatz 2 nicht angewandt wird, oder durch eine Subsumtion der Testierfähigkeit unter die „Geschäftsfähigkeit" im Sinne des Art. 7 EGBGB. Im Hinblick auf die Regelung des Art. 25 II EGBGB besteht daher kein praktisches Bedürfnis für die Qualifikation der Testierfähigkeit im deutschen Kollisionsrecht.

cc) Art. 3 III EGBGB („Einzelstatut bricht Gesamtstatut")

Allerdings wird in der Literatur die Anwendbarkeit der Regelung des Art. 3 III EGBGB auf die erbrechtlich qualifizierte Testierfähigkeit ohne nähere Begründung bejaht.[169] Ein praktisches Bedürfnis für eine genaue Qualifikation der Testierfähigkeit könnte sich dadurch ergeben, daß nach Art. 3 III EGBGB unter Umständen zwar Artt. 25 / 26 EGBGB der *lex rei sitae*[170] weichen, nicht dagegen Art. 7 EGBGB. Die Artt. 25 / 26 EGBGB stehen im vierten Abschnitt des EGBGB, Art. 7 EGBGB steht dagegen im 2. Abschnitt, der durch die Regelung des Art. 3 III EGBGB nicht erfaßt wird. Wird Art. 3 III EGBGB dagegen auch bei erbrechtlicher Qualifikation der Testierfähigkeit nicht auf die Testierfähigkeit angewandt, so ergibt sich insoweit kein (praktischer) Unterschied bei einer erbrechtlichen oder personenrechtlichen Qualifikation der Testierfähigkeit.

Bevor die Anwendbarkeit des Art. 3 III EGBGB auf die (erbrechtlich qualifizierte) Testierfähigkeit diskutiert wird, soll folgendes Beispiel[171] den Unterschied zwischen einer solchen Anwendung und einer Nicht-Anwendung verdeutlichen: Ein Deutscher, wohnhaft in Hamburg, errichtet mit 16 Jahren ein Testament. Zum Nachlaß gehört ein Grundstück in England. Das englische Kollisionsrecht knüpft für bewegliches Vermögen die Rechtsnachfolge von Todes wegen an das letzte „domicil" des Erblas-

---

[169] *Thoms*, Einzelstatut bricht Gesamtstatut (1996), S. 72 f; *Neuhaus*, Die Behandlung der Testierfähigkeit im deutschen internationalen Privatrecht, RabelsZ 18 (1953), S. 651 (654), bezogen auf Art. 28 EGBGB a. F.: Die Anwendung sei erwünscht, weil damit der internationale Entscheidungseinklang gefördert werde; *Wagner*, Testierfähigkeit (1996), S. 16 ff., m. w. N.; Rechtsprechung zu dieser Frage ist nicht ersichtlich.

[170] Ausdrücklich bestimmt Art. 3 III EGBGB zwar nur, daß die „allgemeinen vermögensrechtlichen Kollisionsregeln auf Gegenstände, die nach der lex rei sitae besonderen Vorschriften unterliegen, *nicht* zur Anwendung kommen. Eine positive Aussage über das anwendbare Recht wird damit nicht getroffen. Aus Art. 3 III EGBGB wird aber der Schluß gezogen, daß die *lex rei sitae* berufen wird, *von Hoffmann*, Internationales Privatrecht[6] (2000), § 9, Rn. 63.

[171] Gebildet nach *Thoms*, a. a. O. (Fn. 169, S. 70), S. 73.

sers an, für unbewegliches Vermögen wird dagegen das Recht des Belegenheitsstaates angewendet.[172] Die herrschende Meinung versteht unter „besonderen Vorschriften" im Sinne des Art. 3 III EGBGB auch solche Kollisionsnormen eines Gebietsstaates, durch die die Erbfolge in Grundstücke im Unterschied zur übrigen Erbfolge der *lex rei sitae* unterstellt werden.[173] Sie wendet damit Art. 3 III EGBGB auch auf Fälle einer – im Beispiel vorliegenden – kollisionsrechtlichen Nachlaßspaltung an. Damit wird in Bezug auf das Grundstück aus deutscher Sicht englisches Erbrecht angewandt. Bei Anwendbarkeit der Regelung des Art. 3 III EGBGB auch auf die erbrechtlich qualifizierte Testierfähigkeit würde sich das Vorliegen der Testierfähigkeit ebenfalls nach englischem Recht richten. Die Testierfähigkeit beginnt in England jedoch erst mit Vollendung des 18. Lebensjahres,[174] so daß im Beispielsfall keine Testierfähigkeit bei Testamentserrichtung vorläge. Daher würde das Testament unwirksam sein. Wendet man dagegen Art. 3 III EGBGB nicht auf die Testierfähigkeit an, so gilt für die Testierfähigkeit deutsches Heimatrecht. Gem. § 2229 I BGB wäre der Testator daher testierfähig und das Testament wäre wirksam.

Gegen eine Anwendung des Art. 3 III EGBGB auf die (erbrechtlich qualifizierte) Testierfähigkeit spricht allerdings schon der Wortlaut der Regelung. Gem. Art. 3 III EGBGB sind die Verweisungen des dritten und vierten Abschnitts des EGBGB nicht auf „Gegenstände" zu beziehen, die sich nicht in dem Staat befinden, auf dessen Recht verwiesen wird und die nach dem Recht des Staates, in dem „sie sich befinden", besonderen Vorschriften unterliegen. Art. 3 III EGBGB erfaßt damit objektbezogene Regelungen. Die Testierfähigkeit ist aber als „Rechtsgeschäftswillenstauglichkeit für Verfügungen von Todes wegen" subjektbezogen. Sie regelt die Fähigkeit des Testators und nicht, was mit der Erbmasse geschieht.

Deutlich wird die Objektbezogenheit der Regelung des Art. 3 III EGBGB, wenn man ihren Regelungszweck betrachtet. Dieser ist zwar nicht unumstritten.[175] Die Regelung soll aber jedenfalls dem Interesse des Belegenheitsstaates gerecht werden, aus gesellschafts- und wirtschaftspolitischen Gründen besondere erbrechtliche Regelungen für die Vererbung von Immobilien zur Geltung zu bringen.[176] Höferechtliche Nachfolgeregelungen sollen zum Beispiel der Zersplitterung landwirtschaftlichen Grundvermögens entgegenwirken und sollen dadurch einen Bauernstand mit gesunden Besitzverhältnissen erhalten. Solche Regelungen sind aber regelmäßig schon nicht auf die Testierfähigkeit bezogen. Gesellschafts- oder wirtschaftpolitische Gründe sind in der

---

172 *Solomon*, Der Anwendungsbereich von Art. 3 Abs. 3 EGBGB, IPRax 1997, 81 (82).

173 „Besondere Vorschriften" im Sinne des Art. 3 III EGBGB sind auch ausländische Kollisionsnormen, die alle oder „gewisse Rechtsverhältnisse in bezug auf bestimmte Gegenstände einem anderen Statut unterwerfen, als es für gleichartige Rechtsverhältnisse in bezug auf sonstiges Vermögen" gilt, *Kropholler*, Internationales Privatrecht[4] (2001), § 26 II, S. 179; BGH, Urteil v. 5. 4. 1968, V ZR – 18 / 67, BGHZ 50, S. 63 (68) (zu Art. 28 EGBGB a. F.); Begründung Regierungsentwurf BT-Drucks. 10/504, S. 36; aus neuerer Zeit BGH v. 21. 4. 1993, XII ZR 248 / 91, IPRax 1994, 375 f. mit zustimmenden Aufsatz von *Dörner*, S. 363 ff.; differenzierend MünchKomm[3]-*Sonnenberger*, Art. 3 EGBGB, Rn. 25; andere Ansicht *Solomon*, a. a. O. (Fn. 172, S. 71), S. 81 ff.

174 *Thoms*, a. a. O. (Fn. 169, S. 70), S. 73.

175 Ausführlich *Thoms*, a. a. O. (Fn. 169, S. 70), S. 1 ff.

176 *Solomon*, a.a.O. (Fn. 172, S. 71), S. 85.

Regel auf Objekte (zum Beispiel die erwähnten „Höfe“) bezogen. Es wird also geregelt, wer die Höfe bekommen soll. Nicht dagegen wird geregelt, ob jemand „willenstauglich“ ist.

Auch wenn man die Berufung der *lex rei sitae* durch Art. 3 III EGBGB im Hinblick auf die in Fn. 173 genannte Rechtsprechung mit dem Ordnungsinteresse an äußerem Entscheidungseinklang rechtfertigt, also meint, daß durch die Regelungen undurchsetzbare Rechtslagen vermieden werden sollen,[177] so spricht dies nicht für die Anwendung der Regelung auf die Testierfähigkeit. Zieht man eine Parallele zum internationalen Privatrecht des Sachenrechts, so zeigt sich, daß der internationale Entscheidungseinklang und die Sorge vor einer Undurchsetzbarkeit kein tragender Grund für die Anwendbarkeit der *lex rei sitae* auf Fähigkeitsnormen ist. Eine Parallele zum internationalen Sachenrecht läßt sich ziehen, weil dort die Anwendbarkeit der *lex rei sitae* auf Rechte an einer Sache auch und gerade mit der Förderung des internationalen Entscheidungseinklangs und der Sorge um eine fehlende Undurchsetzbarkeit befürwortet wird, zumindest soweit es sich um Gründstücke handelt.[178] (Allerdings ist die grundsätzliche Anwendbarkeit der *lex rei sitae* natürlich nicht durch Art. 3 III EGBGB, sondern durch Art. 43 I EGBGB geregelt.) Die (Teil)- Geschäftsfähigkeit in Bezug auf Verfügungen von Grundstücken wird dennoch gerade nicht der *lex rei sitae* unterstellt, sondern unterliegt der Sonderanknüpfung des Art. 7 I EGBGB.[179] Etwas anderes wäre sowohl mit der Ordnungs- als auch der Schutzfunktion der Geschäftsfähigkeitsregeln nicht zu vereinbaren.[180] Im Sachenrecht wird also das Ordnungsinteresse an einem internationalen Entscheidungseinklang geringer geachtet als das Interesse, den Verfügenden nach seinem Heimatrecht zu schützen oder ihn vom Rechtsverkehr auszuschließen. Da im Erbrecht aber – wie gesehen – vergleichbare Schutz- und Ordnungsinteressen wie im allgemeinen Geschäftsfähigkeitsrecht gelten, spricht dies dafür, daß sich auch im internationalen Erbrecht die Schutz- und Ordnungsinteressen (des Testators) bei Verfügungen von Todes wegen gegen das Interesse an einem internationalen

---

177 Begründung des RegEntw. BT-Drucks. 10/504, S. 36; BGH, Beschluß vom 4. 10. 1995 – IV ZB 5/95, BGHZ 131, 22 (29); MünchKomm[3]-Sonnenberger, Art. 3 EGBGB, Rn. 18 f.; *von Hoffmann*, Internationales Privatrecht[6] (2000), § 9, Rn. 61; vgl. *Tiedemann*, Internationales Erbrecht in Deutschland und Lateinamerika (1993), S. 41 ff

178 *Kropholler*, Internationales Privatrecht[4] (2001), § 54 I 1., S. 520.

179 *v. Bar*, Internationales Privatrecht, Band 2 (1991), § 1, Rn. 44; Staudinger[12]-*Stoll*, Internationales Sachenrecht, Rn. 220: „Das deutsche Recht kennt keinen allgemeinen Rechtssatz, der es verbietet, die Rechtsverhältnisse an einem ausländischen Gründstück anders zu beurteilen, als es im Staat des Lageortes geschieht.“ Andere Ansicht *Melchior*, Die Selbstbeschränkung des deutschen internationalen Privatrechts, RabelsZ 3 (1929), S. 733 ff.
Da es sich um eine Gesamtverweisung handelt, kann natürlich das Heimatrecht für die Geschäftsfähigkeit auf die *lex rei sitae* weiterverweisen.

180 Die Sonderanknüpfung der Geschäftsfähigkeit verhindert über die Ausschlußfunktion der Geschäftsunfähigkeit und die Schutzfunktion der Geschäftsunfähigkeit und der beschränkten Geschäftsfähigkeit, daß eine natürliche Person entgegen der Wertungen seines Heimatrechts einen schuldrechtlichen Vertrag schließen kann. Dies muß umso mehr für sachenrechtliche Verfügungen gelten. Hier ist die Gefährdung für den Verfügenden noch höher als bei schuldrechtlichen Verträgen, da unmittelbar auf die Rechtsposition eingewirkt wird. Im übrigen könnte es sonst auch zu dem dem unguten Ergebnis kommen, daß ein schuldrechtlicher Vertrag über ein Grundstück unwirksam, der dingliche hingegen gültig wäre.

Entscheidungseinklang und gegen die Befürchtung des Entstehens von undurchsetzbaren Rechtslagen durchsetzen.[181]

Zusammenfassend läßt sich festhalten, daß eine Anwendung der Regelung des Art. 3 III EGBGB auf die Testierfähigkeit schon nicht vom Wortlaut der Regelung erfaßt ist. Des weiteren berücksichtigen die Gründe, die die Anwendung des Art. 3 III EGBGB grundsätzlich rechtfertigen, nicht ausreichend die Schutz- und Ordnungsfunktion der Testierfähigkeit. Daher ist Art. 3 III EGBGB auch bei einer erbrechtlichen Qualifikation der Testierfähigkeit nicht auf diese anzuwenden.

dd) Zusammenfassung

Die Testierfähigkeit ist an die Staatsangehörigkeit und damit objektiv anzuknüpfen. Eine Rechtswahl in Bezug auf die Testierfähigkeit ist ebenso abzulehnen wie eine Anwendung der Regelung des Art. 3 III EGBGB. Damit besteht bezüglich der Testierfähigkeit in praktischer Hinsicht kein Unterschied zwischen einer erbrechtlichen und einer personenrechtlichen Qualifikation im deutschen internationalen Privatrecht. Es verbleibt (lediglich) ein dogmatisches Interesse an der Qualifikation der Testierfähigkeit, dem im folgenden nachgegangen werden soll.

b) Die dogmatische Einordnung der Testierfähigkeit

aa) Wortlaut des EGBGB und der historische Wille des Gesetzgebers.

Der Wortlaut des EGBGB kann bei der Auslegung der Art. 7 EGBGB und der Artt. 25 / 26 EGBGB in Bezug auf die Testierfähigkeit nicht weiterhelfen. Die Testierfähigkeit kann sowohl als „Geschäftsfähigkeit" verstanden werden als auch als Bestandteil der „Gültigkeit" einer Verfügung von Todes wegen im Sinne des Art. 26 V 1 EGBGB.[182] Zwar wird in der Begründung des Regierungsentwurfs zum EGBGB von 1986 erwähnt, daß die Geschäftsfähigkeit eine „besondere" Geschäftsfähigkeit sei und daher dem Erbstatut unterfalle.[183] Aus diesem Grund hat der Gesetzgeber in Art. 26 V 2 EGBGB eine dem Art. 7 II EGBGB entsprechende Regelung für die Testierfähigkeit eingefügt. Diese Regelung wäre bei einer personenrechtlichen Qualifikation eigentlich „überflüssig".[184] Ob der Gesetzgeber aber zu Recht von seiner Einschätzung ausging, ist damit noch nicht gesagt. Der Begründung des Regierungsentwurfs läßt sich nicht entnehmen, warum der Gesetzgeber die Testierfähigkeit als „besondere" Geschäftsfähigkeit dem Erbstatut unterstellen wollte. Erwägungen des

---

[181] Teilweise wird für die Anwendbarkeit der *lex rei sitae* über Art. 3 III EGBGB auch die größere Sachnähe des Belegenheitsrechts angeführt, Begr. RegE BT-Drucks. 10/504, S. 36 f; BGH, Beschluß v. 4. 10. 1995 – IV ZB 5/95, BGHZ 131, 22 (29); *Ebenroth/Euyler*, Der Renvoi nach der Novellierung des deutschen Internationalen Privatrechts, IPRax 1989, 1 (3). Auch dies ist kein Grund, Art. 3 III EGBGB auf die Testierfähigkeit anzuwenden. Art. 25 I EGBGB knüpft die Rechtsnachfolge von Todes wegen an die Staatsangehörigkeit an. Dies zeigt bereits, daß es nach der Wertung des EGBGB nicht sachnäher ist, die Erbfolge dem Belegenheitsrechts zu unterstellen, *Solomon*, Die Anwendungsbereich von Art. 3 Abs. 3 EGBGB, IPRax 1997, 81 (84), m. w. N.

[182] Zur Bedeutung des Begriffs „Gültigkeit", *Wagner*, Testierfähigkeit (1996), S. 112 f.

[183] BT-Drucks. 10/504, S. 45 und S. 76 (Fn. 143, S. 62).

[184] *v. Bar*, Internationales Privatrecht, Band 2 (1991), Rn. 380.

Gesetzgebers zu einem praktischen Bedürfnis einer erbrechtlichen Qualifikation sind nicht ersichtlich. Insbesondere sind in der Begründung des Regierungsentwurfs keine Ausführungen zu dem Problem gemacht worden, ob sich ein nach dem durch sein Heimatrecht berufenen Statut Testierunfähiger für in Deutschland belegenes unbewegliches Vermögen durch die Wahl deutschen Erbrechts „testierfähig" wählen können soll.[185] Daher ist dem Willen des historischen Gesetzgebers und der Existenz der Regelung des Art. 26 V 2 EGBGB nur bedingte Aussagekraft beizumessen.

bb) Systematik

In systematischer Hinsicht spricht zwar die Existenz des Art. 26 V 2 EGBGB für eine erbrechtliche Qualifikation der Testierfähigkeit, da diese dem Art. 7 II EGBGB entsprechende Regelung bei einer personenrechtlichen Qualifikation ansonsten überflüssig wäre.[186] Wie soeben jedoch dargelegt, ist die Regelung des Art. 26 V 2 EGBGB allein Ausdruck und Konsequenz des historischen Willens des Gesetzgebers und kann über diesen hinaus kein zusätzliches Argument für eine erbrechtliche Qualifikation der Testierfähigkeit bieten.

Die Regelung des Art. 12 S. 2 EGBGB spricht systematisch hingegen eher für eine personenrechtliche Qualifikation. Durch die Regelung des Art. 12 EGBGB soll diejenige gutgläubige Partei geschützt werden, die einen Vertrag mit einer geschäftsfähigen Person abzuschließen glaubt, der aber nach dem Vertragsschluß die Geschäftsunfähigkeit oder beschränkte Geschäftsfähigkeit ihres Vertragspartners entgegengehalten wird.[187] Gem. Art. 12 S. 2 EGBGB gilt dies nicht für erbrechtliche Rechtsgeschäfte wie etwa Erbverträge. Wirksame Erbverträge setzen grundsätzlich Testierfähigkeit voraus.[188] Wenn Art. 12 S. 2 EGBGB die Geschäftsfähigkeit für „erbrechtliche Rechtsgeschäfte" wie Erbverträge ausschließt, so ist es naheliegend, daß sich der Geschäftsfähigkeitsbegriff des Art. 12 S. 1 EGBGB (auch) auf die Testierfähigkeit bezieht. Wenn der Geschäftsfähigkeitsbegriff des Art. 12 S. 1 EGBGB auch die Testierfähigkeit umfaßt, ist es naheliegend, daß auch der Geschäftsfähigkeitsbegriff des Art. 7 EGBGB die Testierfähigkeit mitumfaßt,[189] da Art. 12 EGBGB eine Ausnahmeregelung zu Art. 7 EGBGB darstellt.

cc) Allgemeine Erwägungen zur Anknüpfung von Vor- und Teilfragen

Fraglich ist, ob eine allgemeine Diskussion zur Anknüpfung von Vor- und Teilfragen Aufschluß über die Anknüpfung der Testierfähigkeit oder anderer besonderer Geschäftsfähigkeiten geben kann, wie dies insbesondere *Wagner* und *van Venrooy*

---

185 Vgl. Bt-Drucks. 10/504, S. 45 u. S. 74 ff.

186 *v. Bar*, a. a. O. (Fn. 184).

187 Ausführlich zu Art. 12 EGBGB S. 138 ff.

188 Ausführlich S. 68 f.

189 Andere Ansicht *Neuhaus*, Die Behandlung der Testierfähgkeit im deutschen internationlen Privatrecht, RabelsZ 18 (1953), S. 651 (652), dies sei kein „zwingendes Argument", da erbrechtliche Rechtsgeschäfte „außer den Verfügungen von Todes wegen auch viele Rechtsgeschäfte der Erben, Vermächtnisnehmer, Pflichtteilsberechtigten, Testamentsvollstrecker und anderer" seien, „deren Vornahme die allgemeine Geschäftsfähigkeit voraussetze".

meinen. In diesem Zusammenhang bedarf es einer kurzen Klärung der Terminologie. In dieser Arbeit wird einer verbreiteten, wenn auch noch nicht herrschenden Begrifflichkeit gefolgt, die zwischen Erst-, Vor- und Teilfragen unterscheidet.[190] Erstfragen sind Fragen nach dem Bestehen solcher Rechtsverhältnisse oder Rechte, die im Tatbestand einer inländischen Kollisionsnorm vorausgesetzt werden.[191] Vorfragen (im engeren Sinne) sind Fragen nach dem Bestehen eines präjudiziellen Rechtsverhältnisses oder einer Rechtslage, die von dem durch die deutsche Kollisionsnorm berufenen Recht aufgeworfen werden.[192] Erst- und Vorfragen i. e. S. lassen sich zusammen auch als Vorfragen im weiteren Sinne (i. w. S.) bezeichnen. Die genaue Definition von Teilfragen ist dagegen unsicher. Teilfragen sollen Fragen sein, die niemals isoliert, sondern stets im Zusammenhang mit der Hauptfrage auftreten können.[193] Sie behandeln einen Ausschnitt aus dem Recht, der für sich allein genommen keine Wirkungen hervorruft, sondern erst im Zusammenspiel mit der Hauptfrage. Allgemein werden sowohl die Geschäfts- als auch die Testierfähigkeit als sogenannte Teilfragen bezeichnet.[194] So ruft die unbeschränkte Geschäftsfähigkeit selber keine Wirkungen hervor, sondern ist die Voraussetzung der Wirksamkeit eines Rechtsgeschäftes. Sie ruft also erst im Zusammenspiel mit der Hauptfrage nach der Wirksamkeit eines Rechtsgeschäfts eine „Wirkung" hervor. Besteht für eine Teilfrage keine gesonderte Kollisionsnorm, so ist sie wie die Hauptfrage anzuknüpfen. Hier soll nicht versucht werden, eine abschließende Definition einer Teilfrage zu finden. Als Phänomen ist die Teilfrage jedenfalls insoweit erheblich, als daß es sich grundsätzlich nicht empfiehlt, das auseinanderzureißen, was zusammengehört.[195]

Sowohl *Wagner* als auch *van Venrooy* untersuchen den Begriff der „Gültigkeit" im Sinne des Art. 26 V 1 EGBGB. Gem. Art. 26 V 1 EGBGB unterliegt „die Gültigkeit der Errichtung einer Verfügung von Todes wegen und die Bindung an sie dem Recht, das im Zeitpunkt der Verfügung auf die Rechtsnachfolge von Todes wegen anzuwenden wäre", soweit nicht die Regelungen des Art. 26 I-IV EGBGB gelten, die sich mit der Form der letztwilligen Verfügung beschäftigen. Wäre die Testierfähigkeit unter die „Gültigkeit" gem. Art. 26 V 1 EGBGB zu subsumieren, wäre die Testierfähigkeit erbrechtlich zu qualifizieren.

aaa) Die Abgrenzung der in Frage kommenden Kollisionsnormen

Wagner meint, daß es bei dem Problem der Einordnung der Testierfähigkeit nicht „mehr" darum gehe, zwei Kollisionsnormen voneinander abzugrenzen, sondern darum, ob „die primär erstrebte Rechtsfolge (die Gültigkeit der Errichtung einer Verfügung

---

190 *Schwimann*, Internationales Privatrecht[3] (2001), S. 27 f.

191 *von Hoffmann*, Internationales Privatrecht[6] (2000), § 6, Rn. 47.

192 *Kropholler*, Internationales Privatrecht[4] (2001), § 32 I, S. 216; MünchKomm-Sonnenberger, Einl. IPR, Rn. 496, der diese Terminologie allerdings ablehnt.

193 *von Hoffmann*, Internationales Privatrecht[6] (2000), § 6, Rn. 43; ausführlich zur Definition von Teilfragen, *Neuhaus*, Grundbegriffe[2] (1976), S. 133 ff.; *Serick*, Die Sonderanknüpfung von Teilfragen im Internationalen Privatrecht, RabelsZ 18 (1951), S. 633 ff.

194 So zum Beispiel *Lüderitz*, Internationales Privatrecht[2] (1992), Rn. 143.

195 Vgl. *Lüderitz*, Internationales Privatrecht[2] (1992), Rn. 143; *Neuhaus*, Grundbegriffe[2] (1976), S. 133.

von Todes wegen) von einem anderen Rechtsverhältnis abhäng[e] oder ob dieses andere Rechtsverhältnis selbst ein Bestandteil der Hauptfrage" sei.[196] Er versucht eine Lösung der Anknüpfung der Testierfähigkeit also über die Untersuchung der Frage herbeizuführen, ob die Testierfähigkeit als „anderes Rechtsverhältnis" ein Bestandteil der Hauptfrage nach der Gültigkeit der Verfügung von Todes wegen ist oder nicht. Er verkennt dabei, daß es „dennoch" um die Abgrenzung der beiden in Frage kommenden Kollisionsnormen geht, daß seine Untersuchung also nichts anderes als die Abgrenzung zweier Kollisionsnormen umfaßt. Die Frage, ob die Testierfähigkeit als „anderes Rechtsverhältnis" ein Bestandteil der Hauptfrage (nach der Gültigkeit der Verfügung von Todes wegen im Sinne des Art. 26 V 1 EGBG) ist, hängt unmittelbar davon ab, wie die beiden Kollisionsnormen Art. 7 EGBGB einerseits und Art. 26 V 1 EGBGB andererseits voneinander abgegrenzt werden: Wenn Art. 7 I EGBGB die Testierfähigkeit mitumfaßt, dann ist sie, auch wenn sie „eigentlich" ein Bestandteil der Gültigkeit ist, eben gerade aus der Gültigkeit im Sinne des Art. 26 V 1 EGBGB herausgelöst. Wenn Art. 7 I EGBGB die Testierfähigkeit hingegen nicht mitumfaßt, ist sie Bestandteil der Hauptfrage und richtet sich nach dem Erbstatut als Geschäftsstatut.

Wenn *Wagner* die Anwendbarkeit des Art. 7 I EGBGB auf die Testierfähigkeit davon abhängig macht, ob Art. 7 EGBGB „analog" auf die Testierfähigkeit anwendbar ist,[197] so zeigt er damit, daß sein Ausgangspunkt die Subsumtion der Testierfähigkeit unter die „Gültigkeit" im Sinne des Art. 26 V 1 EGBGB ist. Er benutzt als Ausgangspunkt also gerade das, was er herleiten will. Die Testierfähigkeit wird aber sowohl vom Wortlaut des Art. 7 I EGGBGB als auch vom Wortlaut des Art. 26 V 1 EGBGB unproblematisch mitumfaßt. Es geht daher nicht darum, ob die eine oder andere Regelung „analog" anzuwenden ist, sondern es geht schlicht darum, wie die Kollisionsnormen voneinander abzugrenzen sind.

bbb) Der Begriff „Gültigkeit" im Sinne des Art. 26 V 1 EGBGB und sein Verhältnis zum Begriff „Teilfrage"

Van Venrooy meint, daß die Testierfähigkeit personenrechtlich zu qualifizieren sei und somit von Art. 7 EGBGB erfaßt werde. Er versucht seine Ansicht mit dem Hinweis auf die allgemeine Behandlung von Vor- und Teilfragen zu begründen. Er wendet sich gegen die Subsumtion der Testierfähigeit unter „Gültigkeit" im Sinne des Art. 26 V 1 EGBGB und meint, daß eine solche Subsumtion zur Konsequenz habe, daß die Testierfähigkeit als „Teilfrage" zu beurteilen sei, die „per definitionem" nicht abweichend von der Hauptfrage angeknüpft werden dürfe.[198] Dabei geht er augenscheinlich von der von *Sonnenberger* vertretenen Definition einer Teilfrage aus. *Sonnenberger* sieht in „Teilfragen" unselbständige Glieder eines Sammelbegriffs einer Kollisionsnorm und will den Begriff „Teilfrage" nur verwenden, wenn ein solches Glied im deutschen internationalen Privatrecht nicht selbständig angeknüpft wird. Werde eine

---

196 *Wagner*, Testierfähigkeit, (1996) S. 125.
197 *Wagner*, a.a.O. (Fn. 196), S.129 f.
198 *Van Venrooy*, Testierfähigkeit, JR 1988, 485 (486f.).

solche „Teilfrage" dagegen selbständig angeknüpft, so wandele sie sich zur „Vorfrage" (i. w. S.).[199]

Allerdings hilft diese Definition der Teilfrage bei der Auslegung der „Gültigkeit" im Sinne des Art. 26 V 1 EGBGB natürlich nicht weiter und wird von *Sonnenberger* so auch nicht verwendet. Ob die Testierfähigkeit Teil der Gültigkeit ist, muß ja gerade erst untersucht werden. Es handelt sich also um die Frage nach der Reichweite eines Tatbestandes einer Kollisionsnorm. Selbst wenn die Testierfähigkeit grundsätzlich zu der Gültigkeit einer Verfügung von Todes wegen zu zählen wäre (genauso wie die Wirksamkeit eines sonstigen Rechtsgeschäfts die Geschäftsfähigkeit der handelnden Person voraussetzt), so wäre noch nichts darüber gesagt, ob man die Testierfähigkeit nun unter Art. 7 I EGBGB oder unter Art. 26 V 1 EGBGB zu subsumieren hat.
Nachdem *van Venrooy* die Möglichkeit einer Teilfrage abgelehnt hat, definiert er die Testierfähigkeit als „Vorfrage" zur Gültigkeit im Sinne des Art. 26 V 1 EGBGB,[200] womit er anscheindend die Vorfrage i.e.S. (= Erstfrage) meint. *Van Venrooy* ist nun der Ansicht, daß es sich um eine unselbständige Anknüpfung der „Vorfrage" Testierfähigkeit handele, wenn man die Testierfähigkeit unter Art. 26 V 1 EGBGB subsumiere. Dies geschähe entgegen der ansonsten herrschenden Meinung, die Vorfragen grundsätzlich selbständig anknüpfe.[201]

Eine unselbständige Anknüpfung einer Vorfrage i. e. S. bedeutet, daß eine Vorfrage von dem Kollisionsrecht derjenigen Rechtsordnung bestimmt wird, die aufgrund der deutschen Kollisionsnormen für die Hauptfrage für anwendbar erklärt wurde. Eine unselbständige Anknüpfung der Testierfähigkeit (angenommen, daß es sich um eine „Vorfrage" handelt) hätte zur Folge, daß sie wie die Hauptfrage „Gültigkeit einer Verfügung von Todes wegen" von den Kollisionsnormen der von Art. 26 V 1 EGBGB berufenen Rechtsordnung erfaßt wäre. Eine selbständige oder gesonderte Anknüpfung einer Vorfrage bedeutet dagegen nichts anderes, als daß das von der Vorfrage erfaßte Problem (das präjudizielle Rechtsverhältnis oder Recht) von den Kollisionsnormen der lex fori beurteilt wird.[202] Eine selbständige Anknüpfung einer Vorfrage setzt allerdings voraus, daß für diese „Vorfrage" überhaupt eine „eigenständige" Kollisionsnorm im deutschen Kollisionsrecht vorhanden ist. Gibt es keine eigenständige Kollisionsnorm – oder läßt sich diese nicht durch Analogiebildung schaffen –, bleibt nichts anderes übrig, als die „Vorfrage" an dasselbe Recht wie das der Hauptfrage anzuknüpfen. Hinsichtlich der „Vorfrage" Testierfähigkeit müßte daher zunächst herausgefunden werden, unter welche Kollisionsnorm die Testierfähigkeit zu fassen ist, womit man allerdings wieder beim Ausgangspunkt der Fragestellung angelangt wäre.

Der „hergebrachte" Streit um die Anknüpfung der „Vorfrage" findet denn auch insbesondere im Hinblick auf Eheschließung und Abstammung statt, für die eigenständige Kollisionsnormen im deutschen internationalen Privatrecht vorhanden sind.[203]

---

199 MünchKomm³-*Sonnenberger*, Einl. IPR, Rn. 495.

200 *Van Venrooy*, Testierfähigkeit, JR 1988, 485 (487).

201 *Van Venrooy*, Testierfähigkeit, JR 1988, 485 (487).

202 Vgl. *v. Bar*, Internationales Privatrecht, Band 1 (1987), Rn. 618.

203 Vgl. MünchKomm³-*Sonnenberger*, Einl. IPR, Rn. 498. Beispiel nach *Lüderitz*, Internationales Privatrecht² (1992), Rn. 138: „Stirbt ein Israeli, der eine Deutsche in Deutschland (nur) vor einem Rabbi geheiratet hat, so erbt die Ehefrau nur, wenn die Ehe gültig ist." Die Vorfrage nach

Damit läßt sich festhalten, daß allgemeine Überlegungen zur Anknüpfung von Vor- und Teilfragen bei der Bestimmung der Anknüpfung der Testierfähigkeit nicht weiterhelfen.

dd) Das deutsche materielle Recht

Ebensowenig hilft ein Rückgriff auf das materielle deutsche Erbrecht weiter. Zwar ist das deutsche BGB als Hilfe bei der Auslegung des EGBGB heranzuziehen, wenn man, wie hier, einer (funktionalen) Qualifikation nach der *lex fori* folgt. Jedoch hilft die systematische Einordnung der Testierfähigkeit im deutschen Sachrecht nicht weiter. Ob man die Regelungen der Testierfähigkeit im BGB als „Sonderregelungen" oder nicht ansieht, hängt nämlich letzlich davon ab, ob man sie als „Ausdruck der allgemeinen Geschäftsfähigkeit" auf dem Gebiet des Erbrechts betrachtet (und der Regelung des Art. 7 I EGBGB unterstellt), oder ob man in ihnen eine genuine, von der allgemeinen Geschäftsfähigkeit losgelöste erbrechtliche Regelung sieht und sie dann Artt. 25 f EGBGB unterstellt. Beides ist vertretbar.[204] Die Abgrenzungsschwierigkeit zeigt, wie wenig aussagekräftig die materielle Regelung der Testierfähigkeit für die Auslegung des EGBGB ist.

ee) Diskussion

Wie oben ausgeführt, spricht zunächst einmal die Regelung des Art. 12 S. 2 EGBGB für eine personenrechtliche Qualifikation der Testierfähigkeit. Des weiteren ist an einer unterschiedlichen Anknüpfung von allgemeiner Geschäftsfähigkeit und Teilgeschäftsfähigkeiten einerseits und besonderen Geschäftsfähigkeiten andererseits schon die genaue Unterscheidung zwischen Teil- und „besonderer" Geschäftsfähigkeit problematisch. Eine Teilgeschäftsfähigkeit ist auf eine bestimmte Art von Rechtsgeschäften wie etwa Arbeitsverträge beschränkt. „Besondere Geschäftsfähigkeiten" sind auf ein bestimmtes Rechtsgebiet beschränkt. Damit setzen sich „besondere Geschäftsfähigkeiten" aber aus „Teilgeschäftsfähigkeiten" zusammen. Die Testierfähigkeit ist als Geschäftsfähigkeit auf erbrechtlichem Gebiet der „Prototyp" einer besonderen Geschäftsfähigkeit. Gleichzeitig ist sie aber auch die Fähigkeit, eine bestimmte Art von Rechtsgeschäften („Testamente") wirksam vorzunehmen. Noch deutlicher wird die

---

der Gültigkeit der Ehe erscheint im Tatbestand der israelischen Sachnorm. Soll hierüber israelisches Recht als Erbstatut oder das von ihm berufene Eheschließungsrecht (ebenfalls israelisches Recht) oder Art. 13 III EGBGB entscheiden? Unproblematisch ist hier, daß das deutsche Kollisionsrecht überhaupt eine Norm für die Behandlung der „Eheschließung" bereitstellt. Bei der Testierfähigkeit hingegen geht es gerade darum, ob eine solche – gesonderte – Norm vorhanden ist.

204 Für eine erbrechtliche Einordnung der Testierfähigkeit im BGB spricht zum Beispiel, daß die Altersgrenze in § 2229 I BGB mit ihren 16 Jahren abweichend von den Bestimmungen der allgemeinen Geschäftsfähigkeit geregelt ist, *Wagner*, Testierfähigkeit (1996), S. 131. Andererseits wiederholen die §§ 2229, 2230 BGB die Grundsätze der allgemeinen Geschäftsfähigkeit des § 104 Nr. 2 und 3 BGB und des § 105 I S. 2 BGB lediglich, was wiederum für eine Einordnung der Testierfähigkeit als Unterfall der allgemeinen Geschäftsfähigkeit sprechen würde, *Johnen*, Die Behandlung von Erbscheinanträgen mit Auslandsberührung in der notariellen Praxis, MittRhNotK 1986, 57 (61), ähnlich auch *van Venrooy*, Die Testierfähigkeit im Internationalen Privatrecht, JR 1988, 485 (488).

Problematik bei der Fähigkeit, einen Erbvertrag abzuschließen. Ist diese „Erbvertragsgeschäftsfähigkeit" eine Geschäftsfähigkeit, die auf eine bestimmte „Art" von Rechtsgeschäften (Erbverträge) beschränkt ist, oder ist sie eine Art der Testierfähigkeit als „erbrechtlicher Geschäftsfähigkeit"?

Wenn vorgeschlagen wird, Teilgeschäftsfähigkeiten und besondere Geschäftsfähigkeiten aufgrund einer fehlenden „graduellen" Abstufung letzterer abzugrenzen,[205] so ist auch dies kein tragfähiges Abgrenzungskonzept. Zwar gibt es im deutschen Sachrecht keine „beschränkte" Testierfähigkeit, aber schon bei der Ehefähigkeit als dem anderen „Prototyp" einer besonderen Geschäftsfähigkeit ist dies anders. Die Ehemündigkeitsgrenze liegt in Deutschland grundsätzlich bei der Volljährigkeit, das Familiengericht kann aber gem. § 1303 II BGB auf Antrag auch eine Eheschließung einer oder eines 16jährigen zulassen, wenn der andere Partner volljährig ist. Damit können also 16jährige eingeschränkt („beschränkt") die Ehe schließen. Somit gibt es eine „beschränkte" Ehefähigkeit, auch wenn die Erteilung der Befreiung von der Ehemündigkeitsgrenze Volljährigkeit durch das Familiengericht vor der Eheschließung erfolgen muß und es natürlich keine „schwebend unwirksame" Ehe bis zur Genehmigung gibt, wie bei der Rechtsfolge der beschränkten Geschäftsfähigkeit im Allgemeinen Teil des BGB gem. § 108 BGB. Damit gibt es bei dem anderen Prototyp der „besonderen Geschäftsfähigkeit", der Ehefähigkeit, selbst im deutschen Sachrecht eine „graduelle" Abstufung. Somit finden sich keine allgemein gültigen Kriterien zur Abgrenzung von besonderer und allgemeiner (Teil-) Geschäftsfähigkeit. Dies spricht für eine personenrechtliche Qualifikation aller Geschäftsfähigkeitsarten.

Hinzu kommt, daß sich in der Sonderanknüpfung der allgemeinen Geschäftsfähigkeit in Art. 7 EGBGB gerade das kontinental-europäische „Bedürfnis nach einheitlicher Behandlung"[206] der Teilfrage Geschäftsfähigkeit im Gegensatz zur angloamerikanischen Lehre und Praxis widerspiegelt, die im wesentlichen vom einzelnen Geschäft ausgeht. Dieses Bedürfnis besteht aber im Hinblick auf die allgemeine Geschäftsfähigkeit sowie auf Teilgeschäftsfähigkeiten genauso wie im Hinblick auf besondere Geschäftsfähigkeiten:[207] Sieht man die Notwendigkeit der einheitlichen Anknüpfung der allgemeinen Geschäftsfähigkeit darin begründet, daß diese „um der Persönlichkeit willen" besteht,[208] dann ist nicht ersichtlich, warum etwa die besondere Geschäftsfähigkeit Testierfähigkeit weniger „um der Persönlichkeit willen" bestehen sollte als die „allgemeine" Geschäftsfähigkeit. Für eine Person kann es schließlich wesentlich wichtiger sein zu testieren oder zu heiraten, als einen Kaufvertrag abzuschließen. Daher ist – entgegen der Ansicht *E. Buchers*[209] – auch der Schutzzweck der besonderen Geschäftsfähigkeiten ebenso auf die handelnde Person bezogen wie der Schutzzweck der allgemeinen Geschäftsfähigkeit. *Lipp* hat das in neuerer Zeit so aus-

---

205 *E. Bucher*, Die natürlichen Personen (1976), Vorbemerkungen zu Art. 12 – 19 ZGB, Rn. 92.

206 Staudinger[12]-*Beitzke*, Art. 12 EGBGB, Rn. 36; *Reithman/Martiny*, Internationales Vertragsrecht[5] (1996), Rn. 2011.

207 Ohne Begründung anders *Neuhaus*, Die Behandlung der Testierfähigkeit im deutschen internationalen Privatrecht, RabelsZ 18 (1953), 651 (654): Die „Einheit der Geschäftsfähigkeit" habe nur für den Bereich „des allgemeinen Vermögensrechts Sinn", nicht aber für die Testierfähigkeit.

208 Vgl. *E. Bucher*, a.a.O. (Fn. 138, S. 61).

209 *E. Bucher*, a. a. O. (Fn. 138, S. 61).

gedrückt: Die allgemeine Geschäftsfähigkeit und die Regelungen der Ehe- oder Testierfähigkeit betreffen alle nur einen „Ausschnitt der Zulassung zum Rechtsverkehr“.[210] Erst das Fehlen von Einschränkungen auf all diesen Gebieten macht die Rechtspersönlichkeit des Menschen also vollständig.[211] Dies spricht dafür, die Testierfähigkeit personenrechtlich zu qualifizieren.

c) Ergebnis

Damit ist die Testierfähigkeit personenrechtlich zu qualifizieren und der Regelung des Art. 7 EGBGB zuzuordnen. Somit ist eine der wichtigsten „besonderen Geschäftsfähigkeiten“ Teil der „allgemeinen Geschäftsfähigkeit“. Es darf die Vermutung geäußert werden, daß „besondere“ Geschäftsfähigkeiten entgegen der allgemeinen Ansicht grundsätzlich nicht dem ansonsten auf das Rechtsverhältnis anwendbaren Statut, sondern vielmehr dem über Art. 7 EGBGB zu ermittelnden Geschäftsfähigkeitsstatut unterstehen.

3. Wechsel- und Scheckfähigkeit

In diesem Zusammenhang ist interessant, daß selbst dort, wo eine ausdrückliche gesetzliche Regelung der Anknüpfung einer besonderen Geschäftsfähigkeit existiert, diese grundsätzlich an die Staatsangehörigkeit angeknüpft wird: Die sogenannte „passive“ Wechselfähigkeit ist die Fähigkeit, sich durch einen Wechsel verpflichten zu können. Diese „Wechselverpflichtungsfähigkeit“ wird in Art. 91 I 1 WG gesondert geregelt und dem Heimatrecht unterstellt, wobei eine Weiter- und Rückverweisung gem. Art. 91 I 2 WG zu beachten ist. Art. 91 II 1 WG enthält eine Verkehrsschutznorm, die besagt, daß wer zwar nach seinem Heimatrecht nicht wechselfähig ist, gleichwohl gültig verpflichtet wird, wenn die Unterschrift in dem Gebiet eines Landes abgegeben worden ist, nach dessen Recht er wechselfähig wäre. Diese Regelung findet gem. Art. 91 II 2 WG auf Deutsche, die im Ausland einen Wechsel unterschreiben, keine Anwendung. Art. 60 SchG entspricht inhaltlich Art. 91 WG und regelt eine entsprechende Anknüpfung für die Scheckfähigkeit, verstanden als Fähigkeit, eine Scheckverbindlichkeit eingehen zu können.[212] Dabei geht die in Art. 91 WG erfolgte Regelung auf Art. 2 des Genfer Abkommens über Bestimmungen auf dem Gebiete des Internationalen Wechselprivatrechts[213] zurück, wobei die Nichtanwendbarkeit der Verkehrsschutzregelung auf Deutsche darauf beruht, daß Deutschland einen Vorbehalt zugunsten seiner Staatsangehörigen gem. Art. 2 III des besagten Abkommens eingelegt hat. Art. 60 SchG beruht auf der Umsetzung des Genfer Abkommens über Bestim-

---

[210] *Lipp*, Rechtsperson (2000), S. 43; dazu auch schon oben, S. 44.

[211] *Lipp*, Rechtsperson (2000), S. 43 f., spricht daher von einem „Anerkennungsakt“. Dies erscheint aus terminologischer Sicht etwas problematisch, weil das BGB grundsätzlich von unbeschränkten Geschäftsfähgkeiten ausgeht, es in diesem Sinne also keines Anerkennungs“aktes“ bedarf. Nichtsdestotrotz hat *Lipp* Recht, daß erst dann, wenn die Fähigkeit auf allen Gebieten vorliegt, der Mensch in seiner ganzen Rechtspersönlichkeit vorhanden ist. S. auch schon Fn. 74, S. 45.

[212] *Baumbach/Hefermehl*, Wechselgesetz und Scheckgesetz[22] (2000), Art. 60 SchG, Rn. 1.

[213] Vom 7. Juni 1930, RGBl. 1933 II, S. 444.

mungen auf dem Gebiet des Internationalen Scheckprivatrechts.[214] Auch hier hat Deutschland einen Vorbehalt zugunsten seiner Staatsangehörigen eingelegt.

Selbstverständlich richtet sich die Anknüpfung sowohl der passiven Wechselfähigkeit als auch der Scheckfähigkeit nicht nach Art. 7 EGBGB, sondern nach Art. 91 WG oder Art. 60 SchG, da hier eine ausdrückliche gesetzliche Regelung erfolgt ist. Selbst diese Abkommen folgen aber im Grundsatz der Anknüpfung an die Staatsangehörigkeit der handelnden Personen. Die Anknüpfung an den Ort der Unterschrift, die für deutsche Staatsangehörige schon nicht vorgenommen wird, dient besonderen wechsel- und scheckrechtlichen Interessen, erklärt sich also aus den Besonderheiten des wertpapierrechtlichen Verkehrsschutzes. Geschützt werden soll hier weniger der unmittelbare Vertragspartner des nach seinem Heimatrecht wechsel- oder scheckunfähigen Menschen, sondern es sollen insbesondere Dritte, die den Wechsel oder Scheck oder Rechte an diesen erwerben, geschützt werden.[215]

Damit geht auch die Sonderanknüpfung der Wechsel- und Scheckfähigkeit grundsätzlich davon aus, daß das Heimatrecht über die „besondere" Geschäftsfähigkeit zu bestimmen hat. Insofern ist kein Unterschied zur Regelung des Art. 7 EGBGB gegeben.

4. Zusammenfassung

Die Untersuchung aller besonderen Geschäftsfähigkeiten würde im Rahmen dieser Arbeit zu weit führen. An der Testierfähigkeit als einer der am meisten diskutierten besonderen Geschäftsfähigkeiten konnte jedoch gezeigt werden, daß sie ebenso wie die allgemeine Geschäftsfähigkeit von Art. 7 EGBGB erfaßt wird. Daher kann und soll die Vermutung geäußert werden, daß besondere Geschäftsfähigkeiten grundsätzlich ebenso wie die allgemeine Geschäftsfähigkeit anzuknüpfen sind. Diese Vermutung wird unterstützt durch die ausdrückliche gesetzliche Regelung der Anknüpfung der Wechsel- und Scheckfähigkeit, die ebenfalls grundsätzlich dem Heimatrecht unterstellt werden. Eine Ausnahme von dieser Regel mag bei besonderen Wertungen der jeweiligen besonderen Geschäftsfähigkeit angezeigt sein.

---

214 Vom 19. März 1931, RGBl. 1933 II, S. 594.

215 *Fischer*, Verkehrsschutz im internationalen Vertragsrecht (1990), S. 38 f.

2. Kapitel: Sach- und Kollisionsrechtsvergleichung

Nachdem im ersten Kapitel ein Überblick über den Begriff „Geschäftsfähigkeit" im Sinne des Art. 7 EGBGB gegeben worden ist, sollen im folgenden die Geschäftsfähigkeitsregelungen verschiedener ausländischer Rechtsordnungen untersucht werden. Wären die materiell-rechtlichen Geschäftsfähigkeitsregelungen in allen Rechtsordnungen gleich ausgestaltet, so handelte es sich bei der hier behandelten Frage nach der Anknüpfung der Rechtsfolgen beschränkter Geschäftsfähigkeit oder Geschäftsunfähigkeit allenfalls um eine „rein akademische" Frage ohne praktische Relevanz. Wie die nachfolgende Untersuchung jedoch zeigen wird, stimmen die sachrechtlichen Geschäftsfähigkeitsregelungen in den verschiedenen Rechtsordnungen nicht überein, so daß die Relevanz der hier zu entscheidenden Frage nicht bestritten werden kann.[216] Weiterhin soll im folgenden untersucht werden, ob und wie die hier zu diskutierende kollisionsrechtliche Frage von anderen Rechtsordnungen gelöst wird, um so gegebenenfalls einen Hinweis für die Lösung im deutschen internationalen Privatrecht zu erhalten. Um den Rahmen der Arbeit nicht zu sprengen, konzentriert sich die anschließende Darstellung auf die Rechtsordnungen von Österreich, der Schweiz, England sowie von einzelnen Teilrechtsordnungen der USA.

§ 6 Österreich

I. Materielles Recht

Ebenso wie im BGB wird im Allgemeinen Bürgerlichen Gesetzbuch (ABGB) vorausgesetzt, daß natürliche Personen grundsätzlich unbeschränkt geschäftsfähig sind. Im Gegensatz zum BGB gibt es aber keinen „Allgemeinen Teil" des ABGB, in dem die Regelungen der allgemeinen Geschäftsfähigkeit zusammenfassend geregelt wären. Regelungen, die die Geschäftsfähigkeit betreffen, sind vielmehr in den verschiedenen Abschnitten des ABGB zu finden und beziehen sich meist auf besondere Fälle.[217] Zusammenfassend lassen sich diese wie folgt skizzieren:

1. Formales Element der Geschäftsfähigkeit, Altersstufen

In der Geschäftsfähigkeit beschränkt sind unter Sachwalterschaft stehende Volljährige sowie Minderjährige.[218] Das österreichische Volljährigkeitsalter beträgt als einziges in der Europäischen Union nicht 18 Jahre, sondern gem. § 21 II 1 ABGB 19 Jahre.[219] Ferner kennt das ABGB unterhalb der Volljährigkeitsrenze mehr Altersstufen als

---

216 Dies auch als Entgegnung auf *Brödermann/Iversen*, Europäisches Gemeinschaftsrecht und Internationales Privatrecht (1994), Rn. 463 ff., die aus den in Europa weitgehend übereinstimmenden Volljährigkeitsaltern schließen, daß es kaum Unterschiede in den Geschäftsfähigkeitsregelungen in Europa gebe.

217 *Schwimann*, Die Institution der Geschäftsfähigkeit (1965), S. 78.

218 Zur Sachwalterschaft S. 177 ff.

219 Gem. § 866 ABGB besteht eine Schadensersatzpflicht von 18jährigen, die „listigerweise (vorgeben), daß (sie) Verträge zu schließen fähig (sind), und dadurch einen anderen, der darüber nicht leicht Erkundigungen einholen konnte", hintergehen. Dabei handelt es sich wohl um einen gesetzlich geregelten Fall der culpa in contrahendo, Schwimann-*Apathy*, ABGB^2 V, § 866, Rn. 1;

das BGB. Gem. § 21 II 2 ABGB werden Minderjährige in drei Altersgruppen unterteilt: Erstens in Kinder (Personen unter sieben Jahren), zweitens in unmündige Minderjährige, die keine Kinder sind (zwischen sieben und vierzehn Jahren) und mündige Minderjährige (von vierzehn bis neunzehn Jahren).

a) Kinder

Kinder können sich gem. §§ 151 I, 865 S. 1 ABGB nicht durch eigene Handlungen verpflichten oder Rechte erwerben. Das Geschäft des Kindes ist grundsätzlich nichtig.[220] Sie können daher nur durch ihre gesetzlichen Vertreter verpflichtet werden. Gem. § 151 III ABGB besteht allerdings bei solchen Rechtsgeschäften eine Ausnahme, die von Kindern dieses Alters „üblicherweise" geschlossen werden und die eine „geringfügige" Angelegenheit des täglichen Lebens betreffen. Diese Rechtsgeschäfte werden „mit der Erfüllung der das Kind treffenden Pflichten rückwirkend rechtswirksam". Der Tatbestand der Erfüllung ist dabei denkbar weit zu verstehen.[221] Hervorzuheben ist, daß die Regelung nicht nur für den Fall gilt, daß sofort mit Abschluß des Verpflichtungsgeschäftes erfüllt wird, sondern ein Verpflichtungsgeschäft auch rückwirkend als gültig angesehen wird, wenn die den Minderjährigen treffende „Verpflichtung" erst später erfüllt wird. Auch muß die Erfüllung nicht vom Minderjährigen selbst vorgenommen werden.
Für die Zeit zwischen Abschluß des Rechtsgeschäfts und Erfüllung ist der rechtliche „Zustand" des Rechtsgeschäftes noch nicht vollkommen geklärt. Es wird aber angenommen, daß es sich wohl um einen solchen handelt, der der schwebenden Unwirksamkeit der Rechtgeschäfte nach § 865 ABGB (hierzu unten bei der Darstellung der „unmündigen Minderjährigen, die keine Kinder mehr sind") ähnelt, wobei die Erfüllung an die Stelle der Genehmigung tritt.[222] Die dogmatische Einordnung des § 151 III ABGB ist deswegen problematisch, weil das ABGB nicht dem im BGB geläufigen Trennungs- und Abstraktionsprinzip folgt, sondern vielmehr, allein das Trennungsprinzip voraussetzend, die kausale Natur der Tradition annimmt, wonach Verpflichtungs- und Verfügungsgeschäft nur gemeinsam den Eigentumsübergang bewirken.[223] Wenn daher die „Erfüllung" im Sinne des § 151 III ABGB eine Übereignung erfordert (wenn zum Beispiel Geld übereignet werden muß, um eine Kaufsache zu bezahlen), so ist die Verfügung Bedingung für das Wirksamwerden des Verpflichtungsgeschäftes, obwohl nach den Regelungen des ABGB ein Verfügungsgeschäft „eigentlich" nur wirksam ist, wenn ihm ein gültiges Verpflichtungsgeschäft zugrundliegt.[224] – Festzuhalten bleibt, daß nach dem ABGB ein „Geschäftsunfähiger" zur Erfüllung der

---

rechtsvergleichend aus deutscher Sicht hierzu *Kurzwelly*, Die Haftung Minderjähriger bei Täuschung über die Geschäftsfähigkeit (1977), S. 77 ff.

220 *Koziol/Welser*, Grundriß des bürgerlichen Rechts[10], Band I (1995), S. 49f.

221 Darunter sind zum Beispiel Dienstleistungen, Einräumung dinglicher Rechte und Übereignungen zu verstehen, Schwimann-*Schwimann*, ABGB[2] I, § 151 Rn. 18.

222 *Welser*, Die Neuordnung der Geschäftsfähigkeit und ihre Problematik, VersRdSch 1973, 146 (151).

223 *Gschnitzer*, Sachenrecht[2] (1985), S. 100.

224 Dazu Schwimann-*Schwimann*, ABGB[2] I, § 151, Rn. 16.

genannten Geschäfte befähigt ist und daß der Erfüllungsakt gleichzeitig das Grundgeschäft heilt.[225]

Will man § 151 III ABGB qualifikatorisch erfassen, so ist nach dem oben Gesagten festzustellen, daß die Willensäußerung eines Kindes im Anwendungsbereich des § 151 III ABGB rechtlich – wenn auch in geringem Maße – erheblich sein kann. Damit sind Kinder für Rechtsgeschäfte, die von Kindern ihres Alters „üblicherweise" geschlossen werden und die eine „geringfügige Angelegenheit des täglichen Lebens" betreffen, nicht vom Rechtsverkehr ausgegeschlossen. Mithin sind sie für diese Geschäfte nicht geschäftsunfähig. Andererseits wird das Kind für die in § 151 III ABGB genannten Geschäfte einem Volljährigen auch nicht gleichgestellt, da die Wirksamkeit des Vertrages von der Erfüllung abhängt. Damit sind Kinder für die genannten Rechtsgeschäfte nicht als teilgeschäftsfähig zu qualifizieren, sondern vielmehr in Hinblick auf die genannten Rechtsgeschäfte als „beschränkt geschäftsfähig". Die in § 151 III ABGB getroffene Regelung hat damit eine doppelte Funktion. Sie regelt einerseits, daß Kinder für die genannten Geschäfte im deutschen Sinne als beschränkt geschäftsfähig zu qualifizieren sind. Insoweit regelt sie die Voraussetzungen beschränkter Geschäftsfähigkeit und ist jedenfalls dem von Art. 7 EGBGB zu ermittelnden Geschäftsfähigkeitsstatut zu unterstellen. Andererseits regelt § 151 III ABGB auch die Rechtsfolge dieser beschränkten Geschäftsfähigkeit: Ein von § 151 III ABGB erfaßtes Rechtsgeschäft wird wirksam, wenn die das Kind treffende „Verpflichtung" erfüllt wird. Dieser Regelungsgehalt des § 151 III ABGB ist mit § 110 BGB vergleichbar und wie dieser dem Rechtsfolgenstatut beschränkter Geschäftsfähigkeit zu unterstellen.

Außerhalb des Anwendungsbereichs des § 151 III ABGB sind Kinder nicht in der Lage, durch eigene Willenserklärungen am Rechtsverkehr teilzunehmen. Sie sind von diesem ausgeschlossen. Daher sind sie grundsätzlich als geschäftsunfähig zu qualifizieren.

b) Unmündige Minderjährige, die keine Kinder sind

Rechtsgeschäfte, die Minderjährige, die keine Kinder mehr sind, ohne Einwilligung ihrer gesetzlichen Vertreter schließen, sind grundsätzlich schwebend unwirksam.[226] Genehmigen die gesetzlichen Verteter das Rechtsgeschäft nachträglich, so wird es ex tunc wirksam. Diese Minderjährigen können also, vergleichbar mit den über siebenjährigen Minderjährigen des BGB, nicht uneingeschränkt am Rechtsverkehr teilnehmen, wobei dies auch gerade an ihrer beschränkten Verstandeskraft liegt. Sie sind daher grundsätzlich als beschränkt geschäftsfähig zu qualifzieren. Rechtsfolge dieser beschränkten Geschäftsfähigkeit ist die schwebende Unwirksamkeit des Rechtsgeschäfts sowie das Zustimmungserfordernis der gesetzlichen Vertreter. Der andere – geschäftsfähige – Vertragspartner bleibt an seine Willenserklärung bis zur Genehmigung oder Verweigerung durch die gesetzlichen Vertreter gebunden. Er kann aber letzteren gem. § 865 S. 3 ABGB eine angemessene Frist setzen, innerhalb derer die

---

[225] *Koziol/Welser*, Grundriß des bürgerlichen Rechts[10], Band I (1995), S. 52; vertiefend zur dogmatischen Einordnung, *Welser*, a.a.O. (Fn. 222), S. 150 ff.

[226] Schwimann-*Apathy*, ABGB^2 V, § 865 Rn. 8; *Koziol/Welser*, Grundriß des bürgerlichen Rechts[10], Band I (1995), S. 49.

Genehmigung oder Verweigerung erklärt werden muß. Anders als nach § 109 BGB setzt die vorläufige Bindung nach § 865 S. 3 ABGB nicht voraus, daß der Vertragspartner des Minderjährigen dessen beschränkte Geschäftsfähigkeit gekannt hat.[227] Unterbleibt eine Äußerung des gesetzlichen Vertreters, gilt die Genehmigung als verweigert.

Gem. § 865 S. 2 ABGB ist ein Minderjähriger, der nicht Kind ist, allerdings fähig, ohne Einwilligung seines gesetzlichen Vertreters „ein bloß zu [seinem] Vorteil gemachtes Versprechen" anzunehmen.[228] Bloß vorteilhaft ist ein „Versprechen" nur dann, wenn keinerlei (rechtliche, wirtschaftliche oder sonstige) Nachteile damit verbunden sind. Hinsichtlich der bloß vorteilhaften Geschäfte besteht damit kein Unterschied zu Volljährigen. Sie sind insoweit, ebenso wie beschränkt Geschäftsfähige in Deutschland im Hinblick auf lediglich rechtlich vorteilhafte Geschäfte,[229] als teilgeschäftsfähig zu qualifizieren.

Ferner gilt § 151 III ABGB auch für unmündige Minderjährige, die keine Kinder mehr sind, sowie für „mündige Minderjährige".

c) Mündige Minderjährige

Mündige Minderjährige sind grundsätzlich wie unmündige, die keine Kinder mehr sind, zu behandeln. Sie haben allerdings in einigen Bereichen erweiterte Handlungsmöglichkeiten.

aa) Verpflichtungen zu Dienstleistungen

Gem. § 152 S. 1 ABGB können sich mündige Minderjährige grundsätzlich auch ohne Zustimmung ihrer gesetzlichen Vertreter zu Dienstleistungen verpflichten, die keine Dienstleistungen aufgrund eines Lehr- oder sonstigen Ausbildungsvertrages sind. Daher wird in der deutschen Literatur vertreten, mündige Minderjährige wären für diese Rechtsgeschäfte (teil-) geschäftsfähig.[230] Dagegen spricht allerdings, daß gem. § 152 S. 2 ABGB die gesetzlichen Vertreter des mündigen Minderjährigen bezüglich des Verpflichtungsgeschäfts ein Kündigungsrecht aus wichtigem Grund haben. Das von einem mündigen Minderjährigen geschlossene Rechtsgeschäft im Sinne des § 152 ABGB ist damit nicht ebenso wirksam wie das von einem grundsätzlich unbeschränkt geschäftsfähigen Volljährigen. Dabei ist das Sonderkündigungsrecht der gesetzlichen Vertreter auch nicht etwa als alleiniger Ausdruck der elterlichen Sorge aufzufassen, mit der Folge, daß es dem Statut der gesetzlichen Vertretung zuzuordnen wäre. Vielmehr dient das Sonderkündigungsrecht dem Minderjährigenschutz.[231] Dieser

---

227 Schwimann-*Apathy*, ABGB^2 V, § 865, Rn. 8.

228 „Versprechen" ist dabei i.S. von „Angebot" zu verstehen, *Dullinger*, Die Geschäftsfähigkeit Minderjähriger ÖJZ 1987, 33.

229 Zur Qualifikation der Fähigkeit zur Vornahme von Willenserklärungen, durch die ein Minderjähriger einen rechtlich lediglichen Vorteil im Sinne des § 107 BGB erlangt, S. 60.

230 Staudinger^{12}-*Beitzke*, Art. 7 EGBGB, Rn. 21; *Gamillscheg*, Internationales Arbeitsrecht (1959), S. 76 ff., spricht nicht ausdrücklich von einer „Teilgeschäftsfähigkeit". Die Arbeitsvertragsfähigkeit sei aber „Teil der allgemeinen Geschäftsfähigkeit" und daher Art. 7 EGBGB zu unterstellen.

231 *Schwimann*, Die Institution der Geschäftsfähigkeit (1965), S. 92.

ist nur eben anders als nach dem BGB ausgestaltet, dem Minderjährigen ist ein größerer Entscheidungsspielraum zugestanden worden. Dieser größere eigene Entscheidungsspielraum ändert aber nichts daran, daß der mündige Minderjährige dem grundsätzlich unbeschränkt geschäftsfähigen Volljährigen nicht gleichgestellt worden ist. Somit sind mündige Minderjährige für Rechtsgeschäfte im Sinne des § 151 ABGB nicht als teilgeschäftsfähig, sondern vielmehr als beschränkt geschäftsfähig zu qualifizieren. Rechtsfolge dieser beschränkten Geschäftsfähigkeit ist die „Wirksamkeit" des Rechtsgeschäfts einschließlich des erwähnten Sonderkündigungsrechts des gesetzlichen Vertreters.

bb) Vergleich § 152 ABGB und § 113 BGB

Wie schmal der Grad zwischen der Qualifikation einer Regelung als „Teilgeschäftsfähigkeitsregelung" einerseits und als „Regelung einer beschränkten Geschäftsfähigkeit" und deren Rechtsfolgen andererseits ist, zeigt sich im Vergleich der Regelung des § 152 ABGB mit § 113 BGB: Wird ein Minderjähriger von den gesetzlichen Vertretern ermächtigt, in Dienst oder in Arbeit zu treten, so ist der Minderjährige gem. § 113 BGB für solche Rechtsgeschäfte „geschäftsfähig", welche die „Eingehung oder Aufhebung eines Dienst- oder Arbeitsverhältnisses der gestatteten Art oder die Erfüllung der sich aus einem solchen Verhältnis ergebenen Verpflichtungen" betreffen. Wie oben gezeigt,[232] handelt es sich bei dieser Regelung um eine Teilgeschäftsfähigkeitsregelung. Dies bedeutet aber nicht, daß sich ein Minderjähriger gem. § 113 BGB „einfacher" binden kann als nach § 152 ABGB. Während die gesetzlichen Vertreter nach dem BGB die Erlangung der Teilgeschäftsfähigkeit durch Nichterteilung einer Ermächtigung, in Dienst oder Arbeit zu treten, verhindern können, billigt der österreichische Gesetzgeber den mündigen Minderjährigen ein „Erstentscheidungsrecht" zu. Die gesetzlichen Vertreter können durch Ausübung ihres Sonderkündigungsrechts nur das „Schlimmste" verhindern.

cc) §§ 152, 151 II ABGB

Ferner kann der mündige Minderjährige gem. §§ 152, 151 II ABGB über sein Einkommen aus eigenem Erwerb und über Sachen, die ihm zur freien Verfügung überlassen worden sind, so weit verfügen und sich verpflichten, als dadurch nicht die Befriedigung seiner Lebensbedürfnisse gefährdet wird. Schließt dabei der mündige Minderjährige mehrere Geschäfte ab, die erst in ihrer Gesamtheit seinen Lebensunterhalt gefährden, so sind die späteren Geschäfte nichtig.[233] Bezüglich der „Sachen, die ihm zur freien Verfügung überlassen worden sind", erinnert die Regelung an § 110 BGB, der als Rechtsfolgeregelung beschränkter Geschäftsfähigkeit eingeordnet wurde.[234] Im Gegensatz dazu erinnert das Kriterium des „Einkommes aus eigenem Erwerb" an § 112 BGB, der als Teilgeschäftsfähigkeitsregelung qualifiziert wurde. Allerdings hängt die Wirksamkeit des Rechtsgeschäfts immer davon ab, daß es den Min-

---

232 Dazu und zu den Problemen bei der Qualifikation S. 58 f.

233 *Koziol/Welser*, Grundriß des bürgerlichen Rechts[10], Band I (1995), S. 52.

234 S. 55 f.

derjährigen nicht in seinem Lebensunterhalt gefährdet. Diese Regelung wiederum erinnert an die – weiter unten im Detail dargestellte[235] – englische Regelung über Verträge über *necessaries*. Danach kann ein Minderjähriger zwar bestimmte Rechtsgeschäfte abschließen, aber mit Blick auf die Schutzwürdigkeit des Minderjährigen werden die sich aus dem Rechtsgeschäft ergebenden Pflichten so angepaßt, daß der Minderjährige nur einen angemessenen Preis zahlen muß. Im Unterschied zur englischen Regelung sind nach österreichischem Recht solche Rechtsgeschäfte vollwirksam, die die Befriedigung der Lebensbedürfnisse des mündigen Minderjährigen nicht gefährden. Insofern handelt sich bei der österreichischen Regelung um eine solche, die mit der über Rechtsgeschäfte im Sinne des § 107 BGB vergleichbar ist, durch die ein Minderjähriger einen lediglich rechtlichen Vorteil erlangt.

Bei einer Qualifikation der §§ 152, 151 II ABGB zeigen sich somit Schwierigkeiten bei der Abgrenzung von (Teil-)Geschäftsfähigkeitsregelungen und den Regelungen beschränkter Geschäftsfähigkeit und ihrer Rechtsfolgen. Betrachtet man etwa die „Verfügungen über das Einkommen aus eigenem Erwerb", so wird hier zwar dem Minderjährigen auch ohne Einwilligung seiner gesetzlichen Vertreter ermöglicht, wirksame Rechtsgeschäfte vorzunehmen (dies als Unterschied zu § 110 BGB, bei dem die vertragsgemäße Leistung mit Mitteln bewirkt werden muß, die dem Minderjährigen mit Willen der gesetzlichen Vertreter zur Verfügung gestellt worden sind). Eine Gleichstellung mit Erwachsenen erfolgt aber dennoch nicht, da jedes Geschäft darauf geprüft wird, ob durch das Rechtsgeschäft nicht die Befriedigung der Lebensbedürfnisse des Minderjährigen gefährdet wird. Der Minderjährige wird hier also auch weiterhin geschützt. Je nach dem, ob man bei der Qualifikation mehr Gewicht auf die Wirksamkeit eines einzelnen Rechtsgeschäfts legt oder mehr Gewicht auf die grundsätzliche Möglichkeit zum Abschluß von Rechtsgeschäften, ist ein Minderjähriger für ein Rechtsgeschäft im Sinne des §§ 152, 151 II ABGB, durch das er nicht die Befriedigung seiner Lebensbedürfnisse gefährdet, beschränkt oder unbeschränkt (teil-)geschäftsfähig. Wichtig ist diese Abgrenzung dann, wenn man die Voraussetzungen von Geschäftsfähigkeitsregelungen und die Rechtsfolgen beschränkter Geschäftsfähigkeit unterschiedlich anknüpft, unwichtig indes, wenn man sie gleich anknüpft.

2. Subjektives Element der Geschäftsfähigkeit

Ebenso wie im BGB geht man auch im ABGB davon aus, daß alle volljährigen natürlichen Personen grundsätzlich unbeschränkt geschäftsfähig sind. Ebenso sind Personen, die den „Gebrauch der Vernunft" im Zeitpunkt des Geschäftsschlusses nicht haben, gem. § 865 S. 1 ABGB grundsätzlich geschäftsunfähig. Im Gegensatz zum Grundsatz[236] des deutschen Rechts wird in Österreich aber auch eine „relative Geschäftsunfähigkeit" anerkannt. Hat eine Person nur im Hinblick auf ein konkret getätigtes Rechtsgeschäft die vollkommene Unfähigkeit, die Tragweite eben dieses bestimmten Rechtsgeschäfts einzusehen, so gilt sie für dieses Geschäft dann als geschäftsunfähig, wenn die Unfähigkeit Voraussetzung für die Anordnung einer Sach-

---

235 S. 102 ff., insbesondere S. 105 f.

236 Ausnahme ist nunmehr die Regelung des § 105a BGB, S. 44.

walterschaft gewesen wäre.[237] Dies ist im Hinblick auf den Schutz des Rechtsverkehrs sehr problematisch, da ein Geschäftspartner kaum erkennen kann, ob sein Vertragspartner, der ansonsten geschäftsfähig ist, gerade für das getätigte Rechtsgeschäft geschäftsunfähig ist. Damit legt also das österreichische Recht im Vergleich zum BGB ein geringeres Gewicht auf die Interessen des Rechtsverkehrs.

II. Internationales Privatrecht

Die Anknüpfung der allgemeinen Geschäftsfähigkeit ist in § 12 öIPRG geregelt.[238] Danach sind die Rechts- und Handlungsfähigkeit einer Person unter Berücksichtigung von Rück- oder Weiterverweisung nach dem Personalstatut zu beurteilen.[239] Unter Handlungsfähigkeit wird dabei wie in Deutschland die allgemeine Geschäfts- und Deliktsfähigkeit verstanden.[240] Gem. § 9 I S. 1 öIPRG ist das Personalstatut grundsätzlich das Heimatrecht einer natürlichen Person. Besondere Geschäftsfähigkeiten wie Ehefähigkeit (§ 17 öIPRG), Legitimation (§§ 22, 23 öIPRG), Adoption (§ 26 öIPRG) und Testierfähigkeit (§ 30 I 1 öIPRG) werden gesondert geregelt, wobei allerdings grundsätzlich das Personalstatut ausschlaggebend ist.[241] Somit besteht in Österreich wenigstens hinsichtlich der allgemeinen Geschäftsfähigkeit eine dem deutschen EGBGB vergleichbare Regelung. Folgerichtig wird die Frage aufgeworfen, welches Recht über die Folgen eines Geschäftsfähigkeitsmangels zu bestimmen hat. Soweit ersichtlich wird dabei allerdings die Anknüpfung in der österreichischen Literatur nur von *Schwimann* und *Schwind* angesprochen. Letzterer plädiert ohne Begründung für eine Erfassung der Folgen beschränkter Geschäftsfähigkeit durch das Personalstatut.[242] *Schwimann* will die Lösung beider Fragen „von der Konstellation des Einzel-

---

237 *Steinbauer*, Die Handlungsfähigkeit geistig Behinderter nach dem neuen Sachwalterrecht, ÖJZ, 1985, 427 (428); *Koziol/Welser*, Bürgerliches Rechts[10] I (1995), S. 52, sprechen von „beschränkter Geschäftsfähigkeit" des Behinderten, ohne damit aber etwas Unterschiedliches zu meinen. Rummel I[3]-*Rummel*, § 865, Rn. 3, spricht von „partieller Geschäftsunfähigkeit", meint aber „relative Geschäftsunfähigkeit" im deutschen Sprachgebrauch. Unter „partieller Geschäftsunfähigkeit" wird in Deutschland die auf einen gegenständlichen Kreis von Rechtsgeschäften bezogene Geschäftsunfähigkeit verstanden, Palandt[61]-*Heinrichs*, § 104 BGB, Rn. 6. Zur Sachwalterschaft S. 177 ff.

238 Bundesgesetz vom 15. Juni 1978, öBGBl. Nr. 304.

239 § 12 öIPRG. Rechts- und Handlungsfähigkeit. Die Rechts- und Handlungsfähigkeit einer Person sind nach deren Personalstatut zu beurteilen.
§ 5 I öIPRG. Rück- und Weiterverweisung. Die Verweisung auf eine fremde Rechtsordnung umfaßt auch deren Verweisungsnorm.

240 Trotz des Wortlauts ist strittig, ob die Deliktsfähigkeit dem Personal- oder dem Deliktsstatut untersteht, Rummel II[2]-*Schwimann*, § 12 öIPRG, Rn. 3.

241 Die Testierfähigkeit wird dabei gem. § 30 I 1 öIPRG dem Personalstatut im Zeitpunkt der Verfügung unterstellt. Ist danach die Gültigkeit nicht gegeben, wird sie gem. § 30 I 2 öIPRG subsidiär („favor testamenti") dem Personalstatut zum Zeitpunkt des Todes unterstellt.

242 *Schwind*, Internationales Privatrecht (1990), Rn. 419.

falles abhängig machen". Kriterien, wie der „Einzelfall" behandelt werden soll, werden von ihm jedoch nicht genannt.[243]

§ 7 Schweiz

I. Materielles Recht

Das schweizerische Zivilgesetzbuch (ZGB) benutzt nicht den Ausdruck „Geschäftsfähigkeit", sondern regelt in Art. 12 ZGB die „Handlungsfähigkeit". Wie im deutschen Sprachgebrauch erfaßt diese Handlungsfähigkeit im weiteren Sinne neben der allgemeinen Geschäftsfähigkeit auch die Deliktsfähigkeit.[244] Handlungsfähig im engeren Sinne und damit geschäftsfähig ist,[245] wer mündig (formales Element) und urteilsfähig (subjektives Element) ist.

1. Subjektives Element der Geschäftsfähigkeit

Die Handlungsfähigkeit und damit die Geschäftsfähigkeit ist bei fehlender Urteilsfähigkeit ausgeschlossen. Die Rechtsgeschäfte Urteilsunfähiger sind gem. Art. 18 ZGB nichtig.[246] Urteilsunfähige sind daher funktional geschäftsunfähig. Die Verfasser des ZGB gingen davon aus, daß die Urteilsfähigkeit natürlicher Personen der Regelfall ist:[247] Urteilsfähig ist gem. Art. 16 ZGB jeder, dem nicht wegen seines Kindesalters oder infolge von Geisteskrankheit, Geistesschwäche, Trunkenheit oder ähnlichen Zuständen die Fähigkeit mangelt, vernunftgemäß zu handeln. Aus den Zuständen muß die Unfähigkeit, vernunftgemäß zu handeln, folgen: Zustand und daraus folgende Unfähigkeit müssen beide im Zeitpunkt der Vornahme des Rechtsgeschäfts vorliegen.

---

243 Rummel II²-*Schwimann*, § 12 öIPRG, Rn. 3; *Schwimann*, Pflegschaftsgerichtliche Genehmigungen in Fällen mit Auslandsbeziehung, ÖNZ 1978, 97 (98). Er spricht lediglich von einem „Trend" zur unselbständigen Anknüpfung von Geschäftsfähigkeitsregelungen.

244 *Wittibschlager*, Einführung in das schweizerische Recht (2000), Rn. 128.

245 Honsell-ZGB-*Bigler-Eggenberger*, Art. 12, Rn. 30.

246 Vgl. Honsell-ZGB-*Bigler-Eggenberger*, Art. 18, Rn. 3 und Rn.6 f.; *E. Bucher*, Die natürlichen Personen (1976), Art. 17/18 ZGB, Rn. 9 ff; Rn. 156. Wörtlich heißt es in Art. 18 ZGB zwar „Wer nicht urteilsfähig ist, vermag unter Vorbehalt der gesetzlichen Ausnahmen durch seine Handlungen keine rechtlichen Wirkungen herbeizuführen" (Hervorhebung durch Verfasser). Daraus könnte man versucht sein, den Schluß zu ziehen, das Gesetz kenne auch Rechtsgeschäfte Urteilsunfähiger, die nicht nichtig seien. Das wäre eine Abweichung zu der im BGB konstatierten Ausschlußfunktion der Geschäftsunfähigkeit. Auch das ZGB kennt aber diese Ausschlußfunktion. Die in Art. 18 ZGB angesprochenen Ausnahmen beziehen sich denn auch nicht auf Rechtsgeschäfte, sondern auf Rechtshandlungen. Vgl. auch *E. Bucher*, a.a.O., Rn. 11f.; vgl. *Tuor/Schnyder/Schmid*, Das Schweizerische Zivilgesetzbuch¹¹ (1995), S. 79. Art. 18 ZGB soll damit den Urteilsunfähigen nicht am Erwerb eines Rechtes hindern, „wenn dieses allein in objektiv gegebenen Umständen begründet" ist, *Grossen*, Schweizerisches Privatrecht II (1967), S. 285 (332).
So wird etwa Urteilsfähigkeit, aber nicht Handlungsfähigkeit, beim Besitzerwerb gefordert, *E. Bucher*, a.a.O., Rn. 36. Da in der Schweiz die Urteilsfähigkeit je nach dem Schwierigkeitsgrad der Rechtshandlung beurteilt wird, dürfte im Hinblick auf den Besitzerwerb im Ergebnis kein Unterschied zum deutschen Recht vorliegen, das die natürliche Willensfähigkeit ausreichen läßt.

247 *Pedrazzini/Oberholzer*, Grundriss des Personenrechts⁴ (1993), S. 63.

In einem *lucidum intervallum* ist daher Urteilsfähigkeit gegeben.[248] Das „Kindesalter" hat keine feste Altersgrenze, vielmehr kommt es darauf an, ob der Minderjährige im Zeitpunkt der konkreten Handlung die erforderliche Vernunft und Selbstverantwortlichkeit hat.[249] Diese Bezogenheit der Urteilsfähigkeit auf das konkrete Rechtsgeschäft gilt nicht nur für im „Kindesalter" befindliche Personen, sondern für jedermann. Im Gegensatz zum Grundsatz[250] des deutschen Rechts wird damit in der Schweiz die Relativität der Geschäftsfähigkeit anerkannt.[251] Ob Geschäftsfähigkeit vorliegt oder nicht, wird mit Blick auf die Schwierigkeit des konkreten Rechtsgeschäfts beurteilt. Dieselbe Person kann also für ein schwieriges Rechtsgeschäft geschäftsunfähig, für ein einfaches hingegen „geschäftsfähig" sein.[252] Die Entgegennahme einer Schenkung etwa ist wesentlich einfacher zu bewerten als eine Bankbürgschaft, da erstere auf „primitiven" Vorstellungen des „Bekommens und Habens" beruht. So soll ein fünfzehnjähriges Mädchen bezüglich der geschenkweisen Übernahme eines Grundstücks als urteilsfähig gelten.[253] Auf die Kenntnis des Vertragspartners von der Urteilsfähigkeit kommt es – ebensowenig wie es im BGB auf die Kenntnis von der Geschäftsunfähigkeit ankommt – nicht an, da die Bestimmungen über die Urteilsfähigkeit nicht dem Schutz von Drittpersonen, sondern dem Schutz des Unfähigen selbst dienen.[254]

2. Formales Element der Geschäftsfähigkeit

Mündig ist gem. Art. 14 ZGB, wer achtzehn Jahre alt (und damit volljährig)[255] und nicht gem. Art. 369 ff. ZGB entmündigt worden ist. Urteilsfähige unmündige oder entmündigte Personen werden als „beschränkt handlungsunfähig" bezeichnet. Hierdurch soll deutlich werden, daß bei diesen Personen grundsätzlich von der Handlungsunfähigkeit ausgegangen wird, für bestimmte Tatbestände jedoch eine Ausnahme gemacht wird. Wie sogleich gezeigt wird, bedeutet dies aber nicht, daß beschränkt Handlungsunfähige als grundsätzlich geschäftsunfähig zu qualifizieren sind. Im Gegensatz zu den beschränkt Handlungsunfähigen spricht man bei volljährigen Personen, die unter sogenannter Beiratschaft gem. Art. 395 ZGB stehen, von „beschränkter Handlungsfähigkeit". Diese Personen sind grundsätzlich handlungsfähig, werden aber

---

248 Honsell-ZGB-*Bigler-Eggenberger*, Art. 16, Rn. 5.

249 Honsell-ZGB-*Bigler-Eggenberger*, Art. 16, Rn. 15, 34 ff.; BGE 90 II 9.

250 Zur Ausnahme der Regelung des § 105a BGB S. 44.

251 *E. Bucher*, Die natürlichen Personen (1976), Art. 16 ZGB, Rn. 87 ff. m.w.N., Honsell-ZGB-*Bigler-Eggenberger*, Art. 16, Rn. 34 ff.; BG vom 28.10. 1976, BGE 102 II 363 (367), wobei es hier allerdings um die Deliktsfähigkeit des Opfers ging; zur Ehefähigkeit: BGE 109 II 273.

252 Beispiele bei *Pedrazzini/Oberholzer*, Grundriss des Personenrechts[4] (1993), S. 64 ff.

253 *E. Bucher*, Die natürlichen Personen (1976), Art. 16 ZGB, Rn. 91.

254 *Tuor/Schnyder/Schmid*, Das Schweizerische Zivilgesetzbuch[11] (1995).

255 Mit Wirkung zum 1. 1. 1996 wurde durch Bundesgesetz vom 7. 10. 1994 (AS 1995 1126, 1131) das Volljährigkeitsalter von 20 auf 18 Jahre gesenkt. Als Begründung wurde unter anderem die internationale Entwicklung angeführt, die in Europa die Volljährigkeitsgrenze mit der Ausnahme Osterreichs (19 Jahre) und Lichtensteins (20 Jahre) auf 18 Jahre verschoben hat. Mit der Herabsetzung sollte daher auch internationalprivatrechtlich eine Vereinfachung angestrebt werden, Honsell-ZGB-*Bigler-Eggenberger*, Art. 14, Rn. 3.

für bestimmte Tatbestände zu ihrem Schutz durch gerichtliche Anordnung in ihrer Handlungsfähigkeit eingeschränkt.[256]

„Beschränkt Handlungsunfähige" (also urteilsfähige Unmündige oder Entmündigte) können sich gem. Art. 19 I ZGB grundsätzlich nur mit Zustimmung ihrer gesetzlichen Vertreter verpflichten. Handelt ein urteilsfähiger Unmündiger oder Entmündigter ohne vorherige Einwilligung, so ist ein von ihm geschlossenes Rechtsgeschäft grundsätzlich schwebend unwirksam.[257] Beschränkt Handlungsunfähige werden also nicht vom Rechtsverkehr ausgeschlossen, sie sind vielmehr funktional beschränkt geschäftsfähig.

Wie schon im Rahmen der Darstellung des subjektiven Elements der Geschäftsfähigkeit erwähnt, kennt das ZGB keine „Geschäftsunfähigkeit" allein aufgrund des objektiven Elements der Geschäftsfähigkeit (im Gegensatz zur Regelung des § 104 Nr. 1 BGB, die Minderjährige, die jünger als sieben Jahre alt sind, für geschäftsunfähig erklärt). Ob ein Minderjähriger beschränkt geschäftsfähig oder geschäftsunfähig ist, hängt vielmehr allein von seinen tatsächlichen geistigen Fähigkeiten ab. Entscheidend ist, ob er „urteilsfähig" ist, ob das subjektive Element der Geschäftsfähigkeit also bejaht werden kann oder nicht. Unmündige und entmündigte Personen sind damit abhängig von ihrer Urteilsfähigkeit bezüglich des konkret in Frage stehenden Rechtsgeschäfts geschäftsunfähig oder beschränkt geschäftsfähig.[258]

Dagegen kennt das ZGB eine dem § 107 BGB vergleichbare Regelung in Art. 19 II ZGB.[259] Danach können urteilsfähige unmündige und entmündigte Personen ohne die Zustimmung ihrer gesetzlichen Vertreter unentgeltliche Vorteile erlangen und Rechte ausüben, die ihnen „um ihrer Persönlichkeit" willen zustehen. Für diese Geschäfte sind die urteilsfähigen Betroffenen „voll" und damit unbeschränkt geschäftsfähig.[260] Zur Bestimmung der Unentgeltlichkeit kommt es auf den Typus des Geschäftes an. Das Geschäft muß derart sein, daß mit ihm eine Belastung nicht verbunden sein kann. Der reine wirtschaftliche Vorteil eines Geschäfts wie zum Beispiel ein geringer Kaufpreis reicht also nicht aus. Als typisches Beispiel für die „Unentgeltlichkeit" eines Geschäfts wird die im schweizerischen Obligationenrecht (OR) geregelte Entgege-

---

256 Ausführlich zu Art. 395 ZGB s. *Bachmann*, Die Beiratschaft (Art. 395 ZGB) de lege lata und de lege ferenda (1990). Zur Entmündigung und anderen Erwachsenenschutzmaßnahmen in der Schweiz im Vergleich zum alten deutschen Entmündigungsrecht s. *Sturm*, Vormundschaftliche Hilfen für Betagte in Deutschland und in der Schweiz (1992).

257 *Wittibschlager*, Einführung in das schweizerische Recht (2000), Rn. 130; Honsell-ZGB - *Bigler-Eggenberger*, Art. 19, Rn. 12; der Vertragspartner bleibt bis zur Genehmigung oder bis zu deren Verweigerung gebunden.

258 Die fehlende feste Altersgrenze scheint keine nennenswerten Probleme zu bereiten, zumindest gibt es, soweit ersichtlich, keine Bundesgerichtsentscheidung, in der die Urteilsfähigkeit eines Minderjährigen streitig ist, so schon *Gmür*, Das Schweizerische Zivilgesetzbuch (1965), S. 54. Ein vergleichbarer Befund ist im englischen Recht zu machen. Dort ist keine Gerichtsentscheidung ersichtlich, die die Geschäftsunfähigkeit eines Kindes aufgrund seines Alters thematisiert, vgl. S. 100 f.

259 Zu § 107 BGB S. 60.

260 So ausdrücklich *E. Bucher*, Die natürlichen Personen (1976), Art. 19 ZGB, Rn. 155; *Pedrazzini/Oberholzer*, Grundriss des Personenrechts[4] (1993), S. 86, sprechen zurückhaltender von „umfassender" Geschäftsfähigkeit.

nahme einer Schenkung ohne Auflagen gem. Artt. 239, 241 I OR angeführt. Eine Schenkung mit Auflagen bedarf dagegen immer der Zustimmung des gesetzlichen Vertreters, da damit eine Verpflichtung des Beschenkten verbunden ist.[261]

a) Qualifikation der Schenkung als Teilgeschäftsfähigkeitsregelung

Gerade das „typische" Beispiel einer Schenkung (ohne Auflagen) ist aber bezüglich der Qualifikation als Teilgeschäftsfähigkeitsregelung nicht unproblematisch: Obwohl es sich um ein „unentgeltliches" Geschäft handelt, wird dem gesetzlichen Vertreter gem. Art. 241 II OR die Möglichkeit eingeräumt, die Annahme durch den Minderjährigen zu untersagen oder die Rückleistung anzuordnen. Dem gesetzlichen Vertreter steht also ein „Vetorecht" zu und die Wirksamkeit des Rechtgeschäfts steht unter einer auflösenden Bedingung.[262] Man könnte daher daran zweifeln, daß es sich bei der Fähigkeit zur Entgegenahme einer Schenkung um eine Teilgeschäftsfähigkeitsregelung handelt. Eine Teilgeschäftsfähigkeitsregelung setzt nämlich, wie oben dargestellt,[263] eine echte Gleichstellung des grundsätzlich beschränkt Geschäftsfähigen mit den grundsätzlich unbeschränkt Geschäftsfähigen für eine bestimmte Art von Rechtsgeschäften voraus. Hier werden grundsätzlich beschränkt geschäftsfähige Minderjährige aber grundsätzlich unbeschränkt geschäftsfähigen Volljährigen nicht gleichgestellt, da die gesetzlichen Vertreter das Rechtsgeschäft verhindern können.

Das in Art. 241 II OR vorgesehene „Vetorecht" der gesetzlichen Vertreter ist allerdings keine Folge geistiger Defizite Minderjähriger und daher auch nicht Ausdruck des Minderjährigenschutzes. Es handelt sich nicht um eine Regelung wie das Sonderkündigungsrecht der gesetzlichen Vertreter bei Dienstverträgen Minderjähriger aufgrund des ABGB.[264] Schutz vor rechtlichen oder wirtschaftlichen Nachteilen ist auch im Gegensatz zur Situation bei der beschränkten Dienstvertragsfähigkeit Minderjähriger nach dem ABGB nicht notwendig, da Nachteile durch eine Schenkung (ohne Auflagen) grundsätzlich nicht zu befürchten sind.[265] Art. 241 II OR ist vielmehr rein familienrechtlich motiviert.[266] Er soll einen „Schutz" dort ermöglichen, wo die Zuwendung unlautere Zwecke verfolgt oder wo sie moralische (nicht rechtliche) „Verpflichtungen" schafft, die den „Wert" der Schenkung übersteigen. Es gebe nämlich

---

261 *Cavin*, Schweizerisches Privatrecht VII/1 (1977), S. 185; *Pedrazzini/Oberholzer*, Grundriss des Personenrechts[4] (1993), S. 860. So auch im deutschen Recht, *Flume*, Das Rechtsgeschäft[3] (1979), § 13, 7. b), S. 191. Eine andere Frage ist, ob die Schenkung eines Grundstücks ein lediglich rechtlicher Vorteil im Sinne des § 107 BGB ist. Hierzu ausführlich und im Ergebnis entgegen der herrschenden Meinung ablehnend *Köhler*, Gründstücksschenkung an Minderjährige – ein „lediglich rechtlicher Vorteil"?, JZ 1983, S. 225 ff.

262 Honsell-OR[2] - *Vogt*, Art. 241, Rn. 4.

263 S. 58 f.

264 S. 86 f.

265 Eine andere Frage ist, ob eine Schenkung ohne Auflagen ausnahmsweise nicht doch einen rechtlichen Nachteil enthalten kann, was insbesondere bei einer Grundstücksschenkung zu bedenken ist.

266 *E. Bucher*, Die natürlichen Personen (1976), Art. 19 ZGB, Rn. 163; Honsell-ZGB-*Bigler-Eggenberger*, Art. 19, Rn. 28.

Schenkungen, die „wegen der Person des Schenkers entwürdigend“ seien.[267] Damit ist das Vetorecht der Erziehung und im weiteren Sinne der Personensorge der urteilsfähigen Unmündigen oder Entmündigten zuzuordnen. Diese Einordnung wird noch dadurch unterstützt, daß zwar sowohl die Untersagung der Annahme als auch die Anordnung der Rückleistung die Aufhebung des Schenkungsversprechens ex tunc zur Folge haben, der Schenker aber dennoch keinen Rückforderungsanspruch erhält und daher der Beschenkte auch nicht entschädigungspflichtig ist, falls er die geschenkte Sache nicht zurückerstatten kann.[268] Es geht also nicht um rechtliche oder wirtschaftliche Erwägungen, sondern rein um „moralische“. Diese Einordnung des „Vetorechts“ der gesetzlichen Vertreter spricht dafür, dieses dem Eltern-Kind-Statut zu unterstellen.

Vergleicht man darüber hinaus die sorgerechtliche Funktion des „Vetorechts“ mit der Funktion der Rechtsfolgen beschränkter Geschäftsfähigkeit des BGB, so fällt auf, daß letztere primär die Zustimmung der gesetzlichen Vertreter oder ein der Zustimmung entsprechendes zusätzliches Element erfordern, um dem Handelnden trotz seiner beschränkten Geschäftsfähigkeit eine wirksame Teilnahme am Rechtsverkehr zu ermöglichen oder diese aus Schutzgründen zu versagen: Gem. § 108 I BGB wird den gesetzlichen Vertretern die Entscheidungsbefugnis über die Wirksamkeit von Rechtsgeschäften des beschränkt Geschäftsfähigen eingeräumt. Mit der Erteilung oder Verweigerung der Genehmigung sollen die gesetzlichen Vertreter zwar mittelbar auch ihrer Erziehungsaufgabe nachkommen können.[269] Aber diese Erziehungsmöglichkeit besteht nur dann, wenn auch potentiell eine Schädigung des Minderjährigen denkbar ist. Ist dagegen keine Schädigungsmöglichkeit denkbar, so ist der grundsätzlich beschränkt Geschäftsfähige teilgeschäftsfähig im Sinne des § 107 BGB. Insofern besteht dann keine Möglichkeit der Erziehung mehr, da er auch gegen den Willen der gesetzlichen Vertreter ein Rechtsgeschäft vornehmen kann.[270] Im deutschen Sachrecht gibt es also keine Rechtsfolgen beschränkter Geschäftsfähigkeit, die lediglich der Erziehung dienen, ohne zugleich auch vor potentiellen rechtlichen Nachteilen zu schützen. Dies spricht dafür, das „Vetorecht“ im Sinne des Art. 241 II OR nicht als Rechtsfolge beschränkter Geschäftsfähigkeit zu qualifizieren, sondern vielmehr funktional als Ausfluß des elterlichen Sorgerechts einzuordnen.

b) Zwischenergebnis

Grundsätzlich sind beschränkt Geschäftsfähige für Rechtsgeschäfte im Sinne des Art. 19 II ZGB als teilgeschäftsfähig zu qualifizieren. Bedenken gegen eine solche Qualifikation bestehen aber für die Entgegennahme einer Schenkung ohne Auflagen

---

267 *Cavin*, Schweizerisches Privatrecht VII/1 (1977), S. 185.

268 *Schönenberger*, Kommentar zum Schweizer Zivilgesetzbuch, Das Obligationenrecht (1936), Art. 242, Rn. 2.

269 *Pawlowski*, Rechtsgeschäftliche Folgen nichtiger Willenserklärungen (1966), S. 57; MünchKomm³-*Gitter*, vor 104 BGB, Rn. 3; Fn. 59, S. 40.

270 Daran ändert auch nichts, daß die gesetzlichen Vertreter im Rahmen des § 107 BGB ihr eigenes Vertretungsrecht behalten. Dieses regelt lediglich, daß sie durch eigene Willenserklärungen den Minderjährigen verpflichten können“. Ausführlich zum Verhältnis der gesetzlichen Vertretungsmacht und den Rechtsfolgen beschränkter Geschäftsfähigkeit in § 14, S. 148 ff.

gem. Artt. 239, 241 I OR. Zwar ist die Schenkung ohne Auflagen ein typisches Beispiel für ein Rechtsgeschäft im Sinne des Art. 19 II ZGB, aber die gesetzlichen Vertreter haben für diesen Fall gem. Art. 241 II OR die Möglichkeit, die Annahme durch den Minderjährigen zu untersagen oder die Rückleistung anzuordnen. Insofern sind die Minderjährigen grundsätzlich unbeschränkt Geschäftsfähigen nicht gleichgestellt. Dies spricht für eine Qualifikation der Minderjährigen als beschränkt geschäftsfähig. Allerdings ist die Funktion des „Vetorrechts" alleine eine solche der Erziehung. Teilgeschäftsfähigkeiten und die Rechtsfolgen beschränkter Geschäftsfähigkeit dienen im deutschen Sachrecht hingegen nie ausschließlich der Erziehung grundsätzlich beschränkt Geschäftsfähiger. Daher ist das „Vetorrecht" familienrechtlich zu qualifizieren und dem Eltern-Kind-Statut zu unterstellen.[271] Somit sind Minderjährige für alle Rechtsgeschäfte im Sinne des Art. 19 II ZGB als teilgeschäftsfähig zu qualifizieren.

c) Weitere Teilgeschäftsfähigkeiten

Ferner steht gem. Art. 323 I ZGB unter der Verwaltung und Nutzung Minderjähriger das, was sie durch eigene Arbeit erwerben und was sie von ihren Eltern aus ihrem Vermögen zur Ausübung eines Berufes oder eines eigenen Gewerbes bekommen. Die Handlungsfähigkeit und damit die Geschäftsfähigkeit ist im Rahmen des in Art. 323 I ZGB genannten „Betätigungsspielraumes unbeschränkt."[272] Diese unbeschränkte Handlungsfähigkeit muß den Minderjährigen durch ihre Eltern „eingeräumt" werden, vergleichbar mit der Regelung der §§ 112, 113 BGB.[273] Ebenso wie bei den §§ 112, 113 BGB handelt es sich daher bei Art. 323 I ZGB um eine Teilgeschäftsfähigkeitsregelung. Damit sind Minderjährige (hinsichtlich des formalen Elements) unbeschränkt geschäftsfähig in bezug auf ihren „Arbeitserwerb und auf den ihnen zur Ausübung ihres Berufs überlassenen Teil ihres Vermögens".[274]

II. Das internationale Privatrecht der Geschäftsfähigkeit im Schweizer Recht

Die allgemeine Handlungsfähigkeit wird seit der Reform des internationalen Privatrechts in der Schweiz im Jahre 1987 gem. Art. 35 sIPRG[275] grundsätzlich dem Recht des Wohnsitzes unterstellt. Dabei handelt sich nach wohl herrschender Ansicht um eine Sachnormverweisung.[276] Die Rechtsfolgen beschränkter Handlungsfähigkeit

---

271 Zum Eltern-Kind-Statut § 14.

272 Honsell-ZGB-*Breitschmid*, Art. 323, Rn. 4 f..

273 Zur Qualifikation der §§ 112, 113 BGB als Teilgeschäftsfähigkeiten S. 58 ff.

274 Vgl. *Wittibschlager*, Einführung in das schweizerische Recht (2000), Rn. 130.

275 Schweizerisches Gesetz über das internationale Privatrecht. Zur alten Rechtslage *Bernhardt*, Handlungs- und Prozessfähigkeit ausländischer Personen in der Schweiz (1928), der aber die Anknüpfung der Rechtsfolgen beschränkter Geschäftsfähigkeit nicht anspricht.

276 Das Schweizer IPRG geht grundsätzlich von Sachnormverweisungen aus. Gesamtverweisungen werden nur vorgenommen, wenn eine ausdrückliche gesetzliche Anordnung vorliegt oder wenn Art. 14 sIPRG einschlägig ist, der Fragen des Personen- oder Familienstandes einer Gesamtverweisung unterwirft. (Art. 14 II sIPRG spricht hinsichtlich der Frage des Personen- oder Familienstandes zwar nur von der „Rückverweisung auf Schweizer Recht", dies ist jedoch zu ergänzen im Sinne einer Rück- oder Weiterverweisung, sIPRG-*Heini*, Art. 14, Rn. 16.) Hinsichtlich der Handlungsfähigkeit und damit hinsichtlich der Geschäftsfähigkeit liegt keine ausdrücklich ge-

und damit die Rechtsfolgen beschränkter Geschäftsfähigkeit werden allgemein ebenfalls an den Wohnsitz angeknüpft (beziehungsweise wurden vor der Reform wie die Handlungsfähigkeit vom Heimatrecht der betreffenden Person erfaßt). *Bucher* begründet diesen Gleichlauf der Anknüpfung der Voraussetzungen und der Rechtsfolgen beschränkter Handlungsfähigkeit damit, daß sich die Anknüpfung der (unmittelbaren) Rechtsfolgen beschränker Handlungsfähigkeit auf die „Grundfrage“ zurückführen lasse, „ob und in welchem Maße und in welcher Weise eine Person fähig oder unfähig“ sei, „durch ihre Handlungen rechtliche Wirkungen zu erzeugen“.[277] Andere begründen ihre Ansicht nicht oder verweisen als Begründung lediglich auf die Entscheidungen des schweizerischen Bundesgerichts.[278]

1. Die Entscheidungen des schweizerischen Bundesgerichts

Drei Entscheidungen des schweizerischen Bundesgerichts aus den Jahren 1934, 1956 und 1980 behandeln das in dieser Arbeit diskutierte Problem. In allen drei Entscheidungen wird die beschränkte Handlungsfähigkeit i.e.S. dem Personalstatut unterworfen. Die Entscheidungen ergingen vor der IPR-Reform in der Schweiz, als, wie erwähnt, das Personalstatut in der Schweiz noch durch das Heimatrecht bestimmt wurde. Inzwischen folgt das schweizerische Recht zwar dem Wohnsitzprinzip. Es gibt aber keine Hinweise, daß das Bundesgericht seine Rechtsprechung in Bezug auf die Anknüpfung der Rechtsfolgen beschränkter Geschäftsfähigkeit im Hinblick auf die geänderte Bestimmung des Personalstatuts ändern könnte.

Im ersten hier darzustellenden Fall hatte ein Holländer seiner Ehefrau in Brasilien 50 000 Schweizer Franken geschenkt.[279] Zum Zeitpunkt der gerichtlichen Entscheidung waren der Holländer und seine Frau in der Schweiz ansässig, der Holländer war in der Schweiz entmündigt worden und Patient in einem Schweizer Sanatorium. Der Schweizer Vormund verklagte die Ehefrau des Holländers auf Rückzahlung des Geldes mit der Begründung, der Schenker sei schon im Zeitpunkt der Schenkung geschäftsunfähig gewesen. Auf die Handlungsfähigkeit sowie auf die „unmittelbaren“ Rechtsfolgen beschränkter Geschäftsfähigkeit und Geschäftsunfähigkeit wurde – ohne

---

setzlich geregelte Ausnahme vom Grundatz der Sachnormverweisung vor. Strittig ist, ob es sich bei ihr um eine Frage des Personenstandes handelt, mit der Folge, daß es sich um eine Gesamtverweisung handelt. Gegen eine Einordnung als Frage des Personenstandes und damit für eine Sachnormververweisung etwa Honsell-IPRG-*Jametti Greiner/Geiser*, Art. 35, Rn. 15 ff; *Schnyder/Liatowitsch*, Internationales Privatrecht (2000), Rn. 400 f und Rn. 191; sIPRG-*Heini*, Art. 14, Rn. 23. Anders hingegen sIPRG-*Vischer*, Art. 35, Rn. 14 f. und *Schwander*, Internationales Privatrecht² (1998), Rn. 32.

277 *E. Bucher*, Die natürlichen Personen (1976), Vorbem. vor Art. 12-19 ZGB, Rn. 90.

278 Ohne Begründung für den Gleichlauf der Anknüpfungen von Handlungsfähigkeit und den (unmittelbaren) Rechtsfolgen der beschränkten Handlungsunfähigkeit sIPRG-*Vischer*, Art. 35, Rn. 17; *ders.*, Internationales Vertragsrecht² (2000), Rn. 903; ihm folgt *Schwander*, Internationales Privatrecht² (1998), Rn. 28. Gleicher Ansicht sind *Schnyder/Liatowitsch*, Internationales Privatrecht (2000), Rn. 401; IPRG-Honsell-*Jametti Greiner/Geiser*, Art. 35, Rn. 3. Ebenso für das alte Recht etwa *Beck*, Schlusstitel (1932), Vorb. zu Art. 7b, Rn. 27 unter Berufung auf *Lewald*, Internationales Privatrecht (1931), Band 1, S. 56.

279 BG, Urteil vom 7.2.1934, BGE 61 II 12.

nähere Begründung bezüglich der Anknüpfung der Rechtsfolgen – das holländische Heimatrecht des Schenkers angewendet.[280] Da nach der Festellung der beiden vorangehenden Instanzen Handlungsunfähigkeit gegeben war, war die Schenkung nach holländischem Recht „vollständig" ungültig. – Die Schenkung wäre allerdings auch nach Schweizer Sachrecht aufgrund der Geisteskrankheit des Holländers nichtig gewesen, wobei dies nicht ausgesprochen wurde. – Der bereicherungsrechtliche Anspruch auf Rückerstattung wurde dann Schweizer Sachrecht unterstellt, da „die Parteien keinen abweichenden Inhalt ausländischen Rechtes, das allenfalls zur Anwendung zu gelangen hätte, nachgewiesen" hätten, so daß die Vorinstanz „nach § 100 der [anwendbaren] zürcherischen Zivilprozessordnung davon" ausgehen konnte, daß das ausländische Recht dem schweizerischen entspreche. Da die Ehefrau des Holländers nicht entreichert war, wurde ihre Berufung abgewiesen und sie mußte die 50 000 Franken zurückzahlen.

Leider wird nicht ausdrücklich vorgetragen, warum der Vormund die Ehefrau verklagte. Diese hielt sich noch in der Schweiz auf, so daß das Verhältnis zu ihrem Ehemann nicht zerrüttet gewesen sein dürfte. Ohne zu sehr zu spekulieren, darf angenommen werden, daß es naheliegend ist, daß die Ehefrau verklagt wurde, um die Kosten der Sanatoriumsunterbringung zu bezahlen, die ansonsten dem Schweizer Staat aufgebürdet worden wären.

Der zweite hier zu besprechende Fall des Bundesgerichts beschäftigt sich mit der Anknüpfung der Rechtsfolgen fehlender Prozeßfähigkeit.[281] Die italienische Mutter eines unehelichen Kindes verklagte den Vater des gemeinsamen Kindes auf Unterhaltszahlungen. Der Unterhaltsanspruch als solcher unterlag Schweizer Sachrecht als dem Recht des Wohnsitzes des beklagten Vaters. Im Zeitpunkt der Klageerhebung war die Klägerin noch keine 21 Jahre alt und daher nach ihrem auf die Prozeßfähigkeit anwendbaren Heimatrecht weder volljährig noch prozeßfähig. Im Verlaufe des Prozesses wurde die Klägerin volljährig und damit prozeßfähig. Es stellte sich die Frage, ob sie die Klageerhebung nachträglich genehmigen konnte. Das Bundesgericht entschied, daß die Rechtsfolgen beschränkter Handlungsunfähigkeit und damit die Rechtsfolgen beschränkter Geschäftsfähigkeit dem Heimatrecht zu entnehmen seien. Nach ihrem italienischen Heimatrecht konnte sie die Klageerhebung nachträglich genehmigen. Die Genehmigung der Klägerin war damit möglich, die Prozeßvoraussetzungen lagen vor.[282] Da der Beklagte auch in der Tat der Vater des Kindes war, wurde er zu Unterhaltszahlungen verurteilt. Bemerkenswert an diesem Urteil ist, daß sich das Bundesgericht einerseits ausdrücklich, aber ohne weitere Begründung, seiner Entscheidung aus dem Jahre 1934 anschließt, es aber gleichzeitig darauf hinweist, daß im konkreten Fall die Frage nach der Anknüpfung der Rechtsfolgen beschränkter Geschäftsfähigkeit / Handlungsfähigkeit nicht entscheidungserheblich sei. Auch nach Schweizer Geschäfts-

---

[280] Als Begründung wird lediglich ein Verweis auf *Beck*, a.a.O. (Fn. 278) angeführt, BGE 61 II 12 (18 f.).

[281] BG, Urteil vom 14.6.1956, BGE 82 II 169.

[282] Wäre die ursprüngliche Klage der Mutter aufgrund ihrer zunächst fehlenden Prozeßfähigkeit abgewiesen worden, hätte sie nicht erneut auf Unterhaltszahlungen klagen können, da die Klage zur Klärung der Vaterschaft spätestens ein Jahr nach der Geburt anhängig gemacht werden mußte. Diese Frist wäre bei einer zweiten Klage verstrichen gewesen.

statut hätte die Klägerin die Genehmigung der Klageerhebung nach Erlangung ihrer Volljährigkeit vornehmen können.[283]

Der dritte Fall ist im Grunde kein privatrechtlicher, sondern ein öffentlich-rechtlicher Fall.[284] Dennoch mußte auch hier das schweizerische Bundesgericht entscheiden, wie die Rechtsfolgen beschränkter Handlungsunfähigkeit anzuknüpfen waren. Der Entscheidung lag folgender Sachverhalt zugrunde: Ein 17jähriger Schüler deutscher Nationalität, der ein Schweizer Internat besuchte, wollte in der Schweiz ein Grundstück erwerben. Im Jahre 1980 erforderten Grundstückerwerbsgeschäfte in der Schweiz eine nach dem „Bundesbeschluss über den Erwerb von Grundstücken durch Personen im Ausland (BewB)" durch den schweizerischen Staat zu erteilende Bewilligung. Die Bewilligung setzte unter anderem voraus, daß der von dem deutschen Schüler geschlossene Vertrag nicht an dessen Handlungsunfähigkeit scheiterte. Für das Schweizer Bundesgericht scheint es zu diesem Zeitpunkt schon selbstverständlich gewesen zu sein, Handlungsfähigkeit und die Rechtsfolgen beschränkter Handlungsunfähigkeit gleich anzuknüpfen. Ohne ein Wort zur Anknüpfung der Rechtsfolgen beschränkter Handlungsunfähigkeit zu verlieren, diskutierte das Gericht lediglich, ob auf die Handlungsfähigkeit Heimatrecht (deutsches Recht) oder das Geschäftsstatut (Schweizer Recht) angewendet werden sollte. Im Ergebnis wendete es dann deutsches Heimatrecht an. Da der Schüler im Zeitpunkt des Vertragsschlusses 17 Jahre alt war, war er nach deutschem Heimatrecht minderjährig und nur beschränkt geschäftsfähig. Im Zeitpunkt der Entscheidung war der Schüler aber bereits 18 Jahre alt und konnte daher den Vertrag nachträglich genehmigen. Wäre das Geschäftsstatut auf die Handlungsfähigkeit angewendet worden, hätte der Schüler auch weiterhin als minderjährig gegolten, da das Volljährigkeitsalter zu diesem Zeitpunkt nach Schweizer Recht bei 20 Jahren lag. Der Schüler hätte den Vertrag dann nicht nachträglich genehmigen können. Aufgrund der Anwendung deutschen Heimatrechts scheiterte der Vertrag nicht an einer beschränkten Handlungsunfähigkeit des Schülers. Das Bundesgericht ließ den Vertrag letztlich doch scheitern, da es das nach dem BewB notwendige „berechtigte Interesse" im Sinne des Art. 6 Abs. 1 BewB für den Erwerb des Grundstücks verneinte.

2. Zusammenfassung der Entscheidungen

Das Schweizer Bundesgericht geht damit in gefestigter Rechtsprechung davon aus, daß die Rechtsfolgen beschränkter Geschäftsfähigkeit ebenso wie die Geschäftsfähigkeit als solche vom Personalstatut erfaßt werden. In der ersten Entscheidung wurde die beschränkte Handlungsunfähigkeit einschließlich der unmittelbaren Rechtsfolgen dem Personalstatut zugeordnet. Dabei entspricht das dadurch gewonnene Ergebnis, ohne daß dies explizit ausgesprochen wurde, der Rechtslage, die sich im Falle einer Anwendung des schweizerischen Sachrechts ergeben hätte. Auf die wirtschaftlich interessante Frage, wie die Rückabwicklung der Schenkung vorgenommen werden sollte, wurde von vornherein Schweizer Sachrecht angewendet. Auch in der zweiten Entscheidung war die Anknüpfung der Rechtsfolgen beschränkter Geschäftsfähigkeit

---

283 BG, Urteil vom 14.6.1956, BGE 82 II, 169 (172 f.).

284 BG, Urteil vom 28.3.1980, BGE 106 I b 193.

nicht entscheidungserheblich, da sowohl nach Heimatrecht als auch nach dem Geschäftsstatut (Schweizer lex fori) eine Genehmigung erteilt werden konnte. In der dritten Entscheidung schließlich ist der Gleichlauf der Anknüpfung von Geschäftsfähigkeit und den Rechtsfolgen beschränkter Geschäftsfähigkeit schon unausgesprochene Voraussetzung. Das Ergebnis des Falles entspricht demjenigen eines reinen Inlandssachverhaltes. Hätte ein 18jähriger Schweizer in der Schweiz ein Grundstück erworben, so wäre dessen Erwerb zwar nicht am BewB gescheitert, er hätte als 18jähriger aber nicht ohne die Zustimmung seiner gesetzlichen Vertreter handeln können, die hier nicht vorlag. Im Ergebnis wäre der Vertrag daher auch nach schweizerischem Sachrecht unwirksam gewesen.

Zusammenfassend läßt sich daher feststellen, daß in allen drei Entscheidungen die Geschäftsfähigkeit und Rechtsfolgen beschränkter Geschäftsfähigkeit gleich angeknüpft und beide dem Personalstatut unterstellt wurden. Das Ergebnis des Falles entsprach dabei immer demjenigen eines reinen Inlandssachverhaltes.

§ 8 England

I. Materielles Recht

Im Gegensatz zum deutschen BGB ist dem englischen und anglo-amerikanischen Recht eine abstrakte Regelung der allgemeinen Geschäftsfähigkeit unbekannt. Vielmehr werden die Voraussetzungen der für ein Rechtsgeschäft notwendigen Willenstauglichkeit von Rechtsgebiet zu Rechtsgebiet selbständig geregelt. Die Voraussetzungen der für ein Geschäft notwendigen Geschäftsfähigkeit werden also vom Inhalt des jeweiligen Rechtsgeschäfts bestimmt. Einer der Gründe hierfür ist, daß die Geschäftsfähigkeit im Vertragsrecht als eine „normale" Gültigkeitsvoraussetzung behandelt wird und nicht als eine Frage der rechtlichen Eigenschaft eines Menschen.[285] Da es keine abstrakte Regelung der Geschäftsfähigkeit gibt, erkennt man Beschränkungen der Geschäftsfähigkeit zunächst nur an ihren Wirkungen. Wenn ein Rechtsgeschäft nicht vollwirksam ist, dann ist zu untersuchen, ob die mangelnde Wirksamkeit gerade an der mangelnden Rechtsgeschäftswillenstauglichkeit der handelnden Person liegt. Diese mangelnde Tauglichkeit kann dabei, wie bei Minderjährigen, auch pauschalierend festgelegt werden.[286] Stellt man eine mangelnde Rechtsgeschäftswillenstauglichkeit fest, dann ist die Person für das in Frage stehende Rechtsgeschäft beschränkt geschäftsfähig oder geschäftsunfähig. Damit ergibt sich für das englische Recht, daß aus dem Fehlen der vollen Wirksamkeit eines Rechtsgeschäftes auf die Beschränkung der Geschäftsfähigkeit geschlossen werden muß. Diese fehlende volle Wirksamkeit des Rechtsgeschäfts wiederum ist dann die „Folge" der fehlenden oder beschränkten Geschäftsfähigkeit.

Am nächsten kommt der „allgemeinen" Geschäftsfähigkeit im deutschen Sinne die Fähigkeit, schuldrechtliche Verträge abzuschließen (*legal capacity* oder *capacity to*

---

285 Vgl. *E. Bucher*, Die natürlichen Personen (1976), Vorbem. vor Art. 12-19 ZGB, Rn. 73 ff.

286 S. 32 ff.

contract),[287] auf die sich die folgende Darstellung im wesentlichen beschränken soll.[288] Zwar gibt es im englischen Recht keine „vor die Klammer gezogene“ Regelung der Geschäftsfähigkeit wie im Allgemeinen Teil des BGB, aber (natürlich) sind auch in England Personen grundsätzlich unbeschränkt geschäftsfähig. Ausnahmen werden für Minderjährige, Geisteskranke und teilweise auch für Betrunkene gemacht. Früher bestanden nach *common law* auch Beschränkungen der Geschäftsfähigkeit für (Ehe-)Frauen, die aber inzwischen zumindest in England und den USA aufgehoben worden sind.[289]

Die Volljährigkeit tritt in England mit Vollendung des 18. Lebensjahres ein.[290] Die englischen Regelungen betreffend der beschränkten Geschäftsfähigkeit und ihrer Rechtsfolgen weichen im Vergleich zu den kontinentalen Regelungen Deutschlands, der Schweiz und Österreichs fundamental in ihrem Schutzkonzept ab. In den genannten kontinental-europäischen Rechtsordnungen hängt die Wirksamkeit eines von einem beschränkt geschäftsfähigen Minderjährigen geschlossenen Vertrages grundsätzlich von der Zustimmung seiner gesetzlichen Vertreter ab. Diese gesetzlichen Vertreter können darüber hinaus den Minderjährigen vertreten und ihn auf diese Weise verpflichten. Im Gegensatz dazu kennt das englische Recht weder eine umfassende gesetzliche Vertretungsmacht der Eltern oder sonstiger Personen, noch können die Eltern über die Wirksamkeit der Verträge, die ihre Kinder abschließen, entscheiden.[291] Das englische Recht hat vielmehr andere Möglichkeiten gefunden, Minderjährige am Rechtsverkehr teilnehmen zu lassen und ihnen dabei den ihnen gebührenden Schutz zukommen zu lassen.

Grundsätzlich werden im englischen Recht alle Minderjährigen gleich behandelt. Es fehlt an festen Altersgrenzen – wie sie im deutschen Recht existieren –, wann ein Minderjähriger „geschäftsunfähig“ ist, er also aufgrund fehlender Verstandesreife überhaupt nicht in der Lage ist, ein Rechtsgeschäft abzuschließen und vom Rechtsverkehr ausgeschlossen wird. Auch im englischen Recht sollen aber insbesondere Kleinkinder, die das „age of understanding“ noch nicht erreicht haben, „geschäftsunfähig“ sein. Das Alter ist im Einzelfall anhand der Einsichtsfähigkeit des Minderjährigen und

---

287 Freilich ist der Begriff der *capacity (to contract)* oder *legal capacity* nicht auf die Geschäftsfähigkeit im deutschen Sinne beschränkt, sondern wird des öfteren auch für die Dispositionsfähigkeit oder für die Vertretungsmacht sowie die Rechtsfähigkeit im deutschen Sinne verwendet, vgl. *E. Bucher*, Die natürlichen Personen (1976), Vorbem. vor Art. 12-19 ZGB, Rn. 73 ff; *Jentsch*, Die Geschäftsfähigkeit Minderjähriger (1967), S. 30. Hier ist die *capacity* nur insofern von Interesse, als sie der Funktion der Geschäftsfähigkeit im deutschen Recht entspricht.

288 Für eine umfassende Darstellung aus deutscher Sicht *Menold-Weber*, Verträge Minderjähriger und ihre Rückabwicklung im englischen Recht (1992).

289 *Chitty* on Contracts[28] (1999), Vol. 1, Rn. 8-065; letzteres ist interessant im Hinblick auf die Anknüpfung der Geschäftsfähigkeit im US-amerikanischen IPR.

290 Section 1 des *Family Law Reform Act 1969*.

291 *Zweigert/Kötz*, Einführung in die Rechtsvergleichung[3] (1996), S. 344; *Wohlgemuth*, Der minderjährige Gesellschafter im IPR, RIW 1980, 759 (763), *v. Bar*, Internationales Privatrecht, Band 2 (1991), Rn. 26.

anhand des Inhalts des Vertrages zu bestimmen.[292] Insofern besteht also eine vergleichbare Regelung zum schweizerischen Recht.

1. Vertragsarten / Einführung

Im heutigen englischen Recht werden drei Rechtsfolgen bei Vertragsschlüssen von Minderjährigen unterschieden: *Contracts not binding until ratified* (2), *contracts binding unless repudiated*[293] (3) sowie *valid contracts* (4).[294]

2. „Contracts not binding until ratified"

Grundsätzlich sind von einem Minderjährigen geschlossene Verträge „not binding until ratified". Sie sind aber insoweit „wirksam", als daß der Minderjährige aus ihnen klagen kann. Er selber ist aber an den Vertrag erst dann gebunden, wenn er den Vertrag nach Erreichen seiner Volljährigkeit bestätigt.[295] Gegenüber dem Minderjährigen entfaltet der Vertrag auch ohne Bestätigung seinerseits eine gewisse Wirkung dahingehend, daß, wenn er seine Leistung erbracht hat (*executed contract*), er sie nicht allein aus dem Grund zurückfordern kann, daß er im Zeitpunkt des Vertragsschlusses minderjährig war und er sie daher nicht hätte erbringen müssen.[296] Minderjährige sind damit in Bezug auf *contracts not bindig until ratified* als beschränkt geschäftsfähig zu qualifizieren, da die volle Wirksamkeit der Verträge gerade im Hinblick auf ihre Schutzbedürftigkeit versagt wird. Rechtsfolge dieser beschränkten Geschäftsfähigkeit ist einerseits die angesprochene einseitige Bindung an die Verträge, andererseits zieht sie im Bereicherungsrecht bei *executed contracts* die erwähnte „Sperrwirkung" nach sich.

---

292 *Menold-Weber*, Verträge Minderjähriger und ihre Rückabwicklung im englischen Recht (1992), S. 104; vgl. *Beatson*, Anson's Law of Contract[27] (1998), S. 212, dort in Fn. 61.

293 Auch „contracts, valid until repudiated" genannt.

294 *Chitty* on Contracts[28] (1999), Vol. 1, Rn. 8-001.

295 *Treitel*, Law of Contract[8] (1991), S. 492; *Chitty* on Contracts[28] (1999), Vol. 1, Rn. 8-039. Manchmal werden diese Verträge auch „voidable" genannt. Das ist aber insofern irreführend, als die Verträge den Minderjährigen grundsätzlich nicht binden, es sei denn, er bestätigt sie nach Erreichen der Volljährigkeit.
Dem Minderjährigen ist die Klage auf *specific performance*, also auf die konkret vereinbarte Leistung, grundsätzlich versagt. Dies ist aber keine Besonderheit des Minderjährigen- oder Geschäftsfähigkeitsrechts, sondern das englische Recht ist generell sehr zurückhaltend mit der Gewährung von *specific performance*. Einem Minderjährigen steht stattdessen ein Schadensersatzanspruch gegen seinen Vertragspartner zu, wenn dieser nicht leistet. So wurde etwa zu Zeiten, als man seinen Verlobten noch wegen Bruchs des Eheversprechens verklagen konnte, entschieden, daß eine Minderjährige einen Volljährigen wegen eines solchen Bruchs verklagen konnte [*Holt* v. *Ward* (1732) 2 Str. 937, 939], während umgekehrt ein Volljähriger eine Minderjährige nicht aufgrund eines Eheversprechens verklagen konnte [*Hale* v. *Ruthven* (1869) 20 L.T. 404], s. auch Chitty on Contracts[28] (1999), Vol. 1, Rn. 8-039.

296 *Menold-Weber*, Verträge Minderjähriger und ihre Rückabwicklung im englischen Recht (1992), S. 130.

3. „Contracts binding unless repudiated"

In die Kategorie der *contracts binding unless repudiated* fallen Verträge über Grundstücke oder Wohnraum[297], Aktienkaufverträge, Verträge über die Beteiligung an Personengesellschaften sowie *marriage settlements* („Güterrechtstreuhandverträge"). Die Verträge sind für beide Vertragsparteien bindend, es sei denn der Minderjährige widerruft den Vertrag während seiner Minderjährigkeit oder innerhalb eines angemessenen Zeitraums („within a reasonable time") nach Erreichen der Volljährigkeit. Der volljährige Geschäftspartner kann nicht widerrufen.[298] Als Folge des Widerrufes durch den Minderjährigen entfällt die Bindungswirkung des Vertrages sowohl für den Minderjährigen als auch für seinen volljährigen Geschäftspartner.[299] Dies gilt zumindest für Verbindlichkeiten, die erst nach dem Widerruf entstanden wären. Da in der englischen Rechtsprechung widersprüchliche Gerichtsurteile zu finden sind, ist unklar, ob dem Widerruf auch *ex tunc* Wirkung zukommt, ob der Minderjährige also an Verbindlichkeiten, die bereits vor dem Widerruf entstanden waren, die er aber noch nicht befriedigt hatte, gebunden beibt:[300] Mietet ein Minderjähriger eine Wohnung (ohne daß diese ein *necessary* wäre, dazu unten) und wird ihm die Miete gestundet, so ist die Rechtslage unklar, wenn er den Vertrag nach einigen Monaten widerruft. Es steht nicht fest, ob er für die Mietzeit den vereinbarten Mietzins zahlen muß oder nicht. Fest steht nur, daß wenn ein Minderjähriger aufgrund eines *contracts binding unless repudiated* leistet, er seine Leistung nicht aus dem Grunde zurückverlangen kann, daß er den Vertrag hätte widerrufen können.[301]

Minderjährige sind damit auch in Bezug auf *contracts binding unless repudiated* als beschränkt geschäftsfähig zu qualifizieren. Die volle Wirksamkeit der Verträge wird gerade im Hinblick auf ihr Alter und ihre Schutzbedürftigkeit eingeschränkt. Rechtsfolge der beschränkten Geschäftsfähigkeit ist das Widerrufsrecht des Minderjährigen, wobei noch ungeklärt ist, ob dieses nur *ex nunc* oder sogar *ex tunc* wirkt. Im Bereicherungsrecht zeigt sich auch hier die erwähnte „Sperrwirkung".

4. „Valid contracts"

Valid contracts sind dagegen sowohl für den Vertragspartner als auch für den Minderjährigen grundsätzlich „bindend". Sowohl Verträge über *necessaries* als auch Arbeits- und Lehrverträge (*benefical contracts of service)* fallen dabei in die Kategorie der *valid contracts* Minderjähriger. Ein Vertrag über die Lieferung von beweglichen Sachen ist ein Vertrag über *necessaries,* wenn (1) es in den Lebensverhältnissen des Minderjährigen allgemein üblich ist, über die gelieferten Gegenstände zu verfügen, (2) der Minderjährige einen tatsächlichen Bedarf an ihnen hat und (3) der Vertrag ins-

---

297 Für weitere Besonderheiten bezüglich Gründstücksverträgen von Minderjährigen, s. *Menold-Weber,* a.a.O. (Fn. 296), S. 38 ff.; zum Miet- und Pachtverträgen insbesondere S. 42 ff., (die Vereinbarung einer „lease" mit einem Minderjährigen ist „relativ kompliziert").

298 *Treitel,* The Law of Contract[10] (1999), S. 505.

299 *Menold-Weber,* a.a.O. (Fn. 296), S. 47.

300 Ausführlich zu diesem Problem *Menold-Weber,* a.a.O. (Fn. 296, S. 101), S. 48 ff.

301 *Chitty* on Contracts[28] (1999), Vol. 1, Rn. 8-037; *Steinberg* v. *Scala (Leeds)Ltd.* [1923] 2 Ch. 452.

gesamt betrachtet *benefical* („vorteilhaft") für den Minderjährigen ist.[302] Im Gegensatz zu der deutschen Regelung des § 107 BGB, die zumindest ihrem Wortlaut nach auf eine rechtliche Betrachtungsweise abstellt, bedarf es zur Bestimmung von *necessaries* einer wirtschaftlichen Betrachtungsweise. Zwar meint *Stürner*, auch der „rechtliche" Vorteil des § 107 BGB werde heute von der Praxis „wirtschaftlich" ausgelegt.[303] Auch wenn man sich dieser Sichtweise anschließt, bleibt als Unterschied von § 107 BGB zur „*necessaries*-Regelung" bestehen, daß bei § 107 BGB Rechtsgeschäfte abstrakt in Kategorien eingeteilt werden: Im deutschen Recht wird abstrakt bestimmt, ob beispielsweise eine Grundstücksschenkung ein Rechtsgeschäft ist, durch das ein beschränkt Geschäftsfähiger einen lediglich rechtlichen Vorteil erlangt oder eben nicht. Ob ein Vertrag über *necessaries* vorliegt, wird im englischen Recht neben dem Vorliegen der Kriterien (1) und (2) demgegenüber anhand des konkreten Vertragsinhalts bestimmt (s. o. (3)).

Dienstleistungen, die im Rahmen eines Arbeits-, Lehr- oder Ausbildungsvertrages an den Minderjährigen erbracht werden, können ebenfalls *necessaries* darstellen, wenn sie die gleichen Kriterien wie *necessary goods* erfüllen.[304] Es muß also in den Lebensverhältnissen des Minderjährigen allgemein üblich sein, solche Dienstleistungen in Anspruch zu nehmen. Der Minderjährige muß einen tatsächlichen Bedarf für die Dienstleistung haben und der Vertrag muß insgesamt betrachtet vorteilhaft für den Minderjährigen sein. Umstritten ist der Zeitpunkt, zu dem die „*necessary*-Eigenschaft" einer Sache vorliegen muß. Einerseits wird befürwortet, daß „at the time of sale and delivery" in Section 3 (3) des Sale of Goods Act 1979 bedeute, daß Waren sowohl zum Zeitpunkt des Kaufvertrages als auch zum Zeitpunkt Übergabe *necessaries* sein müßten.[305] Im *common law* mußte die „*necessary*-Eigenschaft" dagegen „nur" im Zeitpunkt der Lieferung oder Übergabe vorliegen.[306] Diejenigen, die meinen, daß der *Sales of Goods Act 1979* sowie sein Vorläufer, der *Sales of Goods Act 1893* die Rechtslage in diesem Punkt nicht verändert habe, meinen, es komme ausschließlich auf

---

302 *Chitty* on Contracts[28] (1999), Vol. 1, Rn. 8-009; vgl. Section 3 of the Sale of Goods Act 1979:
(1) Capacity to buy and sell is regulated by the general law concerning capacity to contract and to transfer and acquire property.
(2) Where necessaries are sold and delivered to a minor or to person who by reason of mental incapacity or drunkennes is incompetent to contract, he must pay a reasonable price for them.
(3) In subsection (2) above 'necessaries' mean goods suitable to the condition in life of the minor or other person concerned and to his actual requirements at the time of the sale and delivery.
Zur vergleichbaren Regelung des *common law Nash* v. *Inman*, [1908] 2 K.B. 1, *Roberts* v. *Gray*, [1913] 1 K.B. 520 und *Chaplin* v. *Leslie Frewin (Publishers) Ltd.*, [1966] Ch. 71.

303 *Stürner*, Der lediglich rechtliche Vorteil, AcP 173 (1973), 402 (415); *Stürner*, Anmerkung zum BGH, Beschluß vom 16. 4. 1975 – V ZB 15/74, JZ 1976, 67.

304 *Treitel*, The Law of Contract[10] (1999), S. 500.

305 Vgl. *Chitty* on Contracts[28] (1999), Vol. 1, Rn. 8-012, unter Veweisung auf *Nash* v. *Inman*, [1908] 2 K.B. 1, (7,9), der sich allerdings sehr vorsichtig ausdrückt: „...the wording of the section appears to support the view ...".

306 *Winfield*, Necessaries under the sale of Goods Act, 1893, 58 (1942) LQR. 82 (91); *Chitty* on Contracts[28] (1999), Rn. 8-012.

den Zeitpunkt der Besitzübertragung an.[307] Rechtsfolge eines Vertrages über *necessaries* ist, daß ein Minderjähriger für verkaufte und gelieferte Sachen nur einen angemessenen („reasonable") Preis bezahlen muß.[308] Damit erwachsen aus einem Vertrag über *necessaries* einem Minderjährigen nicht die gleichen Pflichten wie einem Volljährigen. Dies steht im Gegensatz zu der eben schon angesprochenen Regelung des § 107 BGB. Dort sind Rechtsgeschäfte, durch die der Minderjährige einen „lediglich rechtlichen Vorteil" erlangt, genauso wirksam wie die Rechtsgeschäfte Volljähriger, die grundsätzlich unbeschränkt geschäftsfähig sind.

a) „Executory contracts" über „necessaries"

In der englischen Literatur ist umstritten, ob Minderjährige bei beiderseits unerfüllten Verträgen (*executory contracts*)[309] über *necessaries* verpflichtet werden. Es ist also fraglich, ob ein Minderjähriger an einen *executory contract* gebunden ist oder ob es ihm möglich ist, vor Lieferung der „*necessary*-Ware" diese zurückzuweisen. Dieses Problem basiert auf dem Streit, ob die Verpflichtung des Minderjährigen zur Bezahlung von „*necessary*-Waren" „sold and delivered" aufgrund Vertrages oder Quasi-Vertrages entsteht. Handelte es sich um eine vertragliche Verpflichtung, so wäre der Minderjährige auch bei einem *executory contract* an den Vertrag über *necessaries* gebunden, da es dann keine Rolle spielen kann, ob der Vertragspartner bereits erfüllt hat oder nicht. Läge dagegen eine quasi-vertragliche Bindung vor, so wäre der Minderjährige nicht an *executory contracts* gebunden, da die Übergabe der Sache gerade Voraussetzung für die Bindung ist.[310] Aus deutscher Sicht meint *Vial*, daß englische Geschäftsleute mit Minderjährigen keine Verträge über *necessaries* abschließen würden, wenn der Minderjährige nach Vertragsschluß und vor Lieferung der Ware die Annahme der Ware verweigern und sich so seiner Haftung entziehen könne. Daher spreche die „Rechtspraxis" für eine vertragliche Bindung des Minderjährigen.[311] *Menold-Weber* weist dagegen daraufhin, daß sich der wohl überwiegende Teil der englischen Literatur dafür ausspreche, daß Minderjährige nicht an *executory contracts* gebunden seien.[312] Dies entspricht, soweit ersichtlich, auch der US-amerikanischen Sichtweise.[313]

307 Aus deutscher Sicht *Menold-Weber*, a.a.O. (Fn. 296), S. 9 f. m. w. N.; zum *Sale of Goods Act 1893* so auch *Vial*, Die Geschäftsfähigkeit des Minderjährigen im englischen Recht (1974), S. 105. Bezüglich *necessary services* ist das Problem des Zeitpunktes noch nicht erörtert worden, vgl. nur *Chitty* on Contracts[28] (1999), Vol. 1, Rn. 8-013.

308 Für gelieferte Waren folgt das aus section 2 des Sales of Goods Act 1979, Fn. 302, S. 103. Für als *necessaries* eingestufte Dienstleistungen folgt dies aus dem *common law*, *Menold-Weber*, a.a.O. (Fn. 296), S. 13.

309 Das Gegenteil zum *executory contract* ist der „executed contract", bei „dem die Erfüllung soweit abgewickelt ist, daß nur noch einer Partei eine ziffernmäßig bestimmte Geldleistung obliegt", *Vial*, a.a.O. (Fn. 307), S. 106.

310 *Menold-Weber* a.a.O. (Fn. 296), S. 16.

311 *Vial*, Die Geschäftsfähigkeit des Minderjährigen im englischen Recht (1974), S. 122.

312 *Menold-Weber*, a.a.O. (Fn. 296), S. 21. Die unterschiedlichen Meinungen spiegeln die widersprüchlichen Interpretationen der vorliegenden Gerichtsentscheidungen wider. So sprach sich etwa *Fletcher Moulton* L.J. in *Nash* v. *Inmann*, [1908] 2 K.B. 1 (8) für eine quasi-vertragliche Qualifizierung der Bindung des Minderjährigen aus. Dagegen meinte *Lord Fraser of Tullybelton* in einer Entscheidung, in der es darum ging, ob ein Minderjähriger in eine medizinische Be-

Aber auch *Menold-Weber* gibt zu, daß die Rechtslage so unsicher ist, daß sie als ungeklärt gelten muß.[314] Daher muß es letztlich als ungeklärt gelten, ob ein Minderjähriger an einen *executory contract* über Waren gebunden ist oder nicht.

Im Hinblick auf *executory contracts* über Dienstleistungen wird eine Bindung der Minderjährigen befürwortet, zumindest soweit die Dienstleistungen im Rahmen einer Ausbildung geleistet werden sollen.[315]

b) Qualifikation

In der deutschen Literatur ist gelegentlich gesagt worden, Minderjährige seien in Bezug auf Verträge über *necessaries* als „teilgeschäftsfähig" zu qualifizieren.[316] Nach der in dieser Arbeit verwendeten Definition liegt eine Teilgeschäftsfähigkeit aber nur dann vor, wenn eine echte Gleichstellung der grundsätzlich beschränkt Geschäftsfähigen mit den grundsätzlich unbeschränkt Geschäftsfähigen für eine bestimmte Art von Rechtsgeschäften gegeben ist.[317] Da aus einem Vertrag über *necessaries* dem Minderjährigen nicht die gleichen Pflichten erwachsen wie einem Volljährigen, ist er in Bezug auf solche Rechtsgeschäfte nicht gleichgestellt. Diese Sichtweise wird bestätigt, wenn man die Funktion der Regelung über *necessaries* betrachtet. Der Minderjährige soll einerseits in der Lage sein, die für ihn notwendigen Dinge ohne Mithilfe seiner Eltern zu erstehen, andererseits wird er aber nicht als fähig angesehen, ohne einen spezifischen Minderjährigenschutz zu handeln. Dies steht im Gegensatz zu den im deutschen Recht anerkannten Teilgeschäftsfähigkeiten, bei denen Minderjährigen gerade kein Minderjährigenschutz zukommt. Ein Minderjähriger ist mithin auch in Bezug auf *necessaries* nicht (teil-)geschäftsfähig. Vielmehr liegt eine Geschäftsfähigkeitsbeschränkung vor.[318]

Rechtsfolge dieser Geschäftsfähigkeitsbeschränkung ist bei *executed contracts* über *necessaries*, daß der Minderjährige nur einen angemessenen Preis bezahlen muß. Bei *executory contracts* ist die Rechtsfolge dagegen, wie dargestellt, umstritten. Nach der einen Ansicht muß der Minderjährige auch hier den angemessenen Preis leisten, nach der anderen Ansicht wird er aus dem Vertrag nicht verpflichtet.

---

handlung einwilligen könne, daß ein Minderjähriger innerhalb bestimmter Grenzen einen schuldrechtlichen Vertrag schließen könne, *Gillick* v. *West Norfok Area Health Authority* [1986] 1 A.C. 112 (169).

313 *Murray* on Contracts[3] (1993), § 24; *Farnsworth* on Contracts I (1990), § 4.5, S. 387.

314 *Menold-Weber*, a.a.O. (Fn. 296), S. 21.

315 Vgl. *Chitty* on Contracts[28] (1999), Vol. 1, Rn. 8-013; *Robert* v. *Gray* [1913] 1 K.B. 520.

316 Staudinger[12]-*Beitzke*, Art. 7 EGBGB, Rn 21.

317 S. 58.

318 *Vial*, Die Geschäftsfähigkeit des Minderjährigen im englischen Recht (1974), S. 122, spricht von einer „beschränkten Geschäftsfähigkeit zur vollwirksamen vertraglichen Bindung für 'necessaries'". Wie gezeigt wurde, ist der von dem Minderjährigen geschlossene Vertrag allerdings eben gerade nicht „vollwirksam". Eine „beschränkte Geschäftsfähigkeit" zur vollwirksamen vertraglichen Bindung wäre darüber hinaus nach der in dieser Arbeit vertretenen Auffassung eine „Teilgeschäftsfähigkeit". Bezogen auf ein in Frage stehendes Rechtsgeschäft ist ein teilgeschäftsfähiger Minderjähriger nicht beschränkt geschäftsfähig, sondern unbeschränkt geschäftsfähig.

5. „Geisteskranke" und „Betrunkene"

Geisteskranke und Betrunkene sind nach englischem Recht grundsätzlich an die von ihnen geschlossenen Verträge gebunden. Zwar solle jemand, der nicht die Fähigkeit habe, einen Vertrag zu schließen, an diesen grundsätzlich auch nicht gebunden sein. Dies würde dafür sprechen, die Verträge wie die von Minderjährigen zu behandeln. Bei Geisteskranken und bei Betrunkenen sei aber besonders zu berücksichtigen, daß ihre Vertragspartner darunter leiden könnten, wenn die Verträge unwirksam wären.[319] Daher seien Geisteskranke und Betrunkene grundsätzlich an ihre Verträge gebunden. Kann der Geisteskranke oder der Betrunkene jedoch nachweisen, daß sein Vertragspartner von der mangelnden Verständnisfähigkeit wußte, so ist er an den Vertrag nicht „gebunden".[320] Die Verträge sind dann – wie bei Minderjährigen – „not binding until ratified", wobei der Geisteskranke oder Betrunkene den Vertrag bestätigen muß, wenn seine Geisteskrankheit vorüber oder er nicht mehr betrunken ist. Ebenso wie Minderjährige können Geisteskranke und Betrunkene Verträge über *necessaries* mit den oben beschriebenen Folgen schließen.

Geisteskranke und Betrunkene werden damit vom englischen Recht nicht gleich wie ansonsten in ihrer Geschäftsfähigkeit Unbeschränkte behandelt. Ihnen kommt ein gewisser Schutz zu, der an ihrer mangelnden Willenstauglichkeit liegt. Freilich ist die Geltendmachung dieses Schutzes extrem eingeschränkt, da ihnen nicht nur die Beweislast dafür obliegt, geisteskrank oder betrunken gewesen zu sein, sondern es obliegt ihnen auch zu beweisen, daß ihr Vertragspartner von ihrer beschränkten Willenstauglichkeit wußte. Aufgrund der äußerst schwierigen Geltendmachung der mangelnden Willenstauglichkeit kann schon fast nicht mehr davon gesprochen werden, daß die Betreffenden in ihrer Geschäftsfähigkeit beschränkt sind. Diese Beschränkung der Geschäftsfähigkeit mit der hier dargestellten spezifischen Rechtsfolge kommt faktisch fast einer Teilgeschäftsfähigkeit gleich.

Zusammenfassend läßt sich festhalten, daß das englische Recht den Schutzinteressen eines eingeschränkt Geschäftsfähigen nicht den gleichen Vorrang gegenüber den Interessen des Rechtsverkehrs einräumt, wie er von den kontinental-europäischen Rechtsordnungen gewährt wird.

II. Internationales Privatrecht / Geschäftsfähigkeit / "Capacity to contract"

Martin Wolff stellte im Jahre 1950 fest, daß es nicht möglich sei, die Rechtslage bezüglich der Anknüpfung der Geschäftsfähigkeit im englischen Recht mit Sicherheit festzustellen.[321] Diese Problematik besteht weiterhin.[322] Eine relativ klare Rechtslage existiert nur hinsichtlich der Anknüpfung der *capacity* zum Abschluß von Verträgen zur Verfügung über Grundstücke. Hier bestimmt die *lex rei sitae* über die *capacity to*

---

319 *Treitel*, The Law of Contract[10] (1999), S. 516.

320 *Hart v. Connor* (1985) A.C. 1000 (P.C.); *Beatson*, Anson's Law of Contract[27] (1998), S. 230; *Treitel*, a.a.O. (Fn. 319), S. 517.

321 *Martin Wolff*, Private International Law[2] (1950), S. 283. So schon *Lord Macnaghten*, *Cooper* v. *Cooper* (1888), 13 App. Cas. 88 (108).

322 „Die Rechtslage ist wenig klar", *v. Bar*, Internationales Privatrecht, Band 2 (1991), Rn. 28, Fn.119.

contract.[323] Ferner werden Fragen, die den „Status“ einer Person bestimmen, vom Recht des *domicile* als der Rechtsordnung erfaßt, die nach englischer Auffassung einem Menschen am nächsten steht.[324] Daher wird die Ehefähigkeit[325] sowie die *capacity* zum Abschluß von *marriage settlements* (“Güterrechtstreuhandverträge”) diesem Recht unterstellt.[326] Wie schon bei der Darstellung des Sachrechts erwähnt, faßt das englische Recht die *capacity to contract* aber nicht als Frage des Status einer Person auf. Vielmehr handelt es sich nach anglo-amerikanischem Verständnis um ein „normales“ Wirksamkeitserfordernis eines Vertrages. Dieses Verständnis spricht eher für die Anwendung des Vertragsstatuts als für die Verwendung des Rechts des *domicile*, um die *capacity* zu bestimmen.[327] Zur Bestimmung des Vertragsstatuts im Hinblick auf die *capacity* werden das sogenannte *proper law of the contract* und das Recht des Vertragsschlußortes in Betracht gezogen. Aber auch die Anwendbarkeit des Rechts des *domicile* wird – trotz des soeben Ausgeführten – diskutiert. Grund für die unsichere Rechtslage ist die fehlende eindeutige Rechtsprechung auf diesem Gebiet. Als Beispiel hierfür kann *Bodley Head Ltd. v Flegon*[328] dienen, der jüngste Fall, der sich mit der Anknüpfung der *capacity to contract* beschäftigt – und in dem alle drei Anknüpfungsmöglichkeiten diskutiert werden.

In diesem Fall hatte der russische Autor Alexander Solzenicyn einem Schweizer Rechtsanwalt (H) die Vollmacht („power of attorney“) eingeräumt, mit seinen Werken außerhalb Rußlands zu handeln. Da Solzenicyn nicht ausreisen konnte, erfolgte die Vollmachtserteilung unter zur Hilfenahme eines Vermittlers. Die Vollmachtserteilung enthielt die Vereinbarung, daß auf alle Streitigkeiten zwischen den beiden Parteien Schweizer Recht Anwendung finden sollte. H übertrug die Rechte an Solzenicyns Buch “August 1914” an einen deutschen Verlag, welcher wiederum einem englischen Verlag das Recht einräumte, das Buch in Großbritannien zu publizieren. Ein anderer englischer Verlag wollte das Buch in eigener Übersetzung auf den englischen Markt bringen. Der englische Verlag, der die Rechte von dem deutschen Verlag erworben

---

323 *Bank of Africa v Cohen* [1909] 2 Ch 129; *Stone*, Conflict of Laws (1995), S. 251.

324 *Rabel*, The Conflict of Laws², Vol. 1 (1945), S. 110.

325 *v. Overbeck*, IECL III „Persons“ (1972) 15 - 29.

326 *Re Cooke's Trust* (1887) 56 LT 737; *Cooper v Cooper* (1888) 13 App Cas 88; *Vditz v O'Hagen* [1900] 2 Ch 87; *Smith*, Capacity in the Conflict of Laws, 1 (1952) Int. Comp. L.Q. 446, will aus diesen Entscheidungen schließen, daß die *capacity* immer dem domicile unterfalle. Dabei beachtet er aber nicht, daß es hier immer um Fälle ging, die den „Status“ einer Person betrafen.

327 Ein weiterer Grund, der gegen die Berücksichtigung des Rechts des *domiciles* spreche, sei, daß dies mit dem Vertrauen des Geschäftverkehrs nicht vereinbar sei. *Collier*, Conflict of Laws² (1992), S. 202; vgl. *North/Fawcett*, Cheshire and North's Private International Law¹² (1992), S. 510. Anders noch im Falle *Sottomayor v De Barros*, (1877) 3 PD 1. Hier befürwortete *Cotton LJ* das *domicile* als Anknüpfungspunkt für die *capacity to contract.* Dabei ging es in dem Fall *Sottomayor v De Barros* allerdings um *capacity to marry*, mithin um eine Frage des „Status“ im englischen Sinne, und nicht um die *capacity to contract* für einen normalen Vertrag. *Cotton LJ* wollte seine Entscheidung aber auch auf die Geschäftsfähigkeit zum Abschluß von schuldrechtlichen Verträgen angewendet wissen. Ähnlich der U.S. Supreme Court in der Entscheidung *Union Trust c. v. Grosmann*, 245 U.S. 412 (1918), der das „domicil“ als Anknüpfungsmoment verwendete.

328 [1972] 1 WLR 680.

hatte, klagte daraufhin mit der Begründung, sein Urheberrecht werde verletzt, woraufhin der Beklagte sich unter anderem mit dem Argument verteidigte, daß die ursprüngliche Vollmachtserteilung zwischen dem Schweizer Anwalt und Solzenicyn unwirksam sei. Letzterer habe keine *capacity to contract* unter russischem Recht gehabt. Russisches Recht sei sowohl das Recht des *domicile* von Solzenicyn als auch das Recht des Ortes der Vollmachtserteilung.

Brightman J. war der Ansicht, daß Solzenicyn auch unter russischem Recht *capacity to contract* gehabt hätte. Zwar sei es im vorliegenden Fall nach sowjetischem Recht verboten, eine Vollmacht auszustellen, da dies gegen das Verbot des Handels mit dem Ausland verstieße. Dies sei aber gerade keine Frage der *capacity*. Ferner sei die Bevollmächtigungsvereinbarung nicht in Rußland, sondern in der Schweiz geschlossen worden. Darüber hinaus hätten die Parteien vereinbart, daß der Vertrag Schweizer Recht unterliegen solle. Schweizer Recht war also sowohl gewolltes Recht als auch das Recht des Ortes, an dem die Bevollmächtigungsvereinbarung geschlossen wurde. Daher solle das Vorliegen der *capacity to contract* durch Schweizer Recht bestimmt werden,[329] wobei Solzenicyn auch unter Schweizer Recht *capacity* gehabt habe. Zusammenfassend läßt sich festhalten, daß *Brightman* alle drei Anknüpfungsmöglichkeiten – den Vertragsschlußort, das „proper law" sowie das Recht des *domicile* – in Betracht zog. Nach allen drei Möglichkeiten bejahte er die *capacity to contract* Solzenicyns.

Auch wenn die Rechtslage in England also nicht vollkommen klar ist, so lassen sich doch einige Anhaltspunkte für die Anknüpfung der *capacity to contract* finden. Da das englische Recht die *capacity* als normale Wirksamkeitsvoraussetzung eines Vertrages ansieht, kommen insbesondere das Recht des Vertragsschlußortes und das Vertragsstatut („proper law of the contract") in Betracht, um die *capacity* zu bestimmen.

1. Recht des Vertragsschlußortes / lex loci contractus

So wird die *lex loci contractus* zwar (auch) in der ältesten verfügbaren englischen Entscheidung als anwendbares Recht bezeichnet,[330] aber inzwischen wird dies in England wohl überwiegend abgelehnt.[331] Der Ort des Vertragsschlusses könne als Anknüpfungsmoment von der überlegenen Vertragspartei ausgenutzt werden, indem sie darauf bestehe, den Vertrag an einem Ort abzuschließen, an dem der Schutz desjenigen, dessen *capacity* beschränkt sein könnte, am schwächsten sei.[332] Auch solle die Partei, die durch das Recht, das ansonsten auf den Vertrag anwendbar sei, in ihrer *capacity* beschränkt sei, nicht unbeschränkte *capacity to contract* erhalten können, indem ein Ort aufgesucht werde, dessen Recht keine Einschränkung ihrer *capacity* vornehme.[333] Auf dem Kontinent sah dies schon *Savigny*, der meinte, es sei inkonsequent, „wenn das heimathliche Gesetz den Vertrag an sich verhindern, aber mit Hülfe einer kleinen Rei-

---

329 Brightman J, *Bodley Head v. Flegon* [1972] 1 WLR 680 (688 f.).

330 *Male* v *Roberts* (1800) 3 Esp. 163 (164) = English Reports 170 (1927), S. 574.

331 Dicey and Morris, The Conflict of Laws[13] (2000), Vol. 2, Rule 179, Rn. 32R-213 ff.

332 *Smith*, Conflict of Laws (1993), Rn. 4-84.

333 *North/Fawcett*, Cheshire and North's Private International Law[13] (1999), S. 593.

se zulassen wollte."[334] Ferner wird gegen den Abschlußort auch noch angeführt, daß dieser schlicht zufällig sei.[335] Entgegen der *obiter dicta Brightmans* in *Bodley Head* v. *Flegon*[336] wird die Anknüpfung an den Abschlußort zumindest aufgrund autonomen Kollisionsrechts in England nicht mehr vertreten. Inwieweit die Anknüpfung an den Ort des Vertragsschlusses dagegen im Rahmen des EVÜ (und damit in Deutschland und England gleichermaßen) eine Rolle spielt, soll weiter unten beleuchtet werden.[337]

2. „Proper Law"

Grundsätzlich wird die *capacity to contract* daher vom *proper law of the contract* ("proper law") bestimmt.[338] Ob dies ausnahmslos gilt und wie das *proper law* zu bestimmen ist, wird im folgenden untersucht.

a) Recht des „domicile" bejaht die „capacity to contract"

Betrachtet entweder das *proper law* oder das Recht des *domicile* die in Frage stehende Person als Inhaberin von unbeschränkter *capacity to contract*, so hat sie volle *capacity to contract*.[339] Obwohl also das Recht des *domicile* grundsätzlich nicht über die *capacity* zu bestimmen hat, da das englische Recht die *capacity* als normale Wirksamkeitsvoraussetzung eines Rechtsgeschäfts ansieht und das Recht des *domicile* aus Verkehrsschutzgründen nicht als adäquat erscheint, um über die Beschränkungen der *capacity* zu entscheiden, so wird dem Recht des *domicile* doch zugestanden, die *capacity* zu bejahen. Als Grund für diese Modifikation wird der Schutzzweck von Beschränkungen in der *capacity to contract* angeführt. Beschränkungen der *capacity* sollten vor allem die in Frage stehende Person schützen. Das Personalstatut sei aber am besten geeignet, darüber zu entscheiden, ob der Betreffende dieses Schutzes überhaupt bedürfe. Es gäbe keinen Grund, warum jemand, dessen "eigenes Recht" ihm keinen Schutz gewähre, sich auf ein anderes Recht berufen dürfe, um sich einer vertraglichen Verpflichtung zu entziehen.[340]

Als Zwischenergebnis läßt sich festhalten, daß die *capacity to contract* vom Recht des *domicile* bestimmt wird, falls dieses Recht die *capacity* bejaht. In allen anderen Fällen entscheidet das *proper law* über die *capacity to contract*.

---

334 *Savigny*, System des heutigen Römischen Rechts, VIII. Band (1956) (unveränderter Nachdruck der Ausgabe von 1849), S. 139. Hierzu *W.-H. Roth*, Internationales Versicherungsvertragsrecht (1985), S. 140-145.

335 *Collier*, Conflict of Laws² (1994), S. 202.

336 [1972] 1 WLR 680.

337 S. 138 ff.

338 *v. Bar*, Internationales Privatrecht, Band 2 (1991), Rn. 36.

339 Dicey and Morris, Conflict of Laws¹³ (2000), Vol 2, Rule 179, Rn. 32R-213.

340 *Clarkson/Hill*, Jaffey on the Conflict of Laws (1997), S. 235.
Zum amerikanischen Recht schreibt *Ehrenzweig* in diesem Zusammenhang, daß „only a hopeless doctrinaire search for general principles" es erklären könne, wenn man einen Vertrag aus dem Grunde beschränkter Geschäftsfähigkeit für unwirksam halte, obwohl das „eigene Recht" der handelnden Person diese als unbeschränkt geschäftsfähig ansehe, *Ehrenzweig*, Contractual Capacity of Married Women and Infants in the Conflict of Laws, Minn. L. Rev 43 (1958-59), S. 899 (901).

b) „proper law" und EVÜ

In diesem Zusammenhang stellt sich die Frage, wie das *proper law* zu ermitteln ist. Im *common law* ist das *proper law* das Recht der Rechtsordnung, mit der der Vertrag die engste Verbindung ("closest and most real connection") aufweist.[341] Bei der Bestimmung der engsten Verbindung müssen "the place of performance, the place of residence of business of the parties respectively, and the nature and subject-matter of the contract"[342] berücksichtigt werden. Dies gilt jedenfalls dann, wenn keine Rechtswahl vorliegt. Allerdings gilt in Großbritannien und damit auch in England das EVÜ. Bei schuldrechtlichen Verträgen, die in den Anwendungsbereich des EVÜ fallen, wird das *proper law* daher grundsätzlich nicht nach dem *common law*, sondern nach dem EVÜ bestimmt. Zwar entspricht die Bestimmung der engsten Verbindung im *common law* in etwa der Position des Art. 4 Abs. 1 EVÜ, aber das *common law* kennt nicht die Vermutung des Art. 4 Abs. 2 EVÜ. Daher kann die Ermittlung des *proper law* aufgrund des *common law* einerseits und des EVÜ andererseits durchaus zu unterschiedlichen Ergebnissen führen.[343] Dies wirft im Hinblick auf die Anknüpfung der *capacity to contract* im englischen Recht die Frage auf, ob das *proper law*, das über die *capacity* zu bestimmen hat, nach *common law* oder nach dem EVÜ zu ermitteln ist. Problematisch ist dies deshalb, weil die *capacity to contract* (mit der Ausnahme des Art. 11 EVÜ) gem. Art. 1 Abs. 2a) EVÜ nicht vom EVÜ erfaßt wird. Folglich wird die Anknüpfung der *capacity to contract* im *Contracts (Applicable Law) Act 1990*, der dem EVÜ in Großbritannien Gesetzeskraft verlieh, auch nicht erwähnt. Würde das *proper law* für den Vertrag als solchen über das EVÜ ermittelt, während das *proper law* für die *capacity* durch das *common law* zu ermitteln wäre, dann würde auch im englischen Recht gegebenenfalls das Geschäftsfähigkeitsstatut vom Vertragsstatut abweichen. Dann würde sich auch hier das Problem der Anknüpfung der Rechtsfolgen beschränkter Geschäftsfähigkeit stellen. Soweit das Problem der Bestimmung des *proper law* im Hinblick auf die *capacity* überhaupt gesehen wird, plädiert die Literatur in Ermangelung von Rechtsprechung dafür, das *proper law* immer einheitlich nach dem EVÜ zu bestimmen. Etwas anderes würde dem Sinn der Anwendung des EVÜ widersprechen.[344] Damit fallen Geschäftsfähigkeits- und Vertragsstatut nicht auseinander. Das Problem der Anknüpfung der Rechtsfolgen beschränkter Geschäftsfähigkeit stellt sich hier daher nicht.

c) Rechtswahl und Geschäftsfähigkeit, Bestimmung des „proper law"

In der deutschen Literatur besteht Einigkeit darüber, daß es wenig Sinn macht, einem beschränkt Geschäftsfähigen zu gestatten, sich durch die Wahl einer Rechts-

---

341 *McLean*, Morris: The Conflict of Laws[4] (1993), S. 255.

342 *Re United Railways of the Havana and Regla Warehouse Ltd.* [1960] Ch. 52, 91.

343 *Smith*, Conflict of Laws (1993), Rn. 4-84.

344 *Smith*, Conflict of Laws (1993), Rn. 4-84; *Stone*, The Conflict of Laws (1995); allgemein für eine Anwendung des EVÜ zur Bestimmung des *proper law* in allen Bereichen, die bisher dem *common law* unterfallen sind, *Young*, The Contracts (Applicable Law) Act 1990, [1991] LMCLQ S. 314 (318).

ordnung, in der ein anderes Volljährigkeitsalter und damit eine andere Geschäftsfähigkeitsgrenze liegt, die Möglichkeit zu verschaffen, sich geschäftsfähig zu wählen.[345] Im deutschen internationalen Privatrecht wird diese Möglichkeit durch die gesonderte Anknüpfung der Geschäftsfähigkeit in Art. 7 EGBGB daher auch verhindert. In der englischen Literatur herrscht dagegen diesbezüglich Streit: Streitig ist, ob das *proper law,*[346] das die Geschäftsfähigkeit bestimmt, auch durch Rechtswahl bestimmt werden kann. Fraglich ist also, ob ein beschränkt Geschäftsfähiger durch Wahl einer Rechtsordnung sein Volljährigkeits- und damit sein Geschäftsfähigkeitsalter beeinflussen kann. Dieser Streit wird vor dem Hintergrund einer unterschiedlichen Auslegung der Entscheidung *Bodley Head Ltd. v Flegon*[347] geführt. Für die Möglichkeit einer ausdrücklichen Rechtswahl wird ein Bedürfnis angeführt, die Erwartungen der unzweifelhaft geschäftsfähigen Person nicht zu enttäuschen. Ebenso würde auf diese Weise der internationale Handel gestärkt, in dem Beschränkungen der Geschäftsfähigkeit ein lästiges Ärgernis seien. Dieses sollte man umgehen können, indem ein anderes Recht gewählt wird.[348] Andererseits wird behauptet, die Tatsachenlage des oben genannten Falles sei dergestalt, daß *Brightman J* nur gemeint haben könne, daß über die *capacity to contract* das Recht des Staates zu entscheiden habe, mit dem der Vertrag am engsten verbunden sei.[349] Es sei ein "nicht akzeptables" Ergebnis, wenn jemand durch Rechtswahl *capacity to contract* erhalten könne.[350] Außerdem solle derjenige, dessen *capacity to* contract in Zweifel stehe, nicht durch die "stärkere" Partei ausgenutzt werden, indem diese daraufhin wirke, daß ein Recht gewählt werde, das die *capacity to contract* nicht beschränke.[351] Die wohl herrschende Meinung in der englischen Literatur tendiert daher dazu, eine Rechtswahl bezüglich der Rechtsordnung, die über die Geschäftsfähigkeit bestimmt, abzulehnen. Das *proper law*, das über die Geschäftsfähigkeit bestimmt, ist daher dem insoweit objektiv ermittelten Vertragsstatut zu unterstellen.[352]

---

345 *v. Bar*, Internationales Privatrecht, Band 2 (1991), Rn. 40; Staudinger[13]-*Hausmann*, Art. 7 EGBGB, Rn. 44.

346 Genauer das „putative applicable law in the objective sense", also das Recht, das anwendbar wäre, wenn keine Rechtswahl vorläge, *Smith*, Conflict of Laws (1993), Rn. 4-84.

347 S. 109 ff.

348 *Stone*, The Conflict of Laws (1995), S. 251; ähnlich schon *von Overbeck*, „Persons", IECL III (1972), 15-30, der meint, die Volljährigkeitsgrenzen hätten sich soweit angenähert, daß hier keine echte Gefahr für Minderjährige bestehe.

349 *North/Fawcet*, Cheshire and North's Private International Law[13] (1999), S. 593.

350 *North/Fawcett*, Cheshire and North's Private international Law[13] (1999), S. 593; *McLean*, Morris: The Conflict of Laws[4] (1993), S. 269. *North/Fawcett*, und *McLean* stützen ihre Meinung dabei auch auf den Fall *Cooper v Cooper* (1888) 13 App Cas 88. Dort sagt *Lord Macnaghten*, daß es nicht sein könne, daß Mrs. Cooper durch Rechtswahl *capacity* erlangen könne (S. 108). Dieser Fall bezieht sich allerdings auf die Fähigkeit, ein *marriage settlement* abzuschließen. Diese *capacity* richtet sich nach dem Recht des *domicile*.

351 *Smith*, Conflict of Laws, Rn. 4-84.

352 Aus deutscher Sicht so auch *v. Bar*, Internationales Privatrecht, Band 2 (1991), Rn. 28, Fn. 119; *Wohlgemuth*, Der minderjährige Gesellschafter im internationalen Privatrecht, RiW 1980, 759 (763).

d) Sachnormverweisung

Bei dem englischen Geschäftsfähigkeitsstatut handelt es sich um eine Sachnorm- und keine Gesamtverweisung. Dies ergibt sich aus Art. 15 EVÜ, in dem geregelt ist, daß es sich bei dem auf den Vertrag anwendbaren Recht um eine Sachnormverweisung handelt. Bestimmt sich die *capacity to contract* nach dem aufgrund des EVÜ ermittelten auf den Vertrag anwendbaren Recht, so handelt es sich damit auch bezüglich der *capacity to contract* um eine Sachnormverweisung.

§ 9 Teilrechtsordnungen der USA – Internationales Privatrecht

Die USA sind ein Bundesstaat, deren Staaten eigene Rechtsetzungskompetenzen haben. Die Volljährigkeitsgrenzen liegen in den einzelnen Staaten zwischen 18 über 19 bis zu 21 Jahren.[353] Bedenkt man, wie es *Symeonides* ausgedrückt hat,[354] daß man bei einer Reise durch die USA die Rechtssysteme sooft wechselt, wie der Tank des Autos gefüllt wird, so ergibt sich für den Vertragspartner eines 18 bis 21 Jahre alten Menschen das Problem, daß er nicht ohne weiteres erkennen kann, ob er es mit einem Volljährigen und damit grundsätzlich unbeschränkt Geschäftsfähigen zu tun hat oder nicht. Vor diesem Hintergrund erstaunt es, daß Entscheidungen, die die Anknüpfung der *capacity to contract* Minderjähriger behandeln, praktisch nicht zu finden sind. Vielmehr behandeln die Entscheidungen meist die Anknüpfung der *capacity* von Ehefrauen.[355] Ein Beispiel für die Anknüpfung der *capacity* von Minderjährigen ist indes *International Text Book Co.* v. *Connelly*[356]. Hier schloß ein in New York lebender und nach dem Recht dieses Staates Minderjähriger mit einer in Pennsylvania ansässigen Firma einen Fernunterrichtsvertrag. Er unterzeichnete den Vertrag in New York und der Vertreter der Firma schickte den Vertrag nach Pennsylvania. Der Minderjährige war nach einiger Zeit nicht mehr an dem Fernunterrichtsvertrag interessiert und zahlte daher die monatlichen Gebühren nicht mehr. Daraufhin wurde er in New York verklagt. Das Gericht wandte New Yorker Sachrecht auf die *capacity to contract* an. Auch für den Fall, daß der Vertrag „technisch" in Pennsylvania abgeschlossen worden sei, so sei jedenfalls dann das New Yorker Recht anzuwenden, wenn, wie hier, der Vertrag in New York unterschrieben worden sei, der Beklagte in New York habe zahlen müssen und die Unterrichtsunterlagen nach New York geschickt worden seien. Sonst sei es zu einfach, den Minderjährigen des Schutzes zu berauben, dessen er aufgrund von „public policy" bedürfe.[357] Damit galt der Beklagte als minderjährig. Der Fernunterrichtsvertrag wurde nicht als Vertrag über *necessaries* angesehen, sondern war „voidable", konnte also von dem Beklagten „angefochten" werden. Daher wurde die Klage abgewiesen. Zusätzlich ging das Gericht allerdings auch davon aus, daß der „infant" auch nach dem Recht von Pennsylvania minderjährig gewesen sei. Auch nach diesem Recht

---

353 Siehe die Übersicht über das Volljährigkeitsalter in den einzelnen Bundesstaaten bei Staudinger[13]-*Hausmann*, Anhang zu Art. 7 EGBGB, S. 77 ff.

354 *Symeonides*, Louisiana Experience, RabelsZ 57 (1993), S. 460 (472).

355 So auch *Fischer*, Verkehrsschutz im internationalen Vertragsrecht (1990), S. 13 f.

356 99 (1912) N.E. 722.

357 „Otherwise it would be easy to deprive an infant of the protection which our law affords him on grounds of public policy", 99 N.E. 722 (727).

wäre die Folge der Minderjährigkeit gewesen, daß der Vertrag „voidable" gewesen wäre.

Letzteres gibt einen Hinweis darauf, warum die Frage nach der Anknüpfung der Rechtsfolgen beschränkter Geschäftsfähigkeit in amerikanischen Gerichtsentscheidungen weder im Zusammenhang mit Minderjährigen noch im Zusammenhang mit der Anknüpfung der Geschäftsfähigkeit von Ehefrauen aufgeworfen wird (und auch nicht – soweit ersichtlich – in der amerikanischen Literatur). Grund hierfür dürfte sein, daß das Rechtssystem der meisten Bundesstaaten der USA auf dem *common law* basiert. Damit stimmen die Rechtsfolgen beschränkter Geschäftsfähigkeit in den einzelnen Staaten weitgehend überein. Wenn im Jahre 1968 im Gutachten des Max-Planck-Instituts vorgeschlagen wurde, die Rechtsfolgen der beschränkten Geschäftsfähigkeit auf der Welt zu harmonisieren,[358] so kann man sagen, daß dieser Rechtszustand innerhalb der Vereinigten Staaten von Amerika bereits herrscht.

I. Rechtswahlmöglichkeit in Bezug auf die *capacity to contract*

Interessant ist die Anknüpfung der *capacity to contract* in den USA allerdings im Hinblick auf die Möglichkeit, durch Rechtswahl auch die Rechtsordnung bestimmen zu können, die die Geschäftsfähigkeit regelt. Die Anknüpfung der *capacity to contract* ist in den einzelnen Staaten überaus umstritten. Einigkeit besteht in den einzelnen Bundesstaaten jedoch grundsätzlich dahingehend, daß die *capacity to contract* einer Person – wie in England – als normale Wirksamkeitsvoraussetzung eines Vertrages behandelt wird und nicht als eine Frage des Status oder der persönlichen rechtlichen Eigenschaften wie im kontinentalen Europa.[359] Hinzu kommt, daß – wie erwähnt – viele der Gerichtsentscheidungen, die sich mit der Anknüpfung der *capacity to contract* beschäftigen, die *capacity to contract* von Ehefrauen betreffen. Ehefrauen waren nach dem *common law* in ihrer *capacity to contract* beschränkt. Inzwischen sind diese Beschränkungen in den Bundesstaaten jedoch, soweit ersichtlich, aufgehoben worden.[360] Wie unten gezeigt werden soll, war die Abschaffung der Beschränkungen der *capacity* von Ehefrauen für die Gerichte sowohl bei der Wahl des Anknüpfungsmoments wichtig[361] als auch bei der Frage, ob die *capacity to contract* in den konkreten Fällen bejaht werden konnte.

Aufgrund der Zersplitterung der Rechtsordnung in den USA wird im folgenden ein Überblick der Rechtslage anhand der sogenannten „Restatements" gegeben. Die Restatements des American Law Institutes erfassen das Fallrecht in der Form eines europäischen Gesetzbuches. Sie können keine Gesetzeskraft oder -autorität beanspruchen, doch sind sie oft zuverlässig in der Aufarbeitung des Fallrechts, so daß An-

---

[358] *Max-Planck-Institut* (Hrsg.), Die materielle Gültigkeit von Kaufverträgen, Ein rechtsvergleichender Bericht (1968), Band I, S. 35.

[359] *Fischer*, Verkehrsschutz im internationalen Vertragsrecht (1990), S. 13.

[360] Vgl. auch Restatement^{2nd}, § 198, comment, S. 633.

[361] *Fischer*, Verkehrsschutz im internationalen Vertragsrecht (1990), S. 14.

wälte und Gerichte sie in ihren Vorträgen und Urteilen zitieren.[362] Gesondert wird zusätzlich noch auf das internationale Privatrecht Louisianas eingegangen. Grund hierfür ist, daß die Mehrzahl der Bundesstaaten der USA in der Tradition des *common law* stehen, Louisiana dagegen (auch) in der Tradition des romanischen Rechtskreises steht. Damit nimmt Louisiana eine Mittlerrolle zwischen den Ländern des *common law* und des kontinental-europäischen *civil law* ein.

1. Restatement[1st], Conflict of laws

Das Restatement[1st] von 1932 war in seinem Ansatz territorial ausgerichtet.[363] So wurde die *capacity to contract* gem. § 333 Restatement[1st] grundsätzlich an das Recht des Ortes des Vertragsschlusses angeknüpft. Die Anknüpfung an den Ort des Vertragsschlusses wurde auch in der Mehrzahl der Entscheidungen bezüglich der *capacity* von Ehefrauen jedenfalls bis in die 30er Jahre des 20. Jahrhunderts benutzt.[364] Damit sollte unter anderem der Geschäftsverkehr am Ort des Vertragsschlusses geschützt sowie der Interstaatenverkehr gefördert werden.[365] Diese Erwägungen gingen dem Schutz der Ehefrauen nach dem Recht ihres *domicil* vor: „It is more just, as well as more convenient, to have regard to the law of the place of the contract (...) than to require [the contracting parties] (...) to know the domicil of those with whom they deal, and to ascertain the law of that domicil, however remote (...)".[366]

2. Restatement[2nd], Conflict of laws

Ähnlich wie in England soll gem. §§ 198 (1), 187-188 Restatement[2nd] die *capactiy to contract* dem Recht unterliegen, das den Vertrag auch ansonsten bestimmt.[367] Im Gegensatz zum englischen Ansatz gibt es aber kein einheitliches Vertragsstatut, son-

---

362 *Hay*, US-Amerikanisches Recht (2000), Rn. 27. Allerdings folgen die Gerichte insbesondere bei der Anwendung des Restatement[2nd] verschiedenen Ansätzen („approaches"), *Kropholler*, Internationales Privatrecht[4] (2001), § 11 IV, S. 89 f.

363 *Hay*, US-Amerikanisches Recht (2000), Rn. 211.

364 *Mueller*, Geschäftsfähigkeit, RabelsZ 8 (1934), S. 885 (insbesondere 887 und 891), mit ausführlichen Entscheidungshinweisen für die Zeit vor dem Restatement[2nd].

365 Wie *Fischer* jedoch herausgearbeitet hat, wird durch die Anknüpfung an den Vertragsschlußort nicht notwendigerweise der Geschäftsverkehr gefördert, *Fischer*, Verkehrsschutz im internationalen Vertragsrecht (1990), S.16 f. Das gilt zumindest dann, wenn zur Ermittlung des Ortes des Vertragsschlusses nur auf das „technische Zustandekommen" des Vertrages abgestellt wird, also auf den Ort, wo mit der Annahme das letzte Tatbestandsstück des Vertragsschlusses verwirklicht wird.
So wurde in *Burr* v. *Beckler*, Ill. 1914, 106 N.E. 206 das Schuldversprechen einer Ehefrau nach dem Recht des Staates Florida für unwirksam erklärt, in dem sie die Annahmeerklärung in den Briefkasten geworfen hatte und wo daher der Vertrag „technisch" zustandekam. Ansonsten sprachen die Anknüpfungspunkte alle für das Recht von Illinois, nach dem die Erklärung wirksam gewesen wäre.

366 *Milliken* v. *Pratt*, 125 Mass. 374 (382). Zu dieser Entscheidung *Weitnauer*, Vertragsschwerpunkt (1981), S. 23 f.

367 Restatement[2nd], vom 23. Mai 1969, veröffentlicht 1971, dazu *Vischer*, Das neue Restatement „Conflict of Laws", RabelsZ 38 (1974), S. 128 ff.

dern das Vertragsstatut wird für das jeweils in Frage stehende „issue" ermittelt.[368] Dabei soll gem. § 188 (1) Restatement^{2nd} grundsätzlich das Recht des Staates mit der engsten Verbindung („most significant relationship") zum Sachverhalt oder zu den Parteien angewendet werden.[369] Bei der Ermittlung der *most significant relationship* sind gem. § 188 (2) Restatement^{2nd} eine Reihe sogenannter *contacts* zu beachten, zu denen der Ort des Vertragsschlusses, der Ort der Vertragsverhandlung, der Erfüllungsort („place of performance"), der „Belegenheitsort"[370] („the location of the subject matter of the contract") und das *domicil* sowie „residence, nationality, place of incorporation and place of business of the parties" gehören.[371] Verneint dieses so ermittelte „Vertragsstatut" dann die *capacity to contract*, so ist sie gem. § 198 (2) Restatement^{2nd} – wiederum vergleichbar zur englischen Rechtslage – zu bejahen, wenn das Recht des *domicil* sie bejaht.[372] Im Restatement^{2nd} setzt sich also wie in England das Recht des *domicil* nur durch, wenn es darum geht, die *capacity* zu bejahen.

Trotz der Bedeutung des Restatement^{2nd} sollte nicht verkannt werden, daß gerade in einem der „leading cases" das Recht des *domicil* (damit also das Personalstatut) angewandt wird, um die *capacity to contract* entgegen dem Vertragsstatut zu verneinen.[373] In *Lilienthal* v. *Kaufman*[374] hatte der kalifornische Kläger Lilienthal dem Beklagten Kaufman, der sein *domicil* in Oregon hatte, in Kalifornien Geld geliehen und dafür Wechsel („promissory notes") erhalten. Lilienthal verklagte Kaufman in Oregon und unterlag, weil der Beklagte als *spendthrift* („Verschwender") eingestuft worden

---

368 § 188 (2) S. 2, Restatement^{2nd}. Damit ist eine dépeçage, anders als im deutschen internationalen Privatrecht, keine Ausnahme mehr, *Hay*, US-Amerikanisches Recht (2000), Rn. 92.

369 *Hay*, US-Amerikanisches Recht (2000), Rn. 214.

370 *Fischer*, Verkehrsschutz im internationalen Vertragsrecht (1990), S. 13.

371 Die Aufgabe des Richters besteht gem. § 6 Restatement^{2nd} darin, die in Frage kommenden *policies* abzuwägen und miteinander in Übereinstimmung zu bringen oder Präferenzen zu setzen und so das Recht desjenigen Staates aufzufinden, das mit dem Fall die „most significant relationship" aufweist, *Vischer*, Restatement, RabelsZ 38 (1974), 128 (131), dort auch zum Begriff der *policies*.

372 Ähnlich die von *Ehrenzweig* aufgestellte „rule of validation". Ein Vertrag sei wirksam bzw. scheitere nicht an beschränkter *capacity*, wenn die *capacity* entweder nach dem Recht des *domicil* oder dem Vertragsstatut gegeben sei. „Physical incapacity", also tatsächlich vorhandene physische Geschäftsunfähigkeit sei dagegen keine Frage des internationalen Privatrechts, sondern eine Frage der Tatsachen *Ehrenzweig*, A Treatise on the Conflict of Laws (1962), § 178, S. 475 ff.

373 Fraglich ist, ob auch der oben (Fn. 356, S. 112) erwähnte Fall *International Text Book* v. *Connelly*, 99 N.E. 722, dafür anzuführen ist, daß das Recht des *domicil* sich gegen das Recht des Vertragsstatutes durchsetzt, wie dies etwa *Fischer*, Verkehrsschutz im internationalen Vertragsrecht (1990), S. 13, dort in Fn. 42, meint. Bedenken hieran ergeben sich vorallem daraus, daß lediglich der „technische" Vertragsschlußort in Pennsylvania lag. Der Schwerpunkt des Vertrages („promise" sowie „entire performance by one party and substantial performance by the other" in New York) war aber in New York angesiedelt, das gleichzeitig auch das *domicil* des Beklagten war. Hinzu kommt noch, daß, wie erwähnt, das Gericht davon ausging, daß auch nach dem Recht von Pennsylvania der Vertrag *voidable* gewesen wäre. Daher bedurfte es eigentlich keiner Entscheidung zwischen der Anwendbarkeit des Rechts des Staates New York und des Rechts des Staates Pennsylvania.

374 239 Or.1, 395 P. 2d 543; dazu auch *Weitnauer*, Vertragsschwerpunkt (1981), S. 90 ff.; sowie *Scoles/Hay*, Conflict^2 (1992), S. 688 ff.

war und sein Vormund daher die Verpflichtungen für *void* erklären konnte. Nach kalifornischem Sachrecht wären die Verpflichtungen wirksam gewesen, nach dem Recht von Oregon nicht. Obwohl der Supreme Court of Orgeon annahm, daß Kalifornien der Staat mit dem „most significant relationship" gewesen sei und daß eine „rule of validation"[375] ebenfalls für die Gültigkeit spreche, wurde dennoch das Recht von Oregon auf die *capacity to contract* angewendet. „Courts" seien „instruments of state policy"[376], so daß das Recht von Oregon Anwendung finden müsse. Diese „state policy" sei, daß das Vermögen des *spendthrift* sowohl um seiner Familie willen als auch um der öffentlichen Hand Oregons willen geschützt werden müsse. Letztere könnte sonst einspringen müssen, wenn die Familie nicht mehr genug zum Leben hätte. Damit nimmt diese Entscheidung im Gegensatz zum Restatement^{2nd} weder Rücksicht auf den Verkehr über die Staatsgrenzen hinweg noch berücksichtigt sie die „justified expectations" der Vertragsparteien.[377]

Wie im englischen Recht ist eine Rechtswahl bezüglich des auf die Geschäftsfähigkeit anwendbaren Rechts nicht von vornherein ausgeschlossen: Eine Rechtswahl ist nach dem Restatement^{2nd} grundsätzlich sowohl für solche Bereiche („particular issues") möglich, in denen im Sachrecht eine vertragliche Vereinbarung möglich ist, als auch in solchen Bereichen, die im Sachrecht der Parteidisposition entzogen sind.[378] Liegt ein Bereich vor, der im Sachrecht der Parteidisposition entzogen ist, ist die Rechtwahl nur dann ausgeschlossen, wenn die Anwendung des gewählten Rechts gegen eine sog. *fundamental policy* eines Staates verstößt, der ein größeres Interesse an der Anwendung seines Rechtes auf die betreffende Frage hat und dessen Recht unter Anwendung von § 188 Restatement^{2nd} zu Anwendung käme, wenn keine Rechtswahlklausel vorläge. Die *capacity* ist im Sachrecht der Parteidisposition entzogen. Es wird nicht deutlich, ob das Restatement^{2nd} die *capacity to contract* Minderjähriger als eine *fundamental policy* anerkennt.[379] Würde es eine *fundamental policy* verneinen, hätte dies zur Konsequenz, daß auch das auf die Geschäftsfähigkeit anwendbare Recht der Rechtswahl unterläge. Im Gegensatz zum deutschen Rechtskreis ist dem Restatement^{2nd} eine Rechtswahl bezüglich des auf die *capacity* anwendbaren Rechts dabei nicht fremd. Wie schon erwähnt, galten verheiratete Frauen nach *common law* als in ihrer Geschäftsfähigkeit beschränkt. Ehefrauen ermöglicht das Restatement^{2nd} die Rechtswahl des auf die *capacity* anwendbaren Rechts. Es sei insbesondere dann keine *fundamental policy* vorhanden, wenn ein Staat Ehefrauen die *capacity to contract* ab-

---

375 *Lilienthal v. Kaufmann*, 396 P.2d 543, 239 Or. 1 (9 f.); zu dieser auch von *Ehrenzweig* aufgestellten Regel Fn. 372, S. 115.

376 239 Or. 1 (16); zur Frage, ob das Gericht damit wirklich „state policies" verfolgt oder nicht vielmehr „governmental interests", *Weitnauer*, Vertragsschwerpunkt (1981), S. 90 ff.

377 Inzwischen interpretieren die Gerichte Oregons die „state policy" ihres Staates allerdings wesentlich zurückhaltender und geben dem Recht des „place of the most significant relationship" größeres Gewicht, *Scoles/Hay*, Conflict^2 (1992), S. 689 f. m. w. N. Weitere kritische Stimmen zu *Lillienthal* bei *Juenger*, Choice of law (1993), S. 122.

378 Ob es sich um einen „particular issue" handelt, entscheidet die Rechtsordnung, die auch anwendbar wäre, wenn keine wirksame Rechtswahl vorläge, also die nach § 188 Restatement^{2nd} zu ermittelnde Rechtsordnung, § 187 Restatement^{2nd}, comment (c), S. 563.

379 Ausdrücklich äußert sich das Restatement^{2nd} nur dahingehend, daß zu diesem Problem der Minderjährigen kein Fallrecht gebe, § 187, Reporter's Note, S. 572.

erkenne, die gewählte Rechtsordnung hingegen nicht.[380] Diese Möglichkeit wird damit erklärt, daß es das erklärte Ziel des Restatement^{2nd} sei, die gerechtfertigten Erwartungen der Parteien zu schützen sowie Rechtssicherheit dahingehend zu schaffen, daß die Parteien bei Abschluß des Vertrages wissen könnten, was ihre Rechte und Verpflichtungen aus dem Vertrag seien. Selbst wenn durch die Rechtswahl den Parteien die Möglichkeit eröffnet werde, Verbotsgesetze („prohibitions") des Staates zu umgehen, dessen Recht bei fehlender Rechtswahl anwendbar wäre, so sei doch wegen der erwähnten Rechtssicherheit grundsätzlich die Möglichkeit der Rechtswahl gegeben.[381] So seien auch Beschränkungen der Geschäftsfähigkeit bei Ehefrauen keine *fundamental policy*. Gleichzeitig geht das Restatement^{2nd} aber davon aus, daß die Beschränkungen von Ehefrauen weitgehend verschwunden sind, was bei Minderjährigen nicht der Fall ist. Es fällt daher auch nicht sonderlich schwer, Ehefrauen die Möglichkeit einzuräumen, sich volle *capacity to contract* durch Rechtswahl zu verschaffen.[382] Ob eine Übertragung auf Minderjährige daher möglich ist, erscheint zweifelhaft. Hinzu kommt, daß im Illustrationsfall, den das Restatement^{2nd} anführt, die von der Ehefrau gewählte Rechtsordnung mit der ihres *domicil* übereinstimmt.[383] Der Vertrag scheiterte also auch nach der bereits erwähnten Regel des § 198 (2) Restatement^{2nd} nicht an einer fehlenden *capacity to contract*. Daher kann kaum angenommen werden, daß die Möglichkeit, *capacity to contract* durch Rechtswahl zu erlangen, auf Minderjährige („minors") übertragbar ist. Vielmehr dürfte die Minderjährigkeit und die Beschränkungen der *capacity to contract* aufgrund eben dieser eine *fundamental policy* darstellen. Daher ist davon auszugehen, daß sich die *capacity to contract* nach dem Vertragsstatut bestimmt, das ohne Rechtswahl anwendbar wäre.

---

380 § 187, Restatement^{2nd}, Comment on Subsection (2), S. 566

381 § 187, Restatement^{2nd}, Comment on Subsection (2), S. 565.

382 So auch *Fischer*, Verkehrsschutz im internationalen Vertragsrecht (1990), S. 14, dort in Fn. 46. Als Illustration mag hier *Miliken* v. *Pratt*, 1878 WL 10971 (Mass.) gelten. Hier hatte eine Ehefrau einen Vertrag (eine „guaranty" für die Schulden ihres Ehemannes) mit den Lieferanten ihres Ehemannes geschlossen. Der Vertrag wurde in Maine geschlossen, sie hatte ihr *domicil* in Massachusetts. In Maine hatten Ehefrauen volle *capacity to contract*, in Massachusetts dagegen im Zeitpunkt des Vertragsschlusses nicht. Im Zeitpunkt der Klage hingegen hatte Massachusetts die Beschränkungen der *capacity to contract* von Ehefrauen aufgehoben. Damit fiel es dem Gericht leicht, das Recht des Vertragsschlußortes (Maine) über die *capacity to contract* entscheiden zu lassen und die *capacity* zu bejahen.
Auf diesen Umstand wies schon *Holmes, J.*, in *Union Trust* v. *Grosman*, (1918) 245 U.S. 412 (417) hin. *Holmes, J.*, sah sich in dem von ihm zu entscheidenden Fall allerdings nicht in der Lage, diesem „Trend" zu folgen. In *Union Trust* v. *Grosman* hatten Ehemann und Ehefrau ihr *domicil* in Texas. Die Ehefrau unterschrieb eine „continuing guaranty" in Illinois, um für Verpflichtungen ihres Mannes mit ihrem Eigentum zu garantieren. Nach dem (Sach-)Recht von Texas wäre ihre „guaranty" „void" (also nicht voll gültig) gewesen, nach dem (Sach-)Recht von Illinois dagegen schon. Die Ehefrau wurde in Texas verklagt. *Holmes, J.*, entschied, daß der Vertrag „void" sei. Die Gesetze von Texas verböten es, daß in Texas domicilierte Frauen sich zugunsten der Schulden ihrer Ehemänner persönlich oder mit ihrem Eigentum verpflichteten.

383 § 187, Restatement^{2nd}, Illustrations (7), S. 566.

3. Louisiana

Louisiana steht, wie erwähnt, nicht in der Tradition des *common,* sondern des *civil law*. Daher ist die Anknüpfung der *capacity to contract* in Louisiana im Gegensatz zu vielen anderen Bundesstaaten gesetzlich geregelt.[384] Da Louisiana in der Tradition des *civil law* steht, das die Geschäftsfähigkeit als „Eigenschaft" des Menschen begreift, ist es nur konsequent, daß grundsätzlich das Recht des *domicil* (als Personalstatut) über die *capacity to contract* bestimmt. Für Louisiana bestehen aber die gleichen Probleme wie für alle anderen Bundesstaaten der USA. Die Bewohner der Nachbarstaaten sprechen dieselbe Sprache und man sieht einem Menschen nicht an, ob er in Louisiana oder in einem anderen Staat sein *domicil* hat. Daher versucht der LSA-C.C., ein Gleichgewicht zwischen zwei Zielen herzustellen. Einerseits sollen die Erwartungen des Rechtsverkehrs sowie Transaktionen generell geschützt werden und andererseits soll diejenige Partei geschützt werden, von der die Rechtsordnung des *domicil* ausgeht, daß sie des Schutzes, z.B. aufgrund ihres Alters, bedarf. Dabei geht der LSA-C.C. davon aus, daß das Recht des *domicil* das größte Interesse daran habe festzulegen, wann eine Person des Schutzes bedürfe. Die Regelungen über die *capacity to contract* seien nichts anderes als Entscheidungen des Gesetzgebers über die Reife, Geistesfähigkeit und damit über die Schutzbedürftigkeit von Menschen, die im eigenen Staate ihr *domicil* hätten.[385] Das erste Ziel wird daher mit der grundsätzlichen Anknüpfung an das Recht des *domicil* unterstützt. Auch eine Rechtswahl, durch die sich eine Person, die nach dem Recht ihres *domicil* beschränkt geschäftsfähig ist, unbeschränkte Geschäftsfähigkeit verschaffen könnte, ist nicht zugelassen.[386] Eine uneingeschränkte Anknüpfung an das *domicil* würde jedoch nicht den Erwartungen des Rechtsverkehrs gerecht werden. So ordnet Art. 3539 LSA-C.C. an, diejenige der beiden Rechtsordnungen („proper law" oder das Recht des *domicil*) anzuwenden, die die *capacity to contract* bejaht. Damit favorisiert Art. 3539 LSA-C.C. das zweite Ziel, also die Anknüpfung „zugunsten" des Rechtsverkehrs. Oft wird allerdings das über Art. 3537 LSA-C.C. zu ermittelnde „proper law" mit dem Recht des *domicil* übereinstimmen.[387]

II. Zusammenfassung

Der LSA-C.C. hat damit denselben Ausgangspunkt wie das deutsche EGBGB. Die *capacity to contract* wird auch in Louisiana grundsätzlich vom Personalstatut beurteilt, das hier allerdings nicht von der Staatsangehörigkeit, sondern vom *domicil* abhängt. Anders als im deutschen Recht[388] kann aber auch alternativ das Vertragsstatut

---

[384] Act 923 of 1991, in Kraft mit dem 1.1.1992 als Book IV „Conflict of laws" des Louisiana Civil Code (LSA-C.C.), Art. 14 sowie Art. 3515 ff. Abgedruckt in IPRax 1993, S. 56, mit Einführung von *Jayme*, sowie bei *Symeonides*, Louisiana Experience, RabelsZ 57 (1993), S. 460 (508 ff.).
Art. 3539 LSA-C.C.: *Capacity.* A person is capable of contracting if he possesses that capacity under the law of either the state in which he is domiciled at the time of making the contract or the state whose law is applicape to the contract under Article 3537.

[385] *Symeonides*, Louisiana Experience, RabelsZ 57 (1993), S.460 (499).

[386] *Symeonides*, a. a. O. (Fn. 385, S. 118) (497).

[387] *Symeonides*, a. a. O. (Fn. 385, S. 118), (499 f.).

[388] Zur Regelung des Art. 12 EGBGB siehe aber § 13, S. 138 ff.

über die *capacity* bestimmen, wobei sich die die *capacity* bejahende Rechtsordnung durchsetzt. Damit wird tendentiell die Wirksamkeit des Vertrags unterstützt. Obwohl Louisiana also auch in der europäischen Rechtstradition steht, erscheint es für diesen Staat nicht als unerträglich, wenn natürliche Personen nicht in jedem Fall den Schutz des Rechts ihres Personalsstatuts genießen. Damit nähert sich das Recht Louisianas stark den Regelungen des Restatement^{2nd} an. Hier ist der Ausgangspunkt für die Anknüpfung der *capacity* zwar nicht das Personalsstatut, sondern das Vertragsstatut. Da das Recht des *domicil* (also das Personalstatut) aber im Falle einer Bejahung der *capacity* herangezogen wird, begünstigt auch das Restatement^{2nd} die Wirksamkeit eines Vertrages.

Wie schon erwähnt, gibt das Recht der USA keine Anhaltspunkte auf die Anknüpfung der Rechtsfolgen beschränkter Geschäftsfähigkeit oder Geschäftsunfähigkeit. Dies dürfte daran liegen, daß es sich bei den Regelungen in den USA um interlokale Regelungen handelt und die Rechtsfolgen beschränkter Geschäftsfähigkeit und Geschäftsunfähigkeit in allen Staaten vergleichbar sind.

Eine Darstellung der sachrechtlichen Geschäftsfähigkeitsregeln in den USA soll im folgenden aufgrund der systematischen Ähnlichkeit mit den englischen Regeln unterbleiben.[389] Zwar gibt es im Detail durchaus unterschiedliche Akzente, so werden etwa *necessaries* teilweise etwas anders bestimmt, aber diese Unterschiede sind im Hinblick auf die in dieser Arbeit zu untersuchende Frage nach der Anknüpfung der Rechtsfolgen beschränkter Geschäftsfähigkeit und Geschäftsunfähigkeit nicht von Interesse.

---

389 Auch das Recht der meisten Staaten der USA kennt weder eine umfassende gesetzliche Vertretungsmacht der Eltern oder sonstiger Personen, noch können die Eltern über die Wirksamkeit der Verträge, die ihre Kinder abschließen, entscheiden, *Wilhelm*, Verträge Minderjähriger im angloamerikanischen Recht, ZfR 13 (1972), 161.

§ 10 Ergebnisse der Rechtsvergleichung

Es läßt sich festhalten, daß die Rechtsfolgen beschränkter Geschäftsfähigkeit oder Geschäftsunfähigkeit in den untersuchten Rechtsordnungen unterschiedlich ausgestaltet sind. Es bedarf daher einer Entscheidung, ob die Rechtsfolgen beschränkter Geschäftsfähigkeit oder Geschäftsunfähigkeit von Art.7 EGBGB oder vom Vertragsstatut erfaßt werden. Die Qualifikation der einzelnen ausländischen Rechtsinstitute zeigt Schwierigkeiten bei der Abgrenzung von Teilgeschäftsfähigkeiten und solchen Rechtsfolgen beschränkter Geschäftsfähigkeit auf, die beschränkt Geschäftsfähigen einen „breiteren eigenen" Entscheidungsspielraum einräumen.

Die Kollisionsrechtsvergleichung offenbart, daß sich im englischen und U.S.-amerikanischen Recht das Problem der Anknüpfung der Rechtsfolgen beschränkter Geschäftsfähigkeit oder Geschäftsunfähigkeit nicht stellt. Anders ist dies hingegen in Österreich und der Schweiz. In Österreich wird das Problem jedoch nicht näher diskutiert. In der Schweiz besteht zwar eine gefestigte Rechtsprechung dahingehend, daß die Voraussetzungen und die Rechtsfolgen beschränkter Geschäftsfähigkeit gleich anzuknüpfen sind. Allerdings entsprechen die drei entschiedenen Fälle im Ergebnis immer denjenigen eines reinen Inlandssachverhaltes. Damit kommt den Entscheidungen nur ein eingeschränkter Erkenntniswert zu.

§ 11 „Status" und „übereinstimmender Minderjährigenschutz" als Gründe für die Sonderanknüpfung der Rechtsfolgen beschränkter Geschäftsfähigkeit

I. Die (allgemeine) Geschäftsfähigkeit als „Status" oder „Eigenschaft"

In der Einleitung wurde bereits erwähnt, daß einer der Gründe für die Sonderanknüpfung der Geschäftsfähigkeit im deutschen internationalen Privatrecht das Verständnis der Geschäftsfähigkeit als rechtliche „Eigenschaft" einer natürlichen Person ist.[390] In diesem Zusammenhang wird von der Geschäftsfähigkeit als einer Frage des Status einer natürlichen Person gesprochen.[391] Dabei sei die „ubiquitas status", also die Gleichbehandlung des „status", egal in welchem Land oder in welcher Situation sich eine Person befindet, geradezu ein „natürliches Postulat".[392]

Zu untersuchen ist daher, ob der Begriff des Status der in dieser Arbeit zu klärenden Frage dienlich ist. Problematisch ist dabei schon, was genau unter dem Begriff „Status" zu verstehen ist. Im römischen Recht etwa bezeichnete der „status" einen Grad von Rechtsfähigkeit.[393] Heute bezeichnet „Status" den „Stand" oder die „Stellung in der Rechtsgemeinschaft".[394] Diese Stellung muß auf eine gewisse Dauer angelegt sein[395] und nur unter erschwerter Form aufgegeben werden können. Damit sind „Status" und persönliche rechtliche „Eigenschaft" einer natürlichen Person dasselbe. Allerdings ist der Begriff „Eigenschaft" im Hinblick auf die Wirkungen dieser Eigenschaft nicht aussagekräftiger als der Begriff „Status". Zwar wird teilweise in einem Status oder einer rechtlichen Eigenschaft nur eine „Abstraktion" seiner oder ihrer Wirkungen gesehen.[396] Träfe dies zu, so müßten der Status Geschäftsfähigkeit und seine Wirkungen von derselben Rechtsordnung erfaßt werden, aber in Wahrheit wird hier im Rahmen der Begrifflichkeit des „Status" oder der rechtlichen „Eigenschaft" die Diskussion geführt, nach welcher Rechtsordnung sich die Wirkungen richten sollen: Daß ein Status nicht lediglich eine Abstraktion seiner Wirkungen ist und daß sich ein Status und seine Wirkungen trennen lassen, läßt sich im deutschen internationalen Privatrecht nicht bestreiten. So sehen die Regelungen des Familienrechts im EGBGB gerade eine

---

390 Zur Frage, ob es sich bei der Geschäftsfähigkeit um eine „natürliche" oder „rechtliche" Eigenschaft einer natürlichen Person handelt, S. 32 f.

391 MünchKomm[3]-*Spellenberg*, Vor Art. 11 EGBGB, Rn. 36; vgl. BT-Drucksache 10/504, S. 31.

392 *Raape*, Internationales Privatrecht[5] (1961), S. 170; Staudinger[12]-*Beitzke*, Art. 7 EGBGB, Rn. 36: „Bedürfnis" nach einheitlicher Behandlung der Geschäftsfähigkeit.

393 *Frank*, Rechts- und Geschäftsfähigkeit (1908), S. 28. Die Römer selbst hatten den Begriff der Rechtsfähigkeit aber noch nicht formuliert, sondern der Begriff ist ein Ausdruck der modernen Dogmatik. Hierzu und zu der Unterscheidung in *status libertatis*, *status civitatis* und *status familiae Kaser*, Römisches Privatrecht[16] (1992), § 13, S. 72 f.

394 *Neuhaus*, Grundbegriffe[2] (1976), S. 201.

395 *Pokorny*, Die Geschäftsfähigkeit im deutschen internationalen und interlokalen Privatrecht (1953), S. 5; *Ramm*, Jugendrecht (1990), S. 160.

396 „Wo keine Wirkungen, da auch kein Status", *Jochem*, Besprechung, FamRZ 301 (302); *Frank*, Rechts-und Geschäftsfähigkeit (1908), sieht in den Wirkungen des Status „das Wesen" und den „rechtlichen Inhalt" des Status, S. 65, womit nichts anderes gesagt wird. Ähnlich schon *Savigny*, a.a.O. (Fn. 4, S. 23).

Trennung von Status und dessen Wirkungen ausdrücklich vor. Die „Ehe" ist das klassiche Beispiel eines „Status". Hier wird das Zustandekommen der Ehe als Statustatbestand von den Wirkungen dieses Status getrennt (vergleiche Art. 13 EGBGB einerseits und Artt. 14 - 16 EGBG andererseits).[397] Damit widerspricht also bereits die Regelung im EGBGB der Ansicht, daß ein Status nur eine „Abstraktion" seiner Wirkungen sein könne. Die Frage ist also nicht, ob sich Eigenschaft und Wirkungen trennen lassen, sondern die Frage ist, wieweit sie sich trennen lassen oder was die Trennung jeweils rechtfertigt oder anordnet.[398] Damit läßt sich festhalten, daß das Verständnis der (allgemeinen) Geschäftsfähigkeit als „Status" keinen Hinweis auf die Anknüpfung der Rechtsfolgen beschränkter Geschäftsfähigkeit liefert.

II. Die Begründung des Regierungsentwurfs – „übereinstimmender" Schutz

Im Sachrecht ist eine wesentliche Funktion der Geschäftsfähigkeit diejenige des Schutzes der natürlichen Person; sei es im Rahmen des formalen Elements über die Altersgrenzen, sei es im Rahmen des subjektiven Elements durch die Anknüpfung an tatsächlich vorhandene geistige Fähigkeiten.[399] Das gem. Art. 7 EGBGB berufene Geschäftsfähigkeitsstatut entscheidet jedenfalls über die Voraussetzungen der Geschäftsfähigkeit, beschränkten Geschäftsfähigkeit und Geschäftsunfähigkeit. Damit entscheidet das Geschäftsfähigkeitsstatut, „ob" jemand generell und in einer konkreten Situation die ausreichende Geschäftsfähigkeit innehat. Damit entscheidet das Geschäftsfähigkeitsstatut also auch, „ob" jemand aus Geschäftsfähigkeitsgründen zu schützen ist.[400]

Die Rechtsfolgen beschränkter Geschäftsfähigkeit bestimmen nun ganz wesentlich das Niveau dieses Schutzes. Sie regeln, „wie" eine grundsätzlich beschränkt geschäftsfähige Person trotz des grundsätzlich bejahten Schutzbedarfes am Rechtsverkehr teilnehmen kann, indem sie zum Beispiel wie im deutschen Sachrecht mit Zustimmung ihrer gesetzlichen Vertreter handeln muß oder indem wie im englischen Sachrecht die Rechtsfolgen eines Vertrages zu ihren Gunsten angepaßt werden. Daher ist es naheliegend, auch die Bestimmung des Schutzniveaus und damit auch die Rechtsfolgen beschränkter Geschäftsfähigkeit Art. 7 EGBGB zu unterstellen. Zwingend ist dies freilich nicht. Dies gilt umso mehr vor dem Hintergrund, daß nach vorherrschender Meinung die bereicherungsrechtliche Rückabwicklung eines aufgrund

---

397 MünchKomm³-*Coester*, Art. 13 EGBGB, Rn. 3.

398 *Neuhaus*, Grundbegriffe² (1976), S. 134, warnt in Bezug auf die Ehe davor, einen Begriff durch die Abspaltung wesentlicher Einzelheiten zu „entleeren". Dem ist zuzustimmen. Ob die Regelungen der Geschäftsfähigkeit aber durch Abspaltung der Regelungen ihrer Folgen „entleert" wird, ist gerade die Frage. Die Frage, ob eine Entleerung des Begriffs „Geschäftsfähigkeit" stattfindet, wenn man die Rechtsfolgen beschränkter Geschäftsfähigkeit dem Vertragsstatut und nicht dem Personalstatut unterstellt, ist nämlich letztlich die Frage nach der Anknüpfung der Rechtsfolgen beschränkter Geschäftsfähigkeit.

399 Ausführlich S. 35 ff. und S. 39 f.

400 Zur Frage, ob das Geschäftsfähigkeitsstatut auch die Frage beantwortet, „ob" es auf die Geschäftsfähigkeit überhaupt ankommt, § 4, S. 49 ff.

beschränkter Geschäftsfähigkeit gescheiterten Vertrages dem Vertragsstatut überlassen bleibt, also insofern das Schutzniveau von dem Vertragsstatut bestimmt werden soll.[401]

Die Autoren, die die Rechtsfolgen beschränkter Geschäftsfähigkeit dem gem. Art. 7 EGBGB zu ermittelnden Geschäftsfähigkeitsstatut unterstellen, stützen sich in diesem Zusammenhang regelmäßig auch auf den „Willen des Gesetzgebers". Der Gesetzgeber habe den Minderjährigenschutz als einer der wesentlichen Aufgaben des Geschäftsfähigkeitsrechts dem Geschäftsfähigkeitsstatut überantwortet. Daher seien auch das Niveau des Minderjährigenschutzes und damit die Rechtsfolgen beschränkter Geschäftsfähigkeit von Art. 7 EGBGB erfaßt.[402] In der Begründung zum Gesetzentwurf der Bundesregierung für die IPR-Reform von 1986 heißt es, daß die Sonderanknüpfung der Geschäftsfähigkeit unabhängig davon gelte, ob in dem „jeweiligen Sachbereich, in dem rechtsgeschäftlich gehandelt [werde], die Rechtswahl gestattet" sei. Andernfalls werde „der in den materiellen Rechten übereinstimmend gewährleistete Minderjährigenschutz beeinträchtigt."[403] Es fragt sich jedoch, ob der Schluß, der allgemein aus der Begründung des Regierungsentwurfs gezogen wird, in der Begründung wirklich seinen Ausdruck gefunden hat. Problematisch ist nämlich durchaus, was mit der Gewährleistung des in den verschiedenen Rechtsordnungen „übereinstimmenden" Minderjährigenschutzes gemeint ist und was die Stellung des Minderjährigenschutzes in den Kontext mit einer möglichen Rechtswahlvereinbarung bedeutet. Man kann den Wortlaut der Begründung des Regierungsentwurfes auch dahingehend verstehen, daß es dem Gesetzgeber allein darum ging, den ohne eine Sonderanknüpfung gefährdeten Minderjährigenschutz „nur" insoweit zu gewährleisten, als er in den einzelnen Rechtsordnungen „übereinstimmend", also gleichartig geregelt ist. Wie oben gezeigt wurde, stimmen die einzelnen Sachrechte im Umfang der Gewährleistung des Minderjährigenschutzes gerade nicht überein, sondern regeln diesen durchaus unterschiedlich. „Gleichartig" ist in den verschiedenen Rechtsordnungen lediglich geregelt, daß Minderjährige überhaupt geschützt werden sollen. Dieser insofern „übereinstimmende" Minderjährigenschutz würde dann beeinträchtigt, wenn sich ein Minderjähriger durch Wahl eines Rechts, das eine andere Volljährigkeitsgrenze als sein Heimatrecht vorsieht, „volljährig wählen" und so jeglichem Minderjährigenschutz aus dem Weg gehen oder beraubt werden könnte. Würde die allgemeine Geschäftsfähigkeit nicht gesondert angeknüpft, sondern sich vielmehr nach dem Vertragsstatut richten, so wäre eine Rechtswahl möglich. Bei einer Rechtswahlvereinbarung handelt es sich um einen Verweisungsvertrag. Gem. Artt. 27 IV, 31 I EGBGB bestimmt das potentiell gewählte Recht über die Wirksamkeit der Rechtswahl. Wählte ein nach seinem Heimatrecht Minderjähriger daher eine Rechtsordnung, nach der die Volljährigkeitsgrenze anders als in seinem Heimtrecht liegt, so wäre er nach der gewählten Rechtsordnung

[401] Zum Bereicherungsrecht ausführlich unten, § 12, S. 126. Dort insbesondere auch zu der Frage, ob die bereicherungsrechtliche Rückabwicklung nicht entgegen der herrschenden Meinung mit den Rechtsfolgen beschränkter Geschäftsfähigkeit gleich angeknüpft werden muß.

[402] Vergleiche nur Staudinger[13]-*Hausmann*, Art. 7, Rn. 71, ohne allerdings auf den Wortlaut der Regierungsbegründung einzugehen; Erman[9] - *Hohloch*, Art. 7 EGBGB, Rn. 14; *Baetge*, Anknüpfung der Rechtsfolgen bei fehlender Geschäftsfähigkeit, IPRax 96, 185 (187); *v. Bar*, Internationales Privatrecht, Band 2 (1991), Rn. 43.

[403] BT-Drucksache 10/504, S. 45; Hervorhebung vom Verfasser.

als volljährig zu betrachten. Beispiel hierfür wäre ein 18jähriger Österreicher, der sich durch die Wahl deutschen Vertragsrechts zum Volljährigen wählen könnte. Eine solche Möglichkeit wird jedenfalls in Deutschland als nicht erträglich erachtet,[404] denn auf diese Weise könnte derjenige, dessen Geschäftsfähigkeit in Zweifel steht, durch eine „stärkere“ Partei ausgenutzt werden, indem letztere daraufhin wirkt, daß ein Recht gewählt wird, das die Geschäftsfähigkeit nicht beschränkt.[405] Außerdem handelt es sich bei der Sonderanknüpfung der Geschäftsfähigkeit um eine Anknüpfung im wohlverstandenen Interesse des potentiell beschränkt Geschäftsfähigen oder Geschäftsunfähigen – und damit um eine Rücksichtnahme auf die sozialpolitischen Wertungen der Rechtsordnung des Heimatstaates des potentiell beschränkt Geschäftsfähigen.[406] Dem würde es widersprechen, wenn der nach seinem Heimatrecht beschränkt Geschäftsfähige oder Geschäftsunfähige sich durch geschickte Rechtswahl geschäftsfähig wählen könnte. Selbst im englischen und U.S.-amerikanischen Recht, die die Geschäftsfähigkeit grundsätzlich dem Vertragsstatut unterstellen, wird die Bestimmung dieses Vertragsstatuts durch Rechtswahl sehr skeptisch gesehen.[407] Erst die Sonderanknüpfung der Geschäftsfähigkeit, die natürlich auch für einen Rechtswahlvertrag gilt,[408] verhindert, daß ein Minderjähriger sich durch Wahl eines entsprechenden Vertragsstatuts „volljährig“ und (unbeschränkt) geschäftsfähig wählen kann.

Versteht man die Begründung des Regierungsentwurfes so, erklärt sich, warum der Regierungsentwurf vom „übereinstimmenden“ Minderjährigenschutz spricht und warum er ihn in den Kontext mit einer Rechtswahl setzt. Dagegen ist in der Begründung des Regierungsentwurfes keine Aussage darüber enthalten, ob auch das Niveau des Schutzes beschränkt Geschäftsfähiger oder Geschäftsunfähiger und damit die Rechtsfolgen beschränkter Geschäftsfähigkeit oder Geschäftsunfähigkeit von Art. 7 EGBGB erfaßt werden. Der „Wille des Gesetzgebers“ hilft daher bei der Ermittlung der Anknüpfung der Rechtsfolgen beschränkter Geschäftsfähigkeit oder Geschäftsunfähigkeit nicht weiter.

Es verbleibt aber das Indiz, daß es naheliegend ist, dem Geschäftsfähigkeitsstatut, das die Voraussetzungen der Geschäftsfähigkeit, beschränkten Geschäftsfähigkeit und Geschäftsunfähigkeit bestimmt und damit auch bestimmt, bis zu welchem Alter jemand durch Geschäftsfähigkeitsregeln „geschützt“ wird, auch das anzuwendene Schutzniveau und damit die Rechtsfolgen beschränkter Geschäftsfähigkeit zu unterstellen.

III. Art. 7 EGBGB als „leere Hülse“

In diesem Zusammenhang ist freilich den gelegentlichen Äußerungen entgegenzutreten, Art. 7 EGBGB verkomme zur „leeren Hülse“ oder ihm würde die „kol-

---

404 *v. Bar*, Internationales Privatrecht, Band 2 (1991), Rn. 40, Staudinger[13]-*Hausmann*, Art. 7 EGBGB, Rn. 44, Fn. 157, S. 65.

405 Für das englische Recht *Smith*, Conflict of Laws (1993), Rn. 4-84.

406 Ähnlich *Carl Ludwig von Bar*, Theorie und Praxis des Internationalen Privatrechts[2] (1889), Band 2, S. 391 f.

407 S. 110 f.

408 *v. Bar*, Internationales Privatrecht, Band 2 (1991), Rn.40.

lisionsrechtliche Erheblichkeit" entzogen, wenn man die Rechtsfolgen beschränkter Geschäftsfähigkeit dem Vertragsstatut und nicht dem von Art. 7 EGBGB ermittelten Geschäftsfähigkeitsstatut unterstellte.[409] Denn würde man die Rechtsfolgen beschränkter Geschäftsfähigkeit oder Geschäftsunfähigkeit dem Vertragsstatut unterstellen, so bliebe Art. 7 EGBGB immer noch die Ermittlung des Statuts erhalten, das darüber bestimmt, ob jemand für ein Rechtsgeschäft die notwendige Geschäftswillenstauglichkeit innehat, ob jemand also eines Schutzes aufgrund seiner eingeschränkten geistigen Willensverantwortlichkeit bedarf. Zwar würde Art. 7 EGBGB nicht mehr das Statut bestimmen, das das Schutzniveau und die Effektivität des Schutzes festlegt,[410] aber „unerheblich" wäre die Regelung des Art. 7 EGBGB keinesweges. Dies gilt umso mehr, als sie – wie oben ausgeführt – eine nicht erwünschte Ermittlung des Geschäftsfähigkeitsstatuts durch Rechtswahl verhindert.

---

409 *Baetge*, Anknüpfung der Rechtsfolgen bei fehlender Geschäftsfähigkeit, IPRax 1996, 185 (187); *Knauber*, Zur Reichweite des Art. 7 EGBGB (1960), S. 69.

410 Dies ist ein starkes Indiz, daß die Rechtsfolgen in der Tat auch von Art. 7 EGBGB erfaßt werden.

§ 12 Bereicherungs- und Geschäftsfähigkeitsstatut

I. Einleitung

Im folgenden soll untersucht werden, ob die Anknüpfung der bereicherungsrechtlichen Rückabwicklung von Verträgen einen Hinweis auf die Anknüpfung der Folgen beschränkter Geschäftsfähigkeit oder Geschäftsunfähigkeit geben kann. Auch die bereicherungsrechtliche Rückabwicklung eines Vertrages, der aufgrund beschränkter Geschäftsfähigkeit oder Geschäftsunfähigkeit einer der Parteien gescheitert ist, ist – zumindest rein faktisch – eine Folge eben dieser beschränkten Geschäftsfähigkeit oder Geschäftsunfähigkeit. Die Wichtigkeit dieser „faktischen Folge" zeigte sich bereits in dem oben dargestellten Fall, den das Schweizer Bundesgericht zu entscheiden hatte.[411] Dort forderte der Vormund eines entmündigten Holländers 50 000 Schweizer Franken von der Ehefrau des Entmündigten zurück. Entscheidend für die Rückzahlung des Geldes waren letztlich die Regelungen des Bereicherungsrechts, die im Falle einer Geschäftsunfähigkeit im Zeitpunkt der Schenkung die Rückzahlung des Geldes anordneten.

Die bereicherungsrechtliche Rückabwicklung von Leistungen, die aufgrund eines unwirksamen Vertrages geleistet wurden, erfolgt grundsätzlich gem. Art. 32 I Nr. 5 EGBGB (beruhend auf Art. 10 I lit. e EVÜ) sowie gem. Art. 38 I EGBGB vertragsakzessorisch.[412] Für die grundsätzliche akzessorische Anknüpfung der Rückabwicklung gescheiterter Verträge wird insbesondere angeführt, daß so ein Gleichlauf der bereicherungsrechtlichen Rückabwicklung mit vertraglichen Rechtsbehelfen zur Rückabwicklung gescheiterter Verträge, zum Beispiel Rücktritts- oder Schadensersatzansprüche, erreicht werde.[413] Verschiedene Restitutionsansprüche bildeten oft ein einheitliches System der Rückgewähr von Leistungen, die nicht „ohne Not" auseinandergerissen werden sollten.[414] Darüber hinaus sei die Rückabwicklung eines gescheiterten Schuldverhältnisses „Folge" dieser schuldrechtlichen Beziehung.[415] Es fragt sich daher, ob sich aus der grundsätzlich vertragsakzessorischen Anknüpfung der Rückabwicklung etwas für die Anknüpfung der Rechtsfolgen der Geschäftsunfähigkeit oder beschränkten Geschäftsfähigkeit ergibt.

Dabei gilt es zweierlei zu untersuchen. Erstens fragt sich, ob zwischen den Folgen beschränkter Geschäftsfähigkeit oder Geschäftsunfähgkeit und der bereicherungsrechtlichen Rückabwicklung eines Vertrages aufgrund eben dieser beschränkten Ge-

---

411 Fn. 279, S. 96.

412 Zum Verhältnis von Art. 32 I Nr. 5 EGBGB und Art. 38 EGBGB Staudinger[14]-*v. Hoffmann/Fuchs*, Art. 38 EGBGB, Rn. 6 (Art. 32 I Nr. 5 EGBGB sei vorrangig vor Art. 38 EGBGB anzuwenden) und *Busse*, Die geplante Kodifikation des internationalen Bereicherungsrechts in Deutschland, RIW 1999, S. 16 (18) (Art. 38 EGBGB gehe als Spezialregel dem Art. 32 I Nr. 5 EGBGB vor, wobei aber die für Art. 32 I Nr. 5 EGBGB „geltenden Sonderregeln staatsvertraglichen Ursprungs (...) auch im Bereich des (...) Art. 38 Abs. 1 EGBGB anzuwenden" seien.).

413 *Kropholler*, Internationales Privatrecht[4] (2001), § 53 II 1, S. 490. So auch die Begründung für die Einführung des Art. 38 I EGBGB, Begr. Reg.-Ent, BT-Drucks. 14/343, S. 8, ohne allerdings das Problem des Scheiterns des Vertrages aufgrund mangelnder Geschäftsfähigkeit zu behandeln.

414 *Busse*, Internationales Bereicherungsrecht (1998), S. 96.

415 *Kropholler*, Internationales Privatrecht[4] (2001), § 53 II, S. 489 f.

schäftsfähigkeit oder Geschäftsunfähigkeit ein Zusammenhang besteht, dem durch einen Anknüpfungsgleichklang zu entsprechen ist (II.). Damit stellt sich also die Frage, ob die bereicherungsrechtliche Rückabwicklung eines Rechtsgeschäfts, das aufgrund der Geschäftsunfähigkeit oder beschränkten Geschäftsfähigkeit eines der Beteiligten unwirksam ist, im funktionalen Sinne eine „Rechtsfolge beschränkter Geschäftsfähigkeit oder Geschäftsunfähigkeit" ist.

Zweitens fragt sich, falls dies zu bejahen ist, wie ein Regelungseinklang hinsichtlich der Anknüpfung der bereicherungsrechtlichen Rückabwicklung und der Anknüpfung der Rechtsfolgen beschränkter Geschäftsfähigkeit oder Geschäftsunfähigkeit erreicht werden kann (III).

II. Zusammenhang zwischen dem Grund für den Wegfall der *causa* und der bereicherungsrechtlichen Rückabwicklung

Die wohl überwiegende Ansicht verneint einen engeren Zusammenhang zwischen Bereicherungsrecht und den Folgen beschränkter Geschäftsfähigkeit oder Geschäftsunfähigkeit.[416] Daher ergibt sich für diese Meinung aus der Anknüpfung des Rückabwicklung eines Vertrages auch kein Hinweis auf die Anknüpfung der Rechtsfolgen der beschränkten Geschäftsfähigkeit oder Geschäftsunfähigkeit. Beim Bereicherungsrecht gehe es lediglich darum, eine „unrechtmäßige Vermögensverschiebung" auszugleichen. Die Unrechtmäßigkeit dieser Vermögensverschiebung sei aber nur im Wegfall der *causa* zu sehen und nicht in den Gründen, die zur Nichtigkeit des Vertrages, also der *causa*, geführt hätten.[417] Aus welchen Gründe die *causa* weggefallen sei und damit auch welche Rechtsordnung über diesen Wegfall entscheide, sei für den Kondiktionsanspruch ohne Bedeutung.

Das *OLG Düsseldorf* dagegen sieht keinen Unterscheid zwischen den Rechtsfolgen beschränkter Geschäftsfähigkeit und den Rückabwicklungsregelungen eines Vertrages, der aufgrund eben dieser beschränkten Geschäftsfähigkeit oder Geschäftsunfähigkeit gescheitert ist. Daher seien Rechtsfolgen und Rückabwicklungsregelungen gleich anzuknüpfen. Da die Rückabwicklung fehlerhafter Verträge vertrags-

---

416 *Baetge*, Anknüpfung der Rechtsfolgen bei fehlender Geschäftsfähigkeit, IPRax 1996, 185 (187); Staudinger[12]-*Beitzke*, Art. 7 EGBGB, Rn. 55; Staudinger[13]-*Hausmann*, Art. 7 EGBGB, Rn. 73; für das Schweizer Recht auch *Vischer*, Internationales Privatrecht[2] (2000), Rn. 904, sowie *E. Bucher*, Die natürlichen Personen (1976), Vorbem. vor Art. 12-19 ZGB, Rn. 91. Diesen Zusammenhang verneint auch *Busse*, Internationales Bereicherungsrecht (1998), S. 111, der aber die Rückabwicklung des aufgrund beschränkter Geschäftsfähigkeit oder Geschäftsunfähigkeit gescheiterten Vertrages nicht wie die herrschende Meinung dem Vertragsstatut, sondern dem Recht des Ortes des Bereicherungseintritts unterstellt. In der Entscheidung des BGH, Urteil vom 9. 3. 1979 - V ZR 85/77, BGHZ 73, 391 (393), führte der BGH in anderem Zusammenhang lediglich aus, daß Bereicherungsansprüche (grundsätzlich) vertragsakzessorisch anzuknüpfen seien. Es wurde aber nicht entschieden, ob dies auch dann zu gelten habe, wenn der Vertrag aufgrund Geschäftsunfähigkeit einer der Parteien scheitert.

417 *Knoch*, Die Aufgliederung der Kondiktionen in der modernen Zivilrechtsdogmatik (1963), S. 39; ihm folgend *Baetge*, a.a.O. (Fn. 416).

akzessorisch anzuknüpfen sei, müsse dies auch für die Rückabwicklung von aufgrund fehlender Geschäftsfähigkeit gescheiterter Verträge gelten.[418]

1. Das deutsche Sachrecht

Die vorherrschende Meinung gründet sich auf ihrem Verständnis des deutschen Sachrechts. Im BGB sind die Gründe für die Unwirksamkeit eines Vertrages von der bereicherungsrechtlichen Rückabwicklung des Vertrages „technisch" getrennt. Der Tatbestand des § 812 BGB enthält also keinen Bezug zu dem Grund für den Wegfall einer *causa*. Dieses Verständnis des Bereicherungsrechts ist indes nicht unproblematisch. Einerseits ist es schon nicht denknotwendig, daß die Gründe für die Unwirksamkeit eines Vertrages von der bereicherungsrechtlichen Rückabwicklung des Vertrages getrennt werden, im englischen Bereicherungrecht etwa findet eine Aufteilung zwischen dem Grund für die Rückabwicklung und deren Ausgestaltung nicht statt.[419] Andererseits ergibt eine genaue Analyse des deutschen Sachrechts, daß selbst hier eine strikte Trennung zwischen den Gründen für die bereicherungsrechtliche Rückabwicklung und deren Ausgestaltung nicht stattfindet. Hier gilt es insbesondere die Ausnahmen von der Saldotheorie zu nennen, die zugunsten Geschäftsunfähiger und beschränkt Geschäftsfähiger gemacht werden.[420]

a) Saldotheorie

Sind bei einem Vertrag die gegenseitigen Leistungen ausgetauscht und wird der Vertrag dann unwirksam, so besagt die Saldotheorie, daß wenn eine Partei gem. § 818 III BGB nicht mehr zur Rückgewähr der von ihr empfangenen Leistung verpflichtet ist, der Wert dieser Leistung vom eigenen Bereicherungsanspruch des Entreicherten abgezogen wird. Der Wert der Entreicherung wird damit zum Abzugsposten.[421] Die Saldotheorie bewirkt also im Kern, daß die wechselseitige Abhängigkeit von Leistung und Gegenleistung auch bei der bereicherungsrechtlichen Rückabwicklung gilt.[422] Bei ihrer Anwendung hat im Ergebnis nur diejenige Partei einen Anspruch auf den verbleibenden Saldo der anderen Seite, deren Leistung höherwertig war.[423] Problematisch ist nun, wenn bei einer Partei die Bereicherung weggefallen ist und sie nach „allgemeinen Regeln" eigentlich nichts zurückgewähren müßte. Dann bedeutet die Saldierung, daß sie sich auf den Wegfall der Bereicherung nicht berufen kann.[424] Es kann faktisch zu einem weitgehenden Festhalten am Vertrag kommen. Ist ein Ver-

---

418 OLG Düsseldorf – Urteil v. 25. 11. 1994 - 22 U 23/94, Iprax 1996, S. 199.

419 *Busse*, Internationales Bereicherungsrecht (1998), S. 95; ausführlich zum englischen Bereicherungsrecht aus deutscher Sicht, *Plaßmeier*, Ungerechtfertigte Bereicherung (1996), S. 96 ff.; sowie *Menold-Weber*, Verträge Minderjähriger und ihre Rückabwicklung im englischen Recht (1992). Dazu auch die Darstellung des englischen Geschäftsfähigkeitsrechts in dieser Arbeit, § 8, S. 99 ff.

420 So auch *v. Bar*, Internationales Privatrecht, Band 2 (1991), § 1, Rn. 44.

421 *Medicus*, Bürgerliches Recht[19] (2002), Rn. 225.

422 *Schlechtriem*, Restitution in Europa, Band 1 (2000). S. 404, Rn. 2.

423 *Schlechtriem*, a.a.O. (Fn. 422), S. 246, Rn. 282; m. w. N.

424 *Schlechtriem*, a.a.O. (Fn. 422), S. 404, Rn. 2.

trag aufgrund beschränkter Geschäftsfähigkeit oder Geschäftsunfähigkeit unwirksam, so werden Schutzgesichtspunkte mangelnder Geschäftsfähigkeit im Bereicherungsrecht berücksichtigt: Um zu verhindern, daß der beschränkt Geschäftsfähige oder Geschäftsunfähige „faktisch“ an einem Vertrag festgehalten wird, der aufgrund der beschränkten oder fehlenden Geschäftsfähigkeit gescheitert ist, wird bei diesen Personen die Anwendung der Saldotheorie abgelehnt.[425]

Die Ausnahme von der Saldotheorie zeigt also, daß Geschäftsfähigkeitsschutzgründe bei der Rückabwicklung gescheiterter Verträge berücksichtigt werden. Damit wird der Grund für den Wegfall der *causa* auch im deutschen Bereicherungssachrecht berücksichtigt.

b) Rechtsprechungsanalyse *König*

Ob und wie die Rechtsprechung den Grund für den Wegfall der *causa* bei der bereicherungsrechtlichen Rückabwicklung von solchen Verträgen berücksichtigt, die aufgrund beschränkter Geschäftsfähigkeit unwirksam sind, wird anhand der Rechtsprechungsanalyse *Königs*[426] deutlich. Dieser zeigte, daß die Rechtsprechung in ihrer Berücksichtigung der Gründe sogar soweit gehe, daß sie nicht „blind“ für den Schutz eines beschränkt Geschäftsfähigen votiere, sondern im Einzelfalle prüfe, ob dieser des Schutzes bedürfe. Offenkundig wurde dies anhand von Minderjährigen, die Autos mieteten: Vor 1975 galt in Deutschland ein Volljährigkeitsalter von 21 Jahren, der Führerschein konnte aber bereits mit 18 Jahren erworben werden. Des öfteren mieteten Jugendliche, die mit 18 ihren Führerschein erworben hatten, ohne Einwilligung ihrer gesetzlichen Vertreter ein Auto, gaben dies, teilweise mit Unfallschaden, am Ende der Mietzeit wieder zurück und verweigerten die Bezahlung des Mietzinses mit Hinweis auf ihre beschränkte Geschäftsfähigkeit. Hatten die Minderjährigen das Auto nur zu einer Vergnügungsfahrt angemietet, so entschieden die Gerichte, daß eine Wertersatzpflicht gem. § 818 II BGB nicht voliege, sondern die Minderjährigen sich gem. § 818 III BGB auf Entreicherung berufen konnten.[427] Das Geschäftsfähigkeitsrecht schütze gerade vor den Konsequenzen solcher unsinnigen Tätigkeiten. Anders wurde dagegen in dem Falle entschieden, in dem ein Zwanzigjähriger ohne Einwilligung seiner gesetzlichen Vertreter Fahrschulunterricht genommen hatte. Der Fahrschulvertrag lag objektiv im Interesse des Minderjährigen. Minderjährigenschutzgesichtspunkte konnten nach Ansicht des *LG Lüneburg*[428] nicht rechtfertigen, daß er kostenlos Autofahren lerne. Der beschränkt geschäftsfähige Fahrschüler war daher um die ersparten Fahrschulkosten ungerechtfertigt bereichert und konnte sich nicht auf § 818 III BGB berufen. In beiden Fällen waren die Verträge aufgrund der beschränkten Geschäftsfähigkeit der Minderjährigen und der fehlenden Einwilligung und Genehmigung der ge-

---

425 BGH, Urteil vom 4. 5. 1994 – VIII ZR 309/93, BGHZ 126, 105 (108) („Sonnenstudio“) m. w. N.

426 *König*, Ungerechtfertige Bereicherung (1985), S. 95 f.

427 LG Münster, Urteil vom 8. 5. 1962 – 3 O 31/62, NJW 1964, 51 f.; LG Bielefeld, Urteil vom 3. 10. 1962 – 3 S 264/62, NJW 1963, 908; dagegen LG Bremen, Urteil vom 17.8.1966 – 8 O 512/66, NJW 1966, 2360, mit Anmerk. *Medicus*, NJW 1967, 354.

428 LG Lüneburg, Urteil v. 6. 11. 1969 – 1 S 234/69, NJW 1970, 665 mit Anm. *Medicus*.

setzlichen Vertreter unwirksam. In die Auslegung des § 818 III BGB flossen damit die Gründe, die zur Unwirksamkeit des Vertrages geführt hatten, mit ein.[429]

2. Zwischenergebnis

Zwischen den Folgen beschränkter Geschäftsfähigkeit und der bereicherungsrechtlichen Rückabwicklung eines Vertrages aufgrund dieser beschränkten Geschäftsfähigkeit besteht – auch und gerade im deutschen Sachrecht – ein enger Zusammenhang, sie ergänzen sich sogar: Die Rechtsfolgen beschränkter Geschäftsfähigkeit entscheiden ganz wesentlich über das Schutzniveau, das einem beschränkt Geschäftsfähigen oder Geschäftsunfähigen gewährt wird. Sie bestimmen, ob ein Vertrag anfechtbar, schwebend unwirksam oder zu genehmigen ist. Die bereicherungsrechtlichen Regelungen der Rückabwicklung wachen über die Effektivität dieses Schutzes. Dabei fließen die Wertungen des Geschäftsfähigkeitsrechts, die zur Unwirksamkeit eines Rechtsgeschäfts führen können, in die Regelungen der Rückabwicklung mit ein. Dieser enge Zusammenhang spricht dafür, die Regelung der Rückabwicklung eines aufgrund beschränkter Geschäftsfähigkeit oder Geschäftsunfähigkeit gescheiterten Vertrags funktional als eine „Rechtsfolge beschränkter Geschäftsfähigkeit oder Geschäftsunfähigkeit" zu verstehen.

3. Beispiel

Die sich daraus ergebende Notwendigkeit einer gleichen Anknüpfung der Rechtsfolgen beschränkter Geschäftsfähigkeit oder Geschäftsunfähigkeit sowie der Regelungen der Rückabwicklung eines aufgrund beschränkter Geschäftsfähigkeit oder Geschäftsunfähigkeit unwirksamen Vertrages soll an folgendem Beispiel verdeutlicht werden: Der siebzehnjährige Deutsche D ist als Austauschschüler in England. D ist stolzer Inhaber eines Mopedführerscheins. Voller Begeisterung geht er daher auf das Angebot seines 18jährigen – und damit nach englischem Sachrecht volljährigen – englischen Freundes E ein, ihm sein altes Moped für 200 Pfund zu verkaufen. E weiß, daß D Deutscher und 17 Jahre alt ist und daß dessen Eltern wohl kaum mit dem Kauf einverstanden sein werden – der Tatbestand des Art. 12 EGBGB soll daher hier nicht erfüllt sein.[430] Das Moped wird dem D übergeben, er zahlt die geforderten 200 Pfund. Obwohl D das Moped wie seinen Augapfel bewacht, wird es gestohlen. Als die Eltern des D von seinen Eskapaden erfahren, sind sie entsetzt, daß er das ihm für „einen Notfall" mitgegebene Geld „zum Fenster rausgeworfen" habe. Sie verweigern daher jede Genehmigung des Kaufvertrages und verlangen die 200 Pfund von dem „unverantwortlichen Verkäufer" zurück. Dieser ist nur gegen Rückgabe des Mopeds zur Rückzahlung des Kaufpreises bereit, wozu D aufgrund des Diebstahls nicht in der Lage ist.

Kommt der Fall vor ein deutsches Gericht, so ist gem. Artt. 27, 28 I, II EGBGB auf den Kaufvertrag englisches Sachrecht anwendbar. Die Geschäftsfähigkeit des D

---

429 *König*, a.a.O (Fn. 426), S. 95; vgl. *Schlechtriem*, a.a.O. (Fn. 422), S. 549, Rn. 278.

430 Ausführlich zu Art. 12 EGBGB und den Rechtsfolgen beschränkter Geschäftsfähigkeit § 13, S. 138 ff.

richtet sich dagegen gem. Art. 7 I EGBGB nach deutschem (Sach-) Recht, wonach er beschränkt geschäftsfähig ist.

Wenn man die Rechtsfolgen beschränkter Geschäftsfähigkeit dem Heimatrecht unterstellt, so hängt die Wirksamkeit des Vertrages gem. § 108 I BGB von der Genehmigung der Eltern als gesetzliche Vertreter ab. Diese wird hier verweigert, so daß der Vertrag unwirksam ist. Unterstellt man die Rechtsfolgen beschränkter Geschäftsfähigkeit englischem Recht, so handelt es sich um einen Vertrag *not binding until ratified*, der hier ebenfalls „unwirksam" ist, wenn der D nicht mit Erreichen der Volljährigkeit den Vertrag genehmigt.

Knüpft man die Rückabwicklung des Vertrages vertragsakzessorisch an, so gilt gem. Artt. 32 I Nr. 5, 35 EGBGB englisches Bereicherungssachrecht.[431] Wie oben bereits angedeutet, können beschränkt Geschäftsfähige im englischen Recht eine vertragliche Leistung nur unter den allgemeinen Voraussetzungen, also so wie unbeschränkt Geschäftsfähige, zurückfordern. Obwohl also der schuldrechtliche Vertrag unwirksam ist, kann der Minderjährige nur unter den gleichen Voraussetzungen wie ein Volljähriger das von ihm Geleistete zurückfordern. Eine bereicherungsrechtliche Rückabwicklung setzt nach englischen Recht eine *total failure of consideration* voraus.[432] Eine *total failure of consideration* ist gegeben, wenn der Kläger keine Gegenleistung erhalten hat.[433] Hier hat der D aber das Moped erhalten, so daß keine *total failure of consideration* vorliegt. Nach einer anderen Ansicht kommt es nicht auf eine *total failure of consideration* an. Vielmehr soll der Minderjährige das von ihm gezahlte Geld zurückverlangen können, wenn er selbst zur *restitutio in integrum* imstande ist,[434] er muß also in der Lage sein, die selber erhaltene Sache zurückzugeben. Es sei „contrary to natural justice"[435], wenn der Minderjährige seine Leistung zurückfordern könne, ohne das ihm Geleistete zurückzugeben. Im Beispielfall ist der D auch nicht in der Lage, das Moped zurückzugeben, so daß er auch nach dieser Ansicht keinen Anspruch auf Rückzahlung des von ihm geleisteten Geldes hat. Nach englischem Bereicherungsrecht hat D daher keinen Anspruch auf Rückzahlung der 200 Pfund. Wendet man hingegen deutsches Bereicherungsrecht auf die Rückabwicklung an, so steht D ein Anspruch auf Rückzahlung von 200 Pfund gem. § 812 I 1 1. Alt. BGB zu, soweit E nicht entreichert ist. Eine Saldierung kommt hier mangels Anwendbarkeit der Saldotheorie nicht in Betracht.

---

431 Zur Frage, ob ein Renvoi für die Leistungskondiktion auch ohne Art. 35 EGBGB zu beachten wäre, *Busse*, Die geplante Kodifikation des internationalen Bereicherungsrechts in Deutschland, RIW 1999, 16 (21), m. w. N.

432 *Englard*, Restitution of benefits conferred without obligation, IECL, Volume X, 5-125, S. 69.

433 Grundsätzlich gilt das Erfordernis „total failure of consideration" nur bei Geldleistungen, bei Minderjährigen kommt es dagegen auch bei der Leistung von Sachen auf dieses Erfordernis an, *Menold-Weber*, Verträge Minderjähriger und ihre Rückabwicklung im englischen Recht (1992), S. 125, 132 f.

434 *Goff/Jones*, Restitution[4] (1993), S. 528 f. Ausführlich zur Diskussion bezüglich des Erfordernisses „total failure of considertation" und „restitutio in integrum" *Menold-Weber*, Verträge Minderjähriger und ihre Rückabwicklung im englischen Recht (1992), S. 135 ff., S. 139 f., S. 144 f.

435 *Lord Coleridge C.J.*, *Valentini v. Canali* (1889) 24 Q.B.D. 166 (167).

Das englische Sachrecht trifft also eine andere Wertung als das deutsche Recht. Während letzteres den beschränkt Geschäftsfähigen umfassend schützt, damit dieser auch faktisch nicht an einen Vertrag gebunden bleibt, der von den gesetzlichen Vertretern nicht genehmigt wird, hat das englische Recht keine Scheu, den Minderjährigen, der mit seinem Geld eine Ware gekauft hat, an seiner Disposition festzuhalten, wenn die Leistungen ausgetauscht wurden und nicht mehr zurückgegeben werden können, obwohl auch das englische Recht den schuldrechtlichen Vertrag als unwirksam ansieht.[436]

III. Regelungseinklang

Zwei Möglichkeiten sind nun denkbar, den erwünschten Regelungseinklang zu erreichen.[437] Erstens kann man die Rechtsfolgen beschränkter Geschäftsfähigkeit und die bereicherungsrechtliche Rückabwicklung beide dem Vertragsstatut unterstellen, wie dies das *OLG Düsseldorf* vorschlägt.[438] Überläßt man die Rechtsfolgen mangelnder Geschäftsfähigkeit dem Vertragsstatut, so erkennt man damit an, daß über das Schutzniveau beschränkt Geschäftsfähiger ganz wesentlich das Vertragsstatut bestimmt. Hat man dies anerkannt, dann kann auch das Vertragsstatut über die Effektivität eben dieses Schutzes bestimmen. Hier verbleibt dem über Art. 7 EGBGB anwendbaren Heimatrecht lediglich die Entscheidung, ob eine Person überhaupt geschützt werden soll.

Zweitens kann man sowohl die Rechtsfolgen beschränkter Geschäftsfähigkeit als auch die Regelungen der bereicherungsrechtlichen Rückabwicklung des aufgrund mangelnder Geschäftsfähigkeit gescheiterten Vertrages der Regelung des Art. 7 EGBGB und damit dem Heimatrecht unterstellen, wie dies insbesondere *v. Bar* vertritt.[439] Will man das Niveau des Schutzes beschränkt Geschäftsfähiger Art. 7 EGBGB und damit dem Heimatrecht überlassen, ist es nur konsequent, auch die bereicherungsrechtliche Rückabwicklung von Verträgen, die aufgrund mangelnder Geschäftsfähigkeit gescheitert sind, dem Heimatrecht zu unterstellen, da diese Regelungen die Effektivität des Schutzes ja ganz wesentlich bestimmen. Dies ist auch nicht durch Art. 32 I Nr. 5 EGBGB ausgeschlossen, der zwar auf einem Staatsvertrag (EVÜ)

---

436 Anders hingegen, wenn es darum geht, etwas vom Minderjährigen zurückzuerlangen. Hier schützt auch das englische Recht den Minderjährigen davor, „faktisch“ an dem vom ihm geschlossenen Vertrag festgehalten zu werden, obwohl er das nicht will, *Menold-Weber*, Verträge Minderjähriger und ihre Rückabwicklung im englischen Recht (1992), S. 224.

437 *Busse*, Internationales Bereicherungsrecht (1998), S. 112, lehnt sowohl eine akzessorische Anknüpfung der Rückabwicklung von Leistungen eines aufgrund mangelnder Geschäftsfähigkeits gescheiterten Vertrages an das Vertragsstatut als auch eine Erfassung der Rückabwicklungsregeln durch das Geschäftsfähigkeitsstatut ab. Stattdessen vergleicht er die Lage mit der Zusendung unbestellter Ware, so daß an das Recht des Bereicherungseintrittsortes anzuknüpfen sei. Allerdings erlaubt diese Lösung nicht den hier erwünschten Anknüpfungsgleichklang der Rechtsfolgen beschränkter Geschäftsfähigeit oder Geschäftsunfähigkeit und der bereicherungsrechtlichen Rückabwicklung.

438 OLG Düsseldorf – Urteil v. 25. 11. 1994 - 22 U 23/94, IPrax 1996, S. 199.

439 *v. Bar*, Internationales Privatrecht, Band 2 (1991), § 1, Rn. 44.

beruht, aber in Fragen der Qualifikation der Geschäftsfähigkeit und der Rechtsfolgen beschränkter Geschäftsfähigkeit oder Geschäftsunfähigkeit nicht eingreift.[440]

Im folgenden soll daher untersucht werden, wie die bereicherungsrechtliche Rückabwicklung solcher Verträge, die aufgrund beschränkter Geschäftsfähigkeit oder Geschäftsunfähigkeit unwirksam sind, kollisionsrechtlich anzuknüpfen ist.

1. Ermittlung des Vertragsstatuts bei Geschäftsunfähigkeit

Busse sieht den wesentlichen Grund für die akzessorische Anknüpfung der Rückabwicklung von unwirksamen Verträgen an das Vertragsstatut darin, daß mit dem „gemeinsam eingegangenen Rechtsverhältnis" zwischen „den daran Beteiligten ein gemeinsamer Rahmen entstanden" sei, „in dem aufgrund der Zweckbezogenheit der Zuwendung auch die durch sie ausgelösten Rückforderungsansprüche" lägen. Dabei hätten die Vertragsparteien auch bei einem unwirksamen Vertrag gezeigt, „daß sie bereit" seien, „sich auf einer bestimmten Ebene zu treffen".[441] Bestehe weder ein solches tatsächliches Rechtsverhältnis noch sei ein solches angestrebt, könne es nicht zu einer akzessorischen Anknüpfung kommen, da die Parteien nicht gezeigt hätten, daß sie sich auf einer Ebene treffen wollten.[442]

Fraglich ist, ob dieses Erklärungsmodell zur Beantwortung der Frage herangezogen werden kann, wie die bereicherungsrechtliche Rückabwicklung von solchen Verträgen kollisionsrechtlich anzuknüpfen ist, die an beschränkter Geschäftsfähigkeit oder Geschäftsunfähigkeit gescheitert sind. Zwar hat auch ein beschränkt Geschäftsfähiger oder Geschäftsunfähiger durch seine tatsächlich abgegebene Erklärung faktisch einen Rahmen im oben dargestellten Sinne gesetzt, aber zumindest hinsichtlich Geschäftsunfähiger ist zweifelhaft, ob an die faktische Erklärung angeknüpft werden darf. Oben wurde dargelegt, daß der Geschäftsunfähigkeit primär eine „Ausschlußfunktion" zukommt.[443] Ist ein Geschäftsunfähiger aber vom Rechtsverkehr ausgeschlossen, dann kann auch sein Anstreben eines Rechtsverhältnisses kollisionsrechtlich nicht erheblich sein. Eine andere rechtliche Würdigung seiner tatsächlichen Handlungen würde die Ausschlußfunktion der Geschäftsunfähigkeit ignorieren. Ist wiederum das Anstreben des Rechtsverhältnisses kollisionsrechtlich unerheblich, dann haben die Parteien nicht gezeigt, „daß sie bereit sind, sich auf einer bestimmten Ebene zu treffen." Gegen eine Heranziehung des Vertragsstatuts für die bereicherungsrechtliche Rückabwicklung eines aufgrund Geschäftsunfähigkeit gescheiterten Vertrages spricht zudem, daß das Vertragsstatut nicht in jedem Fall zu ermitteln ist: Wird etwa im Wege des Austausches von Briefen ein Distanzgeschäft geschlossen, so ist die Ermittlung, mit welchem Staat der Vertrag die engste Verbindung hat, nur möglich, wenn man an die Erklärun-

---

440 *v. Bar*, a.a.O. (Fn. 439); vgl. auch *Busse*, Internationales Bereicherungsrecht (1998), S. 110, der die Anwendung des „Vernichtungsstatuts" aber als bedenklich ansieht, da dadurch eine einschränkende Auslegung des EVÜ nicht autonom, sondern vor dem Hintergrund des deutschen internationalen Privatrechts geschehe.

441 *Busse*, Internationales Bereicherungsrecht (1998), S. 96 f.

442 *Busse*, a.a.O. (Fn. 441), S. 101.

443 S. 35 ff.

gen der Parteien anknüpft.[444] Eine Anknüpfung an die Willenserklärungen eines Geschäftsunfähigen würde aber die Ausschlußfunktion der Geschäftsunfähigkeit ignorieren.

2. Keine „petitio principii"

Mit dieser Aussage soll freilich nicht verkannt werden, daß es denklogisch sehr wohl möglich ist, auch an unwirksame oder gar nichtige Willenserklärungen anzuknüpfen, um ein Vertragsstatut zu ermitteln. Im Falle der Bestimmung des Vertragsstatuts durch Rechtswahl könnte man zwar daran denken, daß die Rechtswahlvereinbarung auf dem rechtsgeschäftlichen Willen der Parteien beruhe und daher die Frage, ob überhaupt ein (wirksames) Rechtsgeschäft vorliege, nicht von dem gewählten Recht beantwortet werden könne.[445] Heute ist aber anerkannt – und hat in Art. 10 EVÜ auch seinen Niederschlag gefunden –, daß auch eine faktisch vorhandende Erklärung als Verweisungstatbestand ausreicht. Allerdings setzt auch die faktische Erklärung voraus, daß diese Erklärung dem Erklärenden zugerechnet werden kann.[446] Eine solche Zurechnung ist aber ausgeschlossen, wenn eine Person vom Rechtsverkehr ausgeschlossen ist. *Busse* hat darauf aufmerksam gemacht, daß in den „klassischen" Fällen, die von den Regelungen der Art. 10 EVÜ, Art. 32 I Nr. 5 EGBGB erfaßt werden sollen, gerade die rechtsgeschäftliche „Richtung" der faktischen Willenserklärungen Wirkungen auslöse.[447] Auch eine Berücksichtigung der rechtsgeschäftlichen „Richtung" einer faktischen Erklärung birgt aber die Gefahr, die Ausschlußfunktion der Geschäftsunfähigkeit zu mißachten.[448] Dies spricht also gegen die Berücksichtigung des Vertragsstatuts als Rückabwicklungsstatut, wenn ein Vertrag wegen Geschäftsunfähigkeit scheitert.[449]

3. Vertragsstatut und beschränkte Geschäftsfähigkeit

Das oben Gesagte gilt indes nicht in gleichem Maße für das Handeln beschränkt Geschäftsfähiger. Hier ist der Betreffende gerade nicht vollkommen vom Rechtsverkehr ausgeschlossen. Es wäre daher denkbar, auch an die faktische Wil-

---

444 *Fischer*, Verkehrsschutz im internationalen Vertragsrecht (1990), S. 69 f.

445 Zu diesem Argument *Fischer*, a. a. O. (Fn. 444), S. 70, m. w. N.

446 *Fischer*, a.a.O. (Fn. 444), S. 70.

447 *Busse*, Internationales Bereicherunsgrecht (1998), S. 112.

448 Zwar mögen die Parteien im Hinblick auf das Kausalverhältnis und das für diese geltende Rechtsordnung geleistet haben, aber die Parteivorstellungen treten hier vor dem Eingreifen zwingenden Rechts zurück, vgl. *Bydlinski*, Anmerkung zu OGH v. 24. Juni 1959 - 6 Ob 204/59, ZfRV 1961, 22 (31)

449 Vgl. *Busse*, Internationales Bereicherungsrecht (1998), S. 112, der aber ausschließlich auf die Schutzfunktion von Geschäftsunfähigkeit und beschränkter Geschäftsfähigkeit abstellt. Er meint, die kollisionsrechtliche Berücksichtigung einer tatsächlich stattgefundenen, aber nicht wirksamen Einigung sei für den nicht Geschäftsfähigen „regelmäßig" nachteilhaft und dürfe daher aus Gründen des „Schutzes des nicht voll Geschäftsfähigen" nicht berücksichtigt werden, S. 102. Zur Lösung, die *Busse* bei Geschäftsunfähigen vorschlägt, Fn. 437, S. 132.

lensäußerung anzuknüpfen, um ein (hypothetisches) Vertragsstatut zu ermitteln.[450] Würde man aber faktische Willenserklärungen beschränkt Geschäftsfähiger berücksichtigen und die Rückabwicklung aufgrund beschränkter Geschäftsfähigkeit gescheiterter Verträge dem Vertragsstatut unterstellen, während man bei Geschäftsunfähigen die Ausschlußfunktion der Geschäftsunfähigkeit akzeptierte und somit die Rückabwicklung nicht dem Vertragsstatut unterstellte, so hätte dies zur Konsequenz, daß die Rückabwicklung von Verträgen unterschiedlich anzuknüpfen wäre, je nachdem, ob letztere an Geschäftsunfähigkeit oder beschränkter Geschäftsfähigkeit scheiterten. Oben wurde anhand des deutschen Sachrechts aber versucht zu zeigen, daß Rechtsordnungen durchaus flexibel darin sind, die Ausschlußfunktion bei nominell Geschäftsunfähigen zurückzunehmen und sie funktional zu einer „eingeschränkten" Geschäftsfähigkeit zu wandeln.[451] Wenn die Voraussetzungen der beschränkten Geschäftsfähigkeit und Geschäftsunfähigkeit gleich angeknüpft werden und beide der Regelung des Art. 7 EGBGB unterstellt werden, dann spricht dies dafür, auch die Rückabwicklung von Verträgen, die aufgrund beschränkter Geschäftsfähigkeit oder Geschäftsunfähigkeit gescheitert sind, gleich anzuknüpfen.

4. Zwischenergebnis

Da von den beiden dargestellten Anknüpfungsmöglichkeiten allein die Anwendung des Personalstatuts auf die bereicherungsrechtliche Rückabwicklung solcher Verträge, die an einer Geschäftsunfähigkeit gescheitert sind, der Ausschlußfunktion der Geschäftsunfähigkeit gerecht wird, und weil eine unterschiedliche Behandlung der bereicherungsrechtlichen Rückabwicklung je nachdem, ob ein Vertrag an beschränkter Geschäftsfähigkeit oder an Geschäftsunfähigkeit gescheitert ist, nicht angezeigt ist, läßt sich als Ergebnis festhalten: Die bereicherungsrechtliche Rückabwicklung aufgrund beschränkter Geschäftsfähigkeit oder Geschäftsunfähigkeit gescheiterter Verträge ist dem Personalstatut zu unterstellen. Da es sich, wie oben gezeigt, bei einer solchen Rückabwicklung funktional um eine „Rechtsfolge" beschränkter Geschäftsfähigkeit oder Geschäftsunfähigkeit handelt, liegt es nahe, auch alle anderen Rechtsfolgen der beschränkten Geschäftsfähigkeit oder Geschäftsunfähigkeit dem Personalstatut und der Regelung des Art. 7 EGBGB zu unterstellen.

5. Zwei beschränkt Geschäftsfähige

Nicht gelöst wird mit einer Anknüpfung der bereicherungsrechtlichen Rückabwicklung an die Staatsangehörigkeit freilich das Problem, daß zwei beschränkt Geschäftsfähige oder Geschäftsunfähige unterschiedlicher Nationalität einen Vertrag miteinander schließen, Leistungen austauschen, der Vertrag dann aber aufgrund der beschränkten Geschäftsfähigkeit oder Geschäftsunfähigkeit unwirksam ist. Ein Statut zu ermitteln, das hier allen Interessen gerecht wird, ist kaum möglich. Gegen die Anwen-

---

450 Anders insoweit *Fischer*, der auch hier die Zurechenbarkeit verneint, *Fischer*, Verkehrsschutz im internationalen Vertragsrecht (1990), S. 69 f.

451 S. 36 ff., S. 39.

dung des Vertragsstatuts, wie dies etwa *Bydlinski* vorschlägt,[452] spricht zumindest bei Geschäftsunfähigen die Ausschlußfunktion der Geschäftsunfähigkeit. Allerdings wäre zumindest eine Lösung bei beschränkt Geschäftsfähigen hier möglich. „Spaltet" man hingegen das Bereicherungsstatut[453] und beurteilt die Bereicherungsansprüche der beiden Parteien nach ihrem jeweiligen Heimatrecht und damit nach unterschiedlichen Rechtsordnungen, so kann es dazu kommen, daß eine Partei zurückleisten muß, die andere hingegen nicht, ohne daß diese Lösungen aufeinander abgestimmt wären.[454] Ein vergleichbares Problem entsteht bei Distanzgeschäften, wenn man mit *Busse* auf den Ort des Bereicherungseintritts abstellt.[455] Seine Lösung hätte dabei den Vorteil, daß zumindest dann das gleiche Bereicherungssachrecht Anwendung finden würde, wenn sich die Parteien beim Leistungsaustausch im gleichen Land aufhielten und dort auch die Bereicherung einträte. Dies dürfte bei Verträgen unter Minderjährigen immer noch die Mehrzahl sein.

Eine konsequente Lösung, die den Interessen beider beschränkt Geschäftsfähiger oder Geschäftsunfähiger gerecht wird, ist aufgrund der widerstreitenden Interessen der beiden Heimatrechtsordnungen letztlich wohl auch kaum möglich. Dies ergibt sich daraus, daß sich hier eine sachrechtliche Problematik im Rahmen des internationalen Privatrechts fortsetzt. Auch bei einem reinen Inlandssachverhalt ist die Lösung des Falles, zumindest wenn man nur das Bereicherungsrecht heranzieht, nicht unproblematisch. Zur Illustration sei obiges Beispiel[456] dahingehend abgewandelt, daß in Deutschland zwei deutsche 17jährige ohne Zustimmung ihrer gesetzlichen Vertreter einen Kaufvertrag über das besagte Moped schließen. Das Moped wird übergeben, im Gegenzug überreicht der Käufer 300 Euro, die auch dem Wert des Mopeds entsprechen. Sie waren nicht zur freien Verfügung überlassen worden, sondern mit ihnen sollte sich der Käufer einen neuen Drucker für seinen Computer kaufen. Das Geld zahlt der Verkäufer auf sein Sparbuch ein. Wieder wird das Moped gestohlen, ohne daß dem Käufer insofern Fahrlässigkeit zur Last zu legen wäre. Wieder genehmigen die jeweiligen gesetzlichen Vertreter die Rechtsgeschäfte nicht, so daß der Kaufvertrag und die Übereignungen des Mopeds und des Geldes unwirksam sind. Hier hat der Käufer gegen den Verkäufer des Mopeds wohl einen Anspruch auf Herausgabe des Geldes gem. § 812 I 1, 1. Var. BGB, ohne daß sich der Verkäufer auf Entreicherung berufen dürfte: Wendete man die Saldotheorie an, so erhielte der Käufer nichts zurück, da die gegenseitigen Ansprüche ja salidert würden. Wendet man die Saldotheorie aus Minderjährigenschutzgründen dagegen nicht an, so erhält der Käufer zwar sein Geld zurück, dafür hat aber der Verkäufer den „Nachteil", obwohl die Ausnahme der Saldotheorie gerade aus Minderjährigenschutzgründen erfolgt, also in diesem Fall gerade auch den Verkäufer schützen soll.

---

452 *Bydlinski*, Anmerkung zu OGH v. 24. Juni 1959 - 6 Ob 204/59, ZfRV 1961, 22 (31). Andere Ansicht ist *Plaßmeier*, Ungerechtfertigte Bereicherung (1996), S. 322, der ohne nähere Begründung davon ausgeht, daß die Rechtsfolgen beschränkter Geschäftsfähigkeit oder Geschäftsunfähigkeit unter das Geschäftsfähigkeitsstatut fallen.

453 *Degner*, Kollisionsrechtliche Probleme beim Quasi-Kontrakt (1984), S. 271.

454 Siehe das Beispiel bei *Bydlinsky*, a.a.O. (Fn. 452).

455 *Busse*, Internationales Bereicherunsgrecht (1998), S. 112.

456 S. 130 ff.

Dies zeigt, daß das Problem der beiderseitigen Beteiligung von beschränkt Geschäftsfähigen oder Geschäftsunfähigen kein spezifisch international privatrechtliches Problem ist, sondern sich hier vielmehr Probleme des nationalen Sachrechts im internationalen Privatrecht fortsetzen. Bedenkt man dabei, daß die beiderseitige Beteiligung von beschränkt Geschäftsfähigen oder Geschäftsunfähigen unterschiedlicher Nationalität in der Praxis wohl eine Ausnahme darstellt, so kann diese ungelöste Fallgestaltung nicht das oben dargelegte Indiz in Frage stellen: Die Anknüpfung der bereicherungsrechtlichen Rückabwicklung eines aufgrund beschränkter Geschäftsfähigkeit oder Geschäftsunfähigkeit gescheiterten Vertrages spricht dafür, die Rechtsfolgen beschränkter Geschäftsfähigkeit oder Geschäftsunfähigkeit dem gem. Art. 7 EGBGB zu bestimmenden Geschäftsfähigkeitsstatut zu unterstellen.

§ 13 Verkehrsschutz und Geschäftsfähigkeit

Geschäftsfähigkeitsregeln im Sachrecht dienen einerseits dem Schutz der handelnden Personen und andererseits den Interessen derjenigen, die mit den beschränkt Geschäftsfähigen oder Geschäftsunfähigen kontrahieren. Geschäftsfähigkeitsregeln dienen also – auch – dem Ausgleich zwischen Schutzinteressen des potentiell beschränkt Geschäftsfähigen oder Geschäftsunfähigen und Verkehrsschutzinteressen.[457] Stoßen diese Interessen aufeinander, so ist im deutschen materiellen Recht ein Vorrang des Schutzes des nicht voll Geschäftsfähigen vor den Schutzinteressen des Verkehrs grundsätzlich anerkannt.[458] Wie gezeigt wurde, gilt dieser Vorrang indes nicht in allen Rechtsordnungen. Wenn zum Beispiel nach englischem Recht derjenige, der sich auf seine Geschäftsunfähigkeit nach dem subjektiven Element der Geschäftsfähigkeit („Geisteskrankheit") berufen will, beweisen muß, daß sein Vertragspartner von seiner „beschränkten" Geschäftsfähigkeit wußte,[459] so wird dort der Ausgleich anders vorgenommen als im deutschem Sachrecht.

Ob und inwieweit Verkehrsschutzinteressen bei der Bestimmung der kollisionsrechtlichen Anknüpfung der Rechtsfolgen fehlender oder beschränkter Geschäftsfähigkeit zu berücksichtigen sind, ist Gegenstand dieses Abschnitts. Neben Verkehrsschutzinteressen versuchen die Regelungen des deutschen internationalen Privatrechts in einer typisierenden Weise insbesondere auch Partei- und Ordnungsinteressen gerecht zu werden.[460] So geht man im Vertragsrecht grundsätzlich davon aus, daß die Interessen der Parteien am besten vom Vertragsstatut ausgeglichen werden. Dies wird insbesondere in den Fällen deutlich, in denen das Vertragsstatut durch Rechtswahl bestimmt wird und sich die Parteien willentlich einem bestimmten Rechtsregime unterworfen haben.[461] Von dem Grundsatz, daß das Vertragsstatut den Parteiinteressen im Vertragsrecht am besten gerecht wird, macht die Regelung des Art. 7 EGBGB für die Geschäftsfähigkeit eine Ausnahme, indem sie die Geschäftsfähigkeit an die Staatsangehörigkeit knüpft. Dabei wird von der Hypothese ausgegangen, daß es im Interesse einer Partei liege, daß Fragen, die sie persönlich sehr stark berühren, von einer ihr nahestehenden Rechtsordnung entschieden werden.[462] Diese nahestehende Rechtsordnung ist nach der Wertentscheidung des deutschen Gesetzgebers das Heimatrecht des Betroffenen.[463] Freilich handelt es sich dabei um ein „wohlverstandenes

---

457 *Kötz / Flessner*, Europäisches Vertragsrecht [in zwei Bänden] I: *Kötz*, Abschluß, Gültigkeit und Inhalt des Vertrages, Die Beteiligung Dritter am Vertrag (1996), S. 148 f.; *Lipp*, Verkehrsschutz und Geschäftsfähigkeit im IPR, RabelsZ 63 (1999), S. 107 (130 f.).

458 MünchKomm[3]-*Gitter*, vor § 104 BGB, Rn. 4, BGH, Urteil vom 30.4.1955 – II ZR 202 / 53, BGHZ 17, 160 ff.

459 S. 106 f.

460 Zur Dreiteilung in Partei-, Verkehrs- und Ordnungsinteressen insbesondere *Kegel/Schurig*, Internationales Privatrecht[8] (2000), § 2, S. 112 ff. Kritisch zu dieser Dreiteilung MünchKomm[3]-*Sonnenberger*, Einl. IPR, Rn. 83 ff. sowie *Kropholler*, Internationales Privatrecht[4] (2001), § 5, S. 31 ff. m. w. N.

461 *Spellenberg*, Verkehrsschutz im internationalen Vertragsrecht, RabelsZ 60 (1996), S. 516 (530).

462 *Kegel/Schurig*, Internationales Privatrecht[8] (2000), § 2 II 1.

463 BVerfG, Beschluß vom 4. 5. 1971 – 1 BvR 636/68, BVerfGE 31, 58 (78) – „Spanierentscheidung"; *Fischer*, Verkehrsschutz im internationalen Vertragsrecht (1990), S. 24. Bt-Drucks.

Interesse" auch gegen den tatsächlichen Willen des potentiell beschränkt Geschäftsfähigen – und damit im Interesse des Staates, der „seine" Staatsangehörigen schützen will –, da das Personalstatut auch dann über seine Geschäftsfähigkeit bestimmt, wenn er das gar nicht will.[464] Insofern folgen die Regelungen im EGBGB den Wertungen des deutschen Sachrechts vom Vorrang des Schutzes der beschränkt Geschäftsfähigen oder Geschäftsunfähigen gegenüber den Interessen der Vertragsparteien dieser Personen.

Nicht nur die Voraussetzungen der Geschäftsfähigkeit, sondern auch die Rechtsfolgen beschränkter Geschäftsfähigkeit oder Geschäftsunfähigkeit berühren eine natürliche Person „persönlich" sehr stark. Die Voraussetzungen der Geschäftsfähigkeit regeln, ob eine Person überhaupt rechtsgeschäftlich tätig werden kann, die Rechtsfolgen beschränkter Geschäftsfähigkeit regeln, wie er trotz des grundsätzlichen Ausschlusses vom Rechtsverkehr dennoch an diesem teilnehmen kann. Dies würde dafür sprechen, auch die Rechtsfolgen beschränkter Geschäftsfähigkeit oder Geschäftsunfähigkeit dem Personalstatut zu unterstellen. Oben wurde aber bereits dargelegt, daß gerade Rechtsfolgeregelungen beschränkter Geschäftsfähigkeit auch die Interessen der Vertragspartner der beschränkt Geschäftsfähigen und damit auch Verkehrsschutzinteressen berühren.[465] Die Funktion der Rechtsfolgen beschränkter Geschäftsfähigkeit oder Geschäftsunfähigkeit für den Verkehrsschutz könnten nun dafür sprechen, die Rechtsfolgen beschränkter Geschäftsfähigkeit dem Vertragsstatut zu unterstellen. Dies gilt umso mehr, als durch Art. 12 S. 1 EGBGB dem Verkehrsschutz auch an anderer Stelle im EGBGB ein höherer Wert eingeräumt wird als dem Interesse der Geschäftsunfähigen oder beschränkt Geschäftsfähigen.[466] Bevor gefragt werden soll, ob die Funktion der Geschäftsfähigkeit für den Verkehrsschutz einen Hinweis auf die Anknüpfung der Rechtsfolgen beschränkter Geschäftsfähigkeit oder Geschäftsunfähigkeit geben kann, bedarf es eines kurzen Umrißes der Regelung des Art. 12 EGBGB.

I. Die bleibende Relevanz der Frage nach der Anknüpfung der Rechtsfolgen beschränkter Geschäftsfähigkeit trotz Art. 12 EGBGB

Dem deutschen internationalen Privatrecht ist der Gedanke des Verkehrsschutzes in Bezug auf die Geschäftsfähigkeit nicht unbekannt.[467] Seinen Ausdruck hat er in Art. 12 EGBGB gefunden, dessen Satz 1 auf Art. 11 EVÜ beruht.[468] Die Regelung des

---

10/504, S. 30 f. Ob das vom Gesetzgeber gewählte Heimatrecht allerdings die Rechtsordnung ist, mit der eine Person am engsten verbunden ist, darf bezweifelt werden. Für das Recht des gewöhnlichen Aufenthaltes spricht zum Beispiel, daß es das Recht ist, das die Personen tagtäglich erfahren.

464 Ähnlich *Carl Ludwig von Bar*, Theorie und Praxis des Internationalen Privatrechts² (1889), Band 2, S. 391 f.

465 S. 41.

466 Böhmer/Siehr-*Verschraegen*, Das gesamte Familienrecht (September 1997), Art. 7 EGBGB, Rn. 24.

467 Zur Geschichte der Berücksichtigung des Verkehrsschutzes im Hinblick auf die Geschäftsfähigkeit im deutschen IPR *Lipp*, Verkehrsschutz im IPR, RabelsZ 63 (1999), S. 107 (111 f.).

468 Zwar ist die Geschäftsfähigkeit grundsätzlich vom Anwendungsbereich des EVÜ ausgenommen worden, Art. 1 II a) EVÜ. Jeder Vertragsstaat des EVÜ muß also die Geschäftsfähigkeit auch weiterhin nach den Regeln seines eigenen internationalen Privatrechts beurteilen. In Art. 11 EVÜ

Art. 11 EVÜ versucht, diejenige gutgläubige Partei zu schützen, die einen Vertrag mit einer geschäftsfähigen Person abzuschließen glaubt, der aber nach dem Vertragsschluß die Geschäftsunfähigkeit oder beschränkte Geschäftsfähigkeit ihres Vertragspartners entgegengehalten wird. Voraussetzung für einen Schutz ist dabei, daß es sich um einen Vertrag handelt, der zwischen Parteien geschlossen wird, die sich im gleichen Staat befinden. Der „Abschlußort" des Vertrages ist also nicht der Ort, an dem der Vertrag zustande kommt, sondern das Land, in dem sich die Parteien bei Vertragsschluß gemeinsam aufhalten. Keine Anwendung findet Art. 12 EGBGB damit auf Distanzgeschäfte. Des weiteren setzt die Regelung des Art. 11 EVÜ / Art. 12 EGBGB voraus, daß eine Normenkollision vorliegt. Das Sachrecht, das die Geschäftsunfähigkeit oder beschränkte Geschäftsfähigkeit anordnet, muß verschieden von dem Sachrecht des Staates sein, in welchem der Vertrag geschlossen wurde. Nach dem Sachrecht des Staates, in dem der Vertrag abgeschlossen wurde, muß die Person, die sich auf die Geschäftsunfähigkeit beruft, als geschäftsfähig gelten.[469] Sind diese Voraussetzungen erfüllt, so kann sich die potentiell geschäftsunfähige oder beschränkt geschäftsfähige Person grundsätzlich nicht auf ihre Geschäftsunfähigkeit oder beschränkte Geschäftsfähigkeit berufen. Kann die potentiell geschäftsunfähige Person indes beweisen, daß ihr Vertragspartner ihre Geschäftsunfähigkeit oder beschränkte Geschäftsfähigkeit kannte oder infolge Fahrlässigkeit nicht kannte, so gilt sie als geschäftsunfähig oder beschränkt geschäftsfähig.[470] Wenn noch *Savigny* sich darüber empörte, daß es nicht anginge, „wenn das heimathliche Gesetz den Vertrag an sich verhindern, aber mit Hülfe einer kleinen Reise zulassen wollte,"[471] so ist dies nunmehr – fast – möglich.[472] Der 18jährige Österreicher, der nach seinem Heimatrecht minderjährig und beschränkt geschäftsfähig ist, kann über die deutsche Grenze reisen und in Deutschland ohne die Zustimmung seiner gesetzlichen Vertreter wirksam Rechtsgeschäfte abschließen. – Dies gilt allerdings nur, wenn er seinem Gegenüber nichts von seiner beschränkten Geschäftsfähigkeit sagt oder dieser nicht auf andere Weise von der Geschäftsfähigkeitsbeschränkung Kenntnis hat oder davon hätte wissen müssen.[473] Aus der Regelung des Art. 12 S. 1 EGBGB ergibt sich damit folgender Grundsatz: Ist eine Person nach ihrem Geschäftsfähigkeitsstatut geschäftsunfähig oder beschränkt geschäftsfähig, ist sie aber nach dem Sachrecht des Staates, in dem der Vertrag geschlossen worden ist,

---

hat dieser Grundsatz bei natürlichen Personen im Hinblick auf einen gutgläubigen Vertragspartner jedoch eine Ausnahme gefunden.

469 Ist die potentiell beschränkt geschäftsfähige Person schon nach dem Geschäftsfähigkeitsstatut unbeschränkt geschäftsfähig, nicht aber nach dem Recht des Abschlußortes, verbleibt es bei der Geschäftsfähigkeit nach der Maßgabe des Fähigkeitsstatuts. Art. 12 S. 1 EGBGB soll den Geschäftspartner schützen, nicht einen zusätzlichen Schutz für den (potentiell) beschränkt Geschäftsfähigen schaffen, Staudinger[13]-*Hausmann*, Art. 12 EGBGB, Rn. 56.

470 *Giuliano/Lagarde*, Bericht, BT-Drucks. 10/503, S. 66.

471 *Savigny*, a. a. O. (Fn. 334, S. 109).

472 Dagegen vehement *Goldschmid*, Für eine ausnahmslose Geltung des Geschäftsfähigkeitsstatuts, FS Kegel (1987), S. 163 (171 ff.).

473 Art. 12 S. 1 EGBGB soll also nicht den Handlungsspielraum eines nach seinem Geschäftsfähigkeitsstatut beschränkt Geschäftsfähigen erweitern, sondern soll den Vertragspartner vor seinen Beschränkungen schützen, *Fischer*, Verkehrsschutz im internationalen Vertragsrecht (1990), S. 31.

unbeschränkt geschäftsfähig, so scheitert der Vertrag nicht an fehlender Geschäftsfähigkeit. Die Frage nach der Anknüpfung der Rechtsfolgen beschränkter Geschäftsfähigkeit oder Geschäftsunfähigkeit stellt sich in dieser Situation praktisch nicht mehr.

Die Auflistung der Tatbestandsmerkmale des Art. 12 EGBGB zeigt indes, daß die in dieser Arbeit diskutierte Frage nach der Anknüpfung der Rechtsfolgen beschränkter Geschäftsfähigkeit trotz Art. 12 EGBGB nicht obsolet ist. Art. 12 EGBGB findet bei Distanzgeschäften keinesfalls Anwendung: Man denke nur an den Fall, daß ein deutscher Minderjähriger bei einem englischen Versandhaus ein Buch bestellt. Desweiteren findet er auch keine Anwendung, wenn der Vertragspartner von der beschränkten oder fehlenden Geschäftsfähigkeit weiß (oder hätte wissen müssen) oder wenn keine Normenkollision vorliegt. Schließlich erfaßt Art. 12 EGBGB gem. S. 2 auch nicht familienrechtliche und erbrechtliche Rechtsgeschäfte sowie Verfügungen über ein in einem anderem Staat belegenes Grundstück.[474] Übereignet daher ein 18jähriger Österreicher während eines Aufenthaltes in Deutschland sein in England belegenes Grundstück, so kommt Art. 12 EGBGB nicht zur Anwendung.

II. Anwendbarkeit des Art. 12 EGBGB auf die Rechtsfolgen beschränkter Geschäftsfähigkeit

1. Keine verringerte Problematik wegen Art. 12 EGBGB

Freilich könnte man daran denken, daß die in dieser Arbeit untersuchte Frage nach der Anknüpfung der Rechtsfolgen beschränkter Geschäftsfähigkeit, wenn zwar nicht obsolet, dann aber zumindest weniger drängend wäre, wenn Art. 12 S. 1 EGBGB auch auf die Rechtsfolgen beschränkter Geschäftsfähigkeit anwendbar wäre.[475] Mit der „Anwendbarkeit" des Art. 12 EGBGB auf die Rechtsfolgen beschränkter Geschäftsfähigkeit ist hier der Fall gemeint, daß beide Vertragsparteien sich zwar bei Vertragsschluß am gleichen Ort aufhalten, eine Vertragspartei jedoch sowohl nach ihrem Geschäftsfähigkeitsstatut als auch nach dem Recht des Landes, in dem sich die Parteien bei Vertragsschluß aufhalten, beschränkt geschäftsfähig ist. Nach Art. 12 EGBGB fände das Ortsrecht für die Rechtsfolgen beschränkter Geschäftsfähigkeit oder Geschäftsunfähigkeit Anwendung. Beispiel sei: Ein 17jähriger Deutscher vereinbart in England eine „lease" (Miet- oder Pachtvertrag) mit seinem englischen „Landlord" über eine in

---

474 Der „andere Staat" ist dabei jeder Staat mit Ausnahme des Staates, in dem die Verfügung über das Grundstück getroffen wird, Staudinger[13]-*Hausmann*, Art. 12 EGBGB, Rn. 42. Familien- und erbrechtliche Geschäfte sind regelmäßig keine Verkehrsgeschäfte, so daß es an einem schutzwürdigen Verkehrsinteresse fehlt, das sich gegen das Interesse geschäftsunfähigen Partei durchsetzen könnte, so daß sie nicht von Art. 12 EGBGB erfaßt werden, vgl. Begründung Reg.-Entw., BT-Drucks.10/504, S. 50. Ausführlich zu Art. 12 S. 2 EGBGB *Lipp*, Verkehrsschutz und Geschäftsfähigkeit im IPR, RabelsZ 63 (1999), S. 107 (132 ff.).

475 Aus einer solchen analogen Anwendbarkeit folgt noch nicht, daß auch Art. 7 I EGBGB die Rechtsfolgen beschränkter Geschäftsfähigkeit oder Geschäftsunfähigkeit mitumfaßt, selbst wenn man, wie etwa Staudinger[13]-*Hausmann*, Art. 12 EGBGB, Rn. 17 f., den Begriff der Geschäftsfähigkeit in Art. 7 und Art. 12 EGBGB gleich auslegt.

England belegene Wohnung.[476] Dabei dürfte es sich um einen Vertrag handeln, der nach englischem Recht „binding unless repudiated" ist, der also bis zum Widerruf durch den Minderjährigen vorläufig bindend ist. Vertragsstatut ist in diesem Falle gem. Art. 28 III EGBGB englisches Recht. Der Deutsche ist nach seinem Geschäftsfähigkeitsstatut (Art. 7 EGBGB: Heimatrecht) als auch nach dem Ortsrecht – englisches Recht – beschränkt geschäftsfähig. Die Rechtsfolge beschränkter Geschäftsfähigkeit nach dem Ortsrecht ist die Widerrufsmöglichkeit durch den Deutschen.

Eine solche Anwendbarkeit des Art. 12 EGBGB wird ohne nähere Begründung vertreten.[477] Problematisch an einer solchen Anwendung des Art. 12 EGBGB ist dabei allerdings der Wortlaut der Regelung. Dort heißt es nämlich: „Wird ein Vertrag zwischen Personen geschlossen, die sich in demselben Staat befinden, so kann sich eine natürliche Person, die nach den Sachvorschriften des Rechts dieses Staates (...) geschäftsfähig wäre, sich nur dann auf die Sachvorschriften des Rechts eines anderen Staates abgeleitete (...) Geschäftsunfähigkeit berufen (...)."[478] In der englischen Version des Art. 11 EVÜ heißt es dazu: „a natural person who would have capacity under the law of that country may invoke his incapacity resulting from another law only if (...)".[479] Augenscheinlich geht der Wortlaut daher davon aus, daß das Recht des Ortes des Vertragschlusses die Geschäftsfähigkeit gerade nicht beschränkt. Damit erfaßt Art. 12 EGBGB vom Wortlaut den soeben diskutierten Fall gar nicht. Selbst wenn man eine entsprechende Anwendung des Art. 12 EGBGB auf die hier genannten Fälle befürworten wollte, bliebe es weiterhin erforderlich, die „grundsätzliche" Anknüpfung der Rechtsfolgen beschränkter Geschäftsfähigkeit oder Geschäftsunfähigkeit zu ermitteln: Denn wollte man die Rechtsfolgen beschränkter Geschäftsfähigkeit oder Geschäftsunfähigkeit von Art. 12 EGBGB erfaßt sehen, so wäre die Rechtsfolge keineswegs, daß immer das Recht des Abschlußortes zur Anwendung käme. Vielmehr müßte ein Vergleich vorgenommen worden, welches Recht für die Wirksamkeit des Vertrages „besser" wäre, welches Recht die „mildere" Rechtsfolge anordnete. Die Notwendigkeit eines solchen Vergleiches folgt daraus, daß Art. 12 EGBGB bei direkter Anwendung das Geschäftsfähigkeitsstatut nicht in jedem Fall verdrängt, um das Recht des Abschlußortes zu berufen. Vielmehr stehen Geschäftsfähigkeitsstatut und das Recht des Abschlußortes im Verhältnis der Alternativität mit dem Ziel, das Zustandekommen des Rechtsgeschäfts zu begünstigen.[480] Daher müßte auch bei einer entsprechenden Anwendung des Art. 12 EGBGB auf die Rechtsfolgen beschränkter Geschäftsfähigkeit ein Vergleich des Rechts des Abschlußortes, diesmal hinsichtlich der Rechtsfolgen

---

476 Zu den damit verbundenen Problemen *Menold-Weber*, Verträge Minderjähriger und ihre Rückabwicklung im englischen Recht (1992), S. 40 ff., und schon oben, Fn. 297, S. 102.

477 Ohne das Problem der Rechtsfolgen beschränkter Geschäftsfähigkeit explizit anzusprechen vom Ergebnis her wohl Staudinger[13]-*Hausmann*, Art. 12 EGBGB, Rn. 72; unklar allerdings in Rn. 56, wo er davon spricht, daß Art. 12 EGBGB nicht anwendbar sei, wenn die Geschäftsfähigkeit „nach beiden Rechten" fehle. Ferner wohl auch MünchKomm[3]-*Spellenberg*, Art. 12 EGBGB, Rn. 57. Andere Ansicht dagegen *Schotten*, Internationales Privatrecht (1995), Rn.66.

478 Hervorhebung vom Verfasser.

479 BT-Drucks. 10/503, S. 12.

480 MünchKomm[3]-*Spellenberg*, Art. 12 EGBGB, Rn. 51; Staudinger[13]-*Hausmann*, Art. 12 EGBGB, Rn. 69.

beschränkter Geschäftsfähigkeit, vorgenommen werden. Verglichen werden können die Rechtsfolgen, die das Ortsrechts vorsieht, aber nur mit den Rechtsfolgen, die dem Rechtsfolgenstatut beschränkter Geschäftsfähigkeit entnommen werden.

2. Zwischenergebnis

Damit läßt sich festhalten, daß auch die entsprechende Anwendung des Art. 12 EGBGB auf die Rechtsfolgen beschränkter Geschäftsfähigkeit die Frage nach der kollisionsrechtlichen Anknüpfung der Rechtsfolgen beschränkter Geschäftsfähigkeit nicht obsolet macht, sondern eine Lösung dieser Frage vielmehr voraussetzt.

3. Wirksame Rechtsgeschäfte beschränkt Geschäftsfähiger und Art. 12 EGBGB

Soeben wurde ausgeführt, daß die Anwendung des Art. 12 EGBGB im Hinblick auf seinen Wortlaut nicht unproblematisch ist, wenn eine Person sowohl nach dem an sich auf sie anwendbaren Geschäftsfähigkeitsstatut als auch nach dem Sachrecht des Abschlußortes beschränkt geschäftsfähig ist. Fraglich ist, ob diese Problematik auch für solche Rechtsfolgen beschränkter Geschäftsfähigkeit besteht, die einen wirksamen Vertragsschluß ermöglichen.

a) Teilgeschäftsfähigkeiten

Strenggenommen gehören Teilgeschäftsfähigkeiten nicht zu den Rechtsfolgen beschränkter Geschäftsfähigkeit. Ist jemand für eine bestimmte Art von Rechtsgeschäften teilgeschäftsfähig, ist er für diese Art von Rechtsgeschäften nach der in dieser Arbeit vertretenen Auffassung schon nicht „beschränkt geschäftsfähig“.[481] Vielmehr ist der grundsätzlich beschränkt Geschäftsfähige im Hinblick auf diese Art von Rechtsgeschäften einem unbeschränkt Geschäftsfähigen gleichgestellt und daher insoweit unbeschränkt geschäftsfähig. Als Geschäftsfähigkeitsregelungen – und eben nicht als Regelungen der Rechtsfolgen beschränkter Geschäftsfähigkeit oder Geschäftsunfähigkeit – werden Teilgeschäftsfähigkeitsregelungen unproblematisch von Art. 12 EGBGB / Art. 11 EVÜ erfaßt.[482] Die Erfassung sowohl der allgemeinen Geschäftsfähigkeit als auch der Teilgeschäftsfähigkeiten durch Art. 12 EGBGB, Art. 11 EVÜ wird dadurch unterstützt, daß andere Rechtsordnungen den Unterschied zwischen Teil- und allgemeiner Geschäftsfähigkeit in dem Maße, wie ihn das deutsche Recht macht, nicht kennen. Nun sind nach Art. 36 EGBGB, der auf Art. 18 EVÜ beruht, die Kollisionsnormen, die für vertragliche Schuldverhältnisse gelten, in den Vertragsstaaten des EVÜ einheitlich auszulegen.[483] Die Geschäftsfähigkeit des englischen Rechts wäre

---

481 S. 58 ff.

482 Im Ergebnis auch Staudinger[13]-*Hausmann*, Art. 12 EGBGB, Rn. 21; vgl. auch die Begründung des Regierungsentwurfs, BT-Drucks. 10/504, S. 50.

483 Dies gilt selbstverständlich auch für Art. 12 S. 1 EGBGB, auch wenn er aus gesetzessystematischen Gründen nicht in den Art. 27 EGBGB ff. eingeordnet worden ist, Staudinger[13]-*Hausmann*, Art. 12 EGBGB, Rn. 3; *Lipp*, Verkehrsschutz und Geschäftsfähigkeit im IPR, RabelsZ 63 (1999), S. 106 (110) m.w.N.

etwa überhaupt nicht erfaßt, wenn man nicht auch Teilgeschäftsfähigkeiten im deutschen Sinne von Art. 11 EVÜ / Art. 12 S. 1 EGBGB erfaßt sehen wollte.[484]

b) Rechtsfolgen, die einen wirksamen Abschluß gewährleisten

Da es für einen Vertragspartner eines potentiell beschränkt Geschäftsfähigen keinen Unterschied macht, ob er meint, mit einem Volljährigen zu kontrahieren, oder ob er meint, mit einem Minderjährigen zu kontrahieren, der nach dem Ortsrecht wirksame Verträge abschließen kann (und dessen Schutz aus Sicht des Vertragspartners damit genüge getan ist), fallen auch solche Rechtsfolgen beschränkter Geschäftsfähigkeit in den Anwendungsbereich des Art. 12 S. 1 EGBGB, die einen wirksamen Vertragsschluß ermöglichen. Beispiel ist etwa § 110 BGB:[485] Im Falle des Aufenthalts beider Parteien in Deutschland macht es für einen Vertragspartner keinen Unterschied, ob er meint, mit einem Volljährigen zu kontrahieren oder mit einem Minderjährigen, von dem er weiß, daß er seine Verpflichtungen mit Geld erfüllt, das ihm zur freien Verfügung überlassen worden ist. Ebenso erfaßt sein dürfte der Fall, daß ein Minderjähriger in Deutschland mit der Einwilligung seiner gesetzlichen Vertreter kontrahiert. Es sollen sogar Mängel der gesetzlichen Vertretungsmacht von Art. 12 S. 1 EGBGB erfaßt werden.[486] Wenn aber der Vertragspartner eines Minderjährigen schon davor geschützt ist, daß die gesetzlichen Vertreter nach einer anderen Rechtsordnung keine Vertretungsmacht haben, dann muß er auch davor geschützt werden, daß die Zustimmung der gesetzlichen Vertreter zu dem Handeln des beschränkt Geschäftsfähigen nach dem Rechtsfolgenstatut beschränkter Geschäftsfähigkeit nicht zur vollen Wirksamkeit führt.

4. Sonstige Rechtsfolgen

Fraglich ist schließlich, ob auch solche Rechtsfolgen beschränkter Geschäftsfähigkeit unter Art. 12 S. 1 EGBGB fallen, die nicht zu einem wirksamen Vertrag führen. Dagegen spricht auf den ersten Blick der erwähnte Wortlaut der Regelung. Indes schließt der Wortlaut eine Anwendung auf die Rechtsfolgen beschränkter Geschäftsfähigkeit nicht notwendigerweise aus.Der Normzweck des Art. 12 EGBGB könnte es vielmehr gebieten, daß Art. 12 EGBGB auch die Rechtsfolgen beschränkter Geschäftsfähigkeit erfaßt.
Der Normzweck der Regelung des Art. 12 EGBGB ist noch nicht abschließend geklärt. Teils wird der Grund für die alternative Anknüpfung an das Ortsrecht darin gesehen,

---

Fischer, Verkehrsschutz im internationalen Vertragsrecht (1990), S. 4 f., betont dagegen die „Wichtigkeit der Übereinstimmung mit den Wertungen des nationalen Rechts“ für den Fall, daß keine „halbwegs gefestigte Rechtsprechung“ vorliege.

484 Artikel 11 des EVÜ spricht in der englischen Version nur von „capacity“ oder „incapacity“, BT-Drucks. 10/503, S. 12. Dieser Ausdruck wird im englischen Recht aber nur in Bezug auf einzelne Rechtsgeschäfte benutzt.

485 Staudinger[13]-*Hausmann*, Art. 12 EGBGB, Rn. 21; MünchKomm[3]-*Birk*, Art. 7 EGBGB, Rn. 30: Im „praktischen Leben“ gehe es bei § 110 BGB „im wesentlichen um eine Frage des Schutzes Dritter“.

486 Statt vieler nur Staudinger[13]-*Hausmann*, Art. 12 EGBGB, Rn. 29.

daß beide Parteien bewußt am Rechtsverkehr des Abschlußstaates teilnehmen.[487] Dieses Recht sei daher am besten geeignet, sowohl über den Zugang zu diesem Rechtsverkehr und über den Ausgleich zwischen den Schutzinteressen der geschäftsunfähigen oder beschränkt geschäftsfähigen Person und ihres Vertragspartners zu entscheiden. Bei Abschluß des Vertrages sei nämlich keineswegs sicher, welches Recht auf die Geschäftsfähigkeit anzuwenden sei. Dies bestimme sich erst im Zeitpunkt der Klageerhebung durch das internationale Privatrecht der *lex fori*. Teils wird der Normzweck darin gesehen, das Vertrauen der Parteien in die Geltung des Rechts am Abschlußort zu schützen.[488] Relevant wird die unterschiedliche Sichtweise etwa in den Fällen, in denen die Parteien sich nur zufällig am Abschlußort aufhalten. Ein Vertrauen auf die Geltung des Rechts am Abschlußort ist hier nicht gerechtfertigt, so daß die Vertreter der letzteren Ansicht hier nicht das Ortsrecht anwenden. Beide Auffassungen sprechen allerdings für eine grundsätzliche Erfassung der Rechtsfolgen beschränkter Geschäftsfähigkeit von Art. 12 S. 1 EGBGB. Der Ausgleich der Schutzinteressen des potentiell beschränkt Geschäftsfähigen und des Rechtsverkehrs wird insbesondere durch die Rechtsfolgen beschränkter Geschäftsfähigkeit erreicht. Grundsätzlich vertrauen die Parteien auch und gerade auf die Rechtsfolgen beschränkter Geschäftsfähigkeit, die das Ortsrecht vorsieht. Dies gilt zumindest für solche Rechtsfolgen, die Teilgeschäftsfähigkeiten oder der Wirksamkeit des Vertrages stark angenähert sind. Beispiele wären etwa die „Wirksamkeit" unter Anpassung der Rechtsfolgen bei Verträgen über *necessaries*[489] oder die Fähigkeit von mündigen Minderjährigen zum Abschluß von Dienstverträgen im ABGB[490].[491]

Problematisch wird die Anwendung indes, je weiter sich die Rechtsfolgen von Teilgeschäftsfähigkeiten entfernen. Zu den Rechtsfolgen beschränkter Geschäftsfähigkeit gehören auch Regelungen wie § 109 I BGB, wonach der Vertragspartner eines beschränkt geschäftsfähigen Minderjährigen bis zur Genehmigung des Vertrags durch die gesetzlichen Vertreter des Minderjährigen zum Widerruf berechtigt ist. Diese Regelung erlaubt dem Vertragspartner sich von einer Bindung an den Vertrag insbesondere dann loszusagen, wenn er nach Vertragsschluß erfährt, daß sein Vertragspartner beschränkt geschäftsfähig ist, und er daher mit dem Minderjährigen nicht mehr in vertraglichen Beziehungen stehen will. Art. 12 S. 1 EGGBGB soll den Vertragspartner aber nicht vor ungewollten Bindungen schützen. Regelungen, die einen solchen Schutz gewährleisten, fallen vielmehr unter Art. 31 II EGBGB.[492] Je weiter man sich daher

---

487 *Lipp*, Verkehrsschutz und Geschäftsfähigkeit im IPR, RabelsZ 63 (1999), S. 107 (132).

488 Palandt[61]-*Heldrich*, Art. 12 EGBGB, Rn. 1.

489 S. 105 ff.

490 S. 86 f.

491 Wobei damit dann das hier nicht weiter zu verfolgenden Problem auftritt, welche Rechtsfolge denn die für den Vertrag „bessere" ist. Ist es milder, daß der Vertrag bis zu Volljährigkeit durch den Minderjährigen widerrufen werden kann, er aber zunächst einmal wirksam ist. Oder ist es für die Wirksamkeit des Vertrages besser, wenn der Vertrag schwebend unwirksam ist, aber mit der Chance, daß die gesetzlichen Vertreter den Vertrag vollkommen genehmigen und er damit wirksam wird? Einiges spricht für die Anwendung des englischen Ortsrechts, auf das sich die Vertragsparteien einstellen konnten.

492 *Spellenberg*, Verkehrsschutz im internationalen Privatrecht, RabelsZ 60 (1990), S. 516 (518 f.), Staudinger[13]-*Hausmann*, Art. 12 EGBGB, Rn. 10.

von der Wirksamkeit eines Vertrages entfernt, desto weniger dürften die Rechtsfolgen beschränkter Geschäftsfähigkeit des Sachrechts des Abschlußortes von Art. 12 S. 1 EGBGB erfaßt sein.

III. Der Verkehrsschutz als Argument für die Anknüpfung der Rechtsfolgen beschränkter Geschäftsfähigkeit

Es bleibt zu untersuchen, ob Verkehrsschutzinteressen einen Hinweis auf die dieser Arbeit zugrundeliegende Fragestellung nach der Anknüpfung der Rechtsfolgen beschränkter Geschäftsfähigkeit geben können. Im Hinblick auf Verkehrsschutzinteressen erscheint es vorzugswürdig, die Rechtsfolgen beschränkter Geschäftsfähigkeit oder Geschäftsunfähigkeit dem Vertragsstatut zu entnehmen, denn wenn die Parteien überhaupt auf die Anwendbarkeit einer Rechtsordnung vertrauen, dann in der Regel auf die Anwendbarkeit des Vertragsstatuts. Dies gilt insbesondere dann, wenn das Vertragsstatut durch Rechtswahl ermittelt wird, aber auch bei objektiver Anknüpfung.[493]

1. Erfassung des Verkehrsschutzes durch Art. 12 EGBGB

Gegen eine Berücksichtigung von Verkehrsschutzinteressen bei der Ermittlung der Anknüpfung der Rechtsfolgen beschränkter Geschäftsfähigkeit oder Geschäftsunfähigkeit könnte zunächst einmal die Existenz der Regelung des Art. 12 EGBGB sprechen. Wie oben gezeigt wurde, erfaßt diese Regelung auch die Rechtsfolgen beschränkter Geschäftsfähigkeit zumindest dann, wenn sie in ihrer Wirkung nahe an die Bejahung der Wirksamkeit des Vertrages herankommen. Wenn der Verkehrsschutz im Hinblick auf die Geschäftsfähigkeit und die Rechtsfolgen beschränkter Geschäftsfähigkeit und Geschäftsunfähigkeit aber ausdrücklich im EGBGB erfaßt ist, so könnte dies dafür sprechen, daß Art. 12 EGBGB die internationalprivatrechtlichen Interessen des Verkehrsschutzes „exklusiv" wahrnimmt, so daß Verkehrsschutzinteressen nicht mehr im Hinblick auf die Ermittlung der grundsätzlichen Anknüpfung der Rechtsfolgen beschränkter Geschäftsfähigkeit herangezogen werden dürfen. Eine solche Schlußfolgerung ist allerdings nicht zwingend. Man könnte Art. 12 S. 1 EGBGB und die darin vorgesehene Anknüpfung an den Vertragsschlußort auch allein als eine Ausnahme zu der Regel sehen, daß möglichst alle Fragen, die einen Vertrag betreffen, vom Vertragsstatut erfaßt werden, und damit als eine Ausnahme zu der Regel, daß die lex causae das Rechtsgeschäft „von der Wiege bis zum Grabe"[494] beherrscht. Art. 12 S. 1 EGBGB beruht auf Art. 11 EVÜ, der wiederum Art. 10 EVÜ folgt und somit systematisch eine Ausnahme zu Art. 10 EVÜ darstellen könnte. Art. 10 EVÜ geht davon aus, daß grundsätzlich alle vertragsrechtlichen Folgen der Parteivereinbarung dem Vertragsstatut unterstehen sollen.[495] Wollte man daher die Rechtsfolgen be-

---

[493] Staudinger[13]-*Hausmann*, Art. 12 EGBGB, Rn. 9.

[494] *Kegel/Schurig*, Internationales Privatrecht[8] (2000), §17 V 1, S. 535; MünchKomm[3]-*Spellenberg*, Vor Art. 11 EGBGB, Rn. 6, Fn. 14 f., mit zahlreichen Beispielen aus der Rechtsprechung.

[495] MünchKomm[3]-*Spellenberg*, Art. 32 EGBGB, Rn. 2.

schränkter Geschäftsfähigkeit dem Vertragsstatut unterstellen, würde Art. 11 EVÜ davon eben lediglich eine Ausnahme machen.

Von der Frage, ob Verkehrsschutzinteressen bei der kollisionsrechtlichen Anknüpfung der Rechtsfolgen beschränkter Geschäftsfähigkeit beachtet werden dürfen, ist zu unterscheiden, ob ein Bedürfnis für die Berücksichtigung des Verkehrsschutzes bei der Regelanknüpfung der Rechtsfolgen beschränkter Geschäftsfähigkeit oder Geschäftsunfähigkeit besteht. Kommt Art. 12 EGBGB bei einem Distanzgeschäft nicht zur Anwendung, so ist den Parteien die internationale Dimension ihres Rechtsgeschäfts jedenfalls bewußt. Scheitert die entsprechende Anwendung des Art. 12 EGBGB an der mangelnden Gutgläubigkeit des geschäftsfähigen Vertragspartners,[496] so ist ebenfalls nicht recht ersichtlich, warum auf Kosten des Schutzes Geschäftsunfähiger oder beschränkt Geschäftsfähiger Verkehrsschutzinteressen berücksichtigt werden sollten. Daher besteht kein wesentliches Bedürfnis einer Berücksichtigung des Verkehrsschutzes bei der Anknüpfung der Rechtsfolgen beschränkter Geschäftsfähigkeit oder Geschäftsunfähigkeit außerhalb der Regelung des Art. 12 EGBGB.

2. Die Ausschlußfunktion der Geschäftsunfähigkeit

Neben einem nur geringen Bedürfnis des Verkehrsschutzes außerhalb des oben dargelegten Anwendungsbereiches der Regelung des Art. 12 EGBGB spricht – zumindest im Hinblick auf Geschäftsunfähige – auch die Ausschlußfunktion der Geschäftsunfähigkeit gegen eine Berücksichtigung des Verkehrsschutzes bei der Ermittlung der grundsätzlichen Anknüpfung der Rechtsfolgen beschränkter Geschäftsfähigkeit oder Geschäftsunfähigkeit: Dem Verkehrsschutz würde nur eine Anknüpfung an das Vertragsstatut gerecht werden. Wie oben[497] im Rahmen des Bereicherungsrechts dargelegt wurde, läßt sich das Vertragsstatut nur durch eine Anknüpfung an die faktischen Erklärungen eines Geschäftsunfähigen bestimmen. Eine Berücksichtigung der faktischen Erklärungen eines Geschäftsunfähigen liefe jedoch Gefahr, gegen die Ausschlußfunktion der Geschäftsunfähigkeit zu verstoßen. Im Hinblick auf Geschäftsunfähige verbietet sich daher eine Berücksichtigung von Verkehrsschutzinteressen bei der Ermittlung der Anknüpfung der Rechtsfolgen.

3. Ergebnis

Damit bleibt festzuhalten, daß Verkehrsschutzgründe, wenn überhaupt, dann jedenfalls nicht als ausschlaggebendes Argument dafür herangezogen werden können, die Rechtsfolgen beschränkter Geschäftsunfähigkeit oder Geschäftsunfähigkeit dem Vertragsstatut zu unterstellen.

---

[496] Zu den Voraussetzungen der Gutgläubigkeit ausführlich *Fischer*, Verkehrsschutz im internationalen Vertragsrecht (1990), S. 45 ff.

[497] S. 133 ff.

§ 14 Vertretungs- und Geschäftsfähigkeitsstatut

Gesetzliche Vertretungsmacht und Rechtsfolgen beschränkter Geschäftsfähigkeit oder Geschäftsunfähigkeit hängen eng zusammen. So sind im deutschen Sachrecht die Eltern einerseits die gesetzlichen Vertreter ihrer Kinder, können diese also eigenständig verpflichten. Gleichzeitig steht den gesetzlichen Vertretern auch die Entscheidung über die Wirksamkeit eines Rechtsgeschäfts zu, das von ihrem Kind eigenständig geschlossen wird, indem sie die Zustimmung zum Rechtsgeschäft erteilen oder versagen können. Soweit das Zustimmungserfordernis eine Wirksamkeitsvoraussetzung der Willenserklärung eines beschränkt Geschäftsfähigen ist, handelt es sich um eine Rechtsfolge beschränkter Geschäftsfähigkeit.[498] Daher stellt sich die Frage, ob die Anknüpfung der Vertretungsmacht gesetzlicher Vertreter einen Hinweis auf die Anknüpfung der Rechtsfolgen beschränkter Geschäftsfähigkeit oder Geschäftsunfähigkeit geben kann. Die Bestimmung, wer die gesetzlichen Vertreter eines beschränkt Geschäftsfähigen sind und welche Vertretungsmacht sie innehaben, wird grundsätzlich dem Eltern - Kind - Statut überlassen, das gem. Art. 3 Minderjährigenschutzabkommen (MSA)[499] oder gem. Art. 21 EGBGB[500] zu ermitteln ist. Dies folgt daraus, daß die gesetzliche Vertretungsmacht insbesondere ein Ausdruck der elterlichen Sorge ist.[501] Das Eltern - Kind - Statut wird im autonomen Kollisionsrecht gem. Art. 21 EGBGB durch die Anknüpfung an den Ort des gewöhnlichen Aufenthaltes des Kindes ermittelt.[502] Das autonome Kollisionsrecht wird teilweise durch das MSA verdrängt. Bei Anwendbarkeit des MSA werden ex-lege-Gewaltverhältnisse des Heimatrechtes eines Minderjährigen anerkannt. Zu den ex-lege Gewaltverhältnissen gehört auch die gemeinsame elterliche Sorge der Eltern und die gesetzliche Vertretungsmacht von Eltern.[503] Strittig ist dabei, ob die Anerkennung der ex-lege-Gewaltverhältnisse nur dann über das MSA zu erfolgen hat, wenn die Voraussetzungen einer Schutzmaßnahme zu prüfen sind oder auch in jeder anderen Situation. Nach dem *BGH* soll es außerhalb von Schutzmaßnahmen – etwa bei der hier interessierenden Frage nach der gesetzlichen Vertretungsmacht – nicht auf das MSA ankommen, sondern bei den Regeln des autonomen deutschen Kollisionsrechts bleiben.[504] Folgt man der Ansicht des BGH, richtet sich die Frage, wer gesetzlicher Vertreter eines Minderjährigen ist und welche Vertretungsmacht er hat, gem. Art. 21 EGBGB grundsätzlich nach dem Recht des gewöhnlichen Aufenthaltes des Kindes.

---

498 S. 40 f.

499 Minderjährigenschutzabkommen (= Haager Übereinkommen über die Zuständigkeit der Behörden und das anzuwendende Recht auf dem Gebiet des Schutzes von Minderjährigen vom 5. 10. 1961).

500 Siehe die in Fn. 512, S. 151 Genannten.

501 Siehe hierzu im deutschen Sachrecht §§ 1626, 1629 BGB; *Lüderitz*, Familienrecht[27] (1999), Rn. 803 f.; *Schwab*, Familienrecht[11] (2001), Rn. 540, *Schlüter*, Familienrecht[8] (1998), Rn. 349; *Lipp*, Rechtsperson (2000), S. 37.

502 Rück- und Weiterverweisung sind beachtlich, Palandt[61]-*Heldrich*, Art. 21 EGBGB, Rn. 1; a. A. MünchKomm[3]-*Klinkhardt*, Art. 21 EGBGB, Rn. 4.

503 *Kropholler*, Internationales Privatrecht[4] (2001), § 48 I, S. 376 i. V. m. § 42 I 1, S. 310

504 BGH, Beschluß vom 2. 5. 1990 – XII ZB 63/89, BGHZ 111, 199 (206). Andere Ansicht etwa *Kropholler*, Internationales Privatrecht[4] (2001), § 48 I 2, S. 378.

I. Zusammenhang von gesetzlicher Vertretungsmacht und beschränkter Geschäftsfähigkeit

Im deutschen Sachrecht hängen gesetzliche Vertretungsmacht und beschränkte Geschäftsfähigkeit, wie schon angedeutet, eng zusammen. So wird die gesetzliche Vertretungsmacht teilweise als „Folge" beschränkter Geschäftsfähigkeit oder Geschäftsunfähigkeit aufgefaßt, da auf diese Weise einem beschränkt Geschäftsfähigen die wirksame Teilnahme am Rechtsverkehr ermöglicht werde.[505] Unter anderem aus diesem Grund nimmt die herrschende Meinung an, daß in den Fällen der Teilgeschäftsfähigkeit gem. §§ 112, 113 BGB die gesetzliche Vertretungsmacht ruht:[506] Wo keine beschränkte Geschäftsfähigkeit gegeben sei, bedürfe es auch keiner gesetzlichen Vertretungsmacht. Konsequent hält die herrschende Meinung diese Auffassung freilich nicht durch. Die Vertretungsmacht der gesetzlichen Vertreter bleibt trotz der Teilgeschäftsfähigkeit Minderjähriger bei solchen Rechtsgeschäften erhalten, die für einen Minderjährigen lediglich einen rechtlichen Vorteil darstellen (§ 107 BGB).[507]

Schließt ein Minderjähriger ein Rechtsgeschäft, das einen nicht lediglich rechtlichen Vorteil darstellt, sind im deutschen Sachrecht die gesetzlichen Vertreter dazu berufen, durch Genehmigungserklärung oder -verweigerung über die Wirksamkeit des Rechtsgeschäfts zu entscheiden. Vertretungsmacht und Genehmigungsbefugnis ergänzen sich damit und befähigen die Eltern, die Teilnahme des Minderjährigen am Rechtsverkehr dann zu ermöglichen oder zu unterbinden, wenn es das (wirtschaftliche) Wohl des Kindes erfordert. Dieser enge Zusammenhang könnte für eine gleiche Anknüpfung der Vertretungsmacht und der Rechtsfolgen beschränkter Geschäftsfähigkeit oder Geschäftsunfähigkeit sprechen.

II. Trennung von Vertretungsmacht und Zustimmungserfordernis

Eine gleiche Anknüpfung kann jedoch nur dann als erforderlich angesehen werden, wenn der gesetzlichen Vertretungsmacht und dem Zustimmungserfordernis die gleiche Funktion zukommt. Die gesetzliche Vertretungsmacht ist im deutschen Sachrecht gem. §§ 1626, 1629 BGB Ausdruck der elterlichen Sorge.[508] Im Gegensatz dazu bestimmen die Rechtsfolgen beschränkter Geschäftsfähigkeit, wie ein beschränkt Geschäftsfähiger trotz seiner Beschränkung selbst am Rechtsleben wirksam teilnehmen kann. Bei den Rechtsfolgen beschränkter Geschäftsfähigkeit steht also die Teilnahme- und Schutzfunktion im Vordergrund.[509] Auch die gesetzliche Vertretungsmacht kann zumindest faktisch der wirksamen Teilnahme des Minderjährigen am Rechtsverkehr

---

505 Vgl. *von Overbeck*, Persons, IECL, Volume III (1972), 15-32, S. 20.

506 MünchKomm[4]-*Schmitt*, § 112 BGB, Rn. 14; *Flume*, AT des BGB, Band II, Das Rechtsgeschäft[3] (1979), S. 209; Soergel[13]-*Hefermehl*, § 112 BGB, Rn. 1; *Medicus*, Bürgerliches Recht, Allgemeiner Teil[7] (1997), Rn. 583; *v. Thur*, Allgemeiner Teil II/1 (1914), § 59 VIII 2, S. 355; Palandt[61]-*Heinrichs*, § 112 BGB, Rn. 1; a. A. *Lipp*, Rechtsperson (2000), S. 36.

507 S. 60.

508 *Lüderitz*, Familienrecht[27] (1999), Rn. 803 f.; *Schwab*, Familienrecht[11] (2001), Rn. 540, *Schlüter*, Familienrecht[8] (1998), Rn. 349; *Lipp*, Rechtsperson (2000), S. 37.

509 S. 40.

dienen. Schließlich wird der beschränkt Geschäftsfähige durch das Handeln seiner gesetzlichen Vertreter verpflichtet, kann so als Rechtsperson am Rechtsverkehr teilnehmen. Indes steht diese Teilnahmefunktion hinter der elterlichen Sorge zurück. Dies zeigt sich daran, daß die gesetzliche Vertretungsmacht gerade nicht erforderlich ist, damit ein beschränkt Geschäftsfähiger wirksam am Rechtsverkehr teilnehmen kann. Das Zustimmungserfordernis der gesetzlichen Vertreter im Sinne der §§ 107 ff. BGB ist nämlich nicht zu verwechseln mit der Macht der gesetzlichen Vertreter, durch eigenes Handeln die Vertretenen verpflichten zu können. Schließt ein Minderjähriger einen Vertrag, durch den er nicht lediglich einen rechtlichen Vorteil erlangt, bedarf er der Zustimmung seiner gesetzlichen Vertreter, andernfalls ist der Vertrag bis zur Genehmigung durch eben diese gesetzlichen Vertreter gem. §§ 107, 108 BGB schwebend unwirksam. Rechtsfolge der beschränkten Geschäftsfähigkeit ist also, daß Dritte – die gesetzlichen Vertreter – in die Willenserklärung des Minderjährigen einwilligen oder diese genehmigen müssen. Das Zustimmungserfordernis von Dritten hat jedoch nichts mit deren Rechtsmacht zu tun, durch eigenes Handeln den minderjährigen beschränkt Geschäftsfähigen verpflichten zu können. Nur das Zustimmen ist notwendige Voraussetzung für die wirksame Teilnahme von beschränkt Geschäftsfähigen am Rechtsverkehr. Beschränkt Geschäftsfähige könnten auch ohne eine eigene Vertretungsmacht der Eltern am Rechtsverkehr wirksam teilnehmen.

Hinzu kommt, daß sich – wie erwähnt – gesetzliche Vertretungsmacht und unbeschränkte (Teil-) Geschäftsfähigkeit nicht notwendigerweise ausschließen. Dies zeigt sich daran, daß – wie erwähnt – die Vertretungsmacht der gesetzlichen Vertreter trotz der Teilgeschäftsfähigkeit Minderjähriger bei Rechtsgeschäften, die für einen Minderjährigen lediglich einen rechtlichen Vorteil darstellen, nicht eingeschränkt wird:[510] Das elterliche Sorgerecht und die daraus entspringende Personensorge bleibt auch bei diesen Rechtsgeschäften erhalten, „obwohl" dies im Hinblick auf die wirksame Teilnahme der Minderjährigen am Rechtsverkehr nicht notwendig ist.

Betrachtet man nicht die gesetzliche Vertretungsmacht von Eltern, sondern die von Betreuern, zeigt sich der fehlende zwingende Zusammenhang von Teilnahmefunktion und Vertretungsmacht eines gesetzlichen Vertreters noch deutlicher. Im deutschen Sachrecht der Betreuung ist eine Teilnahmefunktion in der Regel überhaupt nicht mehr relevant: Wird für einen Volljährigen eine Betreuung angeordnet, wird zwar der Betreuer gesetzlicher Vertreter des Betreuten, die Geschäftsfähigkeit des Betreuten wird aber gem. §§ 1896 ff. BGB grundsätzlich nicht angetastet.

Lediglich Geschäftsunfähige können ohne gesetzliche Vertreter nicht am Rechtsleben teilnehmen, da sie vom Rechtsverkehr ausgeschlossen sind. Insofern könnte der Vertretungsmacht eine gewisse Teilnahmefunktion zukommen. Es ist jedoch zu beachten, daß nicht jeder Geschäftsunfähige notwendigerweise einen gesetzlichen Vertreter hat. Zwar sieht das Gesetz für Geschäftsunfähige aufgrund des formalen Elements der Geschäftsfähigkeit (im deutschen Sachrecht also für Minderjährige unter sieben Jahren) einen gesetzlichen Vertreter vor, nicht aber notwendigerweise dann, wenn das subjektive Element der Geschäftsfähigkeit verneint wird (also etwa bei Geisteskrankheit oder Bewußtlosigkeit). Wollte man hier die Rechtsfolgen der Ge-

---

510 S. 60.

schäftsunfähigkeit dem „Vertretungsstatut" unterstellen, so fragte sich, was denn hier das Vertretungsstatut wäre; das Eltern-Kind-Statut käme bei Volljährigen wohl kaum in Betracht.[511]

Damit läßt sich festhalten, daß die gesetzliche Vertretungsmacht Minderjähriger primär Ausdruck der elterlichen Sorge ist. Im Gegensatz dazu steht bei den Rechtsfolgen beschränkter Geschäftsfähigkeit die Teilnahme- und Schutzfunktion im Vordergrund. Zwar ist oben dargelegt worden, daß im deutschen Sachrecht die Rechtsfolgen beschränkter Geschäftsfähigkeit mittelbar auch der elterlichen Sorge dienen können, aber blickt man nicht nur auf das deutsche Sachrecht, sondern wirft einen Blick ins Ausland, so zeigt sich, daß die Rechtsfolgen beschränkter Geschäftsfähigkeit immer bestimmen, wie ein beschränkt Geschäftsfähiger trotz seiner Beschränkung wirksam am Rechtsverkehr teilnehmen kann. Eine Erziehungsfunktion kommt ihnen hingegen keineswegs selbstverständlich zu. Wie oben gezeigt wurde, entscheiden in England gerade nicht die Eltern oder sonstige „gesetzliche Vertreter" über die Wirksamkeit eines von einem minderjährigen beschränkt Geschäftsfähigen geschlossenen Vertrages. Entweder entscheidet er selber, sobald er volljährig geworden ist, oder die Rechtsfolgen des Vertrages werden bei Verträge über *necessaries* zu seinem Schutz angepaßt.

III. Ergebnis

Die gesetzliche Vertretungsmacht ist also nicht denknotwendige Folge der Beschränkung der Geschäftsfähigkeit und des im deutschen Sachrecht daraus folgenden Zustimmungsbedürfnisses der gesetzlichen Vertreter. Vielmehr ist die Vertretungsmacht Ausdruck der elterlichen Sorge, während die Rechtsfolgen beschränkter Geschäftsfähigkeit dazu dienen, den beschränkt Geschäftsfähigen am Rechtsverkehr wirksam teilnehmen zu lassen oder ihn zu seinem Schutz vom Rechtsverkehr auszuschließen. Die Anknüpfung der Vertretungsmacht der gesetzlichen Vertreter ergibt damit keinen zwingenden Hinweis auf die Anknüpfung der Rechtsfolgen beschränkter Geschäftsfähigkeit.

Da mangels einer zwingenden einheitlichen Anknüpfung davon auszugehen ist, daß das Rechtsfolgenstatut und das Vertretungsstatut in einem konkreten Fall auseinanderfallen, soll hier noch kurz ein kleiner Überblick über die Abgrenzung der Anwendungsbereiche beider Statuten gegeben werden. Das Rechtsfolgenstatut beschränkter Geschäftsfähigkeit regelt, ob ein Rechtsgeschäft nichtig, schwebend unwirksam oder anfechtbar ist und wer genehmigen oder anfechten kann. Das Rechtsfolgenstatut beschränkter Geschäftsfähigkeit entscheidet damit auch darüber, ob beide Eltern oder nur ein Elternteil zustimmen müssen, da dies nicht primär Fragen der elterlichen Sorge, sondern Fragen der wirksamen Teilnahme am Rechtsverkehr des beschränkt Geschäftsfähigen sind. Dagegen sind die Fragen, die primär den Umfang der elterlichen Sorge ausmachen, dem Eltern-Kind-Statut zugewiesen. Die Frage also, wer gesetzlicher Vertreter ist und wie weit seine Vertretungsmacht geht, wird vom Eltern-Kind-Statut erfaßt (Art. 3 MSA, Art. 21 EGBGB).[512] Setzt das Eltern-Kind-Statut, wie es

---

511 *Lüderitz*, Rechtsfähigkeit, Geschäftsfähigkeit und Entmündigung (1972), S. 32 (47).

512 Staudinger[12]-*Beitzke*, Art. 7 EGBGB, Rn. 49 ff. vgl. *Kropholler*, Internationales Privatrecht[4] (2001), § 42 I 1, S. 310, vgl. *von Hoffmann*, Internationales Privatrecht[6] (2000), § 8, Rn. 140,

regelmäßig der Fall sein dürfte, voraus, daß eine Person minderjährig oder beschränkt geschäftsfähig ist, richtet sich jene Frage nach dem Geschäftsfähigkeitsstatut.

Dementsprechend sind Zustimmungserfordernisse des Vormundschaftsgerichts dem Rechtsfolgenstatut beschränkter Geschäftsfähigkeit zu entnehmen, wenn ein be-

---

S. 328; Palandt[61]-*Heldrich*, Art. 7 EGBGB, Rn. 5. Die genannten Autoren sprechen allerdings nicht ausdrücklich vom Rechtsfolgenstatut beschränkter Geschäftsfähigkeit, sondern allgemein vom Geschäftsfähigkeitsstatut. Dies macht in der Sache aber keinen Unterschied, da sie die Rechtsfolgen beschränkter Geschäftsfähigkeit dem Geschäftsfähigkeitsstatut unterstellen.

BGH, Urteil v. 8.10.1991 – XI ZR 64/90, NJW 1992, S. 618 f.: Die Zulässigkeit des Selbstkontrahierens (§ 181 BGB) richtet sich nach dem Vertretungsstatut.

Differenzierend MünchKomm[3]-*Birk*, Art. 7 EGBGB, Rn. 37, der die Vertretungsmacht der gesetzlichen Vertreter ebenfalls grundsätzlich dem Eltern-Kind-Statut unterstellt, aber bei Verschiedenheit von Geschäftsfähigkeits- und Vertretungsstatut das strengere Recht anwenden will. Unklar bleibt insoweit, warum *Birk* hier vom Geschäftsfähigkeitsstatut spricht, obwohl er die Rechtsfolgen beschränkter Geschäftsfähigkeit, zu denen auch gerade die Zustimmungsbedürftigkeit zu zählen ist, dem Vertragsstatut unterstellt.

v. Bar, Internationales Privatrecht, Band 2 (1991), § 1, Rn. 42, will dagegen auch die Vertretungsmacht der gesetzlichen Vertreter dem Geschäftsfähigkeitsstatut unterstellen. Das Geschäftsfähigkeitsstatut müsse sagen, auf welche Weise die Unfähigkeit einer Person, selbständig ein Rechtsgeschäft abzuschließen, durch die Einschaltung Dritter „behoben" werden könne.

Unklar dagegen BGH, Urteil vom 7.12.1977 – IV ZR 20/76, IPRspr. 1977, Nr. 105 (=DNotZ 1978, S. 300 f.): Hier schloß ein österreichischer Vormund im Namen seines Mündels, das die deutsche und die österreichische Staatsangehörigkeit besaß, einen Erbverzichtsvertrag. Bezüglich der Frage, welcher Rechtsordnung eine vormundschaftliche Genehmigungsbedürftigkeit des Vertrages zu entnehmen sei, führt der BGH aus: „Inwieweit ein nicht voll Geschäftsfähiger in der Lage ist, ein Rechtsgeschäft vorzunehmen, d. h. ob und gegebenfalls welche Genehmigungen erforderlich sind, beurteilt sich nach dem Personalstatut des nicht voll Geschäftsfähigen". In diesem Fall ging es aber um die Frage, ob der Vormund in der Lage ist, das Rechtsgeschäft vorzunehmen, nicht darum, wie das Mündel selber den Erbverzichtsvertrag hätte schließen können.

Unklar auch OLG Stuttgart, Beschluß v. 10.4.1996 – 11 U 20/96: Hier verpflichtete sich die 16jährige Beklagte, eine Türkin, mit Zustimmung ihrer sorgeberechtigten Mutter der klägerischen GmbH gegenüber, als stille Gesellschafterin eine Einlage in Höhe von 25166 DM zu erbringen, die in monatlichen Raten von jeweils 250 DM zu zahlen waren. Die Gesellschaft nahm die Beklagte auf Erfüllung dieser Einlageverpflichtung in Anspruch. Das OLG führte aus, daß die 16jährige Beklagte im Zeitpunkt des Vertragsschlusses gem. Art. 7 EGBGB i.V.m. Art. 11, 16 TürkZGB noch nicht geschäftsfähig gewesen sei. Seltsamerweise entnimmt das OLG nun aber die „Befugnis der Mutter", eine Einwilligung zu erteilen, dem Eltern-Kind-Statut, das hier deutsches Recht war (Art.19 II 2 EGBGB a. F., die Ehe der Eltern bestand nicht mehr und die Beklagte hatte ihren gewöhnlichen Aufenthalt in Deutschland). Daher wendet das OLG sowohl § 107 BGB als auch §§ 1643, 1822 Nr. 5 BGB an. Unklar ist aber schon, warum das OLG § 107 BGB anwendet. § 107 BGB hat, wie oben ausgeführt, eine doppelte Funktion. Einmal regelt es eine Teilgeschäftsfähigkeit bezüglich solcher Rechtsgeschäfte, durch die ein Minderjähriger einen lediglich rechtlichen Vorteil erlangt. Insofern untersteht § 107 BGB jedenfalls dem Geschäftsfähigkeitsstatut (hier also türkischem Recht). Andererseits regelt § 107 BGB die Rechtsfolge der beschränkten Geschäftsfähigkeit, daß ein Minderjähriger Rechtsgeschäfte, durch die er nicht lediglich einen rechtlichen Vorteil erlangt, nur mit Einwilligung seiner gesetzlichen Vertreter schließen kann. Damit unterstellt das OLG hier also die Rechtsfolgen beschränkter Geschäftsfähigkeit ohne Begründung dem Eltern-Kind-Statut, ohne dies aber ausdrücklich auszuführen.

schränkt Geschäftsfähiger selber handelt: Hier geht es um eine Frage, wer alles zustimmen muß, damit ein beschränkt Geschäftsfähiger wirksam am Rechtsverkehr teilnehmen kann. Handeln dagegen seine gesetzlichen Vertreter, so sind die Zustimmungserfordernisse des Vormundschaftsgerichts dem Eltern-Kind-Statut zu entnehmen, da hier eine Frage des Umfangs der Vertretungsmacht der gesetzlichen Vertreter angesprochen ist.[513]

---

513 Staudinger[12]-*Beitzke*, Art. 7 EGBGB, Rn. 51 f. Anders dagegen Staudinger[9]-*Raape*, Art. 7 EGBGB, S. 74 f., der zwar vom gleichen Grundsatz ausgeht, aber meint, daß ein Genehmigungserfordernis des Vertretungsstatuts auch anwendbar sei, wenn ein beschränkt Geschäftsfähiger selber handele, das Rechtsfolgenstatut beschränkter Geschäftsfähigkeit aber keine Genehmigung durch ein Vormundschaftsgericht voraussetze.

§ 15 Anpassungsprobleme

Schon in der Einleitung dieser Arbeit wurde darauf hingewiesen, daß die Rechtsfolgen beschränkter Geschäftsfähigkeit oder Geschäftsunfähigkeit die Grenze ziehen zwischen den Regelungen der Voraussetzungen der Geschäftsfähigkeit einerseits und den Regelungen des Vertragsrechts andererseits.[514] Dabei wurde auch der enge inhaltliche Zusammenhang zwischen der Beschränkung der Geschäftsfähigkeit oder Geschäftsunfähigkeit und den Rechtsfolgen angedeutet. Es scheint fast selbstverständlich zu sein, daß die Rechtsfolgen der beschränkten Geschäftsfähigkeit oder Geschäftsunfähgkeit als Ausfluß und unmittelbare Folge eben der Beschränkung der Geschäftsfähigkeit oder Geschäftsunfähigkeit begriffen werden. Ausgehend von dieser „Selbstverständlichkeit" wird vertreten, daß es zu „größten" und unnötigen „Anpassungsschwierigkeiten" kommen würde, wenn man Voraussetzungen und Rechtsfolgen unterschiedlich anknüpfte.[515] Sei etwa ein Geschäftsfähigkeitsgrad oder eine bestimmte Art von Teilgeschäftsfähigkeit des Geschäftsfähigkeitsstatuts dem Vertragsstatut unbekannt, so stelle sich die Frage, was hinsichtlich der Rechtsfolge geschehen solle. Eine „entsprechende Rechtsfolge" sei für den „spezifischen Fall" im Vertragsstatut ja nicht vorgesehen.[516] Daher müßten sowohl die Voraussetzungen als auch die Rechtsfolgen beschränkter Geschäftsfähigkeit dem Geschäftsfähigkeitsstatut unterstellt werden. Dem hält *Birk* entgegen, daß sich die „gleichen oder ähnlichen" Anpassungsprobleme ergäben, wenn man die Rechtsfolgen zwar dem Fähigkeitsstatut unterstellte, das Wirkungsstatut aber andere Rechtsfolgen als das Geschäftsfähigkeitsstatut vorsehe.[517]

In diesem Abschnitt soll also untersucht werden, ob und inwieweit sich Anpassungsprobleme ergeben, wenn die Rechtsfolgen beschränkter Geschäftsfähigkeit oder Geschäftsunfähigkeit dem Vertragsstatut oder dem Personalstatut unterstellt werden.

I. Das Problem der Anpassung im internationalen Privatrecht

„Anpassung" bezeichnet die Lösung bei Normenwidersprüchen zwischen mehreren zur Anwendung berufenen Rechtsordnungen.[518] Normwidersprüche sind eine Folge der „analytischen Methode"[519] des internationalen Privatrechts: Ein Rechtsfall wird unter sachlichen und zeitlichen Gesichtspunkten zerlegt und die einzelnen Rechtsfragen werden verschiedenen Rechtsordnungen unterstellt.[520] Normenwidersprüche können in Form eines Normenmangels, einer Normenhäufung oder einer sogenannten qualitativen Normendiskrepanz auftreten.[521] Normenmangel liegt vor, wenn die ein-

---

514 S. 23 ff.

515 *Baetge*, Anknüpfung der Rechtsfolgen bei fehlender Geschäftsfähigkeit, IPRax 96, 185 (187).

516 *Baetge*, a. a. O. (Fn. 515).

517 MünchKomm³-*Birk*, Art. 7 EGBGB, Rn. 35.

518 *von Hoffmann*, Internationales Privatrecht⁶ (2000), § 6, Rn. 31. Die Bezeichnung „Anpassung" ist besser als „Angleichung", da die Rechtsanwendung lediglich im Einzelfall abgeändert wird, um das Problem zu lösen. Dagegen werden nicht die beteiligten Rechtsordnungen oder Sachnormen als solche aneinander „angeglichen", *von Hoffmann*, a. a. O.

519 *Goldschmidt*, Die philosophischen Grundlagen des internationalen Privatrechts, FS Martin Wolff (1952), S. 203 (208).

520 *Kropholler*, Internationales Privatrecht[4] (2001), § 34 II, S. 229 f.

521 *Kropholler*, Internationales Privatrecht[4] (2001), § 34 III, S. 231 f.

schlägigen Normen aller in Betracht kommender Rechtsordnungen nicht anzuwenden sind. Beispiel hierfür ist, daß in einem abstrakt gedachten Fall das Ehegüterstatut (Art. 15 EGBGB) für die Versorgung einer Witwe einen erbrechtlichen Anspruch gewährt, das davon verschiedene Erbstatut des verstorbenen Ehemannes (Art. 25 EGBGB) aber nur einen güterrechtlichen Ausgleich.[522] Es wäre seltsam, wenn hier die Witwe nichts erhalten sollte, obwohl beide Rechtsordnungen bei reinen Inlandssachverhalten der Witwe etwas zukommen lassen. Unter einer Normenhäufung versteht man dagegen die gleichzeitige Anwendbarkeit von inhaltlich konkurrierenden Normen aus mehreren Rechtsordnungen. Eine Normenhäufung läge zum Beispiel vor, wenn das Güterstatut der Witwe statt einer umfassenden erbrechtlichen Beteiligung einen erhöhten güterrechtlichen Ausgleich gewährte und gleichzeitig das vom Güterstatut verschiedene Erbstatut der Witwe einen erhöhten Erbteil zuspräche.[523] Hier erhielte die Witwe also zweimal einen erhöhten Ausgleich und damit „mehr“ als bei reinen Inlandssachverhalten. Ein Beispiel für eine qualitative Normendiskrepanz zeigt sich etwa zwischen Erb- und Sachstatut, wenn nach dem Erbstatut des Erblassers der Erbe ein Recht an einer unbeweglichen Sache erhält, das mit der *lex rei sitae* nicht vereinbar ist. Beispiel hierfür ist ein englisches trust-Recht an einem spanischen Grundstück.[524]

II. Vorgehensweise

Anhand einiger exemplarischer Beispiele soll im folgenden der Frage nachgegangen werden, bei welcher Anknüpfung der Rechtsfolgen beschränkter Geschäftsfähigkeit oder Geschäftsunfähigkeit Schwierigkeiten auftreten, die durch eine Anpassung gelöst werden müßten. Ergeben sich bei einer Anknüpfungsmöglichkeit grundsätzlich geringere Anpassungsprobleme als bei einer anderen, so ist dies zumindest als ein Indiz zu werten, welche Anknüpfungsmöglichkeit zu bevorzugen ist. Ein besonderes Augenmerk ist im Rahmen der Beispiele freilich darauf zu legen, ob die sich aus der Anknüpfung der Rechtsfolgen beschränkter Geschäftsfähigkeit oder Geschäftsunfähigkeit ergebenden Probleme solche des Normenmangels, der Normenhäufung oder der qualitativen Normendiskrepanz sind, die über eine Anpassung zu lösen sind. Der Einfachheit halber wird in den Beispielen davon ausgegangen, daß, soweit die Regelung grundsätzlich einschlägig wäre, die Voraussetzungen des Art. 12 EGBGB mangels Gutgläubigkeit des Vertragsspartners nicht gegeben sind.

III. Teilgeschäftsfähigkeiten

Im Gegensatz zu den von *Baetge* geäußerten Bedenken[525] bestehen jedenfalls hinsichtlich Teilgeschäftsfähigkeiten keine Schwierigkeiten. Beide hier in Frage kommenden Möglichkeiten der Anknüpfung der Rechtsfolgen beschränkter Geschäftsfähigkeit oder Geschäftsunfähigkeit ziehen im Hinblick auf die Rechtsfolgen einer Teilgeschäftsfähigkeit keine Anpassungsprobleme nach sich. Dies ergibt sich bereits

---

522 *Kropholler*, a. a. O. (Fn. 521).
523 *Kropholler*, a. a. O. (Fn. 521).
524 *Kropholler*, a. a. O. (Fn. 521).
525 *Baetge*, Anknüpfung der Rechtsfolgen bei fehlender Geschäftsfähigkeit, IPRax 96, 186 (187).

aus dem Verständnis der Teilgeschäftsfähigkeit als einer unbeschränkten Geschäftsfähigkeit für eine bestimmte Art von Rechtsgeschäften. Die „Rechtsfolge" der Teilgeschäftsfähigkeit ist daher dieselbe wie die Rechtsfolge allgemeiner unbeschränkter Geschäftsfähigkeit, nämlich die „Wirksamkeit" des Rechtsgeschäfts. Genauer formuliert scheitert das Rechtsgeschäft bei vorliegender Teilgeschäftsfähigkeit ebensowenig wie bei gegebener allgemeiner Geschäftsfähigkeit an Geschäftsfähigkeitsgründen. Diese „Rechtsfolge" gilt unabhängig davon, ob die Rechtsfolgen beschränkter Geschäftsfähigkeit oder Geschäftsunfähigkeit dem von Art. 7 EGBGB zu ermittelnden Geschäftsfähigkeitsstatut entnommen werden oder ob sie dem Vertragsstatut unterstellt werden.

IV. Die Geschäftsfähigkeitsstufen Österreichs

Anders könnte es hingegen bei Geschäftsfähigkeitsstufen aussehen, die zwar dem Geschäftsfähigkeitsstatut, nicht aber dem Vertragsstatut bekannt sind. Zur Verdeutlichung soll auf folgende Beispiele eingegangen werden.

1. Ein Österreicher in Deutschland

Ein 14jähriger Österreicher (Ö) lebt mit seinen Eltern in Deutschland. Er verpflichtet sich ohne Zustimmung seiner Eltern bei einem Deutschen zu einer Dienstleistung außerhalb eines Lehr- oder Ausbildungsvertrages. Vertragsstatut ist hier gem. Artt. 28 II, 30 EGBGB deutsches Recht.[526] Ö ist nach seinem Heimatrecht, das gem. Art. 7 EGBGB i.V.m. § 12 öIPRG auf die Voraussetzungen der Geschäftsfähigkeit Anwendung findet, ein sogenannter „mündiger Minderjähriger". Rechtsfolge dieser Geschäftsfähigkeitsstufe im österreichischen Sachrecht ist, daß er einen Vertrag, wie er hier in Frage steht, „wirksam" schließen kann, seine gesetzlichen Vertreter allerdings ein Sonderkündigungsrecht aus wichtigem Grund haben. Wie oben ausgeführt, handelt es sich hier nicht etwa um eine Teilgeschäftsfähigkeitsregelung. Vielmehr ist der mündige Minderjährige funktional „beschränkt geschäftsfähig", die Rechtsfolge dieser beschränkten Geschäftsfähigkeit ist die erwähnte „Wirksamkeit" nebst Sonderkündigungsrecht der gesetzlichen Verteter.

a) Rechtsfolgen werden von Art. 7 EGBGB erfaßt

Richten sich die Rechtsfolgen beschränkter Geschäftsfähigkeit nach dem österreichischen Heimatrecht, so ist der Vertrag zunächst wirksam, den gesetzlichen Vertretern steht aber ein Sonderkündigungsrecht aus wichtigem Grunde zu. Letzteres ist dem deutschen Vertragsstatut unbekannt. Dies stellt aber keine besondere Schwierigkeit dar. Spätestens seit der Entscheidung des BGH,[527] daß auch ein deutsches Gericht eine „Trennung von Tisch und Bett" durchführen könne, ist die Anwendung von solchen Rechtsinstituten, die dem deutschen Recht unbekannt sind, nicht ausgeschlossen.

---

526 Handelt es sich um einen Arbeitsvertrag, so ist deutsches Sachrecht Vertragsstatut gem. Art. 30 EGBGB, liegt dagegen kein Arbeitsvertrag vor, so ergibt sich die Anwendbarkeit des deutschen Sachrechts aus Art. 28 II EGBGB.

527 BGH, Urteil vom 22. 3. 1967 – IV ZR 148/65, BGHZ 47, 324 (333).

Dies gilt jedenfalls dann, wenn das ausländische Institut, wenn auch nur eingeschränkt, eine Funktion hat, die nach deutschem Sachrecht einem anderen Institut zukommt. Das Sonderkündigungsrecht des AGBGB verfolgt hier die gleiche Funktion wie das Einwilligungs- und Genehmigungserfordernis des BGB bei Verträgen Minderjähriger. Der Minderjährige soll vor rechtlich (und wirtschaftlich) nachteiligen Rechtsgeschäften geschützt werden, und die Entscheidung, ob ein Nachteil vorliegt, soll den gesetzlichen Vertretern überlassen bleiben. Im Gegensatz zum deutschen Recht ist „lediglich" die Entscheidungsbefugnis des gesetzlichen Vertreters eingeschränkt – und die des Minderjährigen entsprechend aufgewertet – auf ein Sonderkündigungsrecht aus wichtigem Grund. Anpassungsprobleme sind hier nicht ersichtlich.

b) Rechtsfolgen werden vom Vertragsstatut erfaßt

Richten sich die Rechtsfolgen beschränkter Geschäftsfähigkeit dagegen nach dem deutschen Vertragsstatut, so steht auf den ersten Blick keine Rechtsfolge zur Verfügung. Diese auf den ersten Blick fehlende Rechtsfolge ergibt sich daraus, daß das BGB keine „mündigen Minderjährigen", sondern nur Geschäftsunfähige oder beschränkt Geschäftsfähige kennt. Bedenkt man aber, daß der mündige Minderjährige auch in der Geschäftsfähigkeit beschränkt ist, so steht als Rechtsfolge die schwebende Unwirksamkeit (§ 108 I BGB) des Vertrages zur Verfügung. Die Anwendbarkeit des § 108 I BGB ergibt sich aus der Qualifikation des „mündigen Minderjährigen" als beschränkt geschäftsfähig im Sinne des BGB. Dabei ist hilfreich, daß, wie oben ausgeführt, auch das österreichische Recht die Rechtsfolge der schwebenden Unwirksamkeit grundsätzlich kennt. Auch hier liegt weder eine Normenhäufung, ein Normenmangel noch eine Normendiskrepanz vor. Die Anwendung des § 108 I BGB ist vielmehr problemlose Folge der Anknüpfung der Rechtsfolgen beschränkter Geschäftsfähigkeit. Die „Erfassung" der mündigen Minderjährigen wäre „einfach" die Folge einer „normalen" Qualifikation. Anpassungsprobleme wären also auch hier nicht gegeben.

2. Ein Deutscher in Österreich

Anders könnte sich hingegen die Situation darstellen, wenn sich ein minderjähriger Deutscher, der mit seinen Eltern in Wien lebt, ohne deren Zustimmung bei einem Österreicher zu einer Dienstleistung außerhalb eines Lehr- oder Ausbildungsvertrages verpflichtet. Vertragsstatut ist in diesem Fall gem. Art. 28 II, 30 EGBGB österreichisches Recht.

a) Rechtsfolgen werden vom Vertragsstatut erfaßt

Richten sich die Rechtsfolgen nach dem Vertragssstatut, so fragt sich, welche Rechtsfolge dem ABGB entnommen werden kann. Deutlich wird das Problem, wenn man zwei Fälle miteinander vergleicht. Man nehme einen 13jährigen Deutschen sowie einen 14jährigen Deutschen, die beide den erwähnten Vertrag schließen.

Bei dem 13jährigen wird man wohl ohne Problem dem österreichischen Vertragsstatut entnehmen können, daß die Rechtsfolge der beschränkten Geschäftsfähigkeit „schwebende Unwirksamkeit" ist. Nimmt man dagegen den 14jährigen Deutschen, so ist die Antwort schwieriger. Soll man hier auch schwebende Unwirksamkeit annehmen, oder etwa die „Wirksamkeit“ mit einem Sonderkündigungsrecht? Wollte man das Rechtsgeschäft für wirksam erachten und den Eltern als gesetzlichen Vertretern ein Sonderkündigungsrecht zugestehen, so würde letztendlich nicht nur diese Rechtsfolge dem Vertragsstatut entnommen, sondern auch die Altersgrenze von 14 Jahren, mit deren Erreichen man nach dem ABGB zum mündigen Minderjährigen wird. Dies wäre einerseits zwar logische Konsequenz, wenn dem Geschäftsfähigkeitsstatut nur die Frage nach dem „Ob“ des Schutzes überlassen bliebe und das Vertragsstatut über die Ausgestaltung des Schutzniveaus zu entscheiden hätte. Andererseits entnähme man, selbst wenn dieser Prämisse zu folgen wäre, Altersgrenzen dem Vertragsstatut, obwohl Altersgrenzen vom Gesetzgeber typischerweise dazu genutzt werden, die Voraussetzungen der Geschäftsfähigkeit zu bestimmen, und Altersgrenzen damit grundsätzlich dem Geschäftsfähigkeitsstatut zu entnehmen sind. Hier zeigt sich damit – erneut – der enge Zusammenhang zwischen den Voraussetzungen beschränkter Geschäftsfähigkeit und ihrer Rechtsfolgen, und dies ist in der Tat ein guter Grund für die gleiche Anknüpfung der Voraussetzungen und der Rechtsfolgen beschränkter Geschäftsfähigkeit oder Geschäftsunfähigkeit. Fraglich ist allerdings, ob darin ein „Anpassungsproblem“ liegt. Es ist eine Frage der „richtigen“ Qualifikation, ob Regelungen, die „auch“ Altersgrenzen enthalten, vielleicht „auch“ Rechtsfolgeregelungen beschränkter Geschäftsfähigkeit sein können. Sollte man dies ablehnen, so stehen für den Beispielsfall im österreichischen Recht aber Rechtsfolgeregelungen (schwebende Unwirksamkeit des Vertrages) zur Verfügung, auf die zurückgegriffen werden könnte. Ein Anpassungsproblem liegt in diesem Qualifikationsproblem daher nicht.

b) Rechtsfolgen werden vom Geschäftsfähigkeitsstatut erfaßt

Richten sich die Rechtsfolgen dagegen nach dem Geschäftsfähigkeitsstatut, so ist der Vertrag sowohl bei 13jährigen als auch 14jährigen Deutschen gem. § 108 I BGB schwebend unwirksam. Diese Rechtsfolge ist dem österreichischen Recht auch bekannt. Anpassungsprobleme sind nicht ersichtlich.

c) Zwischenergebnis

Das Beispiel des ABGB im Vergleich zum BGB zeigt, daß eine gleiche Anknüpfung von Geschäftsfähigkeitsvoraussetzungen und ihren Rechtsfolgen in solchen Fällen zu geringeren Qualifikationsproblemen führt, in denen eine Rechtsordnung eine abgestufte beschränkte Geschäftsfähigkeit kennt, die andere Rechtsordnung hingegen nur eine einheitliche beschränkte Geschäftsfähigkeit. Anpassungsprobleme bestehen hingegen auch in solchen Fällen nicht.

V. Die beschränkte Testierfähigkeit des Code civil

Anpassungsschwierigkeiten könnten jedoch dann entstehen, wenn eine Rechtsordnung Rechtsfolgen beschränkter Geschäftsfähigkeit kennt, die anderen Rechtsordnungen vollkommen unbekannt sind. Als Beispiel soll hier die der französischen

Rechtsordnung bekannte Testierfähigkeit mit „beschränkter Reichweite"[528] angeführt werden. Gem. Art. 904 Cc kann ein Minderjähriger, der das 16. Lebensjahr beendet hat, nur über die Hälfte des Vermögens von Todes wegen verfügen, über welches er als Volljähriger verfügen könnte. Bevor Probleme im Hinblick auf die Anknüpfung der Rechtsfolgen dieser „beschränkten" Testierfähigkeit im Rahmen dieser Arbeit von Interesse werden, stellt sich die Frage, ob es sich in Art. 904 Cc um eine Testierfähigkeitsregelung und damit um eine Regelung einer „besonderen Geschäftsfähigkeit" oder ob es sich um eine Verfügungsbeschränkung handelt. Die Regelung hängt eng mit dem gesetzlichen Erbrecht der Verwandten („Noterbrecht") zusammen,[529] so daß man an letzteres denken könnte. Nun schützen Testierfähigkeitsregelungen immer auch die gesetzlichen Erben, denn die Folge von Testierunfähigkeit ist ja gerade, daß die gesetzliche Erbfolge eintritt. Dennoch steht, wie dargelegt, bei der Testierfähigkeit der Schutz des Testators vor Verfügungen, für die er nicht die notwendige Willenstauglichkeit hat, im Vordergrund. Für eine Einordnung des Art. 904 Cc als Testierfähigkeitsregelung im Sinne einer besonderen Geschäftsfähigkeit spricht insbesondere, daß sie an das Alter des Testators anknüpft und mit Volljährigkeit ihre Relevanz verliert. Pflichtteilsrechte bestehen aber typischerweise unabhängig vom Alter des Testators, denn sie sollen ja gerade die gesetzlichen Erben schützen. Durch Art. 904 Cc werden die gesetzlichen Erben aber nur – mittelbar – bis zur Volljährigkeit des Testators geschützt. Hinzu kommt, daß sich Beschränkungen der Verfügungsfähigkeit und der Geschäftsfähigkeit unter anderem danach unterscheiden lassen, daß Beschränkungen ersterer nichts mit der „Beschaffenheit" der Person an sich zu tun haben, während Geschäftsfähigkeitsbeschränkungen gerade auf die Person bezogen sind.[530] Die Regelung des Art. 904 Cc ist dabei auf die Person bezogen, da sie auf das Alter des Testators abstellt. Im übrigen liegt bei Art. 904 Cc auch ein Vergleich mit einer Teilgeschäftsfähigkeitsregelung nahe. Zwar besteht der Unterschied zu einer solchen, daß eine Teilgeschäftsfähigkeitsregelung die auf Verstandeskraft beruhende persönliche Geschäftswillenstauglichkeit für eine bestimmte Art von Rechtsgeschäften ist. Diese Art von Rechtsgeschäften darf der Betreffende vollwirksam vornehmen. Bei der vorliegenden Regelung wird dagegen der „Umfang" dessen beschränkt, über das von Todes wegen verfügt werden kann. Aber es handelt sich um eine vergleichbare „Methode", da einem Minderjährigen ab einem bestimmten Alter die Möglichkeit gegeben wird, eigenständiger als vorher Rechtsgeschäfte vorzunehmen. Daher erscheint eine Qualifikation des Art. 904 Cc als Testierfähigkeitsregelung angemessen. Er regelt eine Beschränkung der Testierfähigkeit mit der Folge, daß ein 16jähriger Franzose nur über die Hälfte seines Vermögens testamentarisch von Todes wegen verfügen kann.

---

528 So Staudinger[13]-*Dörner*, Art. 25 EGBGB, Rn. 221; bis 1984 kannte auch das ABGB eine vergleichbare Regelung. Gem. § 568 AGBGB konnte ein Verschwender nur über die Hälfte seines Vermögens testieren, während die andere Hälfte seinen gesetzlichen Erben zufiel.

529 *Neuhaus*, Testierfähigkeit im deutschen IPR, RabelsZ 18 (1953), S. 651 (654).

530 *Bernhardt*, Die Handlungs- und Prozessfähigkeit ausländischer natürlicher Personen in der Schweiz (1928), S. 36.

1. Beispiel

Ein 16jähriger Franzose (F) faßt in Frankreich ein formgültiges Testament ab, in dem er sein gesamtes Vermögen seiner Jugendliebe hinterläßt. Mit 17 Jahren kommt der Franzose zusammen mit seinen Eltern nach Deutschland, nimmt die deutsche Staatsangehörigkeit an und verstirbt aufgrund eines Verkehrsunfalls. Erbstatut ist gem. Art. 25 I EGBGB deutsches Recht. Die Testierfähigkeit richtet sich, folgt man der in dieser Arbeit vertretenen Ansicht, gem. 7 I EGBGB nach dem Recht des Staates, dem der Erblasser im Zeitpunkt der Abfassung des Testaments angehörte, hier somit nach französischem (Heimat-) Recht.

a) Rechtsfolgen werden Art. 7 EGBGB unterstellt

Unterstellt man die Rechtsfolgen der „beschränkten" Testierfähigkeit ebenfalls dem Heimatrecht, so ergibt sich, daß der F nur über die Hälfte seines Vermögens verfügen konnte. Eine solche Rechtsfolge ist dem deutschen Recht zwar nicht bekannt, aber, wie bereits ausgeführt, ist ein deutsches Gericht grundsätzlich nicht daran gehindert, ein unbekanntes Rechtsinstitut anzuwenden, wenn das ausländische Institut, wenn auch nur eingeschränkt, eine Funktion hat, die in Deutschland einem anderen Institut zukommt.[531] Durch die beschränkte Testierfähigkeit und ihre Rechtsfolge sollen minderjährige Testatoren geschützt werden. Im deutschen Recht werden Minderjährige durch die Testierunfähigkeit, § 2229 I BGB, – auch – geschützt. Somit ist die Funktion, die die beschränkte Testierfähigkeit des Cc erfüllt, dem deutschen Recht nicht grundsätzlich unbekannt. Die Rechtsfolge könnte von einem deutschen Gericht angewendet werden. Anpassungsprobleme würden in diesem Fall nicht entstehen.

b) Rechtsfolgen werden dem Erbstatut unterstellt

Überläßt man die Rechtsfolgen hingegen dem Wirkungsstatut und damit hier dem deutschen Recht als Erbstatut, so stellt sich die Frage, was denn die Rechtsfolge der beschränkten Testierfähigkeit gem. Art. 904 Cc im deutschen Recht sein soll. Das deutsche Recht kennt keine „beschränkte Testierfähigkeit". Die Rechtsfolge der deutschen Testierunfähigkeit paßt nicht, da das Testament dann gänzlich unwirksam wäre, womit ignoriert würde, daß der F nach französichem Recht von der Verfügung von Todes wegen eben nicht vollkommen ausgeschlossen ist. Die Rechtsfolge der Testierfähigkeit – nämlich uneingeschränkte Wirksamkeit – ist auch problematisch, da dann der Schutz, der dem beschränkt Testierfähigen zukommen soll, ignoriert würde. Die Rechtsfolgen der allgemeinen „beschränkten Geschäftsfähigkeit" des BGB lassen sich auch nicht heranziehen. Schwebend unwirksame Testamente, deren Wirksamkeit von der Zustimmung Dritter abhängig wären, würden weder der Rechtssicherheit dienen noch mit der Konzeption eines Testaments als höchstpersönliches Rechtsgeschäft vereinbar sein. Auch die Rechtsfolgen der beschränkten Ehefähigkeit können nicht verwendet werden, da eine Befreiung des Vormundschaftsgerichts gem. § 1303 BGB vor Eingehung der Ehe, entsprechend also vor Abfassung des Testaments, eingeholt wer-

---

531 BGH a. a. O. (Fn. 527, S. 156) – „Trennung von Tisch und Bett".

den müßte. Zu diesem Zeitpunkt wußte F aber noch gar nicht, daß im Zeitpunkt des Eintritts des Erbfalls deutsches Recht Erbstatut sein würde.

Die in Betracht kommende deutsche Rechtsordnung stellt hier somit keine Rechtsfolge zur Verfügung, da sie zwar die Funktion des Schutzes minderjähriger Testatoren kennt, sie diese aber nach dem „Alles oder Nichts"-Prinzip schützt, das heißt den Testator entweder von Verfügungen von Todes wegen ganz ausschließt oder ihm unter gewissen Voraussetzungen die Verfügung über sein gesamtes Vermögen ermöglicht. Hier wäre daher eine Anpassung erforderlich.

2. Zwischenergebnis

Damit ergibt sich ein Anpassungsproblem bei einer Erfassung der Rechtsfolgen beschränkter Geschäftsfähigkeit durch das Vertrags- / Wirkungsstatut, wenn eine Rechtsordnung Rechtsfolgen beschränkter Geschäftsfähigkeit kennt, die der anderen grundsätzlich unbekannt sind.

VI. Ergebnis

Es ist festzuhalten, daß im Hinblick auf Teilgeschäftsfähigkeiten bei beiden in Betracht kommenden Anknüpfungsmöglichkeiten der Rechtsfolgen beschränkter Geschäftsfähigkeit oder Geschäftsunfähigkeit keine Anpassungsprobleme bestehen.

Der Vergleich des ABGB mit dem BGB hat gezeigt, daß eine gleiche Anknüpfung von Geschäftsfähigkeitsvoraussetzungen und ihren Rechtsfolgen zu geringeren Qualifikationsproblemen in den Fällen führt, in denen eine Rechtsordnung eine abgestufte beschränkte Geschäftsfähigkeit kennt, die andere Rechtsordnung hingegen nur eine einheitliche beschränkte Geschäftsfähigkeit. Anpassungsprobleme bestehen jedoch in solchen Fällen nicht.

Ein Anpassungsproblem wurde hingegen in dem Fall deutlich, in dem eine Rechtsordnung Rechtsfolgen beschränkter Geschäftsfähigkeit vorsieht, die der anderen vollkommen unbekannt sind, und Voraussetzungen der beschränkten Geschäftsfähigkeit und ihre Rechtsfolgen unterschiedlich angeknüpft werden. Bei einer einheitlichen Anknüpfung besteht hingegen keine Notwendigkeit einer Anpassung.

§ 16 Diskussion

Im Folgenden soll aufgrund der bisher erarbeiteten Indizien diskutiert werden, wie die Rechtsfolgen beschränkter Geschäftsfähigkeit oder Geschäftsunfähigkeit zu qualifizieren und damit anzuknüpfen sind. Ausgangspunkt ist dabei die schon in der Einleitung erwähnte Stellung der Rechtsfolgen auf der „Grenze“[532] zwischen Rechtsgeschäft und Geschäftsfähigkeit: Es kommt eine rechtsgeschäftliche oder eine personenrechtliche Qualifikation der Rechtsfolgen beschränkter Geschäftsfähigkeit oder Geschäftsunfähigkeit in Betracht. Gäbe es die in Art. 7 EGBGB erfolgte Sonderanknüpfung der Teilfrage „Geschäftsfähigkeit“ nicht, so würden sowohl Geschäftsfähigkeit als auch die Rechtsfolgen beschränkter Geschäftsfähigkeit und Geschäftsunfähigkeit dem Geschäftsstatut unterstehen. Dies ergibt sich aus dem Grundsatz, daß das Geschäftsstatut das Rechtsgeschäft grundsätzlich „von der Wiege bis zum Grabe“[533] beherrscht. Von diesem Grundsatz macht die Regelung des Art. 7 I 1 EGBGB durch die Sonderanknüpfung der Teilfrage „Geschäftsfähigkeit“ an die Staatsangehörigkeit eine Ausnahme. Einer der Gründe für diese Sonderanknüpfung ist das traditionelle Verständnis der Geschäftsfähigkeit als rechtlicher Eigenschaft oder als Status. Da die persönlichen Rechtsverhältnisse eines Menschen nach Möglichkeit einem einheitlichen Personalstatut – grundsätzlich dem Heimatrecht – zu unterstellen sind, wird die Geschäftsfähigkeit an die Staatsangehörigkeit angeknüpft.[534] Das Verständnis der Geschäftsfähigkeit als rechtlicher Eigenschaft oder als Status hilft bei der Qualifikation der Rechtsfolgen beschränkter Geschäftsfähigkeit oder Geschäftsunfähigkeit indes nicht weiter, da nach der Systematik des EGBGB Eigenschaften und ihre Rechtsfolgen nicht notwendigerweise gleich angeknüpft werden.[535] Dies zeigt sich an den Regelungen des Familienrechts im EGBGB, die eine Trennung von Status und seinen Wirkungen gerade vorsehen: Während das Zustandekommen des Status Ehe in Art. 13 EGBGB geregelt ist, richten sich die Wirkungen dieses Status nach Art. 14 – 16 EGBGB. Dadurch kann es zu einer unterschiedlichen Anknüpfung des Status Ehe und ihrer Rechtsfolgen kommen.

Ebensowenig kann der Wortlaut des Art. 7 EGBGB wesentlich weiterhelfen. Diese Arbeit geht der Frage nach, wie die Rechtsfolgen beschränkter „Geschäftsfähigkeit“ oder „Geschäftsunfähigkeit“ zu qualifizieren sind. Insofern könnte man daran denken, daß bereits der in diesen Formulierungen enthaltene Bezug auf die Geschäftsfähigkeit dafür sprechen könnte, die Rechtsfolgen Art. 7 I EGBGB zuzuordnen, dessen Tatbestand immerhin die „Geschäftsfähigkeit“ erfaßt. Die Begriffe „Rechtsfolgen der beschränkten Geschäftsfähigkeit“ und „Rechtsfolgen der Geschäftsunfähigkeit“ sind allerdings weder im EGBGB noch im BGB erwähnt. Da die Rechtsfolgen auf der Grenze zwischen Geschäftsfähigkeit und Rechtsgeschäft liegen, könnte man statt dessen auch von „Wirksamkeitsvoraussetzungen“ eines Rechtsgeschäfts sprechen.

---

[532] S. 26 f.

[533] *Kegel/Schurig*, Internationales Privatrecht[8] (2000), § 17 V 1 S. 535; MünchKomm[3]-*Spellenberg*, vor Art. 11 EGBGB, Rn. 6.

[534] S. 26.

[535] S. 121 f.

Auch der historische Wille des Gesetzgebers gibt nur wenig Auskunft bezüglich der hier nachgegangenen Frage. In der Begründung des Regierungsentwurfs für die IPR-Reform von 1986 heißt es, daß die Sonderanknüpfung der Geschäftsfähigkeit unabhängig davon gelte, ob in dem „jeweiligen Sachbereich, in dem rechtsgeschäftlich gehandelt [werde], die Rechtswahl gestattet" sei, da ansonsten „der in den materiellen Rechten übereinstimmend gewährleistete Minderjährigenschutz beeinträchtigt" werde.[536] Diese Aussage mag man so verstehen, daß der Regelung des Art. 7 EGBGB der gesamte Minderjährigenschutz überantwortet werden sollte. Dies würde für eine personenrechtliche Qualifikation der Rechtsfolgen beschränkter Geschäftsfähigkeit sprechen. In den verschiedenen Rechtsordnungen ist jedoch „übereinstimmend" nur geregelt, daß Minderjährige überhaupt geschützt werden sollen und daß eine Wahl des Geschäftsfähigkeitsstatuts verhindert werden soll. Die Regierungsbegründung läßt sich daher auch so auffassen, daß durch die Sonderanknüpfung der Teilfrage „Geschäftsfähigkeit" vor allem eine solche Rechtswahl verhindert werden sollte, während über die Qualifikation der Rechtsfolgen beschränkter Geschäftsfähigkeit oder der Geschäftsunfähigkeit keine Aussage getroffen wird.[537]

Da weder der Wortlaut noch der Wille des Gesetzgebers entscheidende Hinweise auf die Reichweite des Art. 7 EGBGB geben, ist auf die Funktion der Rechtsfolgen beschränkter Geschäftsfähigkeit und Geschäftsunfähigkeit abzustellen. Es ist zu untersuchen, welche Anknüpfung den Funktionen am besten gerecht wird. Dazu soll noch einmal in Erinnerung gerufen werden, daß der Geschäftsunfähigkeit eine Ordnungs- und eine daraus folgende Schutzfunktion zukommt[538] sowie der beschränkten Geschäftsfähigkeit vor allem eine Schutzfunktion.[539] Die Regelungen der beschränkten Geschäftsfähigkeit und der Geschäftsunfähigkeit bestimmen, ob eine natürliche Person aufgrund ihrer eingeschränkten Willenstauglichkeit überhaupt zu schützen ist. Über Art. 7 EGBGB wird der Schutz beschränkt Geschäftsfähiger oder Geschäftsunfähiger dem Heimatrecht überlassen.[540] Auch den Rechtsfolgen beschränkter Geschäftsfähigkeit kommt eine Schutzfunktion zu.[541] Diese äußert sich darin, daß die Rechtsfolgen beschränkter Geschäftsfähigkeit bestimmen, wie eine aufgrund ihrer beschränkten Geschäftsfähigkeit grundsätzlich zu schützende Person wirksam am Rechtsverkehr teilnehmen kann. Damit legen die Rechtsfolgen beschränkter Geschäftsfähigkeit wesentlich das Schutzniveau fest. Konsequent wäre es, daß das Geschäftsfähigkeitsstatut nicht nur darüber zu entscheiden hat, ob jemand zu schützen ist, sondern auch wie dieser Schutz auszugestalten ist. Dies spricht für eine personenrechtliche Qualifikation der Rechtsfolgen beschränkter Geschäftsfähigkeit. Diese Sichtweise wird noch dadurch unterstützt, daß Art. 7 EGBGB den Schutz beschränkt Geschäftsfähiger und Geschäftsunfähiger umfassend dem Heimatrecht überantwortet. Nicht nur die allgemeine Geschäftsfähigkeit, sondern auch Teilgeschäftsfähigkeiten und grundsätzlich auch be-

---

536 BT-Drucksache 10/504, S. 45.
537 S. 124.
538 S. 35 ff.
539 S. 39 ff.
540 *v. Bar*, Internationales Privatrecht, Band 2 (1991), Rn. 39.
541 S. 40.

sondere Geschäftsfähigkeiten werden von dem Geschäftsfähigkeitsstatut erfaßt.[542] Wendet man Art. 7 EGBGB analog auf Rechtshandlungsfähigkeiten an, so wird dem Heimatrecht auch die Frage überantwortet, ob es auf die Fähigkeit überhaupt ankommt.[543]

Die Rechtsfolgen beschränkter Geschäftsfähigkeit dienen auch den Interessen der Vertragspartner der beschränkt Geschäftsfähigen und damit auch Verkehrsschutzinteressen.[544] Diese Verkehrsschutzfunktion könnte dafür sprechen, die Rechtsfolgen dem Geschäftsstatut zu unterstellen, denn der Verkehr wird insbesondere dann geschützt, wenn diejenige Rechtsordnung zur Anwendung gelangt, auf deren Anwendbarkeit die Parteien vertrauen. Wenn die Parteien sich überhaupt über die Anwendbarkeit einer Rechtsordnung Gedanken machen, vertrauen die Parteien in der Regel auf die Anwendbarkeit des Geschäftsstatuts.[545] Eine Anwendung des Geschäftsstatuts würde allerdings voraussetzen, daß dem Verkehrsschutz bei den Rechtsfolgen beschränkter Geschäftsfähigkeit im Vergleich zur Schutzfunktion ein höheres oder zumindest gleiches Gewicht einzuräumen wäre. Sachrechtliche Wertungen bei den Rechtsfolgen beschränkter Geschäftsfähigkeit helfen insofern nicht weiter. Zwar ist im deutschen Sachrecht der Vorrang des Schutzes des beschränkt Geschäftsfähigen oder Geschäftsunfähigen grundsätzlich anerkannt.[546] Aber in anderen Rechtsordnungen gilt dieser Vorrang nicht ohne weiteres.[547] Gegen eine Höherbewertung des Verkehrsschutzes bei den Rechtsfolgen beschränkter Geschäftsfähigkeit könnte indes die Existenz der Regelung des Art. 12 EGBGB sprechen: Wird ein Vertrag zwischen Personen geschlossen, die sich in demselben Staat befinden, so kann sich eine natürliche Person, die nach den Sachvorschriften des Rechts dieses Staates geschäftsfähig wäre, nur dann auf ihre aus den Sachvorschriften des Rechts eines anderen Staates abgeleitete Geschäftsunfähigkeit berufen, wenn der andere Vertragsteil bei Vertragsabschluß die Geschäftsunfähigkeit kannte oder hätte kennen müssen. Die Regelung des Art. 12 EGBGB versucht, diejenige gutgläubige Partei zu schützen, die einen Vertrag mit einer geschäftsfähigen Person abzuschließen glaubt, der aber nach dem Vertragsschluß die Geschäftsunfähigkeit oder beschränkte Geschäftsfähigkeit ihres Vertragspartners entgegengehalten wird. Art. 12 EGBGB erfaßt jedenfalls auch solche Rechtsfolgen beschränkter Geschäftsfähigkeit oder Geschäftsunfähigkeit, die der Wirksamkeit des Vertrages stark angenähert sind.[548] Ist Art. 12 S. 1 EGBGB nicht anwendbar, weil es sich nicht um ein Verkehrsgeschäft handelt, weil den Parteien aufgrund eines Distanzgeschäftes die internationale Dimension ihres Geschäfts schon bewußt ist oder weil ein Vertragspartner bösgläubig ist, so besteht kein Bedürfnis mehr für einen weitergehenden Verkehrsschutz.[549] Daher ist dem Verkehrsschutz bei der Regelanknüpfung der Rechtsfolgen beschränkter Geschäftsfähigkeit oder Geschäftsunfähigkeit im Vergleich

---

542 S. 58 f. und S. 81.

543 S. 54 f.

544 S. 41 f. und S. 138 f.

545 S. 146.

546 Fn. 458, S. 138.

547 S. 106 f.

548 S. 145.

549 S. 146 f.

zum Schutz des beschränkt Geschäftsfähigen oder Geschäftsunfähigen kein höheres oder auch nur gleiches Gewicht beizumessen. Die Verkehrsschutzfunktion spricht damit nicht gegen die Anwendung des Art. 7 EGBGB auf die Rechtsfolgen beschränkter Geschäftsfähigkeit oder Geschäftsunfähigkeit.

Darüber hinaus kommt der Geschäftsunfähigkeit eine Ausschlußfunktion zu.[550] Wenn das über Art. 7 I EGBGB anwendbare Geschäftsfähigkeitsstatut die Geschäftsunfähigkeit einer Person anordnet, so ist diesem Ausschluß auch im Hinblick auf die Rechtsfolgen der Geschäftsunfähigkeit Rechnung zu tragen. Die Ausschlußfunktion der Geschäftsfähigkeit bedeutet, daß ein Geschäftsunfähiger vom rechtsgeschäftlichen Verkehr ausgeschlossen ist. Seine Willenserklärungen sind lediglich vom Tatbestand her, also „faktisch" vorhanden, sie sollen aber nicht als „rechtliches Material" dienen. Diesem Ausschluß entspricht im Sachrecht, daß die Rechtsfolge der Geschäftsunfähigkeit die „Nichtigkeit" der Willenserklärung ist. Im Kollisionsrecht wird der Ausschlußfunktion entsprochen, wenn die faktisch vorhandene Willenserklärung eines Geschäftsunfähigen nicht als Verweisungstatbestand verwendet wird. Bei einer personenrechtlichen Qualifikation sind die Willenserklärungen des Handelnden nicht notwendig, um das Rechtsfolgenstatut ermitteln zu können. Vielmehr wird objektiv an die Staatsangehörigkeit angeknüpft, ohne daß es einer Berücksichtigung der Willenserklärung des Geschäftsunfähigen bedürfte. Dagegen kann bei einer rechtsgeschäftlichen Qualifikation das anzuwendende Geschäftsstatut nur ermittelt werden, wenn an die faktisch vorhandene Willenserklärung des Geschäftsunfähigen angeknüpft wird. Dies gilt insbesondere bei einer Rechtswahl im Sinne des Art. 27 I EGBGB, aber auch bei fehlender Rechtswahl. Schließt etwa ein geschäftsunfähiger Schweizer von seinem schweizerischen Heimatort einen Vertrag mit einem deutschen Veranstalter über die Teilnahme an einem mehrwöchigen Fortbildungskurs in Deutschland, so kommt auf den Vertrag gem. Art. 28 I EGBGB aufgrund des objektiven Vertragsschwerpunktes deutsches Sachrecht zur Anwendung.[551] Der Vertragsschwerpunkt ist aber wiederum das Resultat der rechtsgeschäftlichen Erklärungen der Parteien und kann nur über diese zum Anknüpfungsmoment werden.[552] Der Ausschlußfunktion der Geschäftsunfähigkeit wird damit nur entsprochen, wenn die Rechtsfolgen der Geschäftsunfähigkeit dem Geschäftsfähigkeitsstatut und nicht dem Geschäftsstatut entnommen werden.

Zusammenfassend läßt sich zunächst folgendes festhalten: Sowohl die Schutzfunktion der Rechtsfolgen beschränkter Geschäftsfähigkeit und Geschäftsunfähigkeit als auch die Ausschlußfunktion der Geschäftsunfähigkeit sprechen dafür, die Rechtsfolgen beschränkter Geschäftsfähigkeit und Geschäftsunfähigkeit der Regelung des Art. 7 EGBGB zu unterstellen. Dieses Ergebnis wird noch dadurch unterstützt, daß zwischen Teilgeschäftsfähigkeiten und den Rechtsfolgen beschränkter Geschäftsfähigkeiten kein grundsätzlicher, sondern nur eine gradueller Unterschied besteht. So ist es teilweise kaum möglich, sauber zwischen einer Teilgeschäftsfähigkeit einerseits und einer Geschäftsfähigkeitsbeschränkung und ihrer Rechtsfolge andererseits zu un-

---

550 S. 35 ff.

551 Der Fall ist *Fischer*, Verkehrsschutz im internationalen Vertragsrecht (1990), S. 69 f., nachgebildet.

552 *Fischer*, a. a. O. (Fn. 551), S. 70.

terscheiden.[553] Wenn aber Teilgeschäftsfähigkeiten dem Geschäftsfähigkeitsstatut zuzuordnen sind, dann muß dies auch für diejenigen Rechtsfolgen beschränkter Geschäftsfähigkeit gelten, die kaum von einer Teilgeschäftsfähigkeit zu unterscheiden sind. Eine solche gleiche Anknüpfung der Rechtsfolgen beschränkter Geschäftsfähigkeit und Geschäftsunfähigkeit und ihrer jeweiligen Voraussetzungen macht es darüber hinaus erst möglich, Rechtsfolgen beschränkter Geschäftsfähigkeit zu handhaben, die dem anderen in Betracht kommenden Statut vollkommen unbekannt sind.[554] Ein positiver Nebeneffekt einer solchen personenrechtlichen Qualifikation ist es schließlich, daß auf diese Weise keine Anpassungsprobleme entstehen können.

Eine Anwendung der Regelung des Art. 7 EGBGB auf die Rechtsfolgen beschränkter Geschäftsfähigkeit oder Geschäftsunfähigkeit überzeugt aber nur dann, wenn sie in Einklang zu bringen ist mit der Anknüpfung der Rückabwicklungsregelungen solcher Verträge, die an beschränkter Geschäftsfähigkeit oder Geschäftsunfähigkeit gescheitert sind: Wie oben[555] dargelegt ist die Rückabwicklung eines aufgrund beschränkter Geschäftsfähigkeit oder Geschäftsunfähigkeit gescheiterten Vertrages als eine Rechtsfolge beschränkter Geschäftsfähigkeit oder Geschäftsunfähigkeit zu qualifizieren. Damit fallen auch die Rückabwicklungsregelungen eines aufgrund beschränkter Geschäftsfähigkeit oder Geschäftsunfähigkeit gescheiterten Vertrages unter das Rechtsfolgenstatut beschränkter Geschäftsfähigkeit oder Geschäftsunfähigkeit. Allerdings wird die Rückabwicklung eines Vertrages grundsätzlich gem. Art. 32 I Nr. 5 / Art. 38 I EGBGB akzessorisch angeknüpft. Grundsätzlich ist daher das Geschäftsstatut das Rückabwicklungsstatut. Die akzessorische Anknüpfung der Rückabwicklungsregelungen beruht jedoch darauf, daß die Parteien ein Rechtsverhältnis gemeinsam eingehen und damit einen gemeinsamen Rahmen entstehen lassen, in dem „aufgrund der Zweckbezogenheit der Zuwendung auch die durch sie begründeten Rückforderungsansprüche liegen".[556] Das Anstreben des Rechtsverhältnisses muß für eine vertragsakzessorische Anknüpfung der Rückabwicklung überhaupt berücksichtigt werden können. Wie oben ausgeführt, bedeutet die Ausschlußfunktion der Geschäftsunfähigkeit, daß die Willenserklärung eines Geschäftsunfähigen nicht als „rechtliches Material" verwendet werden kann. Daher kann auch das Anstreben eines Rechtsverhältnisses nicht als Verweisungstatbestand dienen. Bei Geschäftsunfähigen kann mithin der Grund für die vertragsakzessorische Anknüpfung der Rückabwicklungsregelungen nicht berücksichtigt werden. Des weiteren ist zu bedenken, daß die Rückabwicklungsregelungen die Effektivität des Schutzes eines beschränkt Geschäftsfähigen oder Geschäftsunfähigen wesentlich bestimmen. Da über Art. 7 EGBGB der Schutz der beschränkt Geschäftsfähigen und Geschäftsunfähigen gewährleistet werden soll, spricht dies dafür, auch die bereicherungsrechtlichen Rückabwicklungsregelungen Art. 7 EGBGB zu unterstellen,[557] soweit diese funktional als Rechtsfolgen beschränkter Geschäftsfähigkeit oder Geschäftsunfähigkeit zu begreifen sind.

---

553 S. 106 f.

554 S. 161.

555 S. 130.

556 S. 133.

557 Wie gesehen, ist dies auch nicht durch Art. 32 I Nr. 5 EGBGB ausgeschlossen, der zwar auf dem EVÜ und damit auf einem Staatsvertrag beruht, in Fragen der Qualifikation der Geschäftsfähig-

Zu prüfen bleibt, ob dieser Befund auch für das „Spiegelbild" des allgemeinen Geschäftsfähigkeitsrechts – die „Betreuung" – gilt oder ob sich aus Volljährigenschutzmaßnahmen ein Hinweis auf eine andere Anknüpfung der Rechtsfolgen beschränkter Geschäftsfähigkeit oder Geschäftsunfähigkeit ergibt.

---

keit und der Rechtsfolgen beschränkter Geschäftsfähigkeit oder Geschäftsunfähigkeit aber nicht eingreift, *v. Bar*, Internationales Privatrecht, Band 2 (1991), § 1, Rn. 44.

4. Kapitel: Betreuungsrecht

§ 17 Vier Fragen des internationalen Privatrechts

Die Anknüpfung (des formalen Elements) der Geschäftsfähigkeit und der Rechtsfolgen beschränkter Geschäftsfähigkeit oder Geschäftsunfähigkeit wurde bisher im Lichte der größten Gruppe der beschränkt Geschäftsfähigen oder Geschäftsunfähigen, die der Minderjährigen, betrachtet. Volljährige „Erwachsene“ sind in allen Rechtsordnungen grundsätzlich unbeschränkt geschäftsfähig, so daß eine Beschränkung der Geschäftsfähigkeit bei diesem Personenkreis bisher hauptsächlich im Rahmen des subjektiven Elements der Geschäftsfähigkeit untersucht wurde.[558] Schon der oben dargestellte Fall,[559] den das schweizerische Bundesgericht im Jahre 1934 zu entscheiden hatte und in dem ein Holländer seiner Ehefrau 50 000 Schweizer Franken geschenkt hatte, zeigt, daß die einzelnen Rechtsgeschäfte, die Volljährige tätigen, wirtschaftlich gesehen regelmäßig bedeutender sind als diejenigen, die von Minderjährigen vorgenommen werden. Volljährige können jedoch aufgrund psychischer Krankheiten, körperlicher, geistiger oder seelischer Behinderungen nicht in der Lage sein, ihre Rechtsgeschäfte (alleine) vollwirksam vorzunehmen. In allen Rechtsordnungen gibt es neben dem subjektiven Element der Geschäftsfähigkeit daher die Möglichkeit, das formale Element der Geschäftsfähigkeit eines Volljährigen zu beschränken. Die „traditionelle“ Geschäftsfähigkeitsbeschränkung in diesem Sinne ist die Entmündigung. Allerdings reicht es zur Unterstützung von Volljährigen oft aus, daß ihnen jemand zur Seite gestellt wird, der ihnen bei der Bewältigung ihres Lebens und bei dem Abschluß von Rechtsgeschäften hilft. Eine Geschäftsfähigkeitsbeschränkung ist dabei nicht immer notwendig. Unter anderem aus diesem Grunde ist etwa in Deutschland zum 1. 1. 1992 die Entmündigung abgeschafft und durch das Institut der Betreuung ersetzt worden.

Im folgenden soll untersucht werden, wie die Rechtsfolgen beschränkter Geschäftsfähigkeit oder Geschäftsunfähigkeit bei Volljährigen angeknüpft werden. Abstrakt betrachtet stellen sich in diesem Zusammenhang vier Fragen, die es zu unterscheiden und zu klären gilt:

1. Zunächst stellt sich die Frage, wie die Voraussetzungen von Volljährigenschutzmaßnahmen im deutschen internationalen Privatrecht grundsätzlich angeknüpft werden. Es fragt sich also, welche Rechtsordnung darüber zu bestimmen hat, „ob“ ein Volljähriger der Unterstützung und des Schutzes bedarf.
2. Desweiteren ist zu klären, welches Statut die Frage beantwortet, ob eine angeordnete Schutzmaßnahme überhaupt Auswirkungen auf die Geschäftsfähigkeit hat. Das zu ermittelnde Statut entscheidet nur, ob die Geschäftsfähigkeit beschränkt wird oder nicht. Bezogen auf das deutsche Sachrecht wäre das die Entscheidung, „ob“ ein Einwilligungsvorbehalt gem. § 1903 BGB anzuordnen ist oder nicht.

---

558 Unter dem subjektivem Element der Geschäftsfähigkeit ist die natürliche dauerhafte oder vorübergehende Geschäftsunfähigkeit wie zum Beispiel bei Geisteskrankheit im Sinne des §§ 104 Nr. 2, 105 II BGB zu verstehen.

559 BG, Urteil vom 7.2.1934, BGE 61 II 12; vgl. S. 96 f.

3. Wird Frage zwei positiv beantwortet, stellt sich die dritte Frage, wie die unmittelbaren Auswirkungen der Schutzmaßnahme auf die Geschäftsfähigkeit angeknüpft werden. Nach welcher Rechtsordnung bestimmt sich also, ob Geschäftsunfähigkeit oder beschränkte Geschäftsfähigkeit vorliegt? Dazu gehört auch die Frage nach dem „Umfang" der Geschäftsfähigkeitsbeschränkung, also die Frage, ob etwa eine umfassende oder nur eine „partiell" beschränkte Geschäftsfähigkeit vorliegt.
4. Schließlich ist die Frage nach der Anknüpfung der Rechtsfolgen beschränkter Geschäftsfähigkeit oder Geschäftsunfähigkeit zu stellen.

Diese vier Fragen sind wiederum im Rahmen zweier Problemkonstellationen zu stellen. „Reines" internationales Privatrecht ist gefragt, wenn ein deutsches Vormundschaftsgericht vor der Aufgabe steht, für einen Ausländer eine Erwachsenenschutzmaßnahme in Deutschland anzuordnen. Bei dieser Fragestellung wird es insbesondere auf die Auslegung des EGBGB ankommen. Die zweite Problemkonstellation ergibt sich, wenn im Ausland eine Volljährigenschutzmaßnahme über einen Ausländer oder über einen im Ausland lebenden Deutschen angeordnet wird, diese „Schutzperson" dann einen Vertrag schließt, über dessen Wirksamkeit ein deutsches Gericht zu entscheiden hat. Hier ist insbesondere Anerkennungsrecht gefragt. Die Behandlung beider Problemkreise erfordert einen Überblick über die in Deutschland geltenden sachrechtlichen Regelungen, der zunächst folgt. Rechtsvergleichend wird auf das österreichische Sachwalterrecht eingegangen, das vom deutschen Gesetzgeber bei der Einführung der Betreuung entscheidend berücksichtigt wurde.[560]

§ 18 Das deutsche Sachrecht

I. Entmündigung vor Einführung der Betreuung

Bevor mit Wirkung zum 1. 1. 1992[561] das Institut der Betreuung eingeführt wurde, konnten in Deutschland Volljährige durch die sogenannte Gebrechlichkeitspflegschaft gem. § 1910 BGB a. F., die Entmündigung gem. § 6 BGB a. F. mit anschließender Vormundschaftsbestellung gem. §§ 1896 BGB ff. a. F. sowie durch eine vorläufige Vormundschaftsbestellung gem. § 1906 BGB a. F. geschützt und unterstützt werden. Die Gebrechlichkeitspflegschaft hatte keinen Einfluß auf die Geschäftsfähigkeit, Testierfähigkeit oder Ehefähigkeit des Betroffenen. War der Pflegling noch unbeschränkt geschäftsfähig, so hatte der Pfleger die Stellung eines staatlich bestellten Vormundes, war der Pflegling gem. § 104 Nr. 2 BGB geschäftsunfähig, so hatte der Pfleger die Stellung eines gesetzlichen Vertreters.[562] Die Entmündigung dagegen war gerade auf die Beschränkung der Geschäftsfähigkeit angelegt.[563] Eine Entmündigung diente, zumindest soweit sie über Geschäftsunfähigkeitsgründe hinausging, insbesondere dem Schutz des zu Entmündigenden. Wurde eine Geschäftsunfähigkeit, die unab-

---

560 BT-Drucks. 11 / 4528, S. 46 ff.

561 Betreuungsgesetz v. 12. 9. 1990 (BGBl. I 1990, S. 2002 ff).

562 Palandt[50]-*Diederichsen*, § 1909 BGB, Rn. 13.

563 Weitere Wirkungen der Entmündigung s. nur Soergel[10]-*Schultze-Lasaux*, § 6 BGB, Rn. 43.

hängig von der Entmündigung bestand, durch die Entmündigung „bloß" sanktioniert, so diente die Entmündigung insbesondere dem Schutz des Geschäftsverkehrs, da durch die Entmündigung Zweifel an der Geschäftsfähigkeit endgültig ausgeräumt wurden.[564] Die Voraussetzungen der Entmündigung waren in § 6 BGB a. F. geregelt. Danach „konnte" unter anderem derjenige entmündigt werden, der infolge von Geisteskrankheit oder Geistesschwäche seine Angelegenheiten nicht besorgen konnte.[565] Die Wirkung der Entmündigung wegen Geisteskrankheit war gem. § 104 Nr. 3 BGB a. F. Geschäftsunfähigkeit, die Wirkung der Entmündigung wegen Geistesschwäche, Verschwendung, Trunk- oder Rauschgiftsucht war gem. § 114 BGB a. F beschränkte Geschäftsfähigkeit.[566] Letzteres galt auch bei einer vorläufigen Vormundschaftsbestellung i. S. d. § 1906 BGB a. F.

II. Geltendes Recht der Betreuung im Sachrecht

Die Betreuung soll im Gegensatz zur früher möglichen Entmündigung erreichen, daß die zu schützende Person nur soweit von der Teilnahme am Rechtsverkehr ausgeschlossen wird, wie dies zur Abwendung einer erheblichen Gefahr für die betreute Person oder das Vermögen des Betreuten erforderlich ist.[567] Aus diesem Grund wird die Geschäftsfähigkeit eines Betreuten durch die Betreuungsanordnung nicht automatisch beschränkt, vielmehr bleibt seine Geschäftsfähigkeit grundsätzlich von der Betreuungsanordnung unberührt. Folge einer Betreuungsanordnung ist im wesentlichen, daß

---

564 *Lüderitz*, Rechtsfähigkeit, Geschäftsfähigkeit und Entmündigung natürlicher Personen (1972), S. 60 f; andere Akzente setzt *Levis*, Das internationale Entmündigungsrecht des deutschen Reiches (1906), S. 51 u. S. 104, der meint, die Entmündigung diene primär dem Schutz des Verkehrs; a. A. auch *Harries*, Das deutsche internationale Entmündigungsrecht (1955), der meint, die Entmündigung diene in erster Linie dem Schutz des Entmündigten und seiner Angehörigen, S. 24.

565 Zwar wurde in Absatz 1 davon gesprochen, daß entmündigt werden „konnte", dies wurde aber regelmäßig dahingehend verstanden, daß die Entmündigung ausgesprochen werden mußte, wenn die sachlichen und prozeßrechtlichen Voraussetzungen vorlagen, Palandt[50]-*Heinrichs*, § 6 BGB, Rn. 1.
Gem. § 6 Abs. 1 Nr. 2 „konnte" entmündigt werden, „wer durch Verschwendung sich oder seine Familie der Gefahr des Notstandes" aussetzte, gem. Nr. 3, „wer infolge von Trunksucht oder Rauschgiftsucht [...] seine Familie der Gefahr des Notstandes" aussetzte. Eine Entmündigung konnte also nicht nur angeordnet werden, um die den zu entmündigenden selber zu schützen, sondern auch seine Familie vor Gefahren zu bewahren. Im geltenden deutschen Betreuungsrecht spielen Drittinteressen dagegen grundsätzlich keine Rolle mehr, §§ 1896, 1903 BGB. S. aber Erman[9]-*Holzhauer*, § 1903 BGB, Rn. 10.

566 „Wer wegen Geistesschwäche, Verschwendung, Trunksucht oder Rauschgiftsucht entmündigt oder wer nach § 1906 unter vorläufige Vormundschaft gestellt ist, steht in Ansehung der Geschäftsfähigkeit einem Minderjährigen gleich, der das siebente Lebensjahr vollendet hat."

567 BT-Drucks. 11/4528, S. 63 f.
Die Vormundschaft dagegen ist eine fürsorgende Maßnahme gegenüber Minderjährigen, die nicht unbeschränkt geschäftsfähig sind und die nicht unter elterlicher Sorge stehen. Die Pflegschaft gem. §§ 1909 ff. BGB ist eine vormundschaftliche Sorge mit begrenztem Wirkungskreis, die nicht Betreuung ist und auf die Geschäftsfähigkeit des Pfleglings keinen Einfluß hat. Die Beistandschaft gem. §§ 1712 ff. BGB ist gem. § 1716 S. 2 BGB ein Sonderfall der Pflegschaft, Palandt[61]-*Diederichsen*, Einf. vor § 1909 BGB, Rn. 1 ff.

der Betreuer innerhalb seines Aufgabenkreises gem. § 1902 BGB i. V. m. § 1896 II BGB gesetzlicher Vertreter des Betreuten wird.[568] Ist es zur Abwendung der oben erwähnten Gefahr notwendig, so wird gem. § 1903 BGB ein Einwilligungsvorbehalt angeordnet. Folge der Anordnung eines Einwilligungsvorbehalts wiederum ist, daß der Betreute zu einer Willenserklärung, die den Aufgabenkreis des Betreuers betrifft, gem. § 1903 I 1 BGB dessen Einwilligung bedarf,[569] und daß gem. § 1903 I 2 BGB die Regelungen der §§ 108 bis 113, 131 II BGB und § 206 BGB entsprechend anwendbar sind. Dies gilt gem. § 1903 III S. 1 BGB nicht, wenn die Willenserklärung dem Betreuten einen lediglich rechtlichen Vorteil bringt. Insofern liegt für den Bereich des Einwilligungsvorbehalts eine mit der beschränkten Geschäftsfähigkeit Minderjähriger zumindest vergleichbare Rechtslage vor (zu den Unterschieden unten). Im Gegensatz zu Minderjährigen bedarf es gem. § 1903 III S. 2 BGB aber grundsätzlich nicht der Einwilligung für Willenserklärungen, die geringfügige Angelegenheiten des täglichen Lebens betreffen, es sei denn, das Gericht hat etwas anderes angeordnet. Dies erinnert an die Regelung über Verträge über *necessaries* im englischen Recht. Anders als bei Verträgen über *necessaries* entscheiden bei § 1903 III S. 2 BGB aber nicht lediglich die wirtschaftlichen Verhältnisse des Betreuten über die „Alltäglichkeit" der Geschäfte, sondern es kommt darauf an, ob die Verkehrsauffassung das Rechtsgeschäft zu den „alltäglichen" Geschäften zählt.[570] Im Gegensatz zum englischen Recht ist der Vertrag im deutschen Recht darüber hinaus vollwirksam.

Nicht erstrecken kann sich ein Einwilligungsvorbehalt ferner auf höchstpersönliche Rechtsgeschäfte. Ehe- und Testierfähigkeit sowie die Fähigkeit, eine Lebenspartnerschaft einzugehen, können daher nicht beschränkt werden. Ebensowenig erstreckt sich ein Einwilligungsvorbehalt gem. § 1903 II BGB auf Willenserklärungen, zu denen ein beschränkt Geschäftsfähiger nach den Vorschriften des vierten und fünften Buches des BGB nicht die Zustimmung seines gesetzlichen Vertreters benötigt.

III. Partiell beschränkte Geschäftsfähigkeit bei angeordnetem Einwilligungsvorbehalt

Mit Anordnung des Einwilligungsvorbehaltes kann der Betreute also grundsätzlich nicht mehr ohne Mitwirkung seines Betreuers wirksame Rechtsgeschäfte vornehmen. Der Betreute wird damit durch Anordnung des Einwilligungsvorbehaltes in seiner Geschäftsfähigkeit beschränkt. Diese „beschränkte Geschäftsfähigkeit" unterscheidet sich allerdings insofern von der beschränkten Geschäftsfähigkeit im Sinne des § 106 BGB, als sie nicht wie diese grundsätzlich für alle Rechtsgeschäfte gilt, sondern auf einen bestimmten Kreis von Rechtsgeschäften beschränkbar ist. Hier drängt sich eine Ähnlichkeit mit den besonderen Geschäftsfähigkeiten – wie z.B. Ehe- und Testier-

---

568 Ausführlich zu den Rechtsfolgen der Betreuungsanordnung *v. Sachsen Gessaphe*, Der Betreuer (1999), S. 135 ff.

569 Zur Frage, ob dies auch für geschäftsunfähige Betreute gilt, unten. Ferner erweitert die Anordnung des Einwilligungsvorbehaltes auch die „Rechtsmacht" des Betreuers, der über die Einwilligung oder Genehmigung und damit über die Wirksamkeit einer vom Betreuten abgegebenen Willenserklärung zu entscheiden hat, *v. Sachsen Gessaphe*, Der Betreuer (1999), S. 451; MünchKomm[4]-*Schwab*, § 1903, Rn. 42-60.

570 Palandt[61]-*Diederichsen*, § 1903 BGB, Rn. 18.

fähigkeit – auf, die auf ein bestimmtes Rechtsgebiet beschränkt sind. Ein „Kreis" von Rechtsgeschäften kann durchaus ein Rechtsgebiet umfassen. Der Unterschied liegt allerdings darin, daß die besonderen Geschäftsfähigkeiten sachlich beschränkt sind, also von der Rechtsmaterie ausgehen. Der Kreis der vom Einwilligungsvorbehalt erfaßten Geschäfte ergibt sich dagegen aus der Bezogenheit auf die betreute Person.[571] Der Kreis der umfaßten Rechtsgeschäfte findet seinen Umfang nicht in einem Rechtsgebiet, sondern im Betreuungsbedürfnis des Betreuten. So kann etwa auch eine Beschränkung des Einwilligungsvorbehalts auf Rechtsgeschäfte erfolgen, die eine Verpflichtung von mehr als 500 DM zum Gegenstand haben.[572] Es handelt sich bei dem Einwilligungsvorbehalt damit um eine „sektoral" begrenzbare Einschränkung der Geschäftsfähigkeit[573], es läßt sich auch von einer teilweise oder „partiell" beschränkten Geschäftsfähigkeit[574] sprechen. Teilweise wird der Begriff der partiellen „beschränkten Geschäftsfähigkeit" abgelehnt, da eine beschränkte Geschäftsfähigkeit von ihrem Grundgedanken her nicht auf einen Sektor begrenzt sein könne, sondern für alle Rechtsgeschäfte gelten müsse.[575] So gilt im deutschen Sachrecht die „beschränkte Geschäftsfähigkeit" im Sinne der §§ 106 ff. BGB grundsätzlich für alle Rechtsgebiete. Dies ändert jedoch nichts daran, daß der geschäftsfähige Betreute in dem Bereich, in dem ein Einwilligungsvorbehalt angeordnet wurde, nicht mehr unbeschränkt handeln kann. Gegenüber der unbeschränkten Geschäftsfähigkeit ist das zumindest faktisch eine Beschränkung.[576]

IV. Einwilligungsvorbehalt und Geschäftsunfähigkeit

Mit der Einordnung des Einwilligungsvorbehalts als Anordnung einer partiellen beschränkten Geschäftsfähigkeit ist noch nichts über das Verhältnis zu den allgemeinen Regeln der Geschäftsfähigkeit gesagt, wonach ein Volljähriger zum Beispiel wegen einer krankhaften Störung der Geistestätigkeit geschäftsunfähig sein kann. Insbesondere kann aus einer solchen Einordnung nicht geschlossen werden, daß § 1903 BGB die allgemeinen Regeln der §§ 104 Nr. 2, 105 I, II BGB verdrängt.[577] Daher stellt sich die Frage, wie das Verhältnis von Einwilligungsvorbehalt und subjektivem Element der Geschäftsfähigkeit zu bestimmen ist. Dabei ist zu differenzieren: Erstens, ob bei bestehender Geschäftsunfähigkeit ein Einwilligungsvorbehalt angeordnet werden soll (1.) und zweitens, ob bei bestehendem Einwilligungsvorbehalt dennoch die Regeln der §§ 104 Nr. 2, 105 I, II BGB angewendet werden können (2.). Falls § 1903 BGB im zweiten Falle lex specialis wäre, so hätte der Betreute im Anwen-

---

571 Ähnlich *Pöschl*, Anordnungsvoraussetzungen der Betreuung (1999), S. 137.

572 BayObLG, Beschluß v. 17. 3. 1994 – 3 Z BR 16/94, FamRZ 1994, 1135; von „1000 DM" spricht Erman[9]-*Holzhauer*, § 1903 BGB, Rn. 13.

573 *v. Sachsen Gessaphe*, Der Betreuer (1999), S. 449.

574 *G. Müller*, Betreuung und Geschäftsfähigkeit (1998), S. 71 f.

575 *Pöschl*, Anordnungsvoraussetzungen der Betreuung (1999), S. 137 ff.

576 Vgl. auch *v. Sachsen Gessaphe*, Der Betreuer (1999), S. 439.

577 Anders wohl *Pöschl*, Anordnungsvoraussetzungen der Betreuung (1999), S. 129, die aus der Einordnung des Einwilligungsvorbehalts als Geschäftsfähigkeitsregelung auf den Vorrang desselben vor § 105 BGB schließt (und dann eine Einordnung als Geschäftsfähigkeitsregelung ablehnt, S. 142).

dungsbereich des Einwilligungsvorbehalts nicht als geschäftsunfähig, sondern als partiell beschränkt geschäftsfähig zu gelten.

1. Geschäftsunfähigkeit vor Anordnung des Einwilligungsvorbehalts

Anerkanntermaßen kann ein Einwilligungsvorbehalt auch bei bestehender Geschäftsunfähigkeit eines Volljährigen, wenn also das subjektive Element der Geschäftsfähigkeit verneint werden muß, angeordnet werden. Dies stellt keinen Wertungswiderspruch dar, da die Geschäftsfähigkeit bei der Anordnung des Einwilligungsvorbehalts nicht festgestellt wird.[578] Darüber hinaus ist eine Anordnung auch bei bestehender Geschäftsunfähigkeit im Sinne des § 104 Nr. 2 BGB sinnvoll, da auf diese Weise der Betreute nicht in jedem Prozeß seine Geschäftsunfähigkeit beweisen muß. Vielmehr kann der Betreuer die Genehmigung eines Geschäftes verweigern und auf diese Weise sicherstellen, daß das Rechtsgeschäft unwirksam ist. Der Einwilligungsvorbehalt hat also quasi eine Beweiserleichterung zugunsten des Betreuten zur Folge.[579] Ferner behält der Einwilligungsvorbehalt auch für *lucida intervalla* seinen Sinn, in denen der Betreute zwar nach allgemeinen Regeln geschäftsfähig ist, er aber dennoch des Schutzes und der Fürsorge bedarf, wie sie der Einwilligungsvorbehalt und die Betreuung gewährleisten. Somit kann auch bei bestehender Geschäftsunfähigkeit ein Bedürfnis für die Anordnung eines Einwilligungsvorbehaltes gegeben sein, seine Anordnung ist daher auch bei bestehender Geschäftsunfähigkeit möglich.[580]

2. Geschäftsunfähigkeit nach der Anordnung des Einwilligungsvorbehalts

Problematischer ist allerdings der Fall, daß der Betreute, bei dem ein Einwilligungsvorbehalt angeordnet wurde, mit Einwilligung seines Betreuers handelt, nach allgemeinen Regeln jedoch geschäftsunfähig ist. Hier wird vertreten, daß § 1903 BGB die §§ 104 Nr. 2, 105 I, II BGB verdränge.[581] Wisse der Vertragspartner,

---

578 Staudinger[13]-*Bienwald*, § 1903 BGB, Rn. 33; *Gernhuber / Coester-Waltjen*, Familienrecht[4] (1994), § 76 V 3., S. 1251.

579 BT-Drucks. 11/4528, S. 137; MünchKomm[4]-*Schwab*, § 1903 BGB, Rn. 12, *Pöschl*, Anordnungsvoraussetzungen der Betreuung (1999), S. 90 f.

580 BT-Drucks. 11/4528, S. 137; *Pöschl*, a. a. O. (Fn. 575), S. 94 (ablehnend bezüglich offensichtlicher Geschäftsunfähigkeit, S. 94 und S. 103).

581 *Lipp*, Rechtsperson (2000), S. 175; verfassungsrechtlich argumentierend *Enderlein*, Geschäftsunfähigkeit und Einwilligungsvorbehalt, JR 1998, 485 (491); früher auch Jürgens/Kröger/Marschner / Winterstein-*Jürgens*, Betreuungsrecht[3] (1994), Rn. 184 ff., aufgegeben in Jürgens/Kröger/Marschner/Winterstein-*Jürgens*, Betreuungsrecht[4] (1999), Rn. 185 ff. Verfassungsrechtliche Bedenken gegen die Nichtigkeitsanordnung des § 105 I BGB, die insbesondere von *Canaris*, Verstöße gegen das verfassungsrechtliche Übermaßverbot im Recht der Geschäftsfähigkeit und im Schadensrecht, JZ 1987, 993 (996 ff.) und Zur Problematik von Privatrecht und verfassungsrechtlichem Übermaßverbot, JZ 1988, 494 (497) vorgetragen wurden, haben sich nicht durchgesetzt, vgl. *v. Sachsen Gessaphe*, Der Betreuuer (1999), S. 448, Fn. 94, m.w.N. „Man mag darüber streiten, ob die geltende Regelung der §§ 104 ff. BGB als überzeugendes Postulat der Gerechtigkeit anzusehen ist. Sie ist vom Gesetzgeber so getroffen worden," BGH, Urteil vom 25.6.1991 – XI ZR 257 /90, BGHZ 115, 38 (44 f.). Zur Testierfähigkeit führt das BVerfG, Beschluß v. 19.1.1999 – 1 BvR 2161/94, FamRZ 1999, 985 (987) aus: „Selbst-

daß der Betreute mit der erforderlichen Einwilligung des Betreuers handele, könne das Rechtsgeschäft aber dann doch an §§ 104 Nr. 2, 105 I BGB scheitern, so werde er irregeführt.[582] Allerdings wird der Rechtsverkehr nicht darauf hingewiesen, daß die Zustimmung des Betreuers zur Wirksamkeit ausreicht[583] oder daß die allgemeinen Regeln der Geschäftsfähigkeit nicht gelten würden. Im vergleichbaren Fall eines mit Einwilligung seines gesetzlichen Vertreters handelnden Minderjährigen wird dabei die Geltung des subjektiven Elements der Geschäftsunfähigkeit nicht bezweifelt.

Darüber hinaus werden Bedenken hinsichtlich der effektiven Umsetzung der Reformziele, die mit der Einführung der Betreuung verfolgt wurden, genannt, wenn die Regeln über die Geschäftsunfähigkeit auch für mit Einwilligungsvorbehalt Betreute Geltung beanspruchen würden. So soll die Betreuung sowie die Anordnung des Einwilligungsvorbehaltes dem Betreuten im Gegensatz zur früher möglichen Entmündigung ermöglichen, möglichst weitgehend am Rechtsverkehr teilzunehmen. Es wird befürchtet, daß der Rechtsverkehr dazu übergehen würde, mit Betreuten, bei denen ein Einwilligungsvorbehalt angeordnet worden sei, keine Rechtsgeschäfte mehr abzuschließen, sondern stattdessen nur mit dem Betreuer als Vertreter des Betreuten zu kontrahieren, wenn ein vom Betreuten geschlossenes Rechtsgeschäft letztlich an der Geschäftsunfähigkeit des Betreuten scheitern könne. Dies widerspreche aber dem Reformziel, daß die Betreuten möglichst selbständig und selber am Rechtsverkehr teilnehmen sollen.[584] Allerdings läßt sich dieses Problem durchaus lösen, indem eine Einwilligungserklärung im Falle der Geschäftsunfähigkeit gem. § 140 BGB in eine Eigenvornahme des Geschäfts durch den Betreuer umgedeutet wird.[585] Auf diese Weise hält sich das Risiko der Vertragspartner in Grenzen, und sie werden auch weiterhin mit Betreuten kontrahieren. So wird angeraten, daß die Einwilligungserklärung in der Art und Weise abgegeben wird, daß sie dem § 140 BGB genüge.[586] Das Reformziel einer größeren Eigenständigkeit der Betreuten im Vergleich zu Entmündigten ist also auch dann nicht gefährdet, wenn § 1903 BGB die §§ 104 Nr. 2, 105 I BGB nicht verdrängt. In dem Fall, daß der geschäftsunfähige Betreute ohne Einwilligung handelt und der Betreuer dieses Rechtsgeschäft „genehmigt", kommt eine Umdeutung der „Genehmigung" in eine Neuvornahme unter den in § 141 BGB aufgestellten Voraussetzungen in Betracht.[587]

---

bestimmung setzt Selbstbestimmungsfähigkeit voraus. Nur wenn der Einzelne in der Lage ist, selbstbestimmt zu handeln und im wirtschaftlichen Bereich eigenverantwortlich Entscheidungen zu treffen, können seine letztwilligen Verfügungen grundrechtlichen Schutz beanspruchen." Ein Eingriff in Grundrechte liegt durch die Nichtigkeitsanordnung damit zumindest dann nicht vor, wenn und soweit die Eigenverantwortlichkeit des Betreffenden ausgeschlossen ist.

582 Palandt[61]-*Diederichsen*, § 1903 BGB, Rn. 19.

583 Vgl. *Gernhuber/Coester-Waltjen*, Familienrecht[4] (1994), § 76 3., S. 1251.

584 *Taupitz*, Von der entrechtenden Bevormundung zur helfenden Betreuung, Jus 1992, 9 (12), *Diekmann*, Empfiehlt es sich, das Entmündigungsrecht, das Recht der Vormund-schaft und der Pflegschaft über Erwachsene sowie das Unterbringungsrecht neu zu ordnen?, JZ 1988, 795 (797).

585 BT-Drucks. 11/4528, S. 137 f.; a. A. Palandt[61]-*Diederichsen*, § 1903, Rn. 19.

586 *Gernhuber/Coester-Waltjen*, Familienrecht[4] (1994), § 76 3., S. 1251.

587 S. hierzu *v. Sachsen Gessaphe*, Der Betreuer (1999), S. 171, Fn. 250 f., m.w.N. *Mitko*, Einwilligungsvorbehalt (1994), a. A. *M. Müller*, Bestätigung nichtiger Rechtsgeschäfte (1989), S. 210. Ausführliche Diskussion der Lösungsmöglichkeiten bei *Pöschl*, Anord-

Lipp[588] meint, insbesondere ein fehlendes Schutzbedürfnis spreche gegen eine Anwendung des subjektiven Elements der Geschäftsfähigkeit auf den mit Einwilligung des Betreuers rechtsgeschäftlich handelnden Betreuten, bei dem ein Einwilligungsvorbehalt angeordnet wurde. Ob ein Rechtsgeschäft dem Betreuten schade, entscheide der Betreuer. Ein zusätzlicher Schutz, wie ihn das subjektive Element der Geschäftsfähigkeit gewährleiste, sei nicht notwendig. Der Mindestschutz der Geschäftsunfähigkeit sei vielmehr durch die vorbeugende Kontrolle des Betreuers gewährleistet. Dem ist entgegenzuhalten, daß selbst wenn ein „zusätzlicher" Schutz durch das subjektive Elements nicht „notwendig" wäre, eine dahingehende Auslegung des Betreuungsrechts doch nicht angezeigt wäre. Auch im Minderjährigenrecht stehen den beschränkt geschäftsfähigen Minderjährigen gesetzliche Vertreter zur Seite, die über das Schädigungspotential eines Rechtsgeschäfts für den Minderjährigen durch Erteilung oder Verweigerung ihrer Zustimmung zum Rechtsgeschäft entscheiden. Aber auch hier greift das subjektive Element der Geschäftsfähigkeit ein. Darüber hinaus hat der Gesetzgeber das Problem des Verhältnisses des subjektiven Elements der Geschäftsfähigkeit zum Betreuungsrecht gesehen und sich bewußt mit einer punktuellen Regelung des Geschäftsfähigkeitsrechts begnügt. Er ging von der Weitergeltung der §§ 104 Nr. 2, 105 I BGB auch für solche Betreute aus, bei denen ein Einwilligungsvorbehalt angeordnet wurde.[589] Dies ist vor dem Hintergrund der Ausschlußfunktion der Geschäftsunfähigkeit, die der Dogmatik der deutschen Geschäftsfähigkeitsregelungen zugrunde liegt, letztlich auch nicht sonderlich überraschend. Als Ergebnis läßt sich festhalten, daß die Regelung des Einwilligungsvorbehaltes die Regelungen der §§ 104 Nr. 2, 105 I BGB nicht verdrängt.[590]

3. Auswirkung auf das formale Element der Geschäftsfähigkeit

Die partiell beschränkte Geschäftsfähigkeit, die durch die Anordnung des Einwilligungsvorbehaltes entsteht, hat somit ausschließlich Auswirkung auf das formale Element der Geschäftsfähigkeit.

---

nungsvoraussetzungen der Betreuung (1999), S. 112 ff. und S. 120 ff. sowie bei *G. Müller*, Betreuung (1998), S. 80ff.

588 *Lipp*, Rechtsperson (2000), S. 175. Er ist der Auffassung, der Betreuer oder der Betreute hätten daher „keine Befugnis" sich trotz der Zustimmung des Betreuers auf die Geschäftsunfähigkeit des Betreuten „zu berufen". Diese Formulierung ist allerdings schon deswegen problematisch, da die Geschäftsfähigkeit von Amts wegen vom Richter zu berücksichtigen ist. Es bedarf also keines „sich berufens".

589 BT-Drucks. 11/4528, S. 137 f.; *v. Sachsen Gessaphe*, Der Betreuer (1999), S. 448

590 *Schwab*, Probleme des materiellen Betreuungsrechts, FamRZ 1992, 493 (505); *v. Sachsen Gessaphe*, Der Betreuer (1999), S. 448.

§ 19 Das österreichische Sachwalterrecht

I. Voraussetzungen der Bestellung eines Sachwalters

1984 ersetzte Österreich seine Entmündigungsordnung von 1916 durch ein flexibles, an den Schutz- und Fürsorgebedüfnissen der betroffenen Personen orientiertes Instrument, die Sachwalterschaft.[591] Hauptziel des Sachwalterrechts ist es, geistig Behinderten und psychisch Kranken eine Hilfsperson, eben den erwähnten Sachwalter, an die Seite zu stellen. Der Sachwalter übernimmt gem. § 282 S. 2 ABGB nach Bedarf die Personen- und Vermögensorge der Schutzperson und vertritt diese im Rahmen des Wirkungskreises der angeordneten Sachwalterschaft.[592] Voraussetzung einer Sachwalterbestellung ist gem. § 273 I ABGB, daß die zu schützende Person „alle oder einzelne ihrer Angelegenheiten nicht ohne Gefahr eines Nachteils für sich selbst zu besorgen" vermag.[593] Angelegenheiten sind dabei insbesondere solche rechtlicher Art,[594] eine Sachwalterbestellung aus Gründen der reinen Personensorge kommt dagegen nicht in Betracht.[595] Wie sich aus § 273 III ABGB ergibt, sind drei Stufen des Wirkungskreises des Sachwalters vorgesehen, wobei der Umfang des Wirkungskreises von der bestehenden tatsächlichen Einsichtsfähigkeit der Schutzperson abhängt.[596] Die Sachwalterschaft soll jedoch nur subsidiär angeordnet werden. Kann der zu Schützende „durch andere Hilfe, besonders im Rahmen seiner Familie (...) in die Lage versetzt werden (...), seine Angelegenheiten im erforderlichen Ausmaß zu besorgen", so ist gem. § 272 II 1 ABGB die Anordnung einer Sachwalterschaft unzulässig. Da man davon ausgeht, daß körperlich Behinderte in der Regel in der Lage sind, Dritte mit der Wahrnehmung derjenigen Aufgaben zu beauftragen und entsprechend zu bevollmächtigen, die sie nicht selber erledigen können, ist Voraussetzung der Anordnung einer Sachwalterschaft eine geistige Behinderung oder eine psychische Krankheit.[597]

---

[591] *S. Waters*, Das österreichische Sachwalterrecht (1995), S. 53. Siehe im wesentlichen §§ 157, 273, 273a, 280 - 283, 568, 865 ABGB für die materiellen Bestimmungen und §§ 236 AußStrG für die Verfahrensregeln.

[592] *Koziol/Welser*, Grundriß des bürgerlichen Rechts[10], Band I (1995), S. 53.

[593] So soll etwa von der Bestellung eines Sachwalters abzusehen sein, wenn trotz Vorliegens einer psychischen Krankheit die zu besorgenden Angelegenheiten zu geringfügig seien, um einen Nachteil für die Schutzperson befürchten zu lassen. Als Beispiel wird etwa angegeben, daß die Person im Rahmen eines Aufenthaltes im Pflegeheim voll versorgt wird, Koziol/Welser, Grundriß des bürgerlichen Rechts[10], Band I (1995), S. 54. Aber auch hier muß jedenfalls die Vertretung gegenüber der Heimleitung gewährleistet sein, *Pichler*, Probleme, Erfreuliches und gesetzgeberische Fehlleistungen im neuen Sachwalterrecht, JBl. 1984, 225 (227), ihm folgend *Waters*, Das österreichische Sachwalterrecht (1995), S. 63 f., so daß es jedenfalls einer Sachwalterschaft bedarf, wenn der Heiminsasse mit der Heimleitung Rechtsgeschäfte schließen muß oder ihr gegenüber Rechtshandlungen vorzunehmen hat.

[594] *Steinbauer*, Die Handlungsfähigkeit geistig Behinderter nach dem neuen Sachwalterrecht ÖJZ 1985, 385 (386).

[595] Schwimann-*Schlemmer*, ABGB[2] I, § 273, Rn. 3. Systematisches Argument: In § 282 S. 2 ABGB wird die Personensorge lediglich „auch" dem Sachwalter übertragen.

[596] Schwimann-*Schlemmer*, ABGB[2] I, § 273, Rn. 10.

[597] Dabei dürfte es sich um Rechtsbegriffe, nicht um medizinische Begriffe handeln. Zur genauen Begriffsbestimmung Schwimann-*Schlemmer*, ABGB[2] I, § 273, Rn. 1; *Steinbauer*, Die Handlungsfähigkeit geistig Behinderter nach dem neuen Sachwalterrecht, ÖJZ 1985, 385 (385 f.);

Im deutschen Recht kann dagegen gem. § 1896 I 1 BGB auch bei einer rein körperlichen Behinderung ein Betreuer bestellt werden. Im Gegensatz zum deutschen Sachrecht besteht nach dem ABGB damit für den Fall, daß eine köperliche Behinderung – ohne zugleich eine geistige zu sein – soweit geht, daß die Schutzperson eine Hilfsperson nicht mehr ordnungsgemäß bevollmächtigen oder eine solche bevollmächtigte Person nicht mehr überwachen kann, grundsätzlich keine Möglichkeit der fürsorgenden Unterstützung. Um dem erwähnten Personenkreis dennoch fürsorgende Unterstützung zukommen zu lassen, wird in Österreich einerseits erwogen, den Begriff der „geistigen Behinderung" extensiv auszulegen und auf die erwähnten Fälle anzuwenden.[598] Andererseits wird vorgeschlagen, für solche Fälle eine eigentlich nicht existente „Gebrechlichkeitspflegschaft" einzurichten, die sich aus §§ 269, 21 ABGB ergeben können soll.[599] Die Rechtslage kann aber noch nicht als geklärt betrachtet werden, insbesondere kann nicht als gewiß gelten, daß den betreffenden Personen überhaupt eine staatliche Hilfe zugute kommen kann. Sicher ist lediglich, daß eine Sachwalterschaft oder eine Gebrechlichkeitspflegschaft jedenfalls ausscheidet, wenn die Schutzperson noch Vollmacht erteilen kann.

II. Folgen der Bestellung eines Sachwalters

Die Sachwalterschaft hat gem. § 273a I 1 ABGB zur Folge, daß die Schutzperson (grundsätzlich) „innerhalb des Wirkungskreises des Sachwalters ohne dessen [...] Einwilligung rechtsgeschäftlich weder verfügen noch sich verpflichten kann". Damit ist derjenige, für den eine Sachwalterschaft eingerichtet wurde, innerhalb des Wirkungskreises des Sachwalters in seiner Geschäftsfähigkeit grundsätzlich beschränkt. Damit soll, wie erwähnt, eine vorhandende Beschränkung der tatsächlichen Fähigkeiten des Behinderten nachgezeichnet werden.[600] Von dieser beschränkten Geschäftsfähigkeit kann das Gericht gem. § 273a I 2 ABGB Ausnahmen machen, wenn dies nicht dem Wohl des Betreffenden widerspricht. Hinzu kommt, daß gem. § 273a II ABGB die Geschäftsfähigkeitsbeschränkungen in Anlehnung an § 151 III ABGB dann nicht ohne weiteres gelten, wenn ein Rechtsgeschäft geschlossen wird, das „eine geringfügige Angelegenheit des täglichen Lebens betrifft", da hier „mit der Erfüllung der die behin-

---

Pichler, Probleme, Erfreuliches und gesetzgeberische Fehlleistungen im neuen Sachwalterrecht, JBl. 1984, 225 (226).

598 *Steinbauer*, Die Handlungsfähigkeit geistig Behinderter nach dem neuen Sachwalterrecht, ÖJZ 1985, 385 (386).

599 *Gitschthaler*, Einzelne Probleme des neuen Sachwalterrechts und der Versuch einer Lösung, ÖJZ 1985, 193 (194). Zurückhaltend Schwimann-*Schlemmer*, ABGB² I, § 269, Rn. 1 f., da § 269 ABGB grundsätzlich nur eine Definition von Kuratel und Sachwalterschaft sei.

600 Vgl *Steinbauer*, Die Handlungsfähigkeit geistig Behinderter nach dem neuen Sachwalterrecht ÖJZ 1985, 385 (387), ihm folgend *Waters*, Das österreichische Sachwalterrecht (1995), S. 66 f., die davon sprechen, die „Geschäftsunfähigkeit" der Schutzperson werde durch das Sachwalterrecht nachgezeichnet. Diese Terminologie ist etwas unglücklich, da die „Geschäftsunfähigkeit" im Sinne des § 865 S. 1 ABGB (Personen, die den Gebrauch der Vernunft (überhaupt) nicht haben), auch weiterhin neben dem Sachwalterrecht zur Anwendung kommt, so daß geschäftsunfähige Personen keine Rechtsgeschäfte abschließen können, S. 179.

derte Person treffenden Pflichten“ das Rechtsgeschäft rückwirkend rechtswirksam wird.[601]

Die zu schützende Person ist im Rahmen des Wirkungskreises des Sachwalters also vom Grundsatz her in ihrer Geschäftsfähigkeit beschränkt. Dagegen ist – wie oben dargestellt – der nach deutschem Recht Betreute grundsätzlich in seiner Geschäftsfähigkeit nicht beschränkt. Vielmehr muß nach deutschem Sachrecht zur Beschränkung der Geschäftsfähigkeit zusätzlich ein Einwilligungsvorbehalt angeordnet werden. Weitere Folge der Sachwalterschaft (und ein weiterer Unterschied zum deutschen Betreuungsrecht) ist, daß gem. §§ 3, 102 II öEheG, § 273 ABGB die Ehefähigkeit des Betroffenen immer beschränkt wird, wenn eine Sachwalterschaft angeordnet wird, sei es auch nur für ein einzelnes Rechtsgeschäft.[602] Danach bedarf die unter Sachwalterschaft stehende Person zur Eingehung einer Ehe der Einwilligung des Sachwalters. Selbstverständlich kann aber nur der unter Sachwalterschaft Stehende selber die Ehe eingehen. Er kann nicht etwa durch den Sachwalter vertreten werden. Die Höchstpersönlichkeit der Ehe wird also auch in Österreich gewahrt. Folge einer trotz fehlender Einwilligung geschlossenen Ehe ist ihre Aufhebbarkeit gem. § 35 öEheG. Der Sachwalter darf die Einwilligung nur verweigern, wenn er hierfür gerechtfertigte Gründe hat. Ansonsten ist die Einwilligung durch das „Außerstreitgericht“ zu ersetzen, § 3 III öEheG.[603] Die Testierfähigkeit des unter Sachwalterschaft Stehenden wird zwar nicht beschränkt;[604] Personen, die unter Sachwalterschaft stehen, können aber gem. § 568 ABGB nur mündlich vor Gericht oder mündlich notariell testieren,[605] es wird also eine Formvorschrift für die betroffenen Personen eingeführt.

III. Geschäftsunfähigkeit und Sachwalterschaft

Im österreichischen Recht bleibt die natürliche Geschäftsunfähigkeit gem. § 865 S. 1 ABGB neben einer angeordneten Sachwalterschaft bestehen. Rechtsgeschäfte, die von einem Geschäftsunfähigen getätigt werden, sind daher nichtig und können vom Sachwalter auch nicht mehr genehmigt werden.[606] Folgt man der in dieser Arbeit vertretenen Ansicht, besteht damit eine zum deutschen Sachrecht vergleichbare Rechtslage.

Die im österreichischen Recht grundsätzlich anerkannte Relativität der natürlichen Geschäftsunfähigkeit, also der Geschäftsfähigkeit, die auf die Schwierigkeit des jeweiligen Rechtsgeschäfts bezogen ist, bleibt wohl nicht in den Bereichen bestehen,

---

601 § 273a II BGB fehlt allerdings der Hinweis auf die „Altersüblichkeit“ des Rechtsgeschäfts, die § 151 III ABGB nennt. Zu den sich daraus ergebenden Konsequenzen *Steinbauer*, a. a. O. (Fn. 600), S. 389. Da § 273a II ABGB § 151 III ABGB nachgebildet ist, stellen sich hier auch die gleichen Schwierigkeiten bei der dogmatischen Einordnung.

602 Dazu kritisch *Steinbauer*, a.a.O. (Fn. 600), S. 391 f.

603 Zu den Gründen Schwimann-*Schwimann*, ABGB³ I, § 3EheG, Rn. 5, m. w. N.

604 Andere Ansicht *Oelkers*, Betreuungsrecht (1996), S. 153, die aus dem Formerfordernis auf eine Beschränkung der Testierfähigkeit schließt.

605 Dies gilt auch dann, wenn der Sachwalter nur für eine einzelne Angelegenheit bestellt wurde. Kritisch hierzu Rummel I³-*Welser*, § 566-569 ABGB, Rn. 7; *Steinbauer*, a.a.O. (Fn. 600), S. 390 f.

606 Rummel I³-*Rummel*, § 273, Rn. 7; Steinbauer, a. a. O. (Fn. 600), S. 389 f.

für die eine Sachwalterschaft angeordnet wurde. Eine der Voraussetzungen der relativen Geschäftsunfähigkeit ist nämlich, daß für das konkrete Rechtsgeschäft eine Sachwalterschaft hätte angeordnet werden müssen, aber nicht angeordnet wurde.[607] Wurde sie aber angeordnet, bleibt für die Relativität der Geschäftsunfähigkeit kein Raum mehr. Es verbleibt vielmehr bei der allgemeinen Regel der natürlichen Geschäftsunfähigkeit, nach der Personen, die den „Gebrauch der Vernunft" im Zeitpunkt des Geschäftsschlusses nicht haben, gem. § 865 S. 1 ABGB für alle Rechtsgeschäfte geschäftsunfähig sind.

IV. Das IPR des Sachwalterrechts

Handlungsfähigkeit und Schutzmaßnahmen für Volljährige werden vom öIPRG dem Personalstatut und damit grundsätzlich dem Heimatrecht der betroffenen Person unterstellt. Rück- und Weiterverweisungen sind beachtlich.[608] Hinsichtlich der Schutzmaßnahmen wird im öIPRG gem. §§ 15, 27 öIPRG immer noch zwischen Entmündigung sowie Vormundschaft und Pflegschaft unterschieden, obwohl im Sachrecht mit Einführung des Sachwalterrechts eine Entmündigung gerade abgeschafft wurde.[609] „Entmündigung" umfaßt dabei sowohl den Entzug oder die Beschränkung der Geschäftsfähigkeit aufgrund geistiger oder körperlicher Schutzbedürftigkeit als auch die Einsetzung eines gesetzlichen Vertreters zur Kompensation der Beschränkung der Geschäftsfähigkeit.[610] Eine „Entmündigung" ist also jede Maßnahme, die funktional der abgeschafften Entmündigung und der jetzigen Sachwalterschaft in ihrer Schutzfunktion für den Schutzbedürftigen entspricht.[611] Erfolgt der Schutz des Betroffenen nicht (auch) durch eine Geschäftsfähigkeitsbeschränkung, so richtet sich die Maßnahme nach § 27 öIPRG,[612] wird also als Vormundschafts- oder Pflegschaftsmaßnahme qualifiziert. Da nach § 27 I öIPRG die Voraussetzungen und Wirkungen, zu denen auch die

607 S. 88 f.

608 *Mänhardt/Posch*, Internationales Privatrecht (1994), S. 37.

609 § 15 öIPRG, Die Voraussetzungen, die Wirkungen und die Aufhebung einer Entmündigung sind nach dem Personalstatut des Betroffenen zu beurteilen.
§ 27 öIPRG
(1) Die Voraussetzungen für die Anordnung und die Beendigung einer Vormundschaft oder Pflegschaft sowie deren Wirkungen sind nach dem Personalstatut des Pflegebefohlenen zu beurteilen.
(2) Die sonstigen mit der Vormundschaft oder Pflegschaft verbundenen Fragen, soweit sie die Führung an sich betreffen, sind nach dem Recht des Staates zu beurteilen, dessen Behörden die Vormundschaft oder Pflegschaft führen.

610 Rummel II^2 - *Schwimann*, § 15 öIPRG, Rn. 3; *Schwind*, Internationales Privatrecht (1990), Rn. 206 (mißverständlich in Rn. 341, dort aber wohl nur auf Minderjährige bezogen). Die Bestellung eines Sachwalters (und die entsprechende Beschränkung der Geschäftsfähigkeit) für Minderjährige richtet sich dagegen, soweit nicht vorrangige Staatsverträge eingreifen, nach § 27 öIPRG, vgl. *Schwind*, a. a. O., Rn. 339 ff.
Zu § 27 öIPRG Fn. 609, S. 180.

611 *Schwind*, Internationales Privatrecht (1990), Rn. 206.

612 Rummel II^2-*Schwimann*, § 27 öIPRG, Rn. 1.

gesetzliche Vertretung zu zählen ist,[613] aber wie nach der Regelung des § 15 öIPRG dem Personalstatut des Betreffenden unterstellt werden, ergeben sich hier insoweit keine Unterschiede in der Anknüpfung und damit insoweit auch keine Abgrenzungsprobleme. Folglich wird in Österreich für Deutsche, die in Österreich leben, grundsätzlich keine „Sachwalterschaft" nach dem ABGB angeordnet, sondern eine Betreuung (ggf. mit Einwilligungsvorbehalt) nach den Regelungen des BGB. Im Gegensatz zur Diskussion in Deutschland scheint die Anwendung des Personalstatuts (und damit grundsätzlich des Heimatrechts des Betroffenen) auf Nicht-Österreicher kein Unbehagen zu bereiten. Bei besonderer Eilbedürftigkeit einer Schutzmaßnahme ist dagegen gem. § 4 II öIPRG österreichisches Sachrecht anzuwenden.[614] Ebenfalls österreichisches Sachrecht kommt zur Anwendung, wenn das ausländische Recht keinerlei Schutzmaßnahmen kennt, die mit einer Entmündigung oder Sachwalterschaft funktional vergleichbar sind.[615]

Soweit die Anknüpfung der Rechtsfolgen einer beschränkten Geschäftsfähigkeit, die aus einer Anordnung der Sachwalterschaft resultiert, überhaupt angesprochen wird, werden die Rechtsfolgeregelungen ebenfalls dem Personalstatut unterstellt.[616]

§ 20 Anknüpfung einer (geschäftsfähigkeitsbeschränkenden) Volljährigenschutzmaßnahme, Verhältnis von Art. 7 EGBGB und Art. 24 EGBGB

Die oben angesprochenen Abgrenzungsprobleme zwischen der Regelung der allgemeinen Geschäftsfähigkeit und dem Betreuungsrecht setzen sich im internationalen Privatrecht fort. Die Beschränkungen der allgemeinen Geschäftsfähigkeit richten sich grundsätzlich nach Art. 7 EGBGB, die Betreuung hingegen nach Art. 24 EGBGB. Zwar ist die Anordnung eines Einwilligungsvorbehalts (und funktional entsprechender Regelungen im ausländischen Recht) eine betreuungsrechtliche Maßnahme. Gleichzeitig bedeutet sie aber auch eine Beschränkung der Geschäftsfähigkeit. Daher fragt sich, wie solche Maßnahmen des Betreuungsrechts anzuknüpfen sind, die Einfluß auf die Geschäftsfähigkeit haben. In Frage kommt eine Qualifikation als Teil der Betreuung im Sinne des Art. 24 EGBGB oder als Geschäftsfähigkeitsregelung im Sinne des Art. 7 EGBGB. Zwar knüpfen sowohl Art. 7 EGBGB als auch Art. 24 I 1 EGBGB an die Staatsangehörigkeit der betroffenen Person an. Insofern würde sich kein praktischer Unterschied ergeben, ob man den Einwilligungsvorbehalt und funktional entsprechende ausländische Institute über Art. 7 EGBGB oder Art. 24 I 1 EGBGB dem vom Heimatrecht bestimmten Statut entnähme. Allerdings ermöglicht

---

613 Rummel II^2-*Schwimann*, § 27 öIPRG, Rn. 3; *Mänhardt/Posch*, Internationales Privatrecht (1994), S. 58. Es handelt sich also um eine angeordnete gesetzliche Vertretung ohne eine Beschränkung der Geschäftsfähigkeit, vergleichbar mit der Betreuung ohne Anordnung eines Einwilligungsvorbehaltes nach dem BGB.

614 *Schwimann*, Internationales Privatrecht^2 (1999), S. 129.

615 Etwas anderes würde gegen den österreichischen ordre public verstoßen, *Schwind*, Internationales Privatrecht (1990), Rn. 206.

616 Soweit ersichtlich spricht nur *Schwind*, Internationales Privatrecht (1990), Rn. 341, das Problem überhaupt an. Er behandelt es allerdings im Rahmen der Sachwalterschaft für Minderjährige, die unter die Vormundschaft subsumiert werden, und kann sich so auf die Auslegung der „Wirkungen" der Vormundschaft stützen.

Art. 24 I 2 EGBGB auch eine Betreuungsanordnung nach deutschem Sachrecht für einen Ausländer „mit gewöhnlichem Aufenthalt" in Deutschland oder „mangels eines solchen, mit Aufenthalt" in Deutschland.[617] Für solche Ausländer kann ein deutsches Vormundschaftsgericht einen Einwilligungsvorbehalt nach deutschem Betreuungsrecht als Schutzmaßnahme jedoch nur dann anordnen, wenn der Einwilligungsvorbehalt Teil der Betreuung im Sinne des Art. 24 EGBGB ist und damit Art. 24 I 2 EBGBB Anwendung findet.[618] Als weiterer Unterschied zur Regelung des Art. 7 EGBGB sieht Art. 24 III EGBGB vor, daß der „Inhalt" der Betreuung dem Recht des anordnenden Staates zu entnehmen ist. Sind daher der Einwilligungsvorbehalt und funktional entsprechende ausländische Institute als Teil der „Betreuung" im Sinne des Art. 24 EGBGB zu qualifizieren, so findet auf den „Inhalt" der Betreuung nicht das gem. Art. 24 I 1 EGBGB berufene Heimatrecht, sondern das Recht des die Schutzmaßnahme anordnenden Staates Anwendung. Dabei bedürfte es einer Klärung, was unter dem Begriff „Inhalt" der Betreuung genau zu verstehen ist, wie also Art. 24 I und III EGBGB voneinander abzugrenzen sind.

I. Die Rechtslage vor Einführung der Betreuung

Vor Einführung der Betreuung zum 1.1.1992 richtete sich das anwendbare Recht einer Entmündigung als der klassischen Schutzmaßnahme für Erwachsene mit Einfluß auf die Geschäftsfähigkeit grundsätzlich nach Art. 7 I EGBGB und damit nach dem Heimatrecht des zu Entmündigenden.[619] Dies galt, soweit nicht das Haager Entmündigungsabkommen von 1905[620] eingriff. Die Anordnung einer der Entmündigung folgenden Vormundschaft wurde hingegen nach dem durch Art. 24 EGBGB a. F. (1986) zu bestimmenden Recht ermittelt. Danach unterlagen Entstehung, Änderung und Ende der Vormundschaft sowie der Inhalt der gesetzlichen Vormundschaft gem. Art. 24 I 1 EGBGB a. F. (1986) ebenfalls dem Heimatrecht des Mündels, während der Inhalt der angeordneten Vormundschaft gem. Art. 24 III EGBGB a. F. (1986) dem Recht des anordnenden Staates (und damit deutschem Recht) unterstand.

---

617 *Kegel* weist darauf hin, daß letzteres dem Wortlaut nach bedeutet, daß der Ausländer überhaupt keinen gewöhnlichen Aufenthalt in einem Land der Welt haben darf. Auch in einem solchen Falle müsse aber rasch gehandelt werden können. Daher sollte seiner Ansicht nach auch ein schlichter Aufenthalt in Deutschland reichen, Soergel[12]-*Kegel*, Art.24 EGBGB, Rn. 5.

618 Auch für diejenigen, die den Einwilligungsvorbehalt unter den „Inhalt der Betreuung" im Sinne des Art. 24 III EGBGB subsumieren und deutsches Sachrecht damit über Art. 24 III EGBGB zur Anwendung gelangen lassen, setzt die Anordnung des Einwilligungsvorbehaltes voraus, daß er nicht als Geschäftsfähigkeitsregelung im Sinne des Art. 7 EGBGB zu verstehen ist, sondern als Teil der „Betreuung" im Sinne des Art. 24 EGBGB. Zu dieser Ansicht und zur Abgrenzung zwischen Art. 24 Abs. 1 und Abs. 3 EGBGB siehe unten.

619 Staudinger[12]-*Beitzke*, Art. 7 EGBGB, Rn. 19, Staudinger[13]-*Hausmann*, Art. 7 EGBGB, Rn. 34.

620 RGBl. 1912, S. 463, abgedruckt bei *Jayme/Hausmann*, Internationales Privat- und Verfahrensrecht[2] (1983), Nr. 11.

1. Art. 8 EGBGB a. F.

Gem. Art. 8 EGBGB a. F. „konnte" für einen Ausländer mit Wohnsitz oder Aufenthalt in Deutschland auch eine Entmündigung nach deutschem Recht ausgesprochen werden. Erfolgte eine solche Entmündigung, konnte dementsprechend gem. Art. 24 I 2, 1. Hs. EGBGB (1986) für die der Entmündigung folgende Anordnung einer Vormundschaft ebenfalls deutsches Recht angewendet werden.

a) Verhältnis von Art. 7 EGBGB a. F. und Art. 8 EGBGB a. F.

In Art. 8 EGBGB war vor der Reform von 1986 neben dem internationalen Privatrecht auch die internationale Zuständigkeit geregelt. Einige meinten, die Verwendung des „Können" in der Regelung des Art. 8 EGBGB a. F. bedeute, daß der Vormundschaftsrichter entscheiden „könne", ob er seine internationale Zuständigkeit wahrnehmen wolle.[621] Falls er dies jedoch tue, so „müsse" er nach deutschem Recht entmündigen. Art. 8 EGBGB a. F. sei also eine „Exklusivregelung", die eine Entmündigung nach Heimatrecht in Deutschland ausschließe. Spätestens mit der Reform von 1986 ist die Grundlage dieser Auslegung allerdings entfallen. Seitdem regelte § 648a ZPO bis zur Einführung der Betreuung die internationale Zuständigkeit für die Entmündigung. Die Formulierung „kann" bezog sich daher spätestens seit 1986 nur noch auf das anwendbare Recht. Folglich gab es seitdem auch keinen Grund mehr, sie in Bezug auf das anwendbare Recht als „Muß"-Vorschrift zu behandeln.[622] Die Entmündigung richtete sich daher gem. Art. 7 I EGBGB grundsätzlich nach dem Heimatrecht der betreffenden Person, nur in Ausnahmefällen nach Art. 8 EGBGB a. F.[623]

b) Anknüpfung der Rechtsfolgen beschränkter Geschäftsfähigkeit

Soweit ersichtlich wurde das Problem der Anknüpfung der Rechtsfolgen beschränkter Geschäftsfähigkeit oder Geschäftsunfähigkeit aufgrund einer Entmündigung nicht als gesondertes Problem gesehen und entsprechend auch nicht angesprochen. Vielmehr wurden diese mit den Voraussetzungen der Entmündigung gleich angeknüpft, das heißt also dem jeweiligen Heimatrecht gem. Art. 7 EGBGB oder dem deutschen Recht gem. Art. 8 EGBGB a. F. unterstellt. Es wurde lediglich darauf hingewiesen, daß die Entmündigungsvoraussetzungen und die Entmündigungsfolgen so aufeinander abgestimmt seien, daß eine Trennung kaum möglich sei. Dabei sei noch einmal darauf hingewiesen, daß Art. 8 EGBGB a. F. vorherrschend als „Exklusivre-

---

621 Staudinger[9]-*Raape*, Art. 8 EGBGB, S. 96; *Levis*, Das internationale Entmündigungsrecht des deutschen Reiches (1906), S. 55 (mit der Einschränkung, daß der deutsche Richter „versuchen" solle, eine Entmündigung im Heimatstaat des Ausländers zu erreichen, S. 59); unklar *Wolff*, IPR[3] (1954), S. 106 f.; a. A. etwa Soergel[11]-*Kegel*, Art. 8 EGBGB, Rn. 9, wonach der deutsche Richter nur aus „trifftigem Grund" vom Heimatrecht abweichen solle; kritisch auch Staudinger[12]-*Beitzke*, Art. 8 EGBGB, Rn. 40 f. sowie ausführlich gegen die wohl vorherrschende Meinung *Schrick*, Die Entmündigung von Ausländern in Deutschland (1970), S. 57 ff.

622 Staudinger[13]-Kropholler, Art. 24 EGBGB, Rn. 31; MünchKomm[2]-Birk, Art. 8 EGBGB, Rn. 14, 16.

623 Zu den Voraussetzungen der Ausnahme ausführlich *Schrick*, Die Entmündigung von Ausländern in Deutschland (1970), S. 61 ff.

gelung" verstanden wurde. Dies hatte die Konsequenz, daß nach dieser Ansicht für die Voraussetzungen und die Rechtsfolgen einer in Deutschland angeordneten Entmündigung immer deutsches Sachrecht zur Anwendung gelangte.[624]

Frankenstein dagegen differenzierte. Er war hinsichtlich der allgemeinen Geschäftsfähigkeitsregeln (bei Minderjährigen) ein Vertreter der herrschenden Meinung, Voraussetzungen und Rechtsfolgen beschränkter Geschäftsfähigkeit sollten gleichermaßen der Regelung des Art. 7 EGBGB zu unterstellen sein. Bezüglich der Entmündigung wich er davon jedoch ab. Art. 8 EGBGB a. F. sei eine Ausnahmeregelung zu Art. 7 EGBGB. Daraus folge, daß Ausländer in Deutschland nur nach deutschem Recht zu entmündigen seien.[625] Deutsches Recht bestimme damit über die Voraussetzungen der Entmündigung sowie darüber, was Entmündigung „bedeute", das heißt, ob die entmündigte Person beschränkt geschäftsfähig oder geschäftsunfähig sei. Welche Rechtsgeschäfte der in seiner Geschäftsfähigkeit Beschränkte dann aber vornehmen könne, sei eine Frage des von Art. 7 EGBGB berufenen Rechts.[626] Damit unterstellte *Frankenstein* die Rechtsfolgen beschränkter Geschäftsfähigkeit, die aufgrund der Entmündigung beschränkt wurde, dem von Art. 7 I EGBGB berufenen Personalstatut.[627]

2. Haager Entmündigungsabkommen

Das inzwischen gekündigte Haager Entmündigungsabkommen vom 17. 7. 1905 (HEA) regelte die Entmündigung von Ausländern in Deutschland und die Anerkennung von im Ausland erfolgten Entmündigungen.[628] Zuständig für die Entmündigung war gem. Art. 2 HEA grundsätzlich der Heimatstaat. Der Aufenthaltsstaat war gem. Art. 3 II HEA primär nur für vorläufige Maßnahmen zuständig und hatte den Behörden des Heimatstaates gem. Artt. 4, 5 HEA von Schutzbedürftigkeit, etwaigem Entmündigungsantrag und getroffenen vorläufigen Maßregeln auf diplomatischem Wege Nachricht zu geben. Erst wenn die Behörden des Heimatstaates erklärt hatten, daß sie nicht einschreiten wollten oder innerhalb einer Frist von sechs Monaten nicht geantwortet hatten, war der Staat des gewöhnlichen Aufenthaltes für die Entmündigung zuständig. Diese Entmündigung war dann gem. Art. 9 HEA vom Heimatstaat anzuerkennen, wobei sie allerdings gem. Artt. 10, 11 HEA von ihm durch eine eigene Entmündigung ersetzt oder auch aufgehoben werden konnte.[629] Erfolgte die Entmündigung durch die Behörden des Aufenthaltsstaates, so hatten diese ihr eigenes Recht anzuwenden. Die Wirkungen der Entmündigung richteten sich gem. Art. 8 HEA nach demselben Recht.

---

624 Fn. 621, S.183.

625 *Frankenstein*, IPR I (1926), S. 434 f.

626 *Frankenstein*, IPR I, S. 435: „Wie sich diese vom deutschen Recht verhängte Beschränkung oder Aufhebung der Geschäftsfähigkeit im einzelnen äußert, bestimmt lediglich das Statut, das die Geschäftsfähigkeit beherrscht."

627 A. A. *Oelkers*, Betreuungsrecht (1996), S. 248, Fn. 872, *Frankenstein* knüpfe damit die Frage der „Geschäftsfähigkeit" als „Vorfrage" nach Art. 7 I EGBGB an.

628 RGBl. 1912, S. 463, abgedruckt bei *Jayme/Hausmann*, Internationales Privat- und Verfahrensrecht[2] (1983), Nr. 11. In Kraft seit dem 23. 8. 1912 (RGBl. 1912, S. 475). Gekündigt zum 23. 8. 1992 (BGBl 1992 II, S. 272).

629 Staudinger[12]-*Beitzke*, Art. 8 EGBGB, Rn. 32.

Diese Wirkungen umfaßten wohl auch die Rechtsfolgen der aufgrund einer Entmündigung beschränkten Geschäftsfähigkeit.[630]

II. Das geltende internationale Privatrecht der Betreuung

Art. 24 EGBGB regelt die Anknüpfung der Betreuung, Vormundschaft und Pflegschaft. Die Frage, welches Recht darüber entscheidet, ob und welche Schutzmaßnahme angeordnet wird, wird von Art. 24 EGBGB unproblematisch zumindest hinsichtlich solcher Volljährigenschutzmaßnahmen beantwortet, die keinen Einfluß auf die Geschäftsfähigkeit haben. Einen Konflikt zur Regelung des Art. 7 EGBGB kann es in diesen Fällen nicht geben. Hinsichtlich Volljährigenschutzmaßnahmen ohne geschäftsfähigkeitsbeschränkende Wirkung läßt sich die „erste" oben gestellte Frage[631] unschwer damit beantworten, daß grundsätzlich Art. 24 I EGBGB über die Anknüpfung der Frage entscheidet, ob eine Volljährigenschutzmaßnahme angeordnet werden darf oder muß.

Im Hinblick auf Volljährigenschutzmaßnahmen, die die Geschäftsfähigkeit einschränken oder aufheben, besteht hingegen der schon oben angedeutete Konflikt zwischen Art. 7 und Art. 24 EGBGB. Geschäftsfähigkeitsbeschränkende Volljährigenschutzmaßnahmen sind im deutschen Sachrecht die Anordnung einer Betreuung mit Einwilligungsvorbehalt und in ausländischen Rechtsordnungen etwa die österreichische Sachwalterschaft. Ob solche Maßnahmen unter die Regelung des Art. 7 oder des Art. 24 EGBGB fallen, ist Gegenstand der folgenden Untersuchung.

1. Anknüpfung der Voraussetzungen von Volljährigenschutzmaßnahmen – die „erste" Frage

a) Abgrenzung von Art. 7 EGBGB und Art. 24 EGBGB

Art. 7 EGBGB erfaßt jedenfalls die Voraussetzungen der Beschränkungen der allgemeinen Geschäftsfähigkeit und umfaßte vor Abschaffung der Entmündigung in Deutschland auch grundsätzlich die Voraussetzungen der Entmündigung als geschäftsfähigkeitsbeschränkender Maßnahme. Es fragt sich, ob sich auch nach der Abschaffung des Art. 8 EGBGB a. F. und der Aufnahme der Betreuung in Art. 24 EGBGB die Voraussetzungen einer Schutzmaßnahme für Volljährige mit Einfluß auf die Geschäftsfähigkeit weiterhin nach Art. 7 I EGBGB richten oder ob sie vielmehr der Regelung des Art. 24 EGBGB zu unterstellen sind. Dafür, daß die Voraussetzungen einer solchen Schutzmaßnahme mit Einfluß auf die Geschäftsfähigkeit eines Volljährigen von Art. 7 EGBGB erfaßt werden, spricht insbesondere, daß sie die Geschäftsfähigkeit des Betroffenen regelt. Dies würde auch der Auslegung des Art. 7 EGBGB bezüglich der Entmündigung vor Einführung der Betreuung in Art. 24 EGBGB entsprechen. An-

---

630 Vgl. etwa Staudinger[12]-*Beitzke*, Art. 8 EGBGB, Rn. 37; a. A *Frankenstein*, IPR I (1926), S. 435, der die Rechtsfolgen auch hier dem über Art. 7 EGBGB anwendbaren Heimatrecht entnehmen wollte.

631 Wie werden die Voraussetzungen von Volljährigenschutzmaßnahmen im deutschen internationalen Recht angeknüpft? Welche Rechtsordnung bestimmt also darüber, „ob" ein Volljähriger der Unterstützung und des Schutzes bedarf?

dererseits würde diese Auslegung nicht berücksichtigen, daß die Anknüpfung der Entmündigung in Art. 8 EGBGB a. F. als Ausnahme zu Art. 7 EGBGB abgeschafft worden ist und nunmehr die Betreuung als Nachfolgeregelung zur Entmündigung im Sachrecht in Art. 24 EGBGB angeknüpft wird. Dabei fällt auf, daß der aufgehobene Art. 8 EGBGB a. F. nahezu wortgleich in Art 24 I 2 EGBGB überführt wurde. „Entmündigung" wurde lediglich durch „Betreuung" ersetzt.[632] Diese Ausgestaltung des Art. 24 EGBGB spricht dafür, unter den Begriff der Betreuung auch solche Schutzmaßnahmen zu verstehen, die einen Einfluß auf die Geschäftsfähigkeit haben.[633] Hinzu kommt, daß der Begriff der „Betreuung" in Art. 24 I Satz 1 und Satz 2 EGBGB sinnvollerweise nur gleich ausgelegt werden kann. Art. 24 I 2 EGBGB wiederum verweist auf das deutsche Sachrecht der Betreuung, so daß es naheliegt, für die Auslegung des Begriffes „Betreuung" auf deutsches Sachrecht zurückzugreifen.[634] Zum deutschen Betreuungsrecht gehört aber auch gerade der Einwilligungsvorbehalt, der die Geschäftsfähigkeit beschränkt. Wollte man geschäftsfähigkeitsbeschränkende Maßnahmen nicht als Betreuung im Sinne des Art. 24 EGBGB qualifizieren, sondern als Geschäftsfähigkeitsregelung im Sinne des Art. 7 EGBGB, so dürfte ein Einwilligungsvorbehalt nach deutschem Sachrecht auch dann nicht angeordnet werden, wenn deutsches Sachrecht über Art. 24 I 2 EGBGB zur Anwendung käme. Einer der Gründe für die Einführung des Art. 24 I 2 EGBGB war aber gerade, daß auf diese Weise mit geringerem Aufwand bei der Ermittlung des anwendbaren Rechts dem Betroffenen geholfen und dieser damit geschützt werden konnte.[635] Es wäre seltsam, gerade das wirksamste Schutzmittel nicht anordnen zu können und doch wieder mit größerem Aufwand das Heimatrecht des Betreffenden ermitteln und anwenden zu müssen.

---

632 *v. Bar*, Internationales Privatrecht, Band 2 (1991), Rn. 49.

633 Vgl. auch RegEntw. BT-Drucks. 11/4528, S. 194, wonach in Art. 24 EGBGB die alten Vorschriften der Art. 8 EGBGB und Art. 24 EGBGB zusammengefaßt und um den Begriff der Betreuung erweitert werden sollten. Vgl. a. *Oelkers*, Betreuungsrecht (1996), S. 217.

634 *v. Bar*, Internationales Privatrecht, Band 2 (1991), Rn. 51.
Aufgrund des Verweises auf deutsches Sachrecht in Art. 24 I 2 EGBGB ist es ebenfalls naheliegend, auch die Abgrenzung von Betreuung, Vormundschaft und Pflegschaft weitgehend dem deutschen materiellen Recht zu entnehmen. Damit umfaßt „Betreuung" im Sinne des Art. 24 EGBGB alle Rechtsinstitute, die den angeordneten „Ausgleich" mangelnder Handlungskompetenz Volljähriger regeln, vgl. *Oelkers*, Betreuungsrecht (1996), S. 221. Eine „Vormundschaft" bezieht sich dagegen nur noch auf Minderjährige und hat keinen Einfluß auf die Geschäftsfähigkeit. Damit ist also im Vergleich zu der Zeit vor der Einführung der Betreuung eine Änderung der Bedeutung der „Vormundschaft" eingetreten, da diese vor Einführung der Betreuung gerade den „Ausgleich" mangelnder Handlungskompetenz erfaßte. Die Pflegschaft ist im deutschen Sachrecht eine vormundschaftliche Fürsorge mit begrenztem Wirkungskreis, die nicht Betreuung ist und die Geschäftsfähigkeit nicht beeinflußt. Entsprechendes gilt daher auch für die Pflegschaften im Sinne des Art. 24 EGBGB. Bei den Pflegschaften für Minderjährige sind allerdings insbesondere vorrangige Staatsverträge zu beachten. Pflegschaften für Volljährige unterscheiden sich von Betreuungen insbesondere dadurch, daß letztere an Mängel anknüpfen, die innerhalb der betreuten Person liegen und einen Einfluß auf die Geschäftsfähigkeit haben können. Pflegschaften für Volljährige dagegen betreffen insbesondere äußere Gründe wie etwa die tatsächliche Abwesenheit des Betreffenden, *Oelkers*, Betreuungsrecht (1996), S. 221.

635 *Nitzinger*, Betreuugsrecht (1998), S. 38.

Folglich ist davon auszugehen, daß die Betreuung im Sinne des Art. 24 EGBGB staatlich angeordnete Schutz- und Fürsorgemaßnahmen für Volljährige unabhängig davon umfaßt, ob sie einen Einfluß auf die Geschäftsfähigkeit des Betroffenen haben oder nicht.[636] Art. 24 EGBGB ist insoweit lex specialis zu Art. 7 EGBGB.

b) Keine unterschiedliche Anknüpfung von Entmündigung sowie Betreuung mit Einwilligungsvorbehalt

Damit ist eine Entmündigung, so sie nicht gegen den deutschen ordre public verstößt,[637] nicht mehr als eine Geschäftsfähigkeitsregelung im Sinne des Art. 7 EGBGB, sondern vielmehr als eine „Betreuung" im Sinne des Art. 24 EGBGB zu qualifizieren. Denn auch bei der Entmündigung handelt es sich ja um eine staatlich angeordnete Schutzmaßnahme für Volljährige mit Einfluß auf die Geschäftsfähigkeit.

Anderer Ansicht ist in diesem Zusammenhang allerdings *Nitzinger*. Sie qualifiziert, ganz im Sinne der hier vertretenen Auffassung, fürsorgende Maßnahmen, die eine Geschäftsfähigkeitsbeschränkung nach sich ziehen oder ziehen können, als Betreuung im Sinne des Art. 24 EGBGB.[638] Dennoch will sie die Voraussetzungen einer Entmündigung Art. 7 I EGBGB entnehmen, wobei dies aber nur dann gelte, wenn die Entmündigung einer anschließenden Bestellung eines Vormundes oder sonstigen Vertreters vorausginge. Sie begründet dies mit der „gesonderten Anknüpfung" der Geschäftsfähigkeit in Art. 7 I EGBGB. Durch eine Entmündigung komme es zu einer Einschränkung der allgemeinen Geschäftsfähigkeit. Diese sei „abschließend" von Art. 7 EGBGB erfaßt, daher dürfe die Entmündigung nicht unter Art. 24 EGBGB fallen.[639] Dieser Ansicht ist jedoch die hier und auch von *Nitzinger* selbst vertretene Auslegung des Begriffs der „Betreuung" entgegenzuhalten, daß von Art. 24 EGBGB Schutz- und Fürsorgemaßnamen für Volljährige unabhängig davon umfaßt werden, ob sie eine Auswirkung auf die Geschäftsfähigkeit haben oder nicht. Diese Aussage enthält bereits die Feststellung, daß Art. 7 EGBGB nicht abschließend über die Geschäftsfähigkeit bestimmt. Somit erfaßt Art. 24 EGBGB alle Geschäftsfähigkeitsregelungen, die als Teil einer Schutz- oder Fürsorgemaßnahme für Erwachsene zu qualifizieren sind. Im Rahmen der Einordnung, ob eine Geschäftsfähigkeitsbeschränkungsmaßnahme als Teil einer Schutz- oder Fürsorgemaßnahme für Erwachsene oder als Geschäftsfähigkeitsregelung zu qualifzieren ist, kann es dann aber keinen Unterschied machen, ob eine Vertreterbestellung vorausgeht und die Entmündigung folgt oder ob die Entmündigung zunächst angeordnet wird und danach erst ein Vertreter bestellt wird. Die Entmündigung bleibt eine Schutz- und Fürsorgemaßnahme[640] unabhängig davon, ob sie einer anderen Schutz- oder Fürsorgemaßnahme vorausgeht

---

636 Vgl. *Nitzinger*, Betreuungsrecht (1998), S. 38; *Oelkers*, Betreuungsrecht (1996), S. 220. Dabei handelt es sich bei der sachrechtlichen Betreuung um eine an den Bedürfnissen des Einzelfalls orientierte Entscheidung. Eine solche wird man daher auch für die Betreuung im Sinne des internationalen Privatrechts zu fordern haben, Staudinger[13]-*Kropholler*, Art. 24 EGBGB, Rn. 12.

637 Zu dieser Frage ausführlich *Oelkers*, Betreuungsrecht (1996), S. 239 ff.

638 *Nitzinger*, Betreuungsrecht (1998), S. 38 f.

639 *Nitzinger*, Betreuungsrecht (1998), S. 41.

640 Soweit eine Entmündiung eine Schutzmaßnahme für den Entmündigten ist, S. 171.

oder sie einer solchen folgt. Der Ansicht *Nitzingers*, daß die „Betreuung" im Sinne des Art. 24 EGBGB einerseits zwar alle fürsorgenden Maßnahmen der Gerichte oder entsprechender staatlicher Stellen unabhängig davon erfasse, ob sie eine Auswirkung auf die Geschäftsfähigkeit haben, daß andererseits aber die Entmündigung dann nicht als „Betreuung" zu verstehen sei, wenn sie einer solchen Schutzmaßnahme vorausgeht, kann daher nicht gefolgt werden.

c) Das Verhältnis von Art. 24 I Satz 1 und Satz 2 EGBGB

Ist damit geklärt, daß vom Anwendungsbereich des Art. 24 EGBGB die Fragen erfaßt werden, ob und welche Schutzmaßnahmen anzuordnen sind (und zwar unabhängig davon, ob die jeweilige Schutzmaßnahmen Einfluß auf die Geschäftsfähigkeit haben), so bleibt das Verhältnis zwischen Art. 24 I Satz 1 und Satz 2 EGBGB zu bestimmen. Wie schon oben dargestellt, kann gem. Art. 24 I 2 EGBGB für einen Ausländer, der seinen gewöhnlichen Aufenthalt oder, mangels eines solchen, seinen Aufenthalt im Inland hat, ein Betreuer auch nach deutschem Sachrecht bestellt werden. Sieht man Satz 2 als eine Spezialregelung zu Satz 1 an, die diesem immer vorgeht, so hätte dies zur Folge, daß in Deutschland nur Schutzmaßnahmen nach deutschem Sachrecht angeordnet werden könnten. Maßnahmen zur Beschränkung der Geschäftsfähigkeit nach ausländischem Recht könnten dann nur noch im Rahmen der Anerkennung eine Rolle spielen, nicht jedoch, wenn die Schutzmaßnahme in Deutschland angeordnet werden soll. Der Vorrang des Satzes 2 wird insbesondere auf die erwähnte (kontroverse) vorherrschende Meinung zu Art. 8 EGBGB a. F. gestützt. Diese verstand letzteren dahingehend, daß er ein Gebot zur Anwendung deutschen Entmündigungsrechts enthielt. Da Art. 8 EGBGB a. F. Eingang in Art. 24 I 2 EGBGB gefunden hat, müsse man auch Art. 24 I 2 EGBGB als Gebot der Anwendung deutschen materiellen Betreuungsrechts verstehen.[641] Wie oben dargelegt wurde, kann der Regelung des Art. 8 EGBGB a. F. ein solches Gebot zumindest nach der IPR-Reform von 1986 gerade nicht mehr entnommen werden.[642] Daß Art. 24 I Satz 2 EGBGB den Satz 1 nicht in jedem Fall verdrängt, ergibt sich auch daraus, daß die Anknüpfung der Betreuung an die Staatsangehörigkeit in Satz 1 anderenfall überhaupt keinen Sinn mehr macht.[643]

Eine Anwendung deutschen Rechts mag einerseits als sinnvoll erscheinen, da für die Gerichte deutsches Sachrecht vertrauter und damit wohl leichter anzuwenden ist und es außerdem sehr fraglich scheint, ob eine Anknüpfung an das Heimatrecht den Interessen der volljährigen zu schützenden Personen gerecht wird. So schreibt denn auch das Erwachsenenschutzübereinkommen vom 13. 1. 2000 (ESÜ) die Anwendung der *lex fori* vor. Andererseits wird durch die grundsätzliche Beachtung des Heimatrechts für alle Geschäftsfähigkeitsbeschränkungen ein Gleichlauf mit den allgemeinen Regelungen der Geschäftsfähigkeit erreicht. Bedeutung kommt einem solchen Gleichlauf insbesondere im Hinblick auf das Verhältnis des subjektiven Elements der Geschäftsfähigkeit zu den angeordneten Schutzmaßnahmen zu. Dies wird am Beispiel des deutschen und österreichischen Sachrechts deutlich: In beiden Sachrechten bleibt

---

641 *v. Bar*, Internationales Privatrecht, Band 2 (1991), Rn. 47 u. 49 ff.
642 Staudinger[13]-*Kropholler*, Art. 24 EGBGB, Rn. 31 m. w. N.
643 *Oelkers*, Betreuungsrecht (1996), S. 231.

das subjektive Element neben der angeordneten Schutzmaßnahme bestehen, wobei in Österreich die relative Geschäftsunfähigkeit für die Bereiche entfällt, in denen eine Sachwalterschaft angeordnet wurde. Das grundsätzliche „Bestehenbleiben“ des subjektiven Elements neben einer angeordneten Schutzmaßnahme ist dabei, wie oben gezeigt werden konnte, keineswegs selbstverständlich. So wird in Deutschland diskutiert, ob das subjektive Element nicht durch die angeordnete Schutzmaßnahme zu verdrängen sei.[644]

Wollte man das subjektive Element der Geschäftsfähigkeit und Volljährigenschutzmaßnahmen, die die Geschäftsfähigkeit beschränken, grundsätzlich unterschiedlichen Rechtsordnungen unterstellen, so müßte man klären, welche Rechtsordnung über einen Vorrang zu entscheiden hätte. Dafür gibt es keine offensichtlichen Hinweise im EGBGB. Auch vor diesem Hintergrund kann ein Vorrang der Anwendung von deutschem Sachrecht und damit ein Vorrang des Art. 24 I 2 EGBGB vor Satz 1 nicht überzeugen. Vielmehr spricht die systematische Stellung der Anknüpfung an das Heimatrecht in Satz 1 als Grundregel dafür, daß Geschäftsfähigkeitsbeschränkungen grundsätzlich dem Heimatrecht und nur in den Fällen des Satzes 2 als Ausnahme dem deutschen Sachrecht zu unterstellen sind.[645]

Freilich sollen die Schwierigkeiten, die sich für ein Vormundschaftsgericht aus der Anwendung ausländischen Rechts ergeben, hier nicht verkannt werden. Nur ergeben sich vergleichbare Schwierigkeiten auch für ordentliche Gerichte immer dann, wenn Sachverhalte mit Auslandsberührung vorliegen. Eine „Besserstellung“ der Vormundschaftsgerichte ist nicht schon denknotwendig angezeigt. In Fällen, in denen es wirklich auf eine schnelle Handlungsmöglichkeit ankommt, so daß keine Zeit mehr verbleibt, den Inhalt des anwendbaren ausländischen Sachrechts zu ermitteln, kann eine vorläufige Maßnahme gem. Art. 24 III 1 EGBGB nach deutschem Sachrecht angeordnet werden, zu denen auch die einstweilige Anordnung einer vorläufigen Betreuungsanordnung gem. § 69f FGG zählt.[646] Besteht hingegen kein Zeitdruck, so kann ein

---

644 S. 174 ff.

645 Vom Ergebnis her so auch *Oelkers*, Betreuungsrecht (1996), S. 237; ihr folgend MünchKomm³-*Klinkhardt*, Art. 24 EGBGB, Rn. 8; so wohl auch Soergel¹²-*Kegel*, Art. 24 EGBGB, Rn. 4, der allerdings wenig Hoffnung hegt, daß deutsche Vormundschaftsgerichte kein deutsches Sachrecht anwenden werden. Ähnlich Staudinger¹³-*Kropholler*, Art. 24 EGBGB, Rn. 31. Die Ausnahmeregelung des Art. 24 I 2 EGBGB greift, wenn der zu Betreuende seinen Lebensmittelpunkt in Deutschland hat, das ausländische Recht nicht zu ermitteln ist oder wenn das ausländische Recht keine der Betreuung entsprechende Regelung kennt, vgl. *Oelkers*, Betreungsrecht (1996), S. 238 f. und *Nitzinger*, Betreuungsrecht (1998), S. 97 ff. Letzteres wird etwa auch in Österreich als Grund dafür angesehen, österreichisches Sachwalterrecht statt ausländisches Recht anzuwenden, *Schwind*, Internationales Privatrecht (1990), Rn. 206. Zur vergleichbaren Frage im alten Recht, wann die Ausnahmeregelung des Art. 8 EGBGB a. F. anzuwenden war, *Schrick*, Die Entmündigung von Ausländern im Inland und die hierbei zu treffenden vorläufigen vormundschaftlichen Maßnahmen aufgrund des deutschen IPR (Diss. 1970), S. 58 f.

646 Staudinger¹³-*Kropholler*, Art. 24 EGBGB, Rn. 61. Lehnt man die Anordnung einer vorläufigen Betreuerbestellung nach dem Recht des anordnenden Staates hingegen ab, so kann man in Eilfällen deutsches Recht gem. Art. 24 I 2 EGBGB anwenden, so anscheinend *Nitzinger*, Betreuungsrecht (1998), S. 38, anders aber auf S. 106. Auch diese Ansicht aber spricht gegen eine Anwendung des deutschen Sachrechts auf Ausländer in Fällen fehlender Eilbedürftigkeit.

Vormundschaftsgericht ebenso wie ein ordentliches Gericht auch den Inhalt des ausländischen Rechts ermitteln. Wie erwähnt, wird so auch in Österreich verfahren.

d) Zwischenergebnis

Als Zwischenergebnis läßt sich damit festhalten, daß Volljährigenschutzmaßnahmen als Betreuung im Sinne des Art. 24 EGBGB aufzufassen sind sowohl, wenn sie Geschäftsfähigkeit unberührt lassen, als auch, wenn sie sie beschränken. Die erste der oben abstrakt gestellten Fragen wird also von den Regelungen des Art. 24 EGBGB beantwortet.

2. Die Auswirkung der Schutzmaßnahme auf die Geschäftsfähigkeit – die „zweite" Frage

a) Abgrenzung von Art. 24 I und Art. 24 III EGBGB

Mit der Feststellung, daß gem. Art. 24 I 1 EGBGB grundsätzlich das Heimatrecht der „Schutzperson" darüber bestimmt, ob und welche Schutzmaßnahmen anzuordnen sind, sind allerdings noch nicht die Fragen „zwei"[647] und „drei"[648] geklärt: Welches Recht darüber bestimmt, ob und welchen Einfluß die angeordnete oder anzuordnende Schutzmaßnahme auf die Geschäftsfähigkeit der „Schutzperson" hat. Auf den ersten Blick erscheint es zwingend, auch diese Fragen dem gem. Art. 24 I 1 EGBGB anwendbaren Heimatrecht zu entnehmen. Denn es erscheint nur schwer nachvollziehbar, einerseits geschäftsfähigkeitsbeschränkende Schutzmaßnahmen hinsichtlich ihrer Anordnung dem Anwendungsbereich des Art. 24 I 1 EGBGB und damit dem Heimatrecht zu unterstellen, andererseits aber ein anderes Recht darüber bestimmen zu lassen, ob und inwieweit der nach dem Heimatrecht angeordneten oder anzuordnenden Schutzmaßnahme geschäftsfähigkeitsbeschränkende Wirkung zukommen kann. In diesem Zusammenhang ist jedoch Art. 24 III EGBGB zu beachten. Danach unterliegt der „Inhalt der Betreuung und der angeordneten Vormundschaft und Pflegschaft dem Recht des anordnenden Staates". Insbesondere von *Oelkers* wird in diesem Zusammenhang vertreten, daß zu dem „Inhalt der Betreuung" auch deren „Wirkung" und damit auch die „Reichweite" des Einwilligungsvorbehalts zu zählen sei.[649] Die Reichweite des Einwilligungsvorbehalts sei als „Wirkung" und Teil des „Inhalts der Betreuung" gem. Art. 24 III EGBGB dem Recht des anordnenden Staates zu unterstellen.[650] Fraglich ist

---

647 Welches Recht beantwortet, ob eine angeordnete Schutzmaßnahmen Auswirkungen auf die Geschäftsfähigkeit hat?

648 Nach welcher Rechtsordnung bestimmt sich, ob Geschäftsunfähigkeit oder beschränkte Geschäftsfähigkeit vorliegt?

649 *Oelkers*, Betreuungsrecht (1996), S. 252, Palandt[61] - *Heldrich*, Art. 24 EGBGB, Rn. 4; *v. Bar*, Internationales Privatrecht, Band 2 (1991), Rn. 52. Allerdings wollen sowohl *Heldrich* als auch *v. Bar* Ausländer mit gewöhnlichem Aufenthalt im Inland nie nach ihrem Heimatrecht, sondern immer nach deutschem Sachrecht betreuen, da sie davon ausgehen, daß Art. 24 I 2 EGBGB dem Art. 24 I 1 EGBGB vorgehe. Daher ist es für die genannten Autoren letztlich egal, ob deutsches Sachrecht über Art. 24 I 2 EGBGB oder über Art. 24 III EGBGB zur Anwendung gelangt, *Oelkers*, a. a. O., S. 250, dort in Fn. 880.

zunächst, was *Oelkers* meint, wenn sie die „Reichweite“ des Einwilligungsvorbehaltes zu den „Wirkungen“ oder dem „Inhalt“ der Betreuung zählt. Soll dies heißen, daß auch die Voraussetzungen von Geschäftsfähigkeitsbeschränkungen Art. 24 III EGBGB und damit dem deutschen Sachrecht unterliegen, oder meint ihre Aussage, daß „lediglich“ die „Rechtsfolgen“ eines Einwilligungsvorbehaltes und entsprechender ausländischer Rechtsinstitute zum „Inhalt“ einer Betreuung im Sinne des Art. 24 III EGBGB zu zählen sind?

Zu den Voraussetzungen eines die Geschäftsfähigkeit beschränkenden Einwilligungsvorbehaltes gem. § 1903 BGB zählt einmal die Notwendigkeit der Anordnung einer Betreuung und zum zweiten, daß die Anordnung des Einwilligungsvorbehaltes zur „Abwendung einer erheblichen Gefahr für die Person oder das Vermögen des Betreuten erforderlich“ sein muß. Die Voraussetzungen der „Betreuung“ an sich sollen nach *Oelkers* Art. 24 I 1 EGBGB unterstehen.[651] Wenn aber der deutsche Vormundschaftsrichter über Art. 24 I S. 1 EGBGB eine Betreuung nach ausländischem Heimatrecht anordne, so solle ihm die volle Bandbreite „der inländischen Wirkungen“ zur Verfügung stehen und ihm obliegen, „die Reichweite eines Einwilligungsvorbehaltes festzulegen“. Auch wenn das ausländische Betreuungsrecht eine Geschäftsfähigkeitsbeschränkung vorschreibe, bestehe kein Automatismus, die Geschäftsfähigkeit zu beschränken. Vielmehr bestehe die Möglichkeit, einen Einwilligungsvorbehalt anzuordnen, „aber ebenso darauf zu verzichten“. „Maßstab“ sei der „verfassungsrechtlich verankerte Verhältnismäßigkeitsgrundsatz“.

Anders formuliert soll nach *Oelkers* die „Anordnung der Betreuung“ als eine der Voraussetzungen des Einwilligungsvorbehalts der Regelung des Art. 24 I 1 EGBGB unterstellt werden. Die Voraussetzung „Erforderlichkeit zur Abwehr einer erheblichen Gefahr für Person oder Vermögen“ zählt sie dagegen zum „Inhalt“ der Betreuung im Sinne des Art. 24 III EGBGB. Nach *Oelkers* Auffassung käme es bei der Frage, ob die Geschäftsfähigkeit eines Ausländers aufgrund einer Volljährigenschutzmaßnahme zu beschränken ist, der in Deutschland aufgrund seines Heimatrechts betreut wird, also immer nur auf deutsches Sachrecht an.

Oelkers begründet die Subsumtion der Voraussetzung „Erforderlichkeit“ des Einwilligungsvorbehalts unter den „Inhalt“ der Betreuung im Sinne des Art. 24 III EGBGB mit ihrer Befürchtung, daß eine Subsumtion der unmittelbaren Wirkungen der Betreuung unter „Entstehung“, „Änderung“ und „Ende“ einer Betreuung im Sinne von Art. 24 I 1 EGBGB zu einer „Wiedereinführung“ der Entmündigung für Ausländer in Deutschland führen könnte.[652] Betreuung von Ausländern in Deutschland nach deren Heimatrecht hieße nämlich in vielen Fällen, daß der Ausländer nach seinem Heimatrecht entmündigt werden müßte, da viele Heimatrechte keine „Betreuung“ kennen würden. Wollte man die Wirkungen der Entmündigung auch nach dem Heimatrecht bestimmen, so bestünde die Gefahr, daß es zu einer „weitreichenden automatisch“ ein-

---

650 An dieser Stelle sei darauf hingewiesen, daß Art. 24 III EGBGB insoweit nur bei solchen Fällen anzuwenden ist, bei denen die Schutzmaßnahme in Deutschland anzuordnen ist. Welche Wirkungen eine im Ausland angeordnete Schutzmaßnahme hat, ist, wie noch zu zeigen ist, eine Frage der Reichweite der Anerkennung.

651 *Oelkers*, Betreuungsrecht (1996), S. 252.

652 *Oelkers*, Betreuungsrecht (1996), S. 251 f.

tretenden Beschränkung der Geschäftsfähigkeit komme. Eine solche habe der deutsche Gesetzgeber im Sachrecht aber abgeschafft, er könne sie daher im Kollisionsrecht nicht beibehalten haben wollen.

Gegen diese Begründung spricht jedoch, daß die Frage, ob ein Ausländer in Deutschland „entmündigt“ werden kann, zunächst einmal eine Frage der Qualifikation der „Betreuung“ im Sinne des Art. 24 EGBGB ist. Ist man der Ansicht, daß eine ausländische „Entmündigung“ keine „Betreuung“ im funktionalen Sinne ist und im ausländischen Recht damit keine funktionsäquivalente Schutz- und Fürsorgemaßnahme existiert, so muß in der Tat deutsches Sachbetreuungsrecht angewendet werden, allerdings über die Ausnahmeregelung des Art. 24 I 2 EGBGB. Entsprechend wird etwa auch in Österreich verfahren, wenn keine der Sachwalterschaft entsprechende Maßnahme im ausländischen Recht erkennbar ist. Qualifiziert man aber eine ausländische „Entmündigung“ als Betreuung im Sinne des Art. 24 EGBGB (und folgt *Oelkers* in ihrer Ansicht, daß Entmündigungen nach ausländischem Recht nicht grundsätzlich gegen den deutschen ordre public verstoßen), so fragt sich, warum etwas gegen eine „automatische“ Beschränkung der Geschäftsfähigkeit sprechen sollte. So führt etwa auch das österreichische Sachwalterrecht grundsätzlich zu einer „automatischen“ Beschränkung der Geschäftsfähigkeit für den Bereich, in dem die Sachwalterschaft angeordnet wird. Aber auch bei der österreichischen Sachwalterschaft wird in jedem einzelnen Fall festgestellt, ob der Betroffene noch in der Lage ist, seine Rechtsgeschäfte wahrzunehmen. Der Umfang des Wirkungskreises des Sachwalters und die damit einhergehende „automatische“ Beschränkung der Geschäftsfähigkeit des Volljährigen hängt von der bestehenden tatsächlichen Einsichtsfähigkeit der Schutzperson ab. Bedenken gegen eine solche Art von „Automatismus“ im Hinblick auf den ordre public sind nicht angebracht. Dies gilt umso mehr, als bei gegebener Erforderlichkeit ja auch nach deutschem Sachrecht die Geschäftsfähigkeit durch Anordnung eines Einwilligungsvorbehaltes beschränkt werden muß. *Oelkers'* Befürchtung spricht vielmehr gegen eine „Betreuung“ nach ausländischem Heimatrecht in Deutschland überhaupt. Da aber durch die Regelung des Art. 24 I 1 EGBGB die Betreuung grundsätzlich dem Heimatrecht unterstellt worden ist, kann nicht davon ausgegangen werden, daß der Gesetzgeber im Rahmen der Regelung des internationalen Privatrechts der Betreuung eine „automatische“ Beschränkung der Geschäftsfähigkeit als ein Hindernis ansieht.

Zählt man hingegen mit *Oelkers* die (zweite abstrakte) Frage, „ob“ die Geschäftsfähigkeit durch eine angeordnete Schutzmaßnahme beschränkt wird, zum Inhalt der Betreuung und ordnet diese der Regelung des Art. 24 III EGBGB zu, so besteht die Gefahr, daß der Gleichlauf mit den Voraussetzungen der allgemeinen Geschäftsfähigkeit immer dann zerstört wird, wenn ein Ausländer in Deutschland betreut wird. Wie oben bereits ausgeführt, sichert nur eine gleiche Anknüpfung der Frage, ob eine Schutzmaßnahme die Geschäftsfähigkeit beschränkt, einen Gleichlauf der angeordneten Schutzmaßnahmen mit der Anknüpfung des subjektiven Elements der Geschäftsfähigkeit. Dies ist deshalb wichtig, da im Sachrecht das subjektive Element der Geschäftsfähigkeit und die angeordnete Schutzmaßnahme aufeinander „abgestimmt“ werden, wie anhand des deutschen und österreichischen Sachrechtes gezeigt werden konnte. Wollte man diesen Gleichlauf unnötig durchbrechen, müßte festgelegt werden, welchem Statut im Konfliktfall der Vorrang eingeräumt werden sollte. Für eine solche

„Vorrang"-Entscheidung sind aber im EGBGB zumindest keine offensichtlichen Hinweise erkennbar. Zwar ist der Gleichlauf auch dann nicht gegegeben, wenn ein Ausländer in Deutschland nach deutschem Sachrecht betreut wird, weil die Ausnahmeregelung des Art. 24 I 2 EGBGB eingreift. Aber es handelt sich dabei eben um eine Ausnahmeregelung, die insbesondere dann eingreift, wenn eine „Betreuung" nach Heimatrecht nicht möglich ist.

Rechtsvergleichend von Interesse ist, daß das Erfordernis der gleichen Anknüpfung der allgemeinen Geschäftsfähigkeitsregeln und der Volljährigenschutzmaßnahme, wie oben gesehen, auch in Österreich beachtet wird: Dort wird zwar gem. §§ 15, 27 öIPRG zwischen Schutzmaßnahmen unterschieden, die die Geschäftsfähigkeit beschränken, und solchen, die keine Beschränkung nach sich ziehen. Beide Regelungen unterstellen aber die Voraussetzungen und Wirkungen ebenso dem Personalstatut wie die Regelungen der allgemeinen Geschäftsfähigkeit.

b) Zwischenergebnis – Anknüpfung der „zweiten Frage"

Folglich ist auch die Frage, „ob" eine Schutzmaßnahme Einfluß auf die Geschäftsfähigkeit hat, grundsätzlich dem Heimatrecht gem. Art. 24 I 1 EGBGB zu unterstellen, in Ausnahmenfällen dem gem. Art. 24 I 2 EGBGB anwendbaren deutschen Sachrecht. Damit sind die ersten beiden oben gestellten Fragen grundsätzlich vom Heimatrecht der Schutzperson zu beantworten. Unter dem Begriff „Inhalt der Betreuung" im Sinne des Art. 24 III ist damit nicht die Frage zu verstehen, ob eine Schutzmaßnahme Auswirkungen auf die Geschäftsfähigkeit hat.

3. Das „wie" der Geschäftsfähigkeitsbeschränkung – die „dritte" Frage

Noch nicht geklärt ist die „dritte" Frage, wie die unmittelbaren Auswirkungen der Schutzmaßnahme auf die Geschäftsfähigkeit angeknüpft werden: Hier gilt es zu untersuchen, welches Statut darüber zu entscheiden hat, ob eine geschäftsfähigkeitsbeschränkende Schutzmaßnahme eine Geschäftsunfähigkeit, eine beschränkte Geschäftsfähigkeit oder eine partiell beschränkte Geschäftsfähigkeit nach sich zieht. Abstrakt läßt sich diese Frage zwar logisch getrennt von den ersten beiden Fragen aufwerfen. Allerdings spricht alles dafür, daß sie genauso wie die ersten zwei Fragen beantwortet werden muß. Ein Indiz hierfür ist, daß diese Frage im Rahmen der allgemeinen Geschäftsfähigkeit überhaupt nicht gestellt wird. Dort ist es selbstverständlich, daß das gem. Art. 7 EGBGB berufene Heimatrecht nicht nur darüber entscheidet, ob eine (minderjährige) Person in der Geschäftsfähigkeit beschränkt wird, sondern auch über die Frage, ob sie beschränkt geschäftsfähig oder geschäftsunfähig ist.

Die Notwendigkeit einer einheitlichen Ankúpfung der Fragen „zwei" und „drei", ob und inwieweit eine Geschäftsfähigkeit beschränkt wird, wird insbesondere an der sachrechtlichen Ausgestaltung der dem deutschem Sachrecht bekannten partiell beschränkten Geschäftsfähigkeit – der Betreuung mit Einwilligungsvorbehalt – deutlich: Die Voraussetzungen derselben sind auf ihre unmittelbare Rechtsfolge „Beschränkung der Geschäftsfähigkeit für einen bestimmten Kreis von Rechtsgeschäften" unmittelbar bezogen, denn der Einwilligungsvorbehalt wird gem. § 1903 I S. 1 BGB nur dann für bestimmte Rechtsgeschäfte angeordnet, „soweit dies zur Abwendung einer erheblichen

Gefahr" notwendig ist. Hier ist eine Trennung der Voraussetzungen der Geschäftsfähigkeitsbeschränkung und der unmittelbaren Rechtsfolge „partielle beschränkte Geschäftsfähigkeit" kaum möglich, da die Voraussetzungen ja gerade auf die Rechtsfolge abgestimmt sind, daß die beschränkte Geschäftsfähigkeit nur eine „partielle" ist und damit nicht für alle Rechtsgeschäfte gilt.

4. Zwischenergebnis

Zusammenfassend läßt sich im Hinblick auf die ersten drei abstrakt gestellten Fragen folgendes Zwischenergebnis festhalten: Die Voraussetzungen von Volljährigenschutzmaßnahmen sind als Frage der „Entstehung, Änderung" und des „Ende(s)" der „Betreuung" im Sinne des Art. 24 I 1 EGBGB zu qualifizieren. Dies gilt unabhängig davon, ob sie die allgemeine Geschäftsfähigkeit des zu Schützenden beschränken oder nicht. Gleichfalls von Art. 24 I 1 EGBGB werden die Fragen erfaßt, „ob" und „wie" die Geschäftsfähigkeit beschränkt wird, das heißt, ob eine beschränkte oder partiell beschränkte Geschäftsfähigkeit oder Geschäftsunfähigkeit anzuordnen ist. Die Voraussetzungen der (partiellen) beschränkten Geschäftsfähigkeit oder Geschäftsunfähigkeit bei Volljährigen sind damit ebenso wie bei Minderjährigen grundsätzlich dem Personalstatut zu entnehmen.

5. Rechtsfolgenstatut beschränkter Geschäftsfähigkeit – „vierte" Frage

Tätigt ein volljähriger Ausländer, der aufgrund einer Schutzmaßnahme in seiner Geschäftsfähigkeit beschränkt ist, ein Rechtsgeschäft, so fragt sich, welches Recht über die Wirksamkeit des getätigten Rechtsgeschäft zu entscheiden hat. Diese „vierte" Frage entspricht im Minderjährigenschutzrecht der Frage nach dem Rechtsfolgenstatut beschränkter Geschäftsfähigkeit oder Geschäftsunfähigkeit.[653] Gründe, gerade bei Volljährigen die Rechtsfolgen beschränkter Geschäftsfähigkeit oder Geschäftsunfähigkeit dem Vertragsstatut zu entnehmen, sind nicht ersichtlich. Da sich auch bei Volljährigen im Hinblick auf eine Rückabwicklung eines getätigten Rechtsgeschäfts vergleichbare Probleme stellen wie bei Minderjährigen, spricht eine Vermutung dafür, daß auch die Rechtsfolgen (partiell) beschränkter Geschäftsfähigkeit oder Geschäftsunfähigkeit aufgrund von Volljährigenschutzmaßnahmen nach dem gem. Art. 24 I EGBGB berufenen Recht bestimmt werden. Für eine einheitliche Anknüpfung aller vier Fragen spricht zudem, daß der für einen Volljährigen angeordnete Schutz – im Gegensatz zu den Regelungen bei Minderjährigen – nicht pauschal, sondern in seiner Art und in seinem Umfang ganz konkret an den Bedürfnissen der Schutzperson orientiert ist. Wenn aber für ein Individuum eine Schutzmaßnahme individuell angeordnet werden soll, weil er oder sie gerade dieses Schutzes bedarf, dann ist eine Anordnung dieser konkreten Schutzmaßnahme insbesondere dann sinnvoll, wenn bei ihrer Anordnung bekannt ist, welcher Schutz oder welche Einschränkung der Schutzperson konkret zu-

---

653 Soweit ersichtlich wurde diese Frage im Rahmen des international-privatrechtlichen Betreuungsrechts bisher nicht thematisiert. *Oelkers* diskutiert die „Wirkungen" der Betreuung und faßt dabei die hier unter den Fragen zwei bis vier angesprochenen Problemkreise zusammen, *Oelkers*, Betreuungsrecht (1996), S. 247 ff.

kommt. Denn nur wenn die Folgen der Geschäftsfähigkeitsbeschränkung bekannt sind, kann sich die Schutzperson entsprechend auf die Entscheidung einstellen und sich auch entsprechend verhalten.

Damit liefert das internationale Privatrecht der Betreuung im Vergleich zur Anknüpfung der allgemeinen Geschäftsfähigkeit keine Hinweise, die eine andere Anknüpfung der Rechtsfolgen beschränkter Geschäftsfähigkeit rechtfertigen würde.

§ 21 Schutzmaßnahmen ausländischer Gerichte oder Behörden für Volljährige

Nachdem das internationale Privatrecht der Betreuung dargestellt worden ist, soll der Vollständigkeit halber ein Blick auf folgende Problemkonstellationen geworfen werden: Ein ausländisches Gericht ordnet über einen Ausländer oder auch einen Deutschen eine Betreuung im funktionalen Sinne an, dieser so „Betreute" schließt einen Vertrag, der schließlich vor einem deutschem Gericht auf seine Wirksamkeit geprüft wird. Es fragt sich, ob und inwieweit die ausländische „Betreuung" Wirkungen entfaltet, die das deutsche Gericht berücksichtigen muß. Ausländische Entscheidungen können ebensowenig wie ausländische Gesetze im Inland aus sich heraus Wirkung entfalten. Es bedarf vielmehr eines Anwendungsbefehls durch deutsches Recht. Bei ausländischen Gesetzen geschieht dies durch das deutsche internationale Privatrecht, bei ausländischen Entscheidungen geschieht dies durch Anerkennung.[654]

I. Rechtsquellen

Staatsverträge, die die Anerkennung von Schutzentscheidungen für Volljährige betreffen, sind zur Zeit nicht in Kraft. Insbesondere sind aus dem Anwendungsbereich der europäischen Gerichtsstands- und Vollstreckungsverordnung[655] gem. Art. 1 Abs. 2 lit. a EuGVVO[656] alle Entscheidungen auf dem Gebiet der Rechts- und Handlungsfähigkeit sowie der gesetzlichen Vertretung von natürlichen Personen ausgeklammert. Auch das Haager Minderjährigenschutzabkommen (MSA) ist weder direkt noch analog auf Volljährige anwendbar (vgl. Art. 13 MSA).[657] Das Haager Erwachsenenschutzübereinkommen (ESÜ) vom 13. 1. 2000 ist in Deutschland (noch) nicht in Kraft getreten. Somit ist für die Anerkennung ausländischer Volljährigenschutzentscheidungen auf autonomes Anerkennungsrecht zurückzugreifen. Urteile werden über § 328 ZPO anerkannt, Entscheidungen auf dem Gebiet der freiwilligen Gerichtsbarkeit über § 16a FGG. Der Unterschied zwischen § 16a FGG und § 328 ZPO liegt darin, daß die im FGG erfolgte Regelung anerkennungsfreundlicher ist, da auf das Erfordernis der Gegenseitigkeit des § 328 I Nr. 5 ZPO verzichtet wurde. Ob eine Entscheidung zum Gebiet der ordentlichen oder der freiwilligen Gerichtsbarkeit zu zählen ist, richtet sich nach der Einordnung der Schutzmaßnahme durch das Recht des Anerkennungsstaates, damit nach deutschem Recht.[658] Die Förderung der interna-

---

654 Vgl. *Kropholler*, Internationales Privatrecht[4] (2001), § 60 II, S. 615.

655 Verordnung (EG) Nr. 44/2001 des Rates vom 22. 12. 2000 über die gerichtliche Zuständigkeit und die Anerkennung und Vollstreckung von Entscheidungen in Zivil- und Handelssachen, Amtsbl. EG 2001 Nr. L 12, 1, in Kraft seit dem 1. 3. 2002.

656 Früher Art. 1 Abs. 2 Nr. 1 EuGVÜ. Das Gleiche gilt für das Luganer Abkommen. Auch bilaterale Verträge sind nicht auf fürsorgende Entscheidungen für Volljährige anwendbar, Staudinger[13]-*Kropholler*, Art. 24 EGBGB, Rn. 122 f., a. A. für das Deutsch-Spanische Abkommen vom 20. 7. 1977, *Nitzinger*, Betreuungsrecht (1998), S. 112 f.

657 *Oelkers*, Betreuungsrecht (1996), S. 177 f.

658 *Kropholler*, Internationales Privatrecht[4] (2001), § 60 II 1., S. 615; *Oelkers*, Betreuungsrecht (1996), S. 273; *Geimer*, FS Ferid II (1988), S. 89 (95). Diese Ansicht wird durch den Zusatz ergänzt, daß all jene Entscheidungen der freiwilligen Gerichtsbarkeit zuzuordnen sind, in denen eine fürsorgende Tätigkeit im Vordergrund steht. Auch eine Entmündigung zählt daher zur freiwilligen Gerichtsbarkeit, *Geimer*, a.a.O., und ist somit über § 16a FGG anzuerkennnen: *Kro-*

tionalen Anerkennung von Entscheidungen legt es dabei nahe, § 16a FGG möglichst weit auszulegen.[659] Im deutschen Sachrecht wiederum zählen Betreuungssachen zum „Kernbereich" der freiwilligen Gerichtsbarkeit.[660] Daraus folgt, daß ausländische Betreuungsanordnungen auf der Grundlage von § 16a FGG anzuerkennen sind. Entscheidungen auf dem Gebiet der freiwilligen Gerichtsbarkeit werden dabei inzidenter anerkannt, das heißt, es bedarf regelmäßig keines speziellen Anerkennungsverfahrens, sondern die Anerkennung erfolgt, soweit die Anerkennungsvoraussetzungen gegeben sind, im Rahmen des Verfahrens, für das die Entscheidung erheblich ist.[661]

II. Anzuerkennende Entscheidungswirkungen

1. Wirkungserstreckung oder Gleichstellung

Zu klären ist jedoch, „was" von der ausländischen Entscheidung anzuerkennen ist. Anerkennung bedeutet grundsätzlich immer Anerkennung von „Wirkungen".[662] Fraglich ist, ob dies bedeutet, daß die ausländische Entscheidung einer entsprechenden inländischen Entscheidung gleichgestellt werden soll, mit der Folge, daß die ausländische Entscheidung die Wirkungen einer entsprechenden inländischen Entscheidung hätte (sog. Gleichstellungslehre).[663] Eine andere Möglichkeit ist, der ausländischen Entscheidung diejenigen prozeßrechtlichen Wirkungen zuzugestehen, die ihr auch der Urteilsstaat zugesteht, also die Wirkungen der Entscheidung auf den Anerkennungsstaat zu erstrecken (Wirkungserstreckungs-Lehre).[664]

Ausgangspunkt sollte jedenfalls die Wirkungserstreckung der Entscheidung sein.[665] Ginge man von der Gleichstellungslehre aus, bestünde die Gefahr, daß der Entscheidung im Anerkennungsstaat mehr Wirkungen zuerkannt werden, als der Ent-

---

pholler, a.a.O. § 42 II, S. 313; Palandt[61]-*Heldrich*, Art. 7 EGBGB, Rn. 9; a. A. *v. Bar*, Internationales Privatrecht, Band 2 (1991), Rn. 48 (für eine Entmündigung durch Urteil), der § 328 ZPO für anwendbar hält..

659 *Geimer*, FS Ferid II (1988), S. 89 (95 f.).

660 Thomas/Putzo[24]-*Hüßtege*, Art. 1 EuGVVO, Rn. 4.

661 *Geimer*, FS Ferid II, S. 89 (98); anders die Anerkennung von Entscheidungen in Ehesachen, Art. 7 FamRÄndG sowie Art. 33 II EuGVVO / Art. 26 II EuGVÜ für Entscheidungen, die in den Anwendungsbereich der EuGVVO / des EuGVÜ fallen. Dem Art. 26 II EuGVÜ sind etwa Art. 9 des deutsch-israelischen Vertrages sowie Art. 10 III des deutsch-spanischen Vertrages nachgebildet, s. *Geimer*, a. a. O. S. 127, Fn. 155. Eine Anerkennung einer im Ausland angeordneten Entmündigung in Deutschland scheitert ebenfalls nicht grundsätzlich am deutschen ordre public. *Oelkers*, Betreuungsrecht (1996), S. 264 ff. (294).; a. A für die Anerkennung von im Ausland erfolgten Entmündigungen von Deutschen: Erman[9]-*Hohloch*, Art. 8 EGBGB, Rn. 2, der damit in Kauf nimmt, daß im Ausland entmündigte Deutsche im Inland schutzlos sind.

662 *Geimer*, FS Ferid II (1988), S. 89 (90).

663 BGH, Urteil vom 6. 10. 1982 – IV b ZR 729/80, NJW 1983, S. 514 (515); BGH, Urteil vom 1. 6. 1983 – IV b ZR 386/81, NJW 1983, 1976 (1977). Zu den verschiedenen Ausgestaltungen der Gleichstellungslehre *Martiny* in Hdb. IZVR III/1, Kap. I, Rn. 365 m. w. N.

664 MünchKomm[2]-*Gottwald*, § 328 ZPO, Rn. 3 ff.

665 Ein ausländisches Urteil kann „man doch überhaupt [...] nur in dem Sinn [...] anwenden wollen, in welchem der urtheilende Richter dasselbe erlassen hat", *Savigny*, System des heutigen römischen Rechts VIII (1849), S. 260. Ähnlich *Neuhaus*, Grundbegriffe[2] (1976), S. 440 f., Fn. 1192.

scheidungsstaat mit der Entscheidung intendierte.[666] Der Betroffene kann sich in einem Verfahren aber nur dann auf die Reichweite einer Entscheidung einstellen und sein Verhalten darauf abstellen (und etwa eine Beschwerde einlegen), wenn er die Rechtsfolgen abschätzen kann.[667] Daher ist grundsätzlich von der Wirkungserstreckung auszugehen.[668] Diese Wirkungserstreckung findet gem. § 16a Ziff. 4 FGG ihre Grenze jedenfalls im deutschen ordre public. Wenn daher die Entscheidung zu einem Ergebnis führt, das mit wesentlichen Grundsätzen des deutschen Rechts offensichtlich unvereinbar ist, scheidet eine Anerkennung aus. Dies ist etwa der Fall, wenn die ausländische Entscheidung Wirkungen nach sich zieht, die dem deutschen Recht ihrer Art nach unbekannt sind, weil sie aus prinzipiellen Gründen abgelehnt werden.[669] Dabei kann die Wirkungsbegrenzung durch den ordre public nicht schematisch vorgenommen werden,[670] so daß hierauf in dieser Arbeit nicht näher eingegangen werden kann.[671]

Fraglich ist jedoch, ob unabhängig vom ordre public eine Art „Obergrenze" dergestalt anzunehmen ist, daß ausländische Entscheidungen nicht mehr Wirkungen im Inland entfalten können als vergleichbare inländische Entscheidungen. Dies fordern Vertreter der sogenannte „Kumulationstheorie" (aus Wirkungserstreckung und Gleichstellung), um „Störungen der inländischen" Rechtsordnung zu vermeiden. So sollen insbesondere ausländische Urteilsgründe im deutschen Recht nicht in Rechtskraft erwachsen und damit ein Gericht in späteren Entscheidungen nicht binden.[672] Übertragen auf ausländische Betreuungsentscheidungen würde die Kumulationstheorie bedeuten, daß diese im Inland nur mit den Wirkungen einer Betreuung (mit Einwilligungsvorbehalt) anerkannt werden könnten. Eine Beschränkung etwa der Testierfähigkeit würde daher nicht anerkannt. Die Richtigkeit der Kumulationstheorie kann hier im allgemeinen nicht überprüft werden.[673] Fraglich ist aber, ob ein solches Abschneiden der Wir-

---

666 *Oelkers*, Betreuungsrecht, S. 297, Fn. 1071, weist zu Recht daraufhin, daß zur Zeit das deutsche Sachrecht die mildeste Folge für den Betreuten einer Betreuungsanordnung nach sich zieht. Dies muß aber nicht so bleiben. Beispiel für ein „Zuviel" im Anerkennungsstaat ist etwa eine „einfache" ausländische Adoption, die durch Gleichstellung mit einer inländischen Adoption zu einer Volladoption werden könnte, sIPRG-*Volken*, Art. 25, Rn. 11.

667 *Oelkers*, Betreuungsrecht, S. 296f. „Unzweckmäßig": *Martiny* in Hdb. IZVR III/1, Kap. I, Rn. 367; *K. Müller*, ZZP 79 (1966) S. 204 f. Im Rahmen der Anerkennung von Urteilen über § 328 ZPO wird dies auch daran deutlich, daß die Parteien ganz bewußt ein begrenztes Prozeßrisiko eingegangen sind, daß nun nicht im Wege der Urteilsanerkennung vergrößert werden darf, *Schack*, Internationales Zivilverfahrensrecht[2] (1996), § 17, Rn. 794.

668 In vielen Fällen wirkt sich der Unterschied aber auch nicht aus, *Martiny*, in: Hdb. IZVR III/1, Kap. I, Rn. 368.

669 MünchKomm[2]-*Gottwald*, § 328 ZPO, Rn. 5.

670 *Martiny*, in: HdB. IZVR III/1, Kap. I, Rn. 370.

671 Ausführlich *Oelkers*, Betreuungsrecht (1996), S. 283 ff.

672 Eine solche Bindung ist im common law bekannt. Die Ablehnung einer solchen Erstreckung wird allerdings auch von den Befürwortern der „reinen" Erstreckungslehre (über den ordre public) befürwortet, vgl. Baumbach-Lauterbach(-*Hartmann*), § 328 ZPO, Rn. 4 und Rn. 37; *Kropholler*, Internationales Privatrecht[4] (2001), § 60 V, S. 634; für Zurückhaltung bei der Ablehnung der Anerkennung: Staudinger[12]-*Spellenberg*, § 328 ZPO, Rn. 103 (1992), der zu Recht daraufhinweist, daß etwa Urteile über die Trennung von Tisch und Bett in Deutschland unproblematisch anerkannt werden, obwohl diese Urteilswirkungen in Deutschland unbekannt sind.

673 Grundlegend etwa *K. Müller*, ZZP 79 (1966), S. 199 ff.

kungen einer ausländischen Entscheidung auch bei Gestaltungsentscheidungen im allgemeinen und bei Betreuungsentscheidungen im besonderen Sinn macht.[674] Dies erscheint zweifelhaft. Es ist nämlich zu bedenken, daß Betreuungsmaßnahmen oder Entmündigungen immer aufhebbar sind, wenn die Notwendigkeit des Schutzes entfällt. Eine Aufhebung einer anerkannten ausländischen Betreuungsmaßnahme durch ein deutsches Vormundschaftsgericht nach Maßgabe der gem. Art. 24 EGBGB maßgebenden Rechtsordnung ist ebenfalls jederzeit möglich,[675] wenn die internationale Zuständigkeit gegeben ist.

Nimmt man als Beispiel eine anzuerkennende ausländische Entmündigung, die nach ausländischem Sachrecht zur Geschäftsunfähigkeit des Entmündigten führt, und verneint man einen Verstoß gegen den deutschen ordre public, so liegt keine „gravierende" Störung der inländischen Rechtsordnung vor, da die „Geschäftsunfähigkeit" auch der deutschen Rechtsordnung bekannt ist. Desweiteren wird auch im internationalen Privatrecht die Entscheidung über die Geschäftsfähigkeit oder die Betreuung nicht dem deutschen Sachrecht, sondern einer ausländischen Rechtsordnung (dem Heimatrecht) überlassen. Auch hierdurch entsteht außerhalb der Schranke des ordre public keine unerträgliche Belastung der deutschen Rechtsordnung. Die Schranke des ordre public ist also bei ausländischen Betreuungsentscheidungen als ausreichend anzusehen.[676] Daher sind ausländische Betreuungsentscheidungen grundsätzlich mit denjenigen Wirkungen anzuerkennen, die sie auch im Entscheidungsstaat entfalten.[677]

---

674 Gegen eine Anwendung der Kumulationstheorie auf Gestaltungentscheidungen *Geimer*, FS Ferid II (1988), S. 89 (116, Fn. 16).

675 Staudinger[13]-*Kropholler*, Art. 24 EGBGB, Rn. 129.

676 A. A. *Oelkers*, Betreuungsrecht (1996), S. 298 f. Sie will eine Gleichstellung der ausländischen Entscheidung mit der Anordnung eines Einwilligungsvorbehaltes in Deutschland vornehmen. Nur so sei es möglich, ein „quantitatives Mehr" der ausländischen Entscheidung im Vergleich zu einer entsprechenden deutschen Entscheidung zu korrigieren. Die Anerkennung ist allerdings „teilbar", vgl. MünchKomm[2]-*Gottwald*, § 328 ZPO, Rn. 136. Nur die gegen den ordre public verstoßenen Wirkungen lassen sich also durchaus nicht anerkennen, die anderen Wirkungen bleiben erhalten. Dies gilt beispielsweise, wenn die Anerkennung der Entziehung der Testierfähigkeit gegen den ordre public verstößt, nicht aber die Anerkennung der Beschränkung der allgemeinen Geschäftsfähigkeit. Der Unterschied zur hier vertretenen Auffassung liegt damit darin, daß *Oelkers* immer nur die Wirkungen einer deutschen Betreuung anwendet, während hier nur eine ausnahmsweise Anwendung befürwortet wird. Ihre Ansicht hat insbesondere die Konsequenz, daß eine Beschränkung der Ehe- und Testierfähigkeit durch ausländische Entscheidungen wegen § 1903 II BGB in Deutschland überhaupt nicht mehr anerkannt wird.

677 Sind die Rechtsfolgen hingegen im Hinblick auf den deutschen ordre public nicht annehmbar, so entfällt natürlich auch hier nicht die Schutzbedürftigkeit des Betreuten. Daher ist im Einzelfall zu prüfen, ob die ausländische Betreuungsentscheidung oder Entmündigung nicht wenigstens mit den Wirkungen einer deutschen Betreuung (mit Einwilligungsvorbehalt) anerkannt werden kann, „ebenso wie der Gesetzgeber eine deutsche Vormundschaft über einen Volljährigen in eine derartige Betreuung übergeleitet hat, Art. 9 § 1 III BtG." *Kropholler*, Internationales Privatrecht[4] (2001), § 43 II, S. 314; a. A. *Nitzinger*, Betreuungsrecht (1998), S. 133, die dadurch in Kauf nimmt, daß im Ausland entmündigte Deutsche in Deutschland keinerlei Schutz mehr erhalten.

2. Betreuungsanordnung als Gestaltungsentscheidung

Die Anerkennung von ausländischen Betreuungsentscheidungen über die Regelung des § 16a FGG setzt allerdings voraus, daß die Regelung überhaupt zur Anwendung gelangt. Dann müßte eine Betreuungsentscheidung als eine „Gestaltungsentscheidung" aufzufassen sein. Gestaltende Wirkung kommt einer Entscheidung zu, wenn eine Wirkung unmittelbar durch Richterspruch herbeigeführt wird.[678] Ebenso wie die Entmündigung[679] ist die Betreuungsanordnung ein rechtsgestaltender Staatsakt,[680] denn durch ihn wird gem. § 69 FGG ein Betreuer eingesetzt sowie der Aufgabenkreis des Betreuers und bei Anordnung eines Einwilligungsvorbehalts der Kreis der einwilligungsbedürftigen Willenserklärungen des Betreuten festgelegt.

Nun zeichnen sich allerdings Gestaltungsentscheidungen durch eine enge Verwobenheit von materiellem und prozeßualem Recht aus.[681] Stellt man daher mehr darauf ab, daß die Wirkungen einer Gestaltungsentscheidung aufgrund der richterlichen Entscheidung eintreten, so qualifiziert man die Wirkungen prozeßrechtlich („prozeßrechtliche Theorie"). Folge dieser Auffassung ist, daß eine ausländische Betreuungsentscheidung immer gem. § 16a FGG anerkannt wird. Stellt man dagegen in den Vordergrund, daß die Rechtsfolgen eintreten, weil der Tatbestand einer materiellen Norm erfüllt ist, so kommt man zu einer materiellrechtlichen Qualifikation („lex causae-Theorie"). Danach müßte das gem. Art. 24 EGBGB zu ermittelnde Betreuungsstatut entscheiden, ob die Betreuungsanordnung anerkannt wird oder nicht. § 16a FGG käme in diesem Fall nur zur Anwendung, wenn deutsches Recht durch das deutsche internationale Privatrecht berufen würde, wobei dies auch im Wege einer Rückverweisung geschehen könnte.

a) Selbständigkeit des Anerkennungsrechts gegebenüber dem internationalen Privatrecht

Die „lex causae-Theorie" lehnt dabei eine Selbständigkeit des Anerkennungsrechts gegenüber dem internationalen Privatrecht ab,[682] während die prozeßrechtliche „Theorie" diese gerade betont.[683] Diskutiert werden die unterschiedlichen Auffassungen im wesentlichen im Rahmen der Ehescheidung. Es geht dabei um die Abgrenzungsfrage, wann Ehescheidungsfolgen der Scheidungsentscheidung selbst entnommen werden und wann der *lex causae*. Insbesondere geht es dabei um die Frage, ob Parteien in Deutschland nach Anerkennung einer im Ausland erfolgten Ehescheidung wieder heiraten können.[684]

---

678 *Richardi*, Die Anerkennung und Vollstreckung ausländischer Akte der freiwilligen Gerichtsbarkeit (1991), S. 68.

679 Dazu *Harries*, Das deutsche internationale Entmündigungsrecht (1955), S. 64 ff.

680 *Oelkers*, Betreuungsrecht (1996), S. 269f.

681 *Geimer*, FS Ferid II, S. 89 (93); *Oelkers*, Betreuungsrecht (1996), S. 270.

682 *Neuhaus*, Grundbegriffe[2] (1976), S. 427: Wer vom besonderen Gerechtigkeitsgehalt des IPR ausgehe und als dessen Aufgabe die Zuweisung jedes Falles an das richtige Recht ansehe, könne die „Aushöhlung des IPR nicht billigen."

683 *Geimer*, FS Ferid II, S. 89 (92).

684 Staudinger[12]-*Spellenberg* (1992), § 328 ZPO, Rn 122.

Fraglich ist, ob die unterschiedlichen Ansichten auch bei Betreuungsentscheidungen zu unterschiedlichen Ergebnissen führen. Der Unterschied zwischen „prozeßrechtlicher Theorie“ und „lex causae-Theorie“ zeigt sich an sogenannten „Drittstaaten-Fällen“. Ein solcher „Drittstaaten-Fall“ liegt vor, wenn ein Staatsbürger des Landes A, dem gegenüber Land B eine Volljährigenschutzmaßnahme angeordnet hat, ein Rechtsgeschäft tätigt, über dessen Wirksamkeit ein Gericht des Landes C (Deutschland) zu entscheiden hat. Während die prozeßrechtliche Theorie jede ausländische Entscheidung lediglich an § 16a FGG (bzw. § 328 ZPO) mißt, sollen nach der „lex causae-Theorie“ nur solche ausländischen Entscheidungen anerkannt werden, die entweder im „lex causae-Staat“ ergangen sind, oder wenn dieser Staat die in einem dritten Staat ergangene Entscheidung anerkennt. Beispiel wäre etwa der Fall, daß ein in der Schweiz entmündigter Österreicher nach Deutschland kommt und hier ein Auto kauft. Als Anhänger der „prozeßrechtlichen“ Theorie stellt man bei der „Anerkennung“ der Entmündigung „nur“ auf § 16a FGG ab. Als Vertreter der „lex causae-Theorie“ hat das gem. Art. 24 I EGBGB berufene österreichische Recht zu entscheiden, ob es die Entmündigung des Österreichers anerkennt.[685] Im Beispielsfall wäre die Entscheidung der Anerkennung letztlich also österreichischem Recht überlassen.

Fraglich ist, ob das Anerkennungsrecht gegenüber dem internationalen Privatrecht verselbständigt ist. Zu dieser Frage ist zu bemerken, daß im Jahre 1986 die Regelung des § 328 I Nr. 3 ZPO a. F gestrichen wurde. Danach war die Anerkennung von solchen Statusentscheidungen ausgeschlossen, die von den Regelungen desjenigen Rechts abwichen, das nach den Bestimmungen des internationalen Privatrechts berufen war. Die Streichung dieser Regelung wurde gerade damit begründet, daß dadurch das Kollisionsrecht bei der Anerkennung fremder Entscheidungen zu sehr in den Vordergrund gestellt werden würde.[686] Zeitgleich mit der Streichung des § 328 I Nr. 3 ZPO wurde § 16a FGG eingeführt, bei dem gerade keine Berücksichtigung des anwendbaren Rechts als Bedingung aufgenommen worden ist.[687] Gegen eine Berücksichtigung des internationalen Privatrechts bei der Anerkennungsfrage spricht zudem, daß auch die „lex causae-Theorie“ hinkende Rechtsverhältnisse im Falle der erwähnten „Drittstaaten“-Konstellation nicht verhindern kann. Erkennt der Staat, dessen Recht auf das Rechtsverhältnis anzuwenden ist (Erststaat), die Gestaltungsentscheidung des Entscheidungsstaates (Drittstaat) nicht an, so existiert bereits ein „Entscheidungsmißklang“.[688] Ein Entscheidungsmißklang entsteht also nicht durch die Anerkennung entgegen der lex causae, sondern durch die Nichtanerkennung des drittstaatlichen Urteils durch den Staat des anzuwendenden Rechts.[689] Eine Abhängigkeit des autonomen

---

685 Auch wenn man der „lex causae-Theorie“ folgt und damit dem internationalen Privatrecht die Entscheidung über die Anerkennung überläßt, besteht die Möglichkeit, die Betreuungsentscheidung von Ausländern, die in einem Drittstaat ergangen ist, gem. § 16a FGG anzuerkennen: Hat der Ausländer seinen gewöhnlichen Aufenthalt in Deutschland, kann gem. Art. 24 I 2 EGBGB deutsches Recht und damit § 16a FGG angewendet werden, Staudinger[13]-*Hausmann*, Art. 7 EGBGB, Rn. 108.

686 Begr.RegE, BT-Drucks. 10/504, S. 88.

687 *Oelkers*, Betreuungsrecht (1996), S. 317.

688 *Kropholler*, Internationales Privatrecht[4] (2001), § 60 V e), S. 636.

689 *Geimer*, Anerkennung ausländischer Entscheidungen in Deutschland (1995), S. 42.

Anerkennungsrechts vom internationalen Privatrecht kann aus diesen Gründen nicht (mehr) angenommen werden.[690] Die Anerkennung von ausländischen Betreuungsentscheidungen erfolgt daher nur gem.§ 16a FGG. Die *lex causae* wird nicht berücksichtigt.

b) Anzuerkennende Entscheidungswirkungen

Von der Frage, ob eine Anordnung einer Volljährigenschutzmaßnahme allein nach § 16a FGG oder vielmehr nach dem internationalen Privatrecht anzuerkennen ist, ist zu unterscheiden, wie weit eine Anerkennung reicht. Es bleibt zu untersuchen, welche Wirkungen der Entscheidung, die eine Schutzmaßnahme anordnet, von der Anerkennung erfaßt werden. § 16a FGG (sowie § 328 ZPO) erfaßt nur prozeßrechtlich einzuordnende Entscheidungswirkungen, nicht hingegen materiellrechtliche Wirkungen der Entscheidungen (sog. Tatbestandswirkungen).[691] Die Qualifikation einer aus der Schutzmaßnahme folgenden Wirkung des ausländischen Rechts als eine prozeßrechtliche Wirkung oder als eine Tatbestandswirkung richtet sich in Übereinstimmung mit den allgemeinen Grundsätzen des internationalen Privatrechts nach der lex fori, damit nach deutschem Recht.[692] Eine prozeßrechtlich einzuordnende Gestaltungsentscheidung wird dabei regelmäßig anzunehmen sein, wenn die in Frage stehende Entscheidungswirkung gerade von der Anordnung der Schutzmaßnahme selbst intendiert ist.[693] Einen Hinweis für die Qualifikation der Wirkungen ausländischer Betreuungsentscheidungen als prozeßrechtlich oder als materiellrechtliche Tatbestandswirkungen gibt dabei das deutsche materielle Recht. Fraglich ist somit, ob und inwieweit die Wirkung einer Anordnung einer Betreuung mit Einwilligungsvorbehalt durch die Betreuungsanordnung intendiert ist.

aa) Beschränkung der Geschäftsfähigkeit

Wird ein Einwilligungsvorbehalt angeordnet, so muß gem. § 69 Ziff. 4 FGG die Entscheidung die Bezeichnung des Kreises der einwilligungsbedürftigen Willenserklärungen enthalten. Die Entscheidung über die Anordnung eines Einwilligungsvorbehaltes enthält also auch die Aussage, daß die dem Kreis zugehörigen Willenserklärungen zu ihrer Wirksamkeit der Einwilligung des Betreuers bedürfen.[694] Durch das

---

690 *Kropholler,* a. a. O. (Fn. 688); *Richardi,* Die Anerkennung und Vollstreckung ausländischer Akte (1991), S. 75.

691 *Geimer*, FS Ferid II (1988), S. 89 (90 f.).

692 *Geimer*, FS Ferid II (1988), S. 89 (117, Fn. 21), MünchKomm²-*Gottwald*, § 328 ZPO, Rn. 136; *Oelkers*, Betreuungsrecht (1996), S. 269; *Nitzinger*, Betreuungsrecht (1998), S. 116.

693 *Geimer*, FS Ferid II (1988), S. 89 (91). Auch die Anhänger der „lex causae-Theorie" unterscheiden die Gestaltungswirkung und die Tatbestandswirkung einer Entscheidung auf diese Weise, sie qualifizieren die Gestaltungswirkung aber materiellrechtlich. Bei der Gestaltungswirkung „knüpft das Gesetz die Rechtsänderung an ein Urteil, das den Eintritt der Rechtsänderung ausdrücklich ausspricht", *Hausmann*, Kollisionsrechtliche Schranken von Scheidungsurteilen (1980), S. 21.

694 Die Entscheidung enthält beispielsweise Formulierungen wie „Zum Abschluß eines Darlehensvertrages bedarf [der Betreute] der Einwilligung des Betreuers", *Schmidt*, Handbuch der freiwilligen Gerichtsbarkeit² (1996), Rn. 678 ff.

Einwilligungserfordernis wird die Geschäftsfähigkeit des Betreuten beschränkt. Die Beschränkung der Geschäftsfähigkeit erlangt damit „erst dann und dadurch Wirksamkeit, daß der Richter seine Rechtsmacht ausübt", die ihm durch das materielle Recht „latent" verliehen worden ist.[695] Die Entscheidung führt die Rechtsgestaltung unmittelbar herbei.[696] Dies spricht dafür, daß die Beschränkung der Geschäftsfähigkeit intendiert, damit prozeßual zu qualifizieren und somit gem. § 16a FGG anzuerkennen ist.[697]

bb) Rechtsfolgen beschränkter Geschäftsfähigkeit

Etwas anderes könnte sich freilich für die Rechtsfolgen dieser partiellen beschränkten Geschäftsfähigkeit ergeben. Die Entscheidung, daß der Betreute zur Vornahme der bestimmten Rechtsgeschäfte der „Einwilligung des Betreuers" bedarf, stellt nicht nur eine Beschränkung der Geschäftsfähigkeit, sondern zugleich auch eine Rechtsfolge der Beschränkung dar, da durch die Einwilligung des Betreuers der beschränkt Geschäftsfähige wirksam am Rechtsverkehr teilnehmen kann. Dies spricht einerseits für eine intendierte Wirkung der Anordnungsentscheidung eines Einwilligungsvorbehaltes und damit für eine prozeßuale Wirkung. Andererseits ordnet § 1903 I S. 2 BGB an, daß „die §§ 108 bis 113 [...] entsprechend" gelten. Diese Regelungen sind Rechtsfolgeregelungen beschränkter Geschäftsfähigkeit. Sie werden von der Betreuungsentscheidung nicht unmittelbar angeordnet, sondern werden nur mittelbar intendiert. Noch „weniger" intendiert werden die bereicherungsrechtlichen Rückabwicklungsregelungen der §§ 812 ff. BGB, die im Rahmen dieser Arbeit auch als Rechtsfolgen beschränkter Geschäftsfähigkeit qualifiziert wurden, soweit ein Vertrag an einer beschränkten Geschäftsfähigkeit oder Geschäftsunfähigkeit gescheitert ist. Dies spricht dafür, die Rechtsfolgen beschränkter Geschäftsfähigkeit oder Geschäftsunfähigkeit aufgrund von Volljährigenschutzmaßnahmen nicht prozeßual zu qualifizieren, sondern als materiellrechtliche Tatbestandswirkungen aufzufassen.

cc) Anerkennung und Anordnung eines Einwilligungsvorbehaltes

In neuerer Zeit qualifiziert *Nitzinger* alle Wirkungen einer Entmündigung oder einer Betreuung als Tatbestandswirkungen.[698] Auch die Beschränkung der Geschäftsfähigkeit sei eine Tatbestandswirkung. Sie begründet dies mit der Regelung der §§ 6, 104 Nr. 3, 114 BGB a. F., die die Entmündigung in Deutschland regelten. § 6 regelte die Voraussetzungen der Entmündigung, die §§ 104 Nr. 3, 114 BGB a. F. die Rechtsfolgen dieser Entmündigung. Die Gestaltungswirkung einer Entmündigung aufgrund des bis zum 31. 12. 1991 geltenden BGB habe „mehr Ähnlichkeit mit der Tatbestandswirkung" eines Urteils gehabt als mit der prozessualen Wirkung, auch wenn das

---

695 *Müller*, Zum Begriff der „Anerkennung" von Urteilen in § 328 ZPO, ZZP 79 (1966), S. 199 (217).

696 *Oelkers*, Betreunngsrecht (1996), S. 315.

697 Für die Wirkungen einer Entmündigung *Kropholler*, Internationales Privatrecht[4] (2001), § 42 II, S. 313 f.

698 *Nitzinger*, Betreuungsrecht (1998), S. 132 ff., sowie S. 137.

Entmündigungsverfahren gerade auf die intendierte Wirkung ausgerichtet gewesen sei und das „Entmündigungsurteil gerade um dieser Wirkung willen gefällt" worden sei.[699] *Nitzinger* wendet daher für alle Gestaltungswirkungen einer im Ausland erfolgten Entmündigung oder Betreuung das durch das deutsche internationale Privatrecht ermittelte Sachstatut an. Für den Fall, daß ein Deutscher im Ausland entmündigt wurde, will sie daher die „Anerkennung", soweit sie nicht am deutschen ordre public scheitere, nach deutschem Sachrecht (zu dem sie über Art. 7 EGBGB kommt) erfolgen lassen. Im Rahmen dieser „Anerkennung" sei für den Entmündigten ein Betreuer zu bestellen sowie ein Einwilligungsvorbehalt „anzuordnen". Beides dürfe aber nur dann geschehen, soweit die Voraussetzungen der §§ 1896, 1903 BGB gegeben seien. Keinesfalls dürfe die ausländische Entmündigung in der Weise anerkannt werden, daß man sie mit den Wirkungen einer Betreuung mit Einwilligungsvorbehalt nach dem BGB anerkenne. Vielmehr verliere aufgrund der Abschaffung des „§ 104 Nr. 3 BGB" a. F. die Entmündigung ihre „materiell-rechtliche" Wirkung.[700]

Trotz ihrer insoweit eindeutigen Aussage ist fraglich, ob *Nitzinger* eine ausländische Entmündigungsentscheidung überhaupt anerkennt und die Wirkungen als Tatbestandswirkungen auffaßt. Grundsätzlich ist *Nitzinger* zuzustimmen, daß ein international zuständiges deutsches Vormundschaftsgericht immer zu prüfen hat, ob eine Betreuung aufgrund des BGB über einen deutschen Staatsangehörigen anzuordnen ist. Dabei muß eine eventuell von einem Staat bereits angeordnete Schutzmaßnahme berücksichtigt werden.

Die „Anerkennung" einer im Ausland erfolgten Entmündigung eines Deutschen ist jedoch insbesondere dann von Interesse, wenn der im Ausland entmündigte Deutsche einen Vertrag abschließt, dessen Wirksamkeit von einem deutschen ordentlichen Gericht überprüft werden muß. Im Rahmen einer solchen inzidenten Prüfung kann ein ordentliches Gericht nicht eine Betreuungsanordnung mit Einwilligungsvorbehalt anordnen, die dann auf den geschlossenen Vertrag „zurückwirkt." Es kann lediglich die ausländische Entmündigung anerkennen oder nicht. Erkennt es die ausländische Entmündigung grundsätzlich an, ist zu klären, welche Wirkungen diese Anerkennung entfaltet. Entfaltet aber eine Entmündigung, wie bei Nitzinger, keinerlei Wirkungen, so erfolgt letztlich auch keine Anerkennung der ausländischen Entscheidung. Ein im Ausland entmündigter Deutscher, der einen Vertrag schließt, wäre nach dieser Ansicht vor deutschen Gerichten schutzlos. Zwar wurde früher die Anerkennung einer Auslandsentmündigung eines Deutschen außerhalb des Haager Entmündigungsabkommens (1905)[701] abgelehnt. Unter anderem befürchtete man, daß ansonsten Deutsche im Ausland zu schnell entmündigt und dadurch geschädigt werden könnten.[702] Aber spätestens seit der Entscheidung des BGH aus dem Jahre 1955 ist anerkannt, daß auch für im Ausland lebende Deutsche ein Bedürfnis besteht, „in der persönlichen und wirtschaftlichen Existenz geschützt zu werden".[703] Der BGH meinte, daß wenn die Aner-

---

[699] *Nitzinger*, a.a.O. (Fn. 698), S. 131.

[700] *Nitzinger*, a.a.O. (Fn. 698), S. 133.

[701] Gekündigt zum 23. 8. 1992, BGBl. II 1992, S. 272.

[702] Hierzu ablehnend Staudinger[12]-*Beitzke*, Art. 8 EGBGB, Rn. 15; sowie *Oelkers*, Betreuungsrecht (1996), S. 264, Fn. 940.

[703] BGH, Urteil vom 7. 12. 1955 – IV ZR 177/55, BGHZ 19, 240 (244).

kennung solcher Schutzmaßnahmen ungewiß wäre, sich die Aufenthaltsstaaten möglicherweise abhalten ließen, deutsche Staatsangehörige zu schützen. Dies sei angesichts der seit dem Inkrafttreten des BGB „veränderten Lage von Deutschen im Ausland" nicht hinnehmbar. Das Bedürfnis, Deutsche, die ihren Aufenthalt im Ausland haben, auch im Inland nicht schutzlos zu stellen, dürfte in den letzten Jahren allerdings noch wesentlich größer geworden sein. Daher ist *Nitzingers* Auffassung hier nicht zu folgen.

c) Ergebnis

Zusammenfassend ist damit festzuhalten, daß ausländische Betreuungsentscheidungen nebst der Anordnung eines Einwilligungsvorbehaltes, zu denen grundsätzlich auch Entmündigungen gehören, gem. § 16a FGG anzuerkennen sind. Die Anerkennung enthält auch eine Anerkennung der Beschränkung der Geschäftsfähigkeit. Die Rechtsfolgen beschränkter Geschäftsfähigkeit werden dagegen nicht anerkannt, sondern richten sich nach dem Rechtsfolgenstatut beschränkter Geschäftsfähigkeit, das vom deutschen internationalen Privatrecht zu ermitteln ist. Die dieser Arbeit zugrundeliegende Fragestellung nach der Bestimmung des Rechtsfolgenstatuts beschränkter Geschäftsfähigkeit oder Geschäftsunfähigkeit ist damit auch bei der Anerkennung von ausländischen Entscheidungen von Relevanz.

Neben dem gewöhnlichen Aufenthalt im Entscheidungsstaat, der die internationale Zuständigkeit begründete, forderte der BGH als Anerkennungsvoraussetzungen, daß

1. die Entmündigung gem. Art. 30 EGBGB a. F. nicht gegen die guten Sitten oder gegen den Zweck eines deutschen Gesetzes verstoßen dürfe,
2. der ausländische Entmündigungsgrund auch vom deutschen Recht vorgesehen sei,
3. die Entmündigung mindestens in letzter Instanz in einem gesetzlich geregelten Verfahren durch ein mit unabhängigen Richtern besetztes Gericht ausgesprochen worden sein müsse und
4. die rechtlichen und tatsächlichen Wirkungen der Entmündigung nicht erheblich nachteilig von denen des deutschen Rechts abwichen.

5. Kapitel: Ergebnis

§ 22 Die einheitliche Anknüpfung der Voraussetzungen und der Rechtsfolgen beschränkter Geschäftsfähigkeit

Das internationale Privatrecht der Betreuung liefert keine Anhaltspunkte dafür, die Rechtsfolgen beschränkter Geschäftsfähigkeit im internationalen Privatrecht anders als an die Staatsangehörigkeit anzuknüpfen. Es bleibt im Grundsatz bei dem oben in § 16 gefundenen Ergebnis.

1. Mit Ausnahme von geschäftsfähigkeitsrelevanten Volljährigenschutzmaßnahmen erfaßt Art. 7 EGBGB grundsätzlich alle Geschäftsfähigkeitregelungen: Die allgemeine Geschäftsfähigkeit, Teilgeschäftsfähigkeiten und grundsätzlich auch besondere Geschäftsfähigkeiten werden über Art. 7 EGBGB dem Heimatrecht einer natürlichen Person unterstellt. Dem Vertragsstatut verbleibt dabei auch nicht etwa die Frage, „ob" es auf die Geschäftsfähigkeit überhaupt ankommt. Vielmehr stellt sich diese Frage im Rahmen von Rechtsgeschäften, auf die die Geschäftsfähigkeit primär bezogen ist, immer.
   Die Rechtsfolgen beschränkter Geschäftsfähigkeit und Geschäftsunfähigkeit sind mit den Voraussetzungen der Beschränkungen gleich anzuknüpfen und daher ebenfalls der Regelung des Art. 7 EGBGB unterworfen. Die Regelungen der in der Einleitung erwähnten „Grenze" zwischen Geschäftsfähigkeit und Rechtsgeschäft sind personenrechtlich zu qualifizieren. Wie schon *Savigny*[704] forderte, sind „Eigenschaft" und ihre „Wirkungen" nicht getrennt, sondern vielmehr gleich anzuknüpfen.

2. Die Notwendigkeit der gleichen Anknüpfung zeigt sich daran, daß zwischen der Wertung, „ob" eine Person geschützt werden muß und daher in ihrer Geschäftsfähigkeit zu beschränken ist und „wie" dieser Schutz durch die Rechtsfolgen beschränkter Geschäftsfähigkeit auszugestalten ist, kein qualitativer, sondern vielmehr lediglich ein gradueller Unterschied liegt. Dies macht eine gleiche Anknüpfung notwendig. Indiz hierfür ist die kaum durchführbare unterschiedliche Qualifikation von Teilgeschäftsfähigkeiten einerseits und solchen Rechtsfolgen beschränkter Geschäftsfähigkeit andererseits, die beschränkt Geschäftsfähigen einen breiten eigenen Entscheidungsspielraum einräumen.

3. Das Erfordernis einer gleichen Anknüpfung der Voraussetzungen und der Rechtsfolgen beschränkter Geschäftsfähigkeit wird unterstützt durch den engen Zusammenhang zwischen Voraussetzungen und Rechtsfolgen beschränkter Geschäftsfähigkeit. Ein Indiz für diesen engen Zusammenhang ergibt sich aus der Schwierigkeit, bei einer unterschiedlichen Anknüpfung eine passende Rechtsfolge beschränkter Geschäftsfähigkeit in den Fällen zu finden, in denen eine Rechtsordnung eine abgestufte beschränkte Geschäftsfähigkeit kennt, die andere Rechtsordnung hingegen nur eine einheitliche beschränkte Geschäftsfähigkeit.

---

[704] *Savingy*, a. a. O. (Fn. 4, S. 23).

4. Durch die einheitliche Anknüpfung der Voraussetzungen und der Rechtsfolgen werden Anpassungsprobleme verhindert.

5. Die einheitliche Anknüpfung der Voraussetzungen und der Rechtsfolgen beschränkter Geschäftsfähigkeit oder Geschäftsunfähigkeit wird auch im Ausland angewendet. In England und den USA ergibt sich dies bereits aus der vertraglichen Qualifikation der Regelung der *capacity to contract*. In Österreich und der Schweiz wird sie zwar, von Ausnahmen abgesehen, nicht näher begründet, ist aber zumindest in der Schweiz gängige Praxis.

6. Zu den Rechtsfolgen beschränkter Geschäftsfähigkeit zählen auch solche Regelungen, die die bereicherungsrechtliche Rückabwicklung eines aufgrund beschränkter Geschäftsfähigkeit oder Geschäftsunfähigkeit gescheiterten Vertrages erfassen. Insbesondere im Hinblick auf Geschäftsunfähige sind diese Rechtsfolgen beschränkter Geschäftsfähigkeit nicht dem Vertragsstatut zuzuordnen, sondern einheitlich mit den Voraussetzungen der beschränkten Geschäftsfähigkeit oder Geschäftsunfähigkeit anzuknüpfen. Eine vertragliche Qualifikation der bereicherungsrechtlichen Rückabwicklungsregelungen birgt die Gefahr in sich, die Ausschlußfunktion der Geschäftsunfähigkeit zu ignorieren.

7. Verkehrsschutzgründe erfordern nicht notwendigerweise eine vertragliche Qualifikation der Rechtsfolgen beschränkter Geschäftsfähigkeit oder Geschäftsunfähigkeit.

8. Die Voraussetzungen und die Rechtsfolgen beschränkter Geschäftsfähigkeit im Hinblick auf Betreuungsmaßnahmen fallen ebenfalls grundsätzlich unter das gem. Art. 24 I 1 EGBGB anwendbare Heimatrecht.

9. Damit weist das deutsche internationale Privatrecht die Voraussetzungen und die Rechtsfolgen beschränkter Geschäftsfähigkeit oder Geschäftsunfähigkeit in all ihren Ausprägungen grundsätzlich dem Heimatrecht einer natürlichen Person zu.

Literaturverzeichnis

Anson, William Reynell / Beatson, J.: Anson's Law of Contract, 27th edition, Oxford 1998.

Bachmann, Brigitte: Die Beiratschaft (Art. 395 ZGB) de lege lata und de lege ferenda unter rechtsvergleichender Betrachtung der Vormundschaftsrechte und deren Entwicklung von Nachbarstaaten der Schweiz (Frankreich, Österreich und Bundesrepublik Deutschland), Zürich 1990.

Baetge, Dietmar: Anknüpfung der Rechtsfolgen bei fehlender Geschäftsfähigkeit, IPRax 1996, S. 185 f.

Bar, Carl Ludwig von: Theorie und Praxis des internationalen Privatrechts, Band 2, 2. Auflage, Hannover 1889.

Bar, Christian von: Internationales Privatrecht, 1. Band, Allgemeiner Teil, München 1987, 2. Band, Besonderer Teil, München 1991.

Basedow, Jürgen: Die Anerkennung von Auslandsscheidungen, Frankfurt/M. 1980.

Battes, Robert: Gemeinschaftliches Testament und Ehegattenerbvertrag als Gestaltungsmittel für die Vermögensordnung der Familie, Bielefeld 1971.

Battes, Robert: Der erbrechtliche Verpflichtungsvertrag im System des Deutschen Zivilrechts – Ziele, Dogmatik und Auswirkungen des § 2302 BGB, AcP 178 (1978), S. 337 ff.

Baumbach, Adolf / Albers, Jan / Hartmann, Peter: Baumbach-Lauterbach, Zivilprozeß-ordnung, 60. Auflage, München 2002.

Baumbach, Adolf / Hefermehl, Wolfgang: Wechselgesetz und Scheckgesetz, 22. Auflage, München 2000.

Baur, Jürgen F. / Stürner, Rolf: Lehrbuch des Sachenrechts, 16. Auflage, München 1992.

Beale, H. G. (General Editor): Chitty on Contracts, Volume 1, General Principles, 28th edition, London 1999.

Beck, Emil: Kommentierung in Berner Kommentar – Schlusstitel: Einführungs- und Über-gangsbestimmungen, II. Abschnitt, Art. 51 - 63 – hrsg. von Gmür, M., Bern 1932 (Beck, Schlusstitel).

Bernhardt, Horatio: Die Handlungs- und Prozessfähigkeit ausländischer natürlicher Personen in der Schweiz, Diss. Riga 1928.

Böhmer, Cristof / Siehr, Kurt (Hrsg.): Das gesamte Familienrecht, Das internationale Recht, Bearbeitet von Peter Finger und Bea Verschraegen, Neuwied/Kriftel 2002 (Bömer/Siehr-*Bearbeiter*, Lieferung).

Breit, James: Die Geschäftsfähigkeit, Leipzig 1903.

Brödermann, Eckart / Iversen, Holger: Europäisches Gemeinschaftsrecht und Internationales Privatrecht, Tübingen 1994.

Brox, Hans: Allgemeiner Teil des BGB, 25. Auflage, Köln u.a. 2001.

Brox, Hans / Rüthers, Bernd: Arbeitsrecht, 15. Auflage, Stuttgart u. a. 2002.

Bucher, Eugen: Kommentierung in Berner Kommentar – Das Personenrecht –, 2. Abteilung, Die natürlichen Personen, 1.Teilband, Kommentar zu den Art. 11 -

26 ZGB, 3. Auflage, hrsg. von Meier-Hayoz, Arthur, Bern 1976 (E. Bucher, Die natürlichen Personen).
Busse, Daniel: Internationales Bereicherungsrecht, Tübingen 1998.
Busse, Daniel: Die geplante Kodifikation des Internationalen Bereicherungsrechts in Deutschland, RiW 1999, S. 16 ff.
Bydlinski, Franz: Anmerkung zu OGH v. 24. Juni 1959 – 6 Ob 204/59, ZfRV 1961, S. 22 – 34.

Canaris, Claus-Wilhelm: Geschäfts- und Verschuldensfähigkeit bei Haftung aus „culpa in contrahendo", Gefährdung und Aufopferung, NJW 1964, S. 1987 ff.
Canaris, Claus-Wilhelm: Verstöße gegen das verfassungsrechtliche Übermaßverbot im Recht der Geschäftsfähigkeit und im Schadensrecht, JZ 1987, S. 993 ff.
Canaris, Claus-Wilhelm: Zur Problematik von Privatrecht und verfassungsrechtlichem Über-maßverbot, JZ 1988, S. 494 ff.
Casper, Matthias: Geschäfte des täglichen Lebens – kritische Anmerkungen zum neuen § 105 a BGB, NJW 2002, S. 3425 ff.
Cavin, Pierre: Kauf, Tausch und Schenkung, in: Schweizerisches Privatrecht, Band VII/1, S. 1 ff., hrsg. von Max Gutzwiller u.a., Basel und Stuttgart 1977.
Clarkson, Chris M. V. / Hill, Jonathan: Jaffey on the Conflict of Laws, London, Edinburgh, Dublin 1997.
Collier, J. G.: Conflict of Laws, 2nd edition, Cambridge 1994.

Degner, Egbert Paul: Kollisionsrechtliche Probleme zum Quasi-Kontrakt, Tübingen 1984.
Dernburg, Heinrich: Das Vormundschaftsrecht der preußischen Monarchie nach der Vormundschaftsordnung vom 5. Juli 1875, 3. Auflage, Berlin 1886.
Dicey, Albert Venn: Dicey & Morries, The Conflict of Laws, editor: Lawrence Collins, 13th edition, Volume 2, London 2000.
Dieckmann, Albrecht: Empfiehlt es sich, das Entmündigungsrecht, das Recht der Vormund-schaft und der Pflegschaft über Erwachsene sowie das Unterbringungsrecht neu zu ordnen? JZ 1988, S. 789 ff.
Dittmann, Ottmar / Reimann, Wolfgang / Bengel, Manfred: Testament und Erbvertrag, 2. Auflage, München 1986.
Döbereiner, Christoph: Ehe- und Erbverträge im deutsch-französischen Rechtsverkehr, Köln 2001.
Dölle, Hans: Internationales Privatrecht, Eine Einführung in seine Grundlagen, 2. Auflage, Karlsruhe 1972.
Dörner, Heinrich: Anmerkung zu BGH, 21.4.1993 – XII ZR 248 / 91, IPRax 1994, S. 362 ff.
Dullinger, Silvia: Die Geschäftsfähigkeit Minderjähriger, ÖJZ 1987, S. 33 ff.

Ebenroth, Carsten Thomas / Eyler, Uwe: Der Renvoi nach der Novellierung des deutschen Internationalen Privatrechts, IPRax 1989, S. 1 ff.

Edlbacher, Oskar: Ein paar allgemeine Anmerkungen zum Sachwalterschaftsgesetz, ÖJZ 1985, S. 161 ff.

Ehrenzweig, Albert A[rmin]: A Treatise on the Conflict of Laws, St. Paul, Minn. 1962.

Ehrenzweig, Albert A[rmin]: Contractual Capacity of Married Women and Infants in the Conflict of Laws, 43 (1959) Minn. L. Rev. 899.

Enderlein, Wolfgang: Geschäftsunfähigkeit und Einwilligungsvorbehalt, JR 1998, S. 485 ff.

Englard, Izhak: Restitution of benefits conferred without obligation, IECL, Volume X.

Enneccerus, Ludwig / Nipperdey, Hans Carl: Allgemeiner Teil des Bürgerlichen Rechts, 2. Halbband, 15. Auflage, Tübingen 1960.

Erman, Walter: Handkommentar zum Bürgerlichen Gesetzbuch, hrsg. von Harm Peter Westermann, 2. Band, 10. Auflage, Köln 2000.

Farnsworth, Edward Allan: Farnsworth on Contract, Volume I, Boston, Toronto, London 1990.

Fischer, Gerfried: Verkehrsschutz im internationalen Vertragsrecht, Köln u.a. 1990.

Fischer, Gerfried: Gemeinschaftsrecht und kollisionsrechtliches Staatsangehörigkeitsprinzip, in: Europäisches Gemeinschaftsrecht und Internationales Privatrecht, Tagung des Instituts für Internationales Privatrecht und Rechtsvergleichung des Fachbereichs Rechtswissenschaften der Universität Osnabrück am 6. und 7. April 1990 in Osnabrück, hrsg. von Christian von Bar, Köln u. a. 1991, S. 157 – 182.

Flume, Werner: Allgemeiner Teil des Bürgerlichen Rechts, 2. Band, Das Rechtsgeschäft, 3. Auflage, Berlin, Heidelberg, New York 1979.

Frank, Rudolf: Die Rechts- und Geschäftsfähigkeit in der Geschichte des internationalen Privatrechts, Giessen Univ. Diss 1908.

Frankenstein, Ernst: Internationales Privatrecht (Grenzrecht), 1. Band, Berlin 1926.

Gamillscheg, Franz: Internationales Arbeitsrecht, Berlin, Tübingen 1959.

Gebhard, Ferdinand Albert: Kommission zur Ausarbeitung des Entwurfs eines bürgerlichen Gesetzbuchs. Entwurf eines bürgerlichen Gesetzbuchs für das Deutsche Reich. Allge-meiner Teil. Abschnitt I. II. 2 – Internationales Privatrecht, Berlin 1881, abgedruckt bei: Niemeyer, Theodor, Zur Vorgeschichte des internationalen Privatrechts im Deutschen Bürgerlichen Gesetzbuch, München, Leipzig 1915, S. 4-12, 23-301.

Geimer, Reinhold: Anerkennung ausländischer Entscheidungen auf dem Gebiet der freiwilligen Gerichtsbarkeit, in: FS Ferid (II) zum 80. Geburtstag, hrsg. von Andreas Heldrich und Hans Jürgen Sonnenberger, S. 89 ff., Frankfurt/M. 1988.

Geimer, Reinhold: Anerkennung ausländischer Entscheidungen in Deutschland, München 1995.

Geimer, Reinhold / Geimer, Ewald / Geimer, Gregor: Internationales Zivilprozeßrecht, 4. Auflage, Köln 2001.

Gernhuber, Joahim / Coester-Waltjen, Dagmar: Lehrbuch des Familienrechts, 4. Auflage, München 1994.

Gitschthaler, Edwin: Einzelne Probleme des neuen Sachwalterrechts und der Versuch einer Lösung, ÖJZ 1985, S. 193 ff.

Giuliano, Mario / Lagarde, Paul: Bericht über das Übereinkommen über das auf vertragliche Schuldverhältnisse anzuwendende Recht, BT-Drucks. 10/503, S. 33 ff.

Gmür, Rudolf: Das Schweizerische Zivilgesetzbuch verglichen mit dem deutschen Bürgerlichen Gesetzbuch, Bern 1965.

Goff of Chieveley, Robert / Jones, Gareth: The law of Restitution, 4th edition, London 1993.

Goldschmidt, Werner: Für eine ausnahmslose Geltung des Geschäftsfähigkeitsstatuts, in: FS Kegel zum 75. Geburtstag, hrsg. von Hans-Joachim Musielak und Klaus Schurig, S. 163 ff., Stuttgart u. a. 1987.

Goldschmidt, Werner: Die philosophischen Grundlagen des internationalen Privatrechts, in: FS Martin Wolff, Beiträge zum Zivilrecht und internationalen Privatrecht, hrsg. von Ernst von Caemmerer, u.a., S. 208 ff, Tübingen 1952.

Grossen, Jacques-Michel: Das Recht der Einzelpersonen, in: Schweizerisches Privatrecht, Band 2, Einleitung und Personenrecht, hrsg. von Gutzweiler, Max, Basel und Stuttgart 1967, S. 285 ff.

Gschnitzer, Franz: Österreichisches Sachenrecht bearbeitet von Faistenberger, Christoph / Barta, Heinz / Call, Gottfried / Eccher, Bernhard, 2. Auflage, Wien, New York 1985.

Habicht, Hermann: Internationales Privatrecht nach dem Bürgerlichen Gesetzbuch, aus dem Nachlasse herausgegeben von Max Greiff, Berlin 1907.

Hahn, Gustav: Das Personalstatut und die Geschäftsfähigkeit im deutschen internationalen Privatrecht, Leipzig 1909.

Harries, Heinrich: Das deutsche internationale Entmündigungsrecht, Univ. Diss. Göttingen 1955.

Hausmann, Rainer: Die kollisionsrechtlichen Schranken der Gestaltungskraft von Scheidungsurteilen: Eine rechtsvergleichende Untersuchung zur Abgrenzung von Internationalem Privat- und Verfahrensrecht auf dem Gebiet der Urteilswirkungen, München 1980.

Hay, Peter: US-Amerikanisches Recht, München 2000.

Heini, Anton / Keller, Max / Siehr, Kurt / Vischer, Frank / Volken, Paul (Hrsg.): Kommentar zum Bundesgesetz über das internationale Privatrecht (IPRG) vom 1. Januar 1989, Zürich 1993 (sIPRG-*Bearbeiter*).

Heldrich, Andreas / Steiner, Anton F., Persons, in: Persons and Family, Chapter 2, IECL, Volume IV, Tübingen 1995

Hippel, Fritz von: Das Problem der rechtsgeschäftlichen Privatautonomie, Beiträge zu einem Natürlichen System des privaten Verkehrsrechts und zur Erforschung der Rechtstheorie des 19. Jahrhunderts, Tübingen 1936.

Hoffmann, Bernd von: Internationales Privatrecht, 6. Auflage, München 2000.

Hofmann, Ernst: Die Minderjährigkeit im internationalen Privatrecht auf rechtsvergleichender Grundlage, Hamburg 1937.

Honsell, Heinrich / Vogt, Nedim Peter / Geiser, Thomas (Hrsg.): Kommentar zum Schweizerischen Privatrecht,
– Obligationenrecht I, Art. 1 - 529 OR, 2. Auflage, Basel, Frankfurt am Main 1996 (Honsell-OR^2 - *Bearbeiter*),
– Schweizerisches Zivilgesetzbuch I, Art. 1 - 359 ZGB, Basel, Frankfurt am Main 1996 (Honsell-ZGB - *Bearbeiter*),
– Internationales Privatrecht, Basel, Frankfurt am Main 1996 (Honsell-IPRG - *Bearbeiter*).

Jayme, Erik: Einführung zum LSA-C.C., IPRax 1993, S. 56 f.
Jayme, Erik / Hausmann, Rainer: Internationales Privat- und Verfahrensrecht, Textausgabe, 2. Auflage, München 1983, 10. Auflage, München 2000.
Jentsch, Gero: Die Geschäftsfähigkeit Minderjähriger im deutschen, österreichischen, schweizerischen, französischen und englischen Recht, Diss. Bonn 1967.
Jochem, R.: Besprechung von „Staudinger, Kommentar zum Bürgerlichen Gesetzbuch – Einführungsgesetz zum BGB, Teil 3 (Art. 13 – 17 EGBGB), 10./11. Auflage, von Dr. Franz Gamillscheg“, FamRZ 1975, S. 301 ff.
Johnen, Cornelia: Die Behandlung von Erbscheinanträgen mit Auslandsberührung in der notariellen Praxis, MittRhNotK 1986, S. 57 ff.
Juenger, Friedrich K.: Choice of law and Multistate Justice, Dordrecht, Boston, London 1993.
Jürgens, Andreas / Kröger, Detlef / Marschner, Rolf / Winterstein, Peter (Hrsg.): Das neue Betreuungsrecht, 3. Auflage, München 1994, 4. Auflage, München 1999.

Kaser, Max: Das römische Privatrecht, 16. Auflage, München 1992.
Kegel, Gerhard / Schurig, Klaus: Internationales Privatrecht, 8. Auflage, München 2000.
Kievel, Winfrid: Bewährung und Reformbedürftigkeit des Haager Entmündigungsabkommens vom 17. Juni 1905, Diss.Univ. Bonn 1973.
Knauber, Karl-Heinz: Zur Reichweite des Art. 7 EGBGB, München Univ. Diss. 1960.
Knieper, Judith: Geschäfte von Geschäftsunfähigen, Baden-Baden 1999.
Knoch, Lothar: Die Aufgliederung der Kondiktion in der modernen Zivilrechtsdogmatik in ihren Auswirkungen auf das Internationale Privatrecht, Münster Univ. Diss. 1963.
Köhler, Helmut: Grundstücksschenkung an Minderjährige – ein „lediglich rechtlicher Vorteil“?, JZ 1983, S. 225 ff.
Köndgen, Johannes: Selbstbindung ohne Vertrag, Zur Haftung aus geschäftsbezogenem Handeln, Tübingen 1981.
König, Detlef: Ungerechtfertigte Bereicherung. Tatbestände und Ordnungsprobleme in rechtsvergleichender Sicht, Heidelberg 1985.
Kötz, Hein: Europäisches Vertragsrecht in zwei Bänden, Hrsg. von Hein Kötz und Axel Flessner, Band 1, Abschluß, Gültigkeit und Inhalt des Vertrages, Die Beteiligung Dritter am Vertrag, Tübingen 1996.

Koziol, Helmut / Welser, Rudolf: Grundriß des bürgerlichen Rechts, Band I, Allgemeiner Teil und Schuldrecht, 10. Auflage, Wien 1995.
Kropholler, Jan: Internationales Privatrecht, 4. Auflage, Tübingen 2001.
Kühne, Günther: Die Parteiautonomie im internationalen Erbrecht, Bielefeld 1973.
Kurzwelly, Jens-Peter: Die Haftung Minderjähriger bei Täuschung über die Geschäftsfähigkeit im deutschen, österreichischen, schweizerischen, französischen und englischen Recht, Bonn Univ. Diss. 1977.

Lagarde, Paul: Convention of 13 January 2000 on the International Protection of Adults, Convention and Recommendation adopted by the Special Commission of a diplomatic character, Explanatory Report, edited by the Permanent Bureau of the Conference, Scheveningseweg 6, 2517 KT The Hague, Netherlands.
Larenz, Karl / Wolf, Manfred: Allgemeiner Teil des bürgerlichen Rechts, 8. Auflage, München 1997.
Leenen, Detlef: Die Heilung fehlender Zustimmung gemäß § 110 BGB, FamRZ 2000, S. 863 ff.
Levis, Otto: Das internationale Entmündigungsrecht des Deutschen Reiches, Leipzig 1906.
Lewald, Hans: Das deutsche internationale Privatrecht auf Grundlage der Rechtsprechung, Leipzig 1931.
Lipp, Volker: Freiheit und Fürsorge: Der Mensch als Rechtsperson, Zu Funktion und Stellung der rechtlichen Betreuung im Privatrecht, Tübingen 2000.
Lipp, Volker: Verkehrsschutz und Geschäftsfähigkeit im IPR, RabelsZ 63 (1999), S. 107 ff.
Lüderitz, Alexander: Internationales Privatrecht, 2. Auflage, Neuwied u.a. 1992.
Lüderitz, Alexander: Rechtsfähigkeit, Geschäftsfähigkeit und Entmündigung natürlicher Personen, in: Wolfgang Lauterbach (Hrsg.), Vorschläge und Gutachten zur Reform des deutschen internationalen Personen- und Sachrechts, S. 32 ff., Tübingen 1972 .
Lüderitz, Alexander: Familienrecht, 27. Auflage, München 1999.

Mänhard, Franz / Posch, Willibald: Internationales Privatrecht, Privatrechtsvergleichung, Einheitsprivatrecht Wien, New York 1994.
Mänhardt, Franz / Posch, Willibald: Internationales Privatrecht, Privatrechtsvergleichung, Einheitsprivatrecht, Wien / New York 1994 [Privatrecht].
Martiny, Dieter: Handbuch des Internationalen Zivilverfahrensrechts, Band III/1, Anerkennung ausländischer Entscheidungen nach autonomen Recht, Tübingen 1984 (Hdb. IZVR III/1).
Max-Planck-Institut für ausländisches und internationales Privatrecht (Hrsg.): Die materielle Gültigkeit von Kaufverträgen, Ein rechtsvergleichender Bericht, erstattet im Auftrag des UNIDROIT - Band I: Abhandlung, Berlin, Tübingen 1968.
McLean, David: Morris: The Conflict of Laws, 4th edition, London 1993.
Medicus, Dieter: Anmerkung zu LG Bremen, Urteil vom 17. 8. 1966 – 8 O 512/66, NJW 1967, S. 354.

Medicus, Dieter: Anmerkung zu LG Lüneburg, Urteil vom 6. 11. 1969 – 1 S 234/69, NJW 1970, S. 665.

Medicus, Dieter: Allgemeiner Teil des BGB, 7. Auflage, Heidelberg 1997.

Medicus, Dieter: Bürgerliches Recht, 19. Auflage, Köln u.a. 2002.

Melchior, Georg: Die Selbstbeschränkung des deutschen internationalen Privatrechts, RabelsZ 3 (1929), S. 733 ff.

Menold-Weber, Beate: Verträge Minderjähriger und ihre Rückabwicklung im englischen Recht, München 1992.

Mitko, Bernhard: Der Einwilligungsvorbehalt: Voraussetzungen – Wirkungen – Probleme, Univ. Diss. Regensburg 1994.

Motive: Motive zu dem Entwurfe eines Bürgerlichen Gesetzbuches für das Deutsche Reich, Band I, Allgemeiner Teil, Amtliche Ausgabe, Berlin, Leipzig 1888.

Mueller, Rudolf: Die Geschäftsfähigkeit natürlicher Personen in der internationalprivatrechtlichen Rechtsprechung der Vereinigten Staaten, RabelsZ 8 (1934), S. 885 ff.

Müller, Gabriele: Betreuung und Geschäftsfähigkeit, Diss. Bielefeld 1998.

Müller, Klaus: Zum Begriff der „Anerkennung" von Urteilen in § 328 ZPO, ZZP 79 (1966), S. 199 ff.

Müller, Markus: Die Bestätigung nichtiger Rechtsgeschäfte nach § 141 BGB, Berlin 1989.

Münchener Kommentar zum Bürgerlichen Gesetzbuch:

- Band 1, Allgemeiner Teil, §§ 1 – 240 BGB, AGB Gesetz, 4. Auflage, München 2001,
- Band 1, Allgemeiner Teil, §§ 1 – 240 BGB, AGB Gesetz, 3. Auflage, München 1993,
- Band 6, Sachenrecht, §§ 854 – 1296 BGB, 3. Auflage, München 1997,
- Band 8, Familienrecht II, §§ 1589 – 1921 BGB, SGB VIII, 4. Auflage, München 2002,
- Band 10, Internationales Privatrecht, Artt. 1 – 38 EGBGB, 2. Auflage, München 1990,
- Band 10, Internationales Privatrecht, Artt. 1 – 38 EGBGB, 3. Auflage, München 1998.

Münchener Kommentar zur Zivilprozeßordnung mit GerichtsverfassungsG und Nebengesetzen, Band 1, §§ 1 – 354, 2. Auflage, München 2000.

Murray Jr., John Edward: Murray on Contracts, 3rd edition, Charlottesville, Virginia 1993.

Neuhaus, Paul-Heinrich: Die Behandlung der Testierfähigkeit im deutschen internationalen Privatrecht, RabelsZ 18 (1953), S. 651 ff.

Neuhaus, Paul-Heinrich: Die Grundbegriffe des internationalen Privatrechts, 2. Auflage, Tübingen 1976.

Nitzinger, Elisabeth: Das Betreuungsrecht im internationalen Privatrecht, Frankfurt/M. u. a. 1998.

North, P. M. und Fawcet, J.J.: Cheshire and North's Private International Law, 13th edition, London, Dublin, Edinburgh 1999.

Oelkers, Martina: Internationales Betreuungsrecht, Frankfurt/M. u.a. 1996.
Overbeck, Alfred E. von: Persons, IECL, Volume III, Chapter 15, Tübingen 1972.

Pagenstecher, Max: Zur Geschäftsfähigkeit der Ausländer in Deutschland, RabelsZ 15 (1949/50), S. 189 ff.
Palandt, Otto: Bürgerliches Gesetzbuch, 50. Auflage, München 1991; 61. Auflage, München 2002.
Pawlowski, Hans-Martin: Rechtsgeschäftliche Folgen nichtiger Willenserklärungen, Göttingen 1966.
Pawlowski, Hans-Martin: Die Ansprüche des Vermieteres eines Kraftfahrzeuges gegen den minderjährigen Mieter – OLG Hamm, NJW 1966, S. 2357, JuS 1967, S. 302 ff.
Pawlowski, Hans-Martin: Allgemeiner Teil des BGB, 6. Auflage, Heidelberg 2000.
Pedrazzini, Mario M. / Oberholzer, Niklaus: Grundriss des Personenrechts, 4. Auflage, Bern 1993.
Pichler, Helmut: Probleme, Erfreuliches und gesetzgeberische Fehlleistungen im neuen Sachwalterrecht, JBl. 1984, S. 225 ff.
Plaßmeier, Heiko: Ungerechtfertigte Bereicherung im internationalen Privatrecht und aus rechtsvergleichender Sicht, Berlin 1996.
Pokorny, Peter: Die Geschäftsfähigkeit im deutschen internationalen und interlokalen Privatrecht, Univ. Diss. Köln 1953.
Pöschl, Barbara: Die Anordnungsvoraussetzungen der Betreuung und des Einwilligungsvorbehalts in ihrem Verhältnis zu den Regelungen der Geschäftsfähigkeit, Aachen 1999.

Raape, Leo: Besitzerwerb ohne Besitzwillen nach dem BGB, Diss. Bonn 1901.
Raape, Leo: Internationales Privatrecht, 5. Auflage, Berlin, Frankfurt/M. 1961.
Rabel, Ernst: The Conflict of Laws, A Comparative Study, Vol. 1, 2nd edition, Chicago 1945.
Ramm, Thilo: Jugendrecht, München 1990.
Reithmann, Christoph: Geschäftsfähigkeit und Verfügungsbefugnis nach deutschem internem Recht und Kollisionsrecht, DNotZ 1967, S. 232 ff.
Reithmann, Christoph / Martiny, Dieter (hrsg.): Internationales Vertragsrecht, 5. Auflage, Köln 1996.
Richardi, Jörg: Die Anerkennung und Vollstreckung ausländischer Akte der freiwilligen Gerichtsbarkeit unter besonderer Berücksichtigung des autonomen Rechts, Konstanz 1991.
Roth, Wulf-Henning: Der Einfluß des Europäischen Gemeinschaftsrechts auf das Internationale Privatrecht, RabelsZ 55 (1991), S. 623 ff.
Roth, Wulf-Henning: Internationales Versicherungsvertragsrecht, Tübingen 1985.

Roth, Wulf-Henning: Anmerkung zu OLG München, Urteil vom 6.7.1990 - 23 U 2079/90, JZ 1990, S. 1030 f.
Rummel, Peter (Hrg.): Kommentar zum Allgemeinen bürgerlichen Gesetzbuch,
- Band 1, §§ 1 – 1174 ABGB, 3. Auflage, Wien 2000 [Rummel I^3 - Bearbeiter],
- Band 2, §§ 1175 – 1502 ABGB, Nebengesetze, 2. Auflage, Wien 1992 [Rummel II^2 - Bearbeiter].

Sachsen-Gessaphe, Karl August Prinz von: Der Betreuer als gesetzlicher Vertreter für eingeschränkt Selbstbestimmungsfähige - Modell einer mehrstufigen Eingangsschwelle der Betreuung und des Einwilligungsvorbehalts, Tübingen 1999.
Sandmann, Nikolaus: Grundlagen und Einfluß der internationalprivatrechtlichen Lehre Carl Georg von Wächters (1797 - 1880), Münster Univ. Diss. 1979.
Savigny, Friedrich Carl von : System des heutigen Römischen Rechts, VIII. Band, Darmstadt 1956 (unveränderter Nachdruck der Ausgabe von 1849).
Schack, Haimo: Internationales Zivilverfahrensrecht, 2. Auflage, München 1996.
Schaub, Günther / Koch, Ulrich / Linck, Rüdiger: Arbeitsrechts-Handbuch, 10. Auflage, München 2002.
Scheucher, Leo: Das Haager Testamentsabkommen, ZfRV 5 (1964), S. 216 ff.
Schlechtriem, Peter: Restitution und Bereicherungsausgleich in Europa, Eine rechtsvergleichende Darstellung, Band 1, Tübingen 2000.
Schlüter, Wilfried: Familienrecht, 8. Auflage, Heidelberg 1998.
Schmidt, Gerd: Handbuch der freiwilligen Gerichtsbarkeit, 2. Auflage, München 1996.
Schnyder, Anton K. / Liatowitsch, Manuel: Internationales Privat- und Zivilverfahrensrecht, Zürich 2000.
Schönenberger, Wilhelm: Kommentar zum Schweizer Zivilgesetzbuch, V. Band, Das Obligationenrecht, 2. Teil (Halbband), Art. 184 - 418, hrsg. von Egger, A. u.a., kommentiert von Oser, Hugo und Schönenberger, Wilhelm, 2. Auflage, Zürich 1936.
Schotten, Günther: Das internationale Privatrecht in der notariellen Praxis, München 1995.
Schrick, Hans-Joachim: Die Entmündigung von Ausländern im Inland und die hierbei zu treffenden vorläufigen vormundschaftlichen Maßnahmen aufgrund des deutschen IPR, Diss. Univ. Bonn 1970.
Schwab, Dieter: Familienrecht, 11. Auflage, München 2001.
Schwab, Dieter: Probleme des materiellen Betreuungsrechts, FamRZ 1992, S. 493 ff.
Schwab, Karl Heinz / Prütting, Hanns: Sachenrecht, 25. Auflage, München 1994.
Schwander, Ivo: Einführung in das internationale Privatrecht, 2. Auflage, 2. Band, Besonderer Teil, St. Gallen 1998.
Schwander, Ivo: Einführung in das internationale Privatrecht, 2. Band: Besonderer Teil, 2. Auflage, St. Gallen/Lachen 1998.
Schwimann, Michael: Die Institution der Geschäftsfähigkeit, Wien 1965.
Schwimann, Michael: Internationales Privatrecht, 3. Auflage, Wien 2001.
Schwimann, Michael: Pflegschaftsgerichtliche Genehmigungen in Fällen mit Auslandsbeziehung, ÖNZ 1978, S. 97 ff.

Schwimann, Michael: Internationales Privatrecht (einschließlich Europarecht), 3. Auflage, Wien 2001.
Schwimann, Michael (Hrsg.): Praxiskommentar zum ABGB,
- Band 1, §§ 1 - 284 ABGB, 2. Auflage, Wien 1997 [Schwimann-*Bearbeiter*, $ABGB^2$ I],
- Band 5, §§ 859 - 1089 ABGB, 2. Auflage, Wien 1997 [Schwimann-*Bearbeiter*, $ABGB^2$ V].

Schwind, Fritz: Internationales Privatrecht, Wien 1990.
Scoles, Eugene F. / Hay, Peter: Conflict of Laws, 2nd edition, St. Paul, Minn. 1992.
Serick, Rolf: Die Sonderanknüpfung von Teilfragen im internationalen Privatrecht, RabelsZ 18 (1953), S. 633 ff.
Siehr, Kurt: Die allgemeine und die besondere Geschäftsfähigkeit von Ausländern für eine Vaterschaftsanerkennung im Inland, StAZ 1976, S. 356 f.
Siehr, Kurt: Das Haager Übereinkommen über den internationalen Schutz Erwachsener, RabelsZ 64 (2000), S. 715 ff.
Smith, Clarence: Capacity in the Conflict of Laws, 1 (1952) Int. Comp. L.Q. 446.
Smith, Raymond: Conflict of Laws, London 1993.
Soergel, H[ans] T[heodor]: Bürgerliches Gesetzbuch mit Einführungsgesetz und Nebengesetzen,
- Band 2, Allgemeiner Teil 2, §§ 104- 240, 13. Auflage, Stuttgart u. a. 1999,
- Band 10, Einführungsgesetz, 12. Auflage, Stuttgart u. a. 1996.

Soergel, H[ans] T[heodor] / Siebert, W.: Bürgerliches Gesetzbuch mit Einführungsgesetz und Nebengesetzen, Band 1, Einleitung, Allgemeiner Teil, 10. Auflage, Stuttgart u. a. 1967.
Solomon, Dennis: Der Anwendungsbereich von Art. 3 Abs. 3 EGBGB – dargestellt am Beispiel des internationalen Erbrechts, IPRax 1997, S. 81 ff.
Spellenberg, Ulrich: Verkehrsschutz im Internationalen Vertragsrecht – Besprechung des Buches von Gerfried Fischer, RabelsZ 60 (1996), S. 516 ff.
Staudinger, Julius von : J. von Staudingers Kommentar um Bürgerlichen Gesetzbuch,
- 9. Auflage, VI. Band, Einführungsgesetz, 2. Teil, Art. 7 - 31, erläutert von Leo Raape, München, Berlin, Leipzig 1931,
- 12. Auflage, Einleitung zu Art. 7 ff., Art. 7 - 11 EGBGB, Berlin 1984,
- 12. Auflage, EGBGB, Art. 13 - 17, §§ 606 ff, 328 ZPO; Art. 7 § 1 FamRÄndG, Berlin 1992,
- 13. Auflage, Art. 7 - 12 EGBGB, Berlin 2000,
- 13. Auflage, Art. 20 - 24 EGBGB, Berlin 1996,
- 13. Auflage, Art. 25, 26 EGBGB, Berlin 2000,
- 13. Auflage, Internationales Sachenchrecht, Berlin 1996,
- 13. Auflage, Familienrecht, §§ 1896 - 1921 BGB, Berlin 1999,
- 14. Auflage, Art. 38 - 42 EGBGB, Berlin 2001.

Steinbauer, Peter: Die Handlungsfähigkeit geistig Behinderter nach dem neuen Sachwalter-recht, ÖJZ 1985, S. 385 ff. und S. 427 ff.
Steiner, Philipp: Der Einfluss der Geschäftsunfähigkeit und der beschränkten Geschäftsfähigkeit auf den Besitz, Erlangen Univ. Diss 1949.

Stone, Peter: The Conflict of Laws, London, New York 1995.
Sturm, Gudrun: Vormundschaftliche Hilfen für Betagte in Deutschland und in der Schweiz, Freiburg (Schweiz) 1992.
Stürner, Rolf: Der lediglich rechtliche Vorteil, AcP 173 (1973), S. 402 ff.
Stürner, Rolf: Anmerkung zu BGH, Beschluß v. 16. 4. 1975 – V ZB 15/74, JZ 1976, S. 67 f.
Symeonides, Symeon C.: Private International Law Codification in a Mixed Jurisdiction: The Louisiana Experience, RabelsZ 57 (1993), S. 460 ff.(Louisiana Experience).

Taupitz, Jochen: Von der entrechtenden Bevormundung zur helfenden Betreuung: Das neue Betreuungsrecht, JuS 1992, S. 9 ff.
Thomas, Heinz / Putzo, Hans / Reichold, Klaus / Hüßtege, Rainer: Zivilprozessordnung, 24. Auflage, München 2002.
Thoms, Cordula: Einzelstatut bricht Gesamtstatut, Zur Auslegung der „besonderen Vorschriften in Art. 3 Abs. 3 EGBGB, Tübingen 1996
Thur, Andreas von: Der Allgemeine Teil des Deutschen Bürgerlichen Rechts, Zweiter Band, Erste Hälfte, München, Leipzig 1914.
Tiedemann, Andrea: Die Rechtswahl im deutschen Internationalen Erbrecht, RabelsZ 55 (1991), S. 17 ff.
Tiedemann, Andrea: Internationales Erbrecht in Deutschland und Lateinamerika, Tübingen 1993.
Treitel, G(ünter) H(einz): The Law of Contract, 10th edition, London 1999.
Tuor, Peter / Schnyder, Bernhard / Schmid, Jörg: Das Schweizerische Zivilgesetzbuch, 11. Auflage, Zürich 1995.
van Venrooy, Gerd J.: Die Testierfähigkeit im Internationalen Privatrecht, JR 1988, S. 485 ff.
Vial, Michael: Die Geschäftsfähigkeit des Minderjährigen im englischen Recht, Rechtsentwicklung, Reform und Vergleich mit der Regelung des Bürgerlichen Gesetzbuches, Kiel 1974.
Vischer, Frank: Das neue Restatement „Conflict of Laws", RabelsZ 38 (1974), S. 128 ff.
Vischer, Frank / Huber, Lucius / Oser, David: Internationales Vertragsrecht, 2. Auflage, Bern 2000.

Waechter, Carl Georg von : Ueber die Collision der Privatrechtsgesetze verschiedener Staaten, AcP 24 (1841), S. 230 ff., AcP 25 (1842), S. 1 ff, 161 ff. und 361 ff.
Wagner, Stefan: Die Testierfähigkeit im IPR, Frankfurt/Main u.a. 1996.
Waters, Jörg: Das österreichische Sachwalterrecht und die Reform des Entmündigungs-, Vormundschafts- und Pflegschaftsrechts, Aachen 1995, zugl. Diss. Bonn 1991.
Weitnauer, Wolfgang: Der Vertragsschwerpunkt, Eine rechtsvergleichende Darstellung des amerikanischen und deutschen Internationalen Vertragesrechts sowie des EG-

Übereinkommens über das auf vertragliche Schuldverhältnisse anwendbare Recht vom 19. 6. 1980, Frankfurt a. M. 1991.

Welser, Rudolf: Die Neuordnung der Geschäftsfähigkeit und ihre Problematik, VersRdSch 1973, S. 146 ff.

Westermann, Harry: Sachenrecht, 7. Auflage, Heidelberg 1998.

Wilhelm, Sighard: Verträge Minderjähriger im anglo-amerikanischen Recht, ZfRV 13 (1972), S. 161 ff.

Winfield, P. H.: Necessaries under the Sale of Goods Act, 1893, 58 (1942) LQR, S. 82 ff.

Wittibschlager, Martina: Einführung in das schweizerische Recht, München 2000.

Wohlgemuth, Arno: Der minderjährige Gesellschafter im IPR, RiW 1980, S. 759 ff.

Wolff, Lutz-Christian: Zuwendungsrisiko und Restitutionsinteresse, Berlin 1998.

Wolff, Martin: Das Internationale Privatrecht Deutschlands, 3. Auflage, Berlin, Göttingen, Heidelberg 1954.

Wolff, Martin: Private International Law, 2nd ed., Oxford 1950.

Young, James: The Contracts (Applicable Law) Act 1990, [1991] LMCLQ S. 314 ff.

Zweigert, Konrad / Kötz, Hein: Einführung in die Rechtsvergleichung auf dem Gebiet des Privatrechts, 3. Auflage, Tübingen 1996.

FSC
www.fsc.org
MIX
Papier | Fördert gute Waldnutzung
FSC® C083411

Kolibri 360 GmbH
Ferdinand-Jühlke-Straße 7
99095 Erfurt, Deutschland
produktsicherheit@kolibri360.de

Druck:
CPI Druckdienstleistungen GmbH
im Auftrag der
Kolibri 360 GmbH
Ferdinand-Jühlke-Str. 7
99095 Erfurt